HISTOIRE DE L'ABBAYE ROYALE

DE

SAINT-EUVERTE D'ORLÉANS

Par M. l'Abbé **BERNOIS**

AUMONIER

LAURÉAT DE L'ACADÉMIE FRANÇAISE

Avec lettre de S. G. Monseigneur TOUCHET, évêque d'Orléans

ORLÉANS

Chez l'AUTEUR, rue Saint-Euverte, 4

Chez les Imprimeurs-Éditeurs, AUGUSTE GOUT ET Cie

Rue du Bourdon-Blanc, 37-39

1918

HISTOIRE DE L'ABBAYE ROYALE

DE

SAINT-EUVERTE D'ORLÉANS

HISTOIRE DE L'ABBAYE ROYALE

DE

SAINT-EUVERTE D'ORLÉANS

Par M. l'Abbé BERNOIS

AUMONIER

LAURÉAT DE L'ACADÉMIE FRANÇAISE

Avec lettre de S. G. Monseigneur TOUCHET, évêque d'Orléans

ORLÉANS

Chez l'AUTEUR, rue Saint-Euverte, 4

Chez les Imprimeurs-Éditeurs, AUGUSTE GOUT ET Cie

Rue du Bourdon-Blanc, 37-39

1918

Nihil obstat.

Orléans, le 15 Octobre 1917.

P. MESURÉ,
Censeur.

Imprimatur.

Aureliæ, die 18 Oct. 1917,

A. BRUANT,
Vic. gén.

A SA GRANDEUR

MONSEIGNEUR TOUCHET

Évêque d'Orléans

Monseigneur

Un nom est tout indiqué auquel appartient de droit la dédicace de la Monographie sur l'Abbaye de Saint-Euverte. C'est le vôtre, Monseigneur. Mais l'auteur éprouve un sentiment d'hésitation bien justifiée, en considérant l'imperfection de son travail.

Le monastère de Saint-Euverte, redevable de sa fondation à l'évêque Agius, votre prédécesseur, fut pendant toute la durée de son existence, l'objet de la protection et des bienfaits des pontifes qui se sont succédé sur le siège d'Orléans.

Les annales de l'abbaye enregistrent, pour ainsi dire, à chaque page, un acte important qui signale leurs noms au souvenir et à la reconnaissance des religieux.

Odolric de Broyes, Manassès de Garlande, Henri de Dreux, Hugues de Garlande, Manassès de Seignelay, Philippe de Jouy, Philippe Berruyer, Guillaume de Boësses, Robert de Courtenay, Roger le Fort et tant d'autres que nous ne pouvons nommer, résument en eux le zèle des évêques d'Orléans pour la fondation et la dotation des maisons religieuses, pour la garde et le soin vigilant des biens et des droits ecclésiastiques, pour la magnificence du culte divin, pour l'observation de la discipline, pour la formation des clercs, le ministère et l'évangélisation des paroisses.

Les faits qui rappellent la vive affection des évêques

d'Orléans à l'égard de l'abbaye de Saint-Euverte m'enhardissent à déposer entre vos mains, Monseigneur, mon travail bien modeste, à la vérité, mais cependant, j'ose le dire, ce travail, par les documents qui en font le seul mérite, place l'antique abbaye au nombre des plus beaux fleurons de la couronne monacale de votre diocèse ; que n'est-elle encore debout cette célèbre abbaye, pour la joie et la consolation de votre cœur épiscopal !

Daigne votre Grandeur accueillir avec faveur cet hommage dicté par les sentiments les plus respectueux avec lesquels j'ai l'honneur de me dire.

Monseigneur,
De votre Grandeur
le très humble et très obéissant serviteur,

C. BERNOIS.

ÉVÊCHÉ

D'ORLÉANS

Orléans, le 16 Décembre 1918.

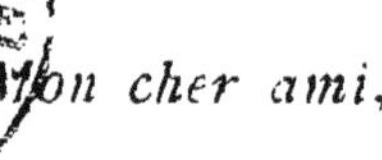

Mon cher ami,

Je vous remercie bien cordialement pour l'envoi de votre Monographie de l'Abbaye royale de Saint-Euverte. La dédicace que vous avez voulu m'en faire m'honore véritablement. C'est un nouvel effort de travail que vous avez produit; il prouve combien avec de la persévérance et la grâce de Dieu un prêtre peut intéresser sa vie et la rendre fructueuse.

Tout cela est de bon exemple et de beau résultat.

Croyez, mon cher ami, à mes sentiments tout dévoués et reconnaissants.

† STANISLAS.

PRÉFACE

L'histoire de l'Abbaye de Saint-Euvèrte est celle du peuple orléanais. Le clergé et les différents ordres religieux ont toujours été dans notre pays éminemment populaires; témoins ces nombreux monastères de l'un et de l'autre sexe que l'on rencontrait à Orléans et dans les environs.

Cette contrée alors dépourvue d'industrie, de commerce, de tout ce qui constitue la vie de nos sociétés modernes, fournissait des sujets en abondance. C'est à ce point de vue que nous étudierons l'histoire de Saint-Euverte. Nous suivrons tout d'abord le développement de ses origines, l'accroissement de ses privilèges la façon dont elle les défendit contre les empiètements qui la menaçaient; nous verrons ensuite les rapports entre les frères bienveillants et d'indulgents seigneurs qui, en échange de prières, comblaient les religieux de leur munificence, Il ne fallut rien moins que le fléau de la commende pour déconsidérer et amoindrir insensiblement la corporation des ordres religieux. Il a fallu encore à la philosophie antireligieuse le travail de deux siècles pour amener l'édit de 1790 qui ferma tous les monastères de France.

Parmi les religieux qui prirent successivement place sur le siège abbatial de Saint-Euverte, nous rencontrons cinq évêques, des hommes éminents par leur science et par la manière dont ils surent mener à bien les intérêts de leur couvent; d'autres, vivant tout en Dieu se firent remarquer par leurs vertus et la bonne administration intérieure de la maison.

Cette histoire, écrite sans prétention et en suivant le cours naturel des événements, ne présente pas de ces faits saillants qui intéressent tout un peuple et qui sont réservés exclusivement aux abbayes privilégiés et aux chefs d'ordre. C'est un travail purement local, produit de recherches nombreuses et consciencieuses puisées aux documents originaux de nos dépôts publics.

Les historiens orléanais, Le Maire, Symphorien Guyon, La Saussaye, Polluche, ne parlent guère de Saint-Euverte qu'à l'occasion de sa réforme par les Victorins et de l'élection d'Etienne de Tournai. Et encore, ils ne brillent ni par la préci sion ni par l'exactitude.

Dom Verninac laissa ces auteurs bien en arrière. Il est à la fois plus complet et plus véridique. Né pour l'étude de l'histoire, ses fonctions de bibliothécaire de Bonne-Nouvelle, où il demeura jusqu'en 1748, lui permirent d'y consacrer tous ses instants. Tous les ans, il passait ses vacances à parcourir les abbayes des diocèses voisins et compulsait leurs archives. Il rassembla ainsi des notes qui forment un recueil fort utile à consulter pour l'histoire des monastères orléanais. Il donne relativement à Saint-Euverte plusieurs copies très précieuses des Cartulaires et Inventaires (1).

Les notes du savant bénédictin furent utilisées dans le Gallia Christiana pour lequel il fut chargé de rédiger la partie qui concerne le diocèse d'Orléans. L'article qu'il y consacre, malgré quelques erreurs est aussi satisfaisant que possible pour un ouvrage aussi vaste que celui-là.

Si maintenant nous passons aux documents originaux, nous rencontrerons un champ très vaste et bien peu exploré. A Paris, nous avons peu trouvé. La Bibliothèque nationale

---

(1) *Bibl. d'Orl.*, dom *Verninac*, mss. 394, 395, 396.

possède plusieurs manuscrits : un cartulaire, copie du XVIIe siècle, deux inventaires des titres de l'abbaye, une copie de déclaration des biens du XVIe au XVIIe siècle (1).

Le dépôt le plus riche et le plus précieux à consulter, est sans contredit, la collection des archives du Loiret, dont les trésors ont été mis à notre disposition par M. l'archiviste Soyer, à qui j'offre ici l'assurance de mes plus sincères remerciements.

Toutes ces archives sont mises en ordre parfait et rangées par liasses dans plus de quarante cartons. Nous y avons recueilli une foule de matériaux dans le but de les faire servir à ceux qui voudront bien continuer une aussi intéressante étude.

Colligite fragmenta....

Puissions-nous avoir le plaisir de voir des imitateurs érudits et laborieux faire revivre le glorieux passé de nos institutions religieuses et monacales ?

Nous avons divisé notre travail en trois parties ; division qui semble toute naturelle, lorsqu'on suit les différentes phases que parcourut l'abbaye de Saint-Euverte pendant son existence de plus de neuf cents ans.

1. (850-1488). Les cinq premiers siècles de l'abbaye sont entourés de beaucoup d'incertitudes. Grâce à la Réforme des Victorins, les religieux donnent l'exemple des plus belles vertus, obtiennent de puissantes protections et fournissent les éléments de quatorze prieurés.

2. (1448-1791). L'essor s'arrête pendant la guerre de Cent ans et la Commende est une période néfaste pour l'abbaye. Sous les Protestants, les malheurs de toutes sortes, les pillages, se multiplient sans cesse; la Réforme des Génévofains

(1) *Bibl. nat.*, mss. lat. 10089, mss. fr. 11998, 11999, 12000.

fait encore revivre les vertus religieuses pendant quelque temps. Enfin, cette ancienne communauté, comme tant d'autres, est supprimée par la Révolution française.

3. Afin de ne pas arrêter le cours de notre histoire générale, nous avons inséré dans une troisième partie des documents très intéressants, mais qui ne se rapportent pas à notre récit d'une manière directe et immédiate. Pris séparément, ces documents pourraient être utilisés en vue de monographies particulières.

L'ABBAYE ROYALE

DE SAINT-EUVERTE

D'ORLÉANS

PREMIÈRE PARTIE

DEPUIS LES ORIGINES DE L'ABBAYE DE SAINT-EUVERTE
JUSQU'AUX
ABBÉS COMMENDATAIRES, DU VIIe SIÈCLE A L'ANNÉE 1464

CHAPITRE Ier

LES CINQ PREMIERS SIÈCLES DE L'ABBAYE

ARTICLE PREMIER

LA LÉGENDE DE SAINT EUVERTE, ÉVÊQUE D'ORLÉANS

I. Avant-propos. — II. Vie de saint Euverte jusqu'à sa consécration épiscopale. — III. Depuis sa consécration épiscopale jusqu'à sa mort. — IV. Sépulture de saint Euverte. — V. Observations sur la vie et la sépulture de saint Euverte.

§ Ier. — *Avant-propos*

A une époque difficile à préciser, mais que la science moderne tend de plus en plus à rapprocher des temps apostoliques, deux hommes, Savinien et Altin, vinrent les premiers dans notre vieux centre des Gaules apporter la douce parole de l'Evangile. Ils étaient envoyés par le pontife romain, probablement par l'un des successeurs de saint Pierre, sinon par saint Pierre lui-même (1). L'évêque Savinien se fixa à Sens, alors chef-lieu de la contrée ; mais après les premières conquêtes, il n'hésita pas à se séparer d'Altin que, selon toute apparence, il sacra évêque, pour lui confier un nouvel apostolat. Altin partit avec le diacre Eodaldus et se rapprocha des bords de la Loire. Là, sur les ruines de l'ancien Oppidum druidique de Cenabum, tombé en luttant pour l'indépendance nationale, s'élevait une cité gallo-romaine qui occupa longtemps, sous le nom d'Aurelia, l'espace compris entre la rue de la Tour-Neuve et la rue Sainte-Catherine et dont on voyait encore, au commencement du siècle dernier, les anciennes portes près du vieux marché. Altin entra courageusement dans cette ville et quelque temps après, à l'ombre de ses murs, il élevait une petite chapelle consacrée au premier martyr de l'Eglise, et dont le cloître Saint-Etienne conserve encore le nom et quelques souvenirs. C'est là que se réunirent les premiers chrétiens d'Orléans. Le grain de senevé était jeté, et Dieu se chargeait de transformer cette petite plante et de lui donner un prompt et merveilleux accroissement. Quant à Altin, il retournait à Sens tomber sous la hache du bourreau avec Savinien, son chef et son ami (2).

« Voilà, dit un historien orléanais, le premier évêque de « notre ville. Il fut pour toi, illustre et antique église, cet « agriculteur qui fit pleuvoir dans ton sein la rosée de la « céleste vérité, alors que tu n'étais qu'une terre maudite. Il « fut pour toi cet homme prédestiné qui fit luire à tes yeux « le flambeau de l'évangile, ce père qui t'engendra au Christ, « ce sage architecte qui posa en tes murs les premiers fonde- « ments de la religion. Heureuse cité à qui ce travailleur a « été envoyé par Dieu pour faire une si heureuse moisson ? « Heureux peuple auquel la voie qui conduit au ciel a été si « promptement montrée ! (3) »

---

(1) M. l'abbé Pelletier, *Evêques d'Orléans*, 2.

(2 MM. Hénault, *Eglise de Chartres ;* Mémain, *Eglise de Sens ;* Cochard, *Saint Altin*, évêque d'Orléans.

(3) La Saussaye, *Annales Eccl. Aurelian.* I. 28-29.

Que devint la chrétienté naissante après la mort de son saint fondateur ? Quels furent ses épreuves, ses combats et ses martyrs ? L'histoire et les traditions se taisent, et c'est à peine si quelques noms isolés surnagent au-dessus de cet abîme, où reposent sous le regard de Dieu tant de vertus ignorées, tant de héros obscurs, inconnus aujourd'hui de ceux-là mêmes qui leur doivent la vie du temps et celle de l'éternité. Après bien des années, on voit surgir un nom vénéré, celui de saint Euverte.

§ II. — *Vie de saint Euverte jusqu'à sa consécration épiscopale. — Légende du diacre Lucifer.*

Au milieu des défaillances de la vieille cité gallo-romaine et dans les longues incertitudes de la société nouvelle du IVe siècle, l'Eglise était sortie des catacombes, vivante et glorieuse, et loin de ressentir les contrecoups des ruines qui s'amoncelaient autour d'elle, elle triomphait d'un monde languissant et dégénéré.

Comme le nom béni du saint évêque va paraître à chaque page sous les yeux du lecteur, il convient de rappeler les principaux traits de la vie du vénéré pontife.

On lit dans le martyrologe romain à l'indication du 7 septembre : « A Orléans, mort de saint Euverte, qui d'abord « sous-diacre de l'église romaine, fut miraculeusement dési- « gné par une colombe, évêque de cette ville (1). » Ainsi, une des circonstances les plus extraordinaires de l'élection d'Euverte nous est attestée par une autorité très grave et très sérieuse. Nous voudrions pouvoir en dire autant de toutes les particularités que contient la vie du saint pontife, écrite peut-être dès le Ve siècle et d'après des actes plus anciens, mais certainement avant le VIIIe, par le sous-diacre Lucifer.

Cette vie, telle qu'elle nous est parvenue, a été rejetée comme apocryphe par Tillemont.

---

(1) *Martyr. rom.* 7 sept. XVII Kal.

Le savant continuateur de Bollandus, le P. Stilting ne partage pas les observations de cet historien. En insérant la vie de saint Euverte dans les *Acta Sanctorum*, il déclare que les faits qu'il raconte sont connus du monde entier et que les circonstances principales de son récit sont en rapport avec la tradition et la renommée. Cependant il a soin d'avertir le lecteur que certaines particularités qui se rapportent à l'élection du saint et à sa mort, non seulement ne concordent pas entre elles, mais sont dépourvues de tout caractère d'authenticité (1).

On ne sait rien de la naissance de saint Euverte, de son enfance et de ses premiers travaux. Son nom même a subi sous la plume de certains auteurs différentes interpolations, et ce n'est qu'à la fin du IXe siècle qu'il prend sa forme naturelle et véritable. Les variantes de ce nom sont :

« Evortius, Eortius, Evotus, Eburtius, Evurcius, et enfin « Euvurtius ou Euvurcius (2). »

Italien d'origine, Euverte était venu dans les Gaules, disent ses biographes, à la recherche de ses frères retenus en captivité à la suite d'une guerre malheureuse. En 312, Constantin vainquit aux portes de Rome, le tyran Maxence pour lequel la capitale de l'empire avait pris parti. Les deux frères d'Evurcius furent sans doute faits prisonniers à la bataille du Pont-Milvius et vendus comme esclaves.

Après la mort de Désinian, les évêques de la province de Sens s'étaient réunis à Orléans pour terminer, par le choix d'un digne prélat, les tristes dissensions qui agitaient notre

---

(1) Bollandistes, *Acta Sanctorum*, XLIII, 7 sept. III, p. 44-45.

(2) « Codices Hieronymiani... ita habent : Depositio Sancti « Evoti ». Mss. Antverpiense aut Epternacense... Corbeiense... « Depositio » Evortii, Eortii. « Wandelbertus brevissime sanctum commemorat his verbis : « Antistes septenas servat Eortius... »

Pyrrhus d'Anglebermes, jurisconsulte et littérateur aux XVe et XVIe siècles, a écrit une vie de saint Euverte ainsi intitulée :

« Divi Evurtii, Aurelianensis præsulis vita. » Orléans, P. Asselin, in-4°, 1500. »

ville depuis deux ans. Ils avaient ordonné à cet effet trois jours de prière et de jeûne. Le second jour, un jeune voyageur, simplenent vêtu, mais distingué dans ses manières, se tenait modestement à l'écart dans le lieu saint et priait avec ferveur. Le gardien de l'église l'aperçoit et l'aborde en ces termes : « Bon serviteur de Dieu, lui dit-il, qui êtes-vous ? » « D'où venez-vous et quel est le motif de votre voyage ? » « Je « suis diacre de l'église romaine ; mon nom est Euverte, « Bénévent est ma patrie, je suis à la recherche de deux « captifs qui me sont chers et que je serai mille fois heureux « de rendre à la liberté. — Quel est leur nom ? Peut-être « pourrions-nous vous donner d'utiles indications sur ces « prisonniers ? — Ces infortunés sont mes frères ; ils se « nomment Eumorphius et Cassia. — Cher voyageur, venez « vous reposer chez moi et passer cette journée ; demain, vous « continuerez votre route. »

Le clerc portier accueille l'étranger dans son humble demeure, lui lave les pieds, les essuie de ses propres mains, et, ce bon office terminé, ils prennent ensemble un frugal repas.

Le lendemain, préoccupé du but de son voyage, Euverte avait pris congé de son hôte et déjà recommençait sa route. L'hôte insista pour le décider à prolonger son séjour. « Ami « de Dieu, lui dit-il en le rappelant, savez-vous ce qui se « passe ici ? Depuis deux ans que le bienheureux Désinian, « évêque de cette ville a rendu son âme à Dieu, les habitants « n'ont pu s'entendre encore pour l'élection d'un successeur. « Deux partis se sont élevés, chacun avec son candidat et sou- « tenant leurs prétentions par la violence... Restez encore « quelques heures. Dieu sans doute aura fait connaître à ses « serviteurs l'homme de son choix ; vous serez témoin de « l'élection et de la consécration de notre évêque. — Votre « discours me touche, reprit le jeune étranger ; je veux, mon « cher frère, assister à cette religieuse cérémonie. »

Alors, comme la veille, il se rend à la basilique de Saint-Etienne, se tient près de la porte dans un endroit écarté et unit ses prières à celles des évêques et des fidèles. Tout à coup, à l'une des fenêtres de l'édifice sacré, apparaît une colombe d'une éclatante blancheur ; elle entre, voltige avec un grand bruit d'ailes sous les voûtes, sillonne l'air dans tous les sens, cherchant avec une intelligence mystérieuse le lieu où elle doit se reposer ; trois fois elle s'arrête sur la tête d'Euverte, et trois fois, après avoir accompli sa mission, elle s'envole et disparaît par la même ouverture.

A ce spectacle, le clergé et le peuple admirent ce prodige, le considèrent comme une manifestation de la volonté divine et à l'unanimité, proclament le jeune sous-diacre, évêque d'Orléans (1).

Le lendemain, Euverte reçut le diaconat, la prêtrise dans l'église de Saint-Marc hors les Murs, et enfin la consécration épiscopale des mains de Valérien, évêque d'Auxerre.

Etaient présents à cette cérémonie, disent les *Acta Sanctorum*, Séverin de Sens, Solenne de Chartres, Julien de Troyes, Provincius de Meaux et Marcel de Paris (2).

Euverte parut alors sur le siège d'Orléans avec la triple auréole de la doctrine, de la vertu et des miracles. Il signala son épiscopat par sa charité, sa douceur, un amour constant de la justice, une sainteté et un apostolat fécond et béni du ciel. De nombreux miracles opérés pendant sa vie lui valurent une réputation universelle et une vénération égale à celle des plus grands saints de l'Eglise.

§ III. — *Euverte, depuis sa consécration épiscopale jusqu'à sa mort.*

Une année s'était à peine écoulée depuis cette merveilleuse élection qu'un terrible incendie menaça de réduire en cendres

---

(1) Boll. T. XLIII. 44-58.

(2) *Ibid.* T. XV. conf. « Labbe I novæ Bibliothecæ mss librorum edidit historiam Autissiodorensium Episcoporum. » Lebeuf, *Hist.*

la cité entière composée en grande partie de maisons construites en bois. Dans cette extrémité, le pieux évêque, sur les sollicitations d'une multitude affolée, se rend promptement à son église et conjure le Seigneur d'arrêter les flammes dévastatrices. Ses prières furent exaucées, mais voulant à tout prix faire tourner la reconnaissance de son peuple vers le projet qu'il méditait depuis quelque temps, il résolut de bâtir une église plus spacieuse et plus belle que la vieille cathédrale gallo-romaine. Au jour indiqué pour le commencement des travaux d'agrandissement, il prit, suivant l'usage de certains pays, une pioche entre ses mains et ouvrit la fouille. Il n'était pas à trois pieds de terre, quand un vase bouché avec soin s'offrit à ses regards. Ce vase renfermait un trésor considérable, composé de pièces d'un beau travail, à l'effigie de Néron. Le dessein de la Providence était manifeste ; elle avait dans sa bonté ménagé au saint cette ressource. Il jugea toutefois qu'il ne pouvait s'approprier cet argent, et après avoir rendu grâces à Dieu, il appela son archidiacre Mansuet. « Mon « frère, lui dit-il, placés à la tête du peuple, nous lui devons « l'exemple du désintéressement et de la justice. Ce trésor, « d'après les lois, appartient, du moins en partie, à l'Empe- « reur. Allez à Rome le lui présenter. »

Cet acte de délicatesse eut, même sur la terre, une récompense inespérée. L'Empereur, à la lecture de la lettre du saint évêque, à la vue de ce trésor, ouvrit son âme à une pensée généreuse qu'il ne manifesta point alors ; mais le lendemain, ayant mandé l'archidiacre : « Je veux, lui dit-il, que vous « reportiez à votre pasteur ce qu'il m'a envoyé ; reprenez cet « argent et partez en paix. » Il fit venir ensuite le préfet Anatolius et lui dit : « Hâtez-vous de rendre au vénérable « archidiacre tout ce qu'il vous a remis ; ce trésor n'est point « à nous, c'est le bien du Seigneur, qui l'a réservé pour

---

d'Auxerre. Saint Marcel n'a pu assister au sacre de saint Euverte, puisqu'il occupa le siège de Paris de 400 à 436, longtemps après la mort de l'Evêque d'Orléans. FISQUET, *France Pontif.*, diocèse d'Auxerre, 288.

« l'honneur de son culte. J'ordonne même qu'on y ajoute « le double de sa valeur. » Ce n'est pas tout. Il voulut lui-même régler et déterminer les dimensions de l'église projetée. « Il faut, dit-il, proportionner l'édifice au nombre des chré-« tiens qui se multiplient tous les jours ; l'église aura, nous « le voulons ainsi, 170 coudées de longueur et 42 de largeur ; « on lui donnera la forme d'une croix. On y construira trois « autels ; celui du milieu sera enrichi du bois de la croix, « très auguste et très sainte, qui a sauvé le monde. Six arceaux « dont trois à droite et trois à gauche composeront l'édifice. « Et pour donner aux habitants le moyen d'aider leur évêque « dans cette pieuse entreprise, nous les dispensons pendant « trois ans de toutes sortes d'impôts. Voulant enfin concourir « nous-même à l'ornement du culte sacré et obtenir qu'on « fasse mémoire de nous dans les saints mystères, nous don-« nons six calices d'or le plus pur et autant de bassins du « même métal (1). »

Heureux et la joie au cœur, le bon archidiacre Mansuet s'en revint en grande hâte, apportant avec lui le plan de l'église, les présents de l'Empereur et le trésor dont la valeur était plus que triplée.

Dieu qui console les humbles avait réservé au saint évêque une autre joie bien douce. Un jour que l'évêque de Soissons était allé prier, selon sa coutume, sur le tombeau des saints martyrs Crépin et Crépinien, il entendit deux hommes qui faisaient à haute voix cette prière : « Glorieux martyrs de « Jésus-Christ, disaient-ils, qu'il nous soit donné de revoir « avant notre mort et d'embrasser notre frère le sous-diacre « Euverte, dont nous sommes séparés depuis si longtemps ! » Quelques paroles échangées avec ces deux hommes eurent bientôt appris à l'évêque qu'il avait devant lui les deux frères tant désirés du bienheureux Euverte. Alors au service d'une pieuse veuve, nommée Vibiana, ils étaient loin de penser

(1) Il nous a paru singulier que l'Empereur se fût occupé de déterminer lui-même la grandeur et la forme de la future église d'Orléans.

que leur frère, autrefois sous-diacre de l'église de Rome, fût si haut placé et si près du lieu de leur captivité. L'évêque de Soissons s'empressa de transmettre à Orléans, par l'intermédiaire de son archidiacre Léon, cette bonne nouvelle. Le jour même où Mansuet venait de Rome avec les présents de Constantin, le messager de l'évêque de Soissons entrait dans la ville d'Orléans par la porte opposée, apportant à saint Euverte la nouvelle que son collègue dans l'épiscopat avait retrouvé ses deux frères au service d'une sainte veuve nommée Vibiana.

L'auteur de la vie de l'Evêque d'Orléans ajoute que le prélat les retrouvait ainsi après une séparation de quarante années, « post quadraginta annos ». Le texte n'oblige pas à supposer que saint Euverte eût employé quarante ans à la recherche de ses frères ; il n'avait sans doute quitté Rome que sur un indice qui lui faisait croire que les captifs avaient été conduits dans cette province des Gaules. Mais le délai n'en est pas moins démesurément long entre l'événement qui avait privé Evurtius de ses frères et la recherche qu'il en entreprit plus tard. Nous supposons qu'il existe une faute entre la mention du chiffre, et qu'au lieu de « quadraginta » il faut écrire « *quatuordecim* », quatorze ans (1).

Or, c'est précisément quatorze ans avant l'année où saint Euverte commença les travaux de sa cathédrale que se place le seul événement qui, pendant le IVe siècle, ait pu avoir pour effet de faire venir dans la Gaule des prisonniers de guerre appartenant à une famille de Rome, comme celle dont Evurtius était issu ; cet événement est la victoire que Constantin remporta sur le tyran Maxence (2).

La consolation du pasteur fut la joie de tout son peuple. On venait à l'envi le féliciter d'avoir retrouvé ses frères ; on admirait les présents de l'Empereur, on promettait un généreux concours pour la prompte construction de l'église.

---

(1) Cette digression était nécessaire pour comprendre la suite de notre récit et éviter les invraisemblances inutiles. Nous avons du reste suivi la légende du bréviaire orléanais du 7 septembre.

(2) Charles Lenormand, *Mémoire sur le tombeau de saint Euverte*, 1-25.

Telle fut, en effet, la rapidité avec laquellle on poussa les travaux, que, au bout de trois ans, se faisait déjà solennellement et avec pompe la dédicace du temple sacré. Le 3 mai, jour où l'on célèbre la fête de l'Invention de la Sainte-Croix, la nouvelle église fut dédiée à cette croix adorable ; l'ancienne était sous le vocable de Saint-Etienne.

Euverte convoitait pour sa cathédrale des trésors plus précieux que l'or, l'argent et les autres richesses matérielles. Il envoya chercher en divers lieux des saintes reliques ; à Jérusalem, il sollicita et obtint une portion de la vraie croix, à Rome des reliques de saint Pierre et de saint Paul.

La translation de ces gages sacrés et chers à la foi donna lieu à une imposante cérémonie. La joie peinte sur les visages, on alla prendre les reliques à l'endroit où on les avait déposées et on les porta religieusement à la cathédrale. L'heure de la sainte messe étant arrivée, une sainte lutte s'établit entre Euverte et ses collègues dans l'épiscopat. Le vénérable prélat prétendait que ce n'était point à lui, mais à l'un de ses confrères, plus digne, qu'il appartenait de monter à l'autel. On fit enfin violence à son humilité, et il dut par condescendance accepter un honneur auquel l'appelaient ses vertus et ses mérites. Or, pendant la célébration des saints mystères, à la fraction du pain, au moment où, suivant le cérémonial, il élevait la sainte hostie pour l'offrir à Dieu, voici que le pieux évêque aperçoit au-dessus de sa tête une main sortant d'un nimbe lumineux, et de ses doigts étendus donnant à l'hostie une triple bénédiction. Le sacrifice achevé, le serviteur de Dieu allait et interrogeait chacun des prélats et des fidèles : « Dites-moi, je vous prie, frères bien-aimés, si pendant la « célébration des divins mystères, vous n'auriez rien vu d'ex- « traordinaire ? » Trois seulement avaient aperçu la main mystérieuse ; le sous-diacre Baudèle, si fortement ému qu'à peine pouvait-il articuler une parole, un pénitent nommé Eleusinus et la religieuse Procopia. Au récit de ce miracle bien constaté, et indice manifeste de la protection du ciel, l'enthousiasme du peuple était à son comble. On termina la cérémonie en plaçant les reliques dans l'autel ; au milieu, celle de la croix, à droite, celles des martyrs de Soissons, des saints Crépin et Crépinien, devenus particulièrement chers au bienheureux évêque, et, à gauche, celles des saints apôtres Pierre et Paul.

Ce miracle est du même genre que celui qu'on raconte de saint Martin, sur la tête duquel se montra un globe de feu pendant la célébration de la messe, et ce miracle, aperçu de même par quelques fidèles, figure dans la vie parfaitement authentique du thaumaturge des Gaules.

Toujours d'après les *Acta Sanctorum*, saint Euverte occupa pendant vingt ans le siège d'Orléans et l'on ne voit pas qu'aucun événement grave ait troublé le cours de son épiscopat. En effet, Constantin, mort en 337, laissa la Gaule à son fils Constant, lequel protégea les catholiques et vivait encore à la mort du saint pontife. Peut-être la vie de notre évêque ne fut-elle pas écrite immédiatement après cet événement ? L'Eglise des Gaules fut violemment agitée pendant le règne de Constance ; elle se ressentit moins de la persécution de Julien ; mais quand son successeur Jovien eut rendu dans l'empire son autorité au catholicisme, en tenant d'une main ferme les rênes du gouvernement, l'Eglise et le pays jouirent d'une prospérité où se place d'une manière très avantageuse la composition d'ouvrages du genre de celui qui nous occupe.

Saint Euverte fut évidemment entre les mains de la Providence un instrument d'élite, destiné à la conversion des idolâtres et des hérétiques. Qui donc pourrait s'étonner que l'infinie miséricorde de Dieu lui ait si largement départi le don des miracles ? Chacun venait chercher auprès de lui les consolations et les grâces, les uns la santé du corps, les autres les satisfactions de l'âme. Un souffle de ses lèvres, une parole de sa bouche, l'imposition des mains suffisaient à opérer les guérisons les plus éclatantes. Mais ce qui est impossible à dire, c'est le nombre de prosélytes à qui ses exemples, ses conseils, ses paternelles exhortations ont ouvert la porte du ciel.

Les autres circonstances de la vie de saint Euverte nous sont inconnues. Averti par révélation de sa fin prochaine, il crut devoir l'annoncer à son peuple et à ses frères en Jésus-Christ. Un matin, après l'office de la nuit, il réunit dans la sacristie tout son clergé avec quelques laïcs et il leur fit part de l'avertissement qu'il avait reçu de Dieu. Il ne tarda pas à être saisi de la fièvre et rendit le dernier soupir au jour prédit, le 7 du mois de septembre, lequel tombait un dimanche, cette année-là, disent certains historiens (1).

§ IV. — *Sépulture de saint Euverte.*

Toujours d'après les *Acta Sanctorum*, un noble romain, nommé Tetradius, qui avait exercé les fonctions de préfet, demanda instamment et obtint la faveur de donner à l'évêque défunt la sépulture dans un champ qu'il possédait à l'est de la ville, sur le coteau qui domine la Loire, à trois cents pas de distance des murs d'enceinte. Aux funérailles relevées par l'éclat d'une pompe imposante, on vit accourir le peuple en grande foule. Sur la tombe, le même Tetradius fit construire un petit oratoire consacré à la Vierge Marie sous le vocable de Notre-Dame du Mont ; ce nom lui fut conservé jusqu'au moment où une église romane ajoutée au petit sanctuaire prit celui de Saint-Euverte.

§ V. — *Observations particulières sur la vie et la sépulture de saint Euverte.*

1° *La Vie de saint Euverte*, ouvrage du sous-diacre Lucifer, se compose de deux parties : l'élection et la mort du vénéré pontife ; mais les circonstances qui se rapportent à ces deux événements ne sont pas concordantes.

Dans la première partie, Evurtius, sous-diacre de l'église de Rome, est un contemporain de Constantin le Grand et du pape saint Sylvestre.

---

(1) BOLLANDISTES, *Acta Sanctorum*, XLIII. 7 sept., p. 45, 58.

Dans la seconde, dont nous n'avons pas parlé, il désigne pour son successeur saint Aignan, qui défendit Orléans contre les Huns cent vingt ou cent trente ans plus tard. On a cru résoudre les difficultés en substituant le nom de Constantius à celui de Contantinus (1), et de plus on a relevé sur les actes d'un concile tenu à Valence, des Gaules, en 374, le nom d'un évêque nommé Eortius, que l'on a identifié à celui d'Evurtius. De là, le calcul qui fait assister saint Euverte au concile de Valence en 374 et prolonge jusqu'en 391 son épiscopat qui n'aurait été que de vingt ans ; de là aussi le calcul qui place immédiatement ensuite l'épiscopat de saint Aignan qui aurait duré plus de soixante ans.

Tout cet échafaudage, admis par de très bons critiques, à commencer par Charles de la Saussaye, croule devant la phrase suivante tirée de la vie la plus ancienne et la plus authentique de saint Aignan (1) : « L'église cathédrale d'Or- « léans avait été primitivement l'œuvre de saint Euverte, « évêque de cette ville, qui, dans son zèle pour l'amour de « Dieu, l'avait construite de fond en comble. Bien des années « s'écoulèrent et l'on vit se succéder plusieurs évêques jusqu'à « l'avènement au trône pontifical de saint Aignan. Cet homme « de Dieu, voulant rendre l'édifice plus digne de sa destina- « tion, en fit déposer la couverture et donner aux murailles « une plus grande élévation. »

Ce sont là des assertions nettes qui portent avec elles un véritable caractère d'authenticité, et qu'on doit suivre, si

---

(1) La Saussaye, *Ann. Eccl. Aurelian.*, p. 60.

(2) « Ante complures annos beatus Evurtius antistes, ecclesiam in urbe Aurelianensium civitatis a pavimento ædificans in amore divino, visus est magnam ecclesiæ fabricam construxisse et post multo tempore, multisque episcopis decedentibus, Sanctus vir Deo plenus Anianus, consentiente domino ad pontificale munus accessit, cui visum est pro tantæ fabricæ decore, tectis depositis, fabricam ipsam altius sublimare. » — *Acta Sanctorum*. T. XLIII, p. 55.

Cf. MM. Bimbenet, Cuissard, Duchateau pour la tradition. — La Saussaye, Hubert, Pollucue, Cochard, contre la tradition.

l'on veut étabir quelque chose de solide dans des recherches du genre de celle qui nous intéresse.

Il y eut donc plusieurs évêques entre saint Euverte et saint Aignan. Diopète, évêque d'Orléans, qui souscrivit au concile de Cologne en 346, et qu'on retrouve au concile de Sardique l'année suivante, était le successeur immédiat de saint Euverte. L'Eortius, signataire à Valence, en 374, sans qu'il soit fait mention de son siège, ne doit pas se confondre avec l'Evurtius d'Orléans. Du reste, le P. Stilting fait justement remarquer qu'aucun évêque du Nord de la Gaule ne paraît sûrement avoir assisté au concile de Valence (1).

Ecartant ce rapprochement inexact et nous fondant sur l'indication positive du successeur d'Evurtius, nous n'hésitons pas à admettre l'authenticité de la première partie de la vie de saint Euverte et à retrancher tout ce qui se rapporte, vers la fin de ce document, à la désignation d'Anianus, comme successeur immédiat du saint évêque. Ce retranchement se fait aisément et sans qu'on soit même obligé de changer un mot du texte, après cette phrase où le saint annonce sa mort prochaine. « Completis ergo matutinis mys-« teriis, in secretarium est ingressus et convocans universam « fraternitatem et ex laïcis quosdam, exposuit eis singula « sicut ei fuerunt revelata... »

On reprend sans interruption :

« Post hœc febricitatus, die quo ostensum fuerat corpus « terrae, animam reddidit cœlo... » le texte se trouve purgé d'une addition erronée et qui indique une date déjà éloignée de celle où vivaient non seulement saint Euverte, mais encore saint Aignan.

Ces deux personnages avaient été rapprochés par la tradition populaire et étaient devenus les deux saints protecteurs du diocèse. Les évêques qui avaient siégé dans l'intervalle étaient oubliés ; leurs noms, par des motifs que nous ignorons, ne s'étaient pas conservés sur les dyptiques. On savait

---

(1) Abbé PELLETIER, *ouvr. cité*, p. 11.

qu'Evurtius avait vécu le premier, Anianus ensuite, que le premier avait bâti la cathédrale, que le second l'avait embellie. Anianus, pour se rendre digne de son glorieux prédécesseur, avait dû se proclamer son disciple. L'association des deux noms était naturelle et inévitable. Toutefois, il ne fallait pas moins d'un siècle pour produire une telle altération dans les souvenirs (1).

La vie de saint Euverte, ainsi réduite à ses éléments authentiques, ne contient qu'un petit nombre d'événements tout aussi dignes de foi que ceux dont se composent les Vies de Saints les plus accréditées. Le touchant récit de l'élection dans la rédaction de Lucifer doit avoir eu pour fondement un événement réel. L'incendie que, l'année d'après, le saint évêque arrête par ses prières et le vœu qu'il fait par suite de cette catastrophe de reconstruire sa cathédrale n'ont rien qui puisse exciter le soupçon. Les détails donnés sur la découverte d'un trésor pendant la cérémonie qui correspond à la pose de la première pierre portent un cachet de précision qui inspire la confiance surtout à un numismate ; le miracle qui eut lieu pendant la dédicace de l'église, la révélation que saint Euverte a de sa fin prochaine ne peuvent non plus donner lieu à la moindre réserve de la part de la critique.

2° Observations sur le sépulcre de saint Euverte.

Voici ce que nous lisons dans les *Acta Sanctorum* : « Un « homme de haute naissance, de race sénatoriale, nommé « Tetradius, ordonna qu'on ensevelît (Euverte) dans un « champ inculte qui lui appartenait, situé en face de la ville, « dans sa partie orientale (2).

Polluche et autres écrivains prétendent que ce fut au contraire saint Aignan et non pas saint Euverte, qui aurait reçu

(1) M. Charles Lenormand, membre de l'Institut. Mémoire sur le *Tombeau de saint Euverte, évêque d'Orléans*, 1862, p. 15-21.

(2) *Acta Sanctorum*, XLIII, 7 sept. III. 51. « Corpus ejus solemni « pompâ in agro Tetradii viri præfectorii in Orientali parte civitatis « sepultum est urbi oratorium in ejus honorem posteo est extructum. »

les honneurs de la sépulture dans le même champ et par les soins du pieux Tetradius (1).

Il est impossible de se défendre d'un grand doute sur l'existence de ce personnage. Tantôt on veut qu'il soit d'extraction sénatoriale, tantôt on lui donne la qualification de préfet et même les attributs de proconsul.

Ces contradictions cessent, si l'on se met en présence de la situation politique et sociale de la Gaule depuis le moment où saint Euverte fut sacré évêque, vers l'an 320 ou 325, et si l'on poursuit cet examen jusqu'à la mort de saint Aignan survenue en 453.

Depuis la constitution de 212, œuvre de Caracalla, la Gaule avait perdu son indépendance et, dans les cités, les magistratures et administrations nationales avaient disparu pour faire place aux municipes et aux curies.

Que Tetradius fût issu de race sénatoriale ou curiale, qualifié du titre de préfet ou de proconsul, il dut avoir, à la mort de saint Euverte, bien peu de crédit, d'influence et d'autorité. Il n'était plus alors qu'un simple citoyen rentré dans la classe des habitants de la ville ou bien un personnage préfectoral vivant sous la dépendance d'un tyran gallo-romain ; dans ce dernier cas, il ne pouvait d'aucune manière résider à Orléans qui n'a jamais été le siège d'une préfecture. Par conséquent, il est permis de supposer que ce seigneur, et tout autre comme lui, ait jamais pu donner son champ pour la sépulture d'un évêque, que les obsèques du prélat aient pu se célébrer avec une grand pompe et qu'un haut fonctionnaire de l'Empire ou même un simple gallo-romain ait eu la liberté d'élever un oratoire sur le tombeau de saint Euverte. La situation est d'ailleurs constatée par le texte lui-même qui dit que ce fut seulement « dans la suite que cet oratoire fut construit. » Il fallut donc attendre des temps meilleurs pour bâtir ce petit édifice.

D'autre part, sans vouloir poursuivre cet examen, il est

(1) Polluche. *Bibl. d'Orl.* mss. — Lebœuf, Belamy d'Alancourt.

bien difficile de reconnaître, de l'année 325 ou 340 à l'année 453, un personnage du nom de Tetradius, propriétaire du vaste terrain qui s'étend entre l'église de Saint-Euverte et celle de Saint-Aignan.

Certains historiens prétendent que Tetradius a été converti par saint Martin pendant son séjour à Trèves et assurent avoir puisé ce détail dans les auteurs de la vie du grand évêque des Gaules et dans les *Annales Ecclésiastiques de Baronius* (1).

Or, nous avons consulté avec soin les écrits de Sulpice Sévère, de Grégoire de Tours et du savant cardinal Baronius et nous n'y avons trouvé nulle part le récit de cette conversion miraculeuse. L'incertitude la plus complète règne sur ce personnage, sur le lieu de sa naissance, de son habitation et sur ses qualités personnelles.

On peut en conclure sans hésitation que cet homme cité dans la légende de saint Euverte sous le nom de Tetradius n'a jamais existé. Ce nom qu'on a appliqué à un champ, viendrait selon nous du mot grec « ΤΕΤΡΑΔΕΙΟΝ » figure à quatre côtés et signifierait « Champ carré ou cimetière ».

Cette supposition est devenue depuis longtemps une certitude et il est maintenant avéré que le cimetière public de Genabum-Aurelia était placé, au temps de la domination romaine, dans l'espace occupé par l'église de Saint-Euverte, les bâtiments conventuels et la ligne du chemin de fer qui l'avoisine à l'Orient. Ce cimetière, d'une grande étendue, paraît avoir été remplacé par des constructions que les Romains avaient l'habitude d'élever dans ces derniers asiles de la mort, et indique nécessairement à Genabum une ville assez considérable et une population déjà très nombreuse.

En 1805 et en 1829, des fouilles pratiquées dans le jardin et au sud des bâtiments claustraux mirent à découvert une galerie souterraine sur laquelle ouvraient de petites cellules

---

(1) « *Annales Ecclésiastiques de Baronius*, vol. IV, p. 919. » Or, le tome IV ne contient que 736 pages.

Cf. E. Bimbenet, *Episcopats de saint Euverte et de saint Aignan*, p. 50.

sépulcrales voûtées ; quelques-unes renfermaient des cercueils en pierre et en plomb, des urnes pleines de cendres et des débris de vases. Enfin, des médailles à l'effigie de Vespasien, de Titus, d'Adrien, d'Antonin le Pieux, de Sabine et des deux Faustines peuvent venir à l'appui de notre opinion et de celle des auteurs qui prétendent que ce terrain a servi de lieu de sépulture aux Gaulois et aux Romains. On sait que les païens mettaient toujours des pièces de monnaie dans les tombes pour donner aux défunts le moyen de payer le prix de passage sur la barque fameuse (1).

Cette observation est, ce nous semble, complètement justifiée par ce qui s'est passé dans la suite à l'égard de cet endroit ; on le voit changer de nom : ce n'est plus le champ Tetradius au commencement de la monarchie franque, c'est le champ Hagon.

Lorsque Charles le Chauve donna à l'abbaye naissante de Saint-Euverte le lieu sur lequel l'église et le monastère furent élevés, on le désigna dans l'acte de concession sous le nom de « Champ-Hagon (2). »

Pouvons-nous considérer cette désignation comme étant celle d'un homme ? Il paraît que ce sens ne doit pas non plus lui être attribué et il est certain au contraire que nous nous trouvons encore en présence d'un mot grec qui veut dire dans les racines de Lancelot :

Αγων. combat, jeux, appareil.

Si ce mot n'est plus en parfaite concordance avec le sens tiré de la destination donné au champ Tetradius et avec le sens même de ce mot, il est en parfaite harmonie avec la destination d'une partie de ce vaste terrain.

Les Romains, en effet, avaient construit dans le prolonge-

---

(1) *Annales de la Société royale des Sciences d'Orléans*, VERGNAUD-ROMAGNESI. — *Notice sur la découverte du cimetière primitif de la ville d'Orléans*. T XII, 267-290. M. DE TORQUAT, *Quatre jours dans Orléans*, 172-174.

(2) *Gall. christ.*, VIII. *Instrum.*, 507.

ment du champ Tetradius, sur la pente qui domine la Loire, des Arènes où s'exécutaient jadis les jeux du cirque.

C'était bien là le champ du combat ou de l'agonie, puisque ces sortes de jeux étaient une lutte de la vie contre la mort, et l'on comprend très bien que Charles le Chauve ait donné à ce champ, ancien cimetière transformé en arènes, le nom d'Agon, mot destiné à exprimer l'usage que l'on avait fait anciennement de ce terrain (1).

ARTICLE II

Les cinq premiers siècles de l'Abbaye

§ I. — *De la mort de saint Euverte à l'épiscopat d'Agius*

La dépouille mortelle du saint évêque devint un trésor dont la possession sembla préférable à tous les autres biens. La renommée des miracles qui s'opérèrent sur son tombeau se répandit dans toute la Gaule ; les fidèles y accouraient en grand nombre et y multipliaient leurs prières et leurs aumônes.

Cent quinze ou cent vingt ans après la mort de saint Euverte, un événement historique se passait sur l'emplacement du champ Tetradius. La voie romaine qui rattachait la capitale des Parisii à l'antique Cenabum avait livré passage d'abord aux Vandales, ensuite à Attila, surnommé le fléau de Dieu, et les terribles hordes barbares, campées à la porte dite plus tard de Bourgogne, réunissaient contre la cité leurs efforts furieux que devaient rendre impuissants les prières et le dévouement de saint Aignan, alors évêque d'Orléans. Par un miracle de la divine Providence, la petite chapelle de Notre-Dame du Mont resta debout malgré le pillage et les vagues de sang qui, des rives de la Baltique, des immenses plaines de la Tartarie ou des montagnes du Caucase, déferlaient sur

---

(1) Mon opinion personnelle, au sujet du champ de Tetradius, est toute particulière, il est vrai ; mais elle paraît assez vraisemblable et se rapproche de la certitude historique.

l'Europe et venaient souiller les murs de la vieille cité gallo-romaine.

Du ve au viie siècle, pendant que les Mérovingiens gagnent des batailles, chassent de leur territoire les Wisigoths et les Burgondes, saint Euspice et saint Mesmin, armés de la croix et de la charrue, s'établissent entre la Loire et le Loiret, dans des terres sauvages et insalubres auxquelles ils donnent le nom à jamais célèbre de Micy ; un autre religieux, nommé Léodebold, abbé de Saint-Aignan, fonde en 633, à l'extrémité du diocèse, à dix lieues environ à l'est d'Orléans, dans un lieu appelé le Val d'Or à cause de la fertilité de son sol, le monastère de Fleury ou de Saint-Benoist, depuis que l'abbé Mummole y eût apporté d'Italie les reliques de l'immortel instituteur des moines d'Occident.

Nul doute aussi qu'à l'ombre de l'oratoire du Mont et auprès du tombeau de saint Euverte, des Gallo-Romains, fatigués des excès de la civilisation, attristés par les ruines que les Barbares laissaient derrière eux, ne soient venus chercher la paix qui manquait à la vie politique et un refuge assuré où pussent s'abriter tout à la fois la sainteté et la science.

Aucun monument contemporain, il est vrai, n'a laissé de traces positives à ce sujet ; mais il paraît incontestable que le clergé de Sainte-Croix a formé dès les premiers siècles du catholicisme dans nos pays, le « presbyterium » de l'Evêque, qu'il ait été soumis, au viiie siècle, à la règle établie par Chrodegand, évêque de Metz, puis, au ixe, à la refonte de cette même règle, opérée par le diacre Amalaire, sous l'inspiration de Louis le pieux, approuvée en 816 par le concile d'Aix et adoptée par toutes les églises de France.

Des clercs, prêtres, diacres, sous-diacres et autres, formaient à l'origine le « presbyterium » ou le collège épiscopal et vivaient en communauté régulière sous sa direction dans l'unique église de la cité. Peu à peu les besoins de l'apostolat, le désir d'honorer d'une manière plus parfaite la tombe du saint patron d'Orléans, amenèrent l'érection d'un nouveau titre ou d'une annexe à laquelle on préposa un prêtre ou un diacre détaché du « presbyterium » primitif. Dans la suite, l'annexe suburbaine fut desservie non plus par un simple membre du conseil diocésain, mais bien par un collège clérical, menant, ainsi que celui de la métropole, la règle de la vie cénobitique. Les clercs prirent, vers le VIIe siècle, le titre de chanoines réguliers.

Bien avant Charles le Chauve et contrairement à ce que disent le chanoine Hubert et Dom Sauvageon, prieur de Sennely, en Sologne, ces chanoines réguliers vivaient dans de petites cellules rangées les unes en face des autres et ouvrant sur un corridor commun vis-à-vis de l'église (1).

Tels nous semblent avoir été les modestes débuts de saint Euverte. Une première fois, les restes du glorieux pontife furent tirés de son tombeau. On s'accorde à fixer l'époque de cette première exhumation à l'année 732, lorque les Arabes d'Espagne pénétrèrent dans les Gaules sous la conduite du farouche Abdel-Rhaman, et qu'Elbon, archevêque de Sens, métropole dont Orléans était alors une suffragance, les repoussa par un miracle signalé jusqu'aux dernières limites de son diocèse (2). Pour mettre à l'abri de toute profanation les reliques de saint Euverte, on les transporta au centre de la ville, dans l'église de Saint-Etienne, où elles restèrent pendant un laps de temps que nous ne saurions exactement déterminer. La victoire gagnée à Poitiers par Charles-Martel délivra heureusement nos contrées des fureurs musulmanes, mais le glorieux vainqueur, après sa brillante expédition, eut la faiblesse d'accorder à ses compagnons d'armes les terres et bénéfices de l'église. L'un d'entre eux, Waïffre d'Aquitaine, dans la suite comte d'Orléans, chassa les moines de leurs couvents, y établit des gens de sa suite et y fit régner le désordre et l'anarchie. Les abbayes

---

(1) *Bibl. d'Orléans*, HUBERT mss. — SAUVAGEON, *Histoire de Sennely* mss.

(2) M. HENRY, doyen de Quarré-les-Tombes, *Hist. de Seignelay*, I, 130-131.

de Saint-Euverte et de Micy furent tellement dévastées qu'elles ne conservèrent plus un seul de leurs habitants (1).

Pendant bien des années, les archives se taisent sur les noms des abbés et des doyens qui gouvernèrent le petit monastère ; non seulement l'histoire n'a pas enregistré leurs actes, mais à peine nous donne-t-elle quelques renseignements sur ces temps troublés. Aussi nous ne pouvons commencer notre récit qu'à partir de la restauration accomplie par Charlemagne et ses successeurs. Le grand Empereur et Louis le Débonnaire, tous deux favorables au développement de la religion dans les Gaules, écoutèrent avec attention les plaintes des évêques d'Orléans et leur restituèrent les bénéfices dont ils avaient été injustement dépouillés : « de ce nombre étaient les « celles de « Saint-Avit, de Saint-Mesmin et de Saint-Euverte (2). »

A côté d'Alcuin en qui Charlemagne sut trouver le plus infatigable dévouement, nous plaçons tout particulièrement Théodulphe, évêque d'Orléans ; il administra son diocèse avec un soin digne d'admiration, mais fut-il abbé de Saint-Euverte, comme nous pourrions le supposer ? Il dit lui-même dans un article de ses Capitulaires, qu'il gouvernait à titre bénéficiaire les abbayes de Saint-Benoît, de Saint-Avit et de Saint-Lyphard de Meung (3). Il aurait pu ajouter qu'il possédait du même chef celles de Micy et de Saint-Euverte (4).

Evidemment, Théodulphe avait sous sa juridiction médiate comme évêque, et immédiate comme abbé, les monastères orléanais.

Le but qu'il se proposait alors, avec saint Benoît d'Aniane, était la réforme des couvents qu'il importait d'arracher aux mains laïques et de ramener à l'uniformité de la discipline.

Jonas, qui succéda à Théodulphe, obtint vers l'an 825 de

---

(1) De Buzonnière, *Hist. architecturale de la ville d'Orléans*, I, 391. — Fleury, *Hist. Eccles.*, XIII, 26.

(2) *Mém. de la Soc. hist.*, XXIV, 67. *Théodulphe*, Ch. Cuissard.

(3) Capit. Théodulphi.

(4) *Cartul. Sainte-Croix*, p. 64.

Louis le Débonnaire la confirmation des biens et des droits attribués à son église et surtout la « celle de Saint-Euverte ». Quand il demande plus tard à Charles le Chauve une charte en faveur de cette même église et des autres paroisses de la ville, il se plaint avec raison que les archives du chapitre et celles placées sous sa dépendance aient été brûlées et que l'office divin soit depuis longtemps interrompu (1).

§ II. — *Agius, évêque d'Orléans, 843*

Un parent de Jonas, nommé Agius, le premier, à notre connaissance, qui signe ses actes du titre d'abbé de Saint-Euverte, est appelé à lui succéder. Clerc de la chapelle royale, il entretint de fréquentes relations avec les officiers du palais et la facilité qu'il avait de s'approcher de son souverain lui permit sans doute de solliciter et d'obtenir plus sûrement les biens des monastères et les honneurs de l'épiscopat.

D'après un diplôme inséré dans le Gallia Christiana et faussement attribué à Charlemagne, Charles le Chauve qui avait été sacré et couronné roi dans l'église d'Orléans en 848, range notre abbaye au nombre des possessions capitulaires et la désigne sous l'humble titre de « cella » (2).

Or, comme l'affirment du Cange et La Curne de Sainte-Palaye, ce terme signifiait alors « un petit monastère, un « prieuré ou une obédience, soumis à un chapitre ou à un « monastère (3). »

En 855, d'après Symphorien Guyon (4), la quatorzième année de son règne, Charles le Chauve vint à Orléans, accompagné de plusieurs évêques et comtes du palais. Une réception magnifique salua son arrivée ; le clergé et les fidèles se pressèrent sur ses pas, et, comme cela eut lieu, le 5 juin 800 pour

(1) Cart., ouv. cité, p. 64.

(2) Symphorien Guyon, *Hist. d'Orléans*, p. 214 et suiv.

(3) Du Cange, *Glossarium*, II, 266. *La Curne de Sainte-Palaye*. Dictionn., III, 293.

(4) Symph. Guyon, ouv. cité, I, 228.

l'entrée de Charlemagne à Rome, une foule immense poussait des cris d'allégresse. Le roi voulut alors visiter les lieux vénérés de la ville avec l'évêque Agius. Quand il fut arrivé à l'église de Sainte-Marie hors des murs, autrement Notre-Dame du Mont, le prélat aurait fait à Charles le Chauve et aux gens de sa suite le récit détaillé des miracles par lesquels s'était manifestée la sainteté de son illustre prédécesseur, lors de son élévation à l'épiscopat, de la consécration de la cathédrale et du transport de ses reliques, au moment de l'invasion des Barbares, puis de leur réintégration au lieu vénéré de sa sépulture primitive.

Le prince, profondément touché de ce récit, et désirant se concilier à lui-même la protection du puissant serviteur de Dieu, aurait déposé de riches présents sur ses autels et fait don au monastère de Saint-Euverte, de deux domaines considérables, Baudreville en Beauce et Sennely en Sologne, avec leurs colonies, terres et dépendances, prés, bois, étangs, viviers, hommes et femmes de corps (1). A ces immunités il ajouta un clos situé sur la paroisse de Saint-Marc, appelé le Champ-Hagon, primitivement Tetradius, comme nous l'avons dit précédemment, et depuis clos de l'Empereur ou encore le champ de Saint-Euverte (2).

Cette charte, datée d'Orléans, porte en suscription les noms d'Agius, évêque et abbé de Saint-Euverte ; de Roger, archevêque de Reims ; de Deodatus, évêque de Soissons ; de Jean, évêque de Troyes. Bien qu'elle semble avoir une grande valeur historique, elle est dénuée de tout caractère d'authenticité. Dom Verninac l'accorde à Charles le Chauve pour rapprocher les années de son règne de celles de l'épiscopat d'Agius et sauvegarder ainsi les apparences ; mais on ne saurait méconnaître que les signataires du diplôme n'ont jamais existé, ou, tout au moins, la signature des évêques susnommés est incon-

(1) *Gall. Christ. Instrum.*, VIII, 480. Baudreville, ferme d'Erceville (Loiret) ; Sennely, com., canton de La Ferté-Saint-Aubin (Loiret).

(2) *Gall. Christ.*, VIII. Instr. 480.

ciliable avec les dates et les faits contestés (1) De plus, les Normands ravageaient les bords de la Loire, et il semble assez douteux que le roi de France ait profité de ce moment pour faire une visite dans notre ville. Ce n'étaient plus alors ces pirates que la faim chassait chaque année des stériles régions de la Suède, de la Norvège et du Danemark, qu'un vent d'est amenait en trois jours, sur leurs barques à voiles, aux bouches de la Seine, de la Loire et de la Garonne, et qui s'enfuyaient chargés de butin, après le pillage des villes et monastères incendiés. C'était une armée véritable, établie à demeure et grossie d'un grand nombre d'habitants, du pays même de France, qui se joignaient à ces idolâtres pour dévaster les abbayes, brûler les églises et répandre le sang des prêtres et des religieux (2). A leur approche, les chanoines de Marmoutiers avaient levé de terre, pour le transporter à Orléans, le corps de saint Martin, sous la conduite du pieux abbé Hebernus. Quand la petite troupe arriva dans notre cité, elle trouva les habitants occupés, avec leur évêque Agius, à faire la translation des restes de saint Euverte, afin de les soustraire de même aux profanations des Barbares de la Baltique (3).

Pendant plus d'un demi-siècle, la province orléanaise eut à souffrir du brigandage et de la cruauté des Normands. La chapelle de Notre-Dame du Mont, qui aurait été recontruite au temps de Charlemagne, fut détruite et presque anéantie en 865 (4).

Lorsque le calme fut rétabli et que le danger des invasions eut complètement disparu, la petite église fut relevée de ses ruines, les précieuses reliques du saint évêque y furent réinté-

---

(1) *Bibl. d'Orléans.* Dom VERNINAC, m. 487. — MM. Natalis de Wailly et L. Delisle s'accordent à rejeter complètement ce diplôme, tout en convenant que celui qui l'a forgé (*sic*) avait l'intention de le faire dater de Charlemagne.

(2) BALUSE, *Lettres de Loup de Ferrières*, passim.

(3) *Historiens des Gaules*, Dom BOUQUET. Symphorien GUYON, ouvrage cité, I. 228-230.

(4) S. GUYON. *Ibid.*

grées en grande pompe et dès lors, après avoir ajouté le nom d'Euverte à celui de Notre-Dame du Mont, la foi des peuples ne retint plus désormais que celui du patron d'Orléans.

Mais quels moyens restaient aux abbayes pour restaurer et repeupler leurs domaines déserts ? Elles n'avaient plus que la charité des fidèles et la confiance de quelques chrétiens. Ceux qui s'abritaient à l'ombre des cloîtres pour se soustraire aux vexations du dehors avaient encore à craindre de nouvelles calamités. Une foule de tyranneaux avaient étendu leurs mains avides sur les biens du clergé et usurpé le titre d'abbé, afin de couvrir l'odieux de leurs vols et de leurs dilapidations. Ce n'est pas sans de puissants motifs que les religieux de Saint-Euverte recherchèrent en ces temps d'anarchie l'appui des rois et des évêques. On répondit à leurs désirs par la sécularisation. Toutefois, il ne faudrait pas conclure qu'aucune règle ne présidât à la situation nouvelle. Les menses furent converties en prébendes par la force des choses avec la permission tacite ou formelle des évêques. Lothaire, Louis V, Hugues-Capet, Robert le Pieux, tout en confirmant les possessions de l'église d'Orléans et par là même de son annexe, Saint-Euverte, consacrèrent le fait de leur autorité souveraine (1). Les évêques Anselme, Thierry, Ermenthée, Arnoul donnent successivement leur approbation à ce régime qui tend à se développer au sein de la féodalité. Depuis cette réforme, Saint-Euverte obéit à un doyen dont la mission était d'administrer le chapitre conformément aux règles canoniques (2).

§ III

Les 290 ans que le monastère passa sous le régime de la sécularisation depuis Agius jusqu'à l'avènement de Roger de Saint-Victor furent une période peu brillante pour cette communauté. En 989, un terrible incendie vint plonger la ville et le

(1) *Cartul. de Sainte-Croix*, 31, 37, 45, 64, 79.
(2) *Ibid.*

couvent dans une profonde misère. Qu'advint-il après ce sinistre événement ? Les religieux relevèrent sans doute leur église, mais les temps étaient mauvais et il semble bien que cette restauration ait été des plus précaires et des plus imparfaites.

Helgaud, moine de Fleury, dans la vie du roi Robert qu'il composa vers 1050, écrit que ce prince éleva, au commencement du XIe siècle, une église sous le vocable de Saint-Hilaire devant son palais ; c'était la grande église du Châtelet, et le prêtre qui la desservait prenait le titre de chapelain du roi. Ce dernier choisit à Saint-Euverte six chanoines pour la célébration de l'office divin dans cette paroisse (1).

De 1021 à 1033 succéda à Thierry, sur le siège épiscopal, Odolric de Broyes, fils de Renard de Broyes et d'Aloyse dame de Pithiviers. Fut-il abbé de Saint-Euverte, comme le devint plus tard Isembart, son neveu ? Aucun document n'autorise cette supposition. A la mort d'Aloyse et de son oncle, Roger, évêque de Beauvais, il était abbé de Coulombs et se trouvait en possession des seigneuries de Pithiviers, de Nogent l'Erembert, d'Huisseau-sur-Mauves et de nombreux domaines situés en Beauce entre Orléans et Châteaudun (2). C'est ainsi qu'en 1027, à son retour de Jérusalem, à la prière de son neveu qui devait le remplacer sur le trône épiscopal, l'évêque d'Orléans abandonna aux chanoines de Saint-Euverte toutes les coutumes du village de Baulay (3). Cette cession constituait un démembrement de la baronnie de Pithiviers et il était de

(1) Apud CHESNEAU, t. IV, 77. « In ipsa civitate Aurelianis ædificavit ecclesiam in honore Sancti Hilarii... ante palatium suum. »

(2) *Gall. Christ.*, VIII. Instrum. 492.

(3) *Ibid.*, *Bibl. d'Orléans*, Dom VERNINAC, ms. 487, f° 42, cf. M. l'abbé PELLETIER, *Les Evêques d'Orléans*, 51 et suiv. Nogent-le-Roi ou l'Erembert, ch.-lieu de canton (Eure-et-Loir). Huisseau-sur-Mauves, com. du canton de Meung-sur-Loire (Loiret). Baulay, hameau de Guigneville, canton de Pithiviers (Loiret). Nous croyons qu'Héloïse aurait hérité de tous ces biens du chef d'Arnoul, évêque d'Orléans, son oncle ou son frère.

toute nécessité que l'évêque justifiât de l'assentiment des futurs héritiers de cette baronnie.

Mais Odolric n'avait pas attendu les dernières années de sa vie pour disposer en faveur des siens de ce qui lui appartenait en propre. Il laissa à un de ses neveux, Hugues de Mortagne qui ne la posséda que très peu de temps, la seigneurie de Pithiviers ; à un autre, nommé Hugues Bardoul, ses châteaux de Nogent et de Méréville, et à un troisième nommé Isembart, Yèvre-la-Ville et son évêché d'Orléans (1).

Dans la charte qui concerne Baulay, ce même Isembart, clerc et abbé de Saint-Euverte cède aux chanoines de sa communauté toutes ses coutumes et essaie ainsi de se concilier la faveur d'un des corps les plus puissants de l'église d'Orléans.

Béline, sa sœur et épouse de Guy de Clamecy, se croyant dépossédée dans la succession de son oncle, ne craignit pas de revendiquer, à titre de légitime héritière, certaines terres de la seigneurie de Pithiviers, notamment le domaine de Baulay. Les chanoines de Saint-Euverte envoyèrent alors auprès d'Isembart de Broyes, leur doyen Joscelin, le chevalier Guitmond et un prêtre nommé Arrauld (2), les priant de protester avec force contre toutes les exactions que la dame de Clamecy faisait subir aux hôtes de l'abbaye.

Blessé dans son autorité et dans ses droits les plus sacrés, l'évêque d'Orléans arrêta par son crédit et son influence les poursuites de sa sœur et de son beau-frère et les obligea ainsi que leurs enfants à lui faire des excuses et à ratifier la donation faite en 1027 par leur oncle Odolric de Broyes (3).

Un acte sans date, mais qui, d'après Dom Verninac, semble avoir été accompli entre les années 1024 et 1026, nous apprend que le roi Robert aurait échangé avec un chevalier nommé

(1) *Gall. Christ*, VIII, 492.

(2) Dom Verninac, 487, f° 44. Méréville, chef-lieu de canton (Seine-et-Oise). Yèvre-la-Ville, commune, canton de Pithiviers (Loiret).

(3) Dom Verninac, ms. 487, f° 44. Cuny, hameau de Gidy, canton d'Artenay (Loiret).

Balsamon la terre de Francharville (Francharti villa) avec ses dîmes et dépendances contre celle de Cuny, qu'il aurait donnée aux religieux de Saint-Euverte, à la charge de dire chaque semaine pour lui et ses parents le psautier et une grand'messe (1).

Un siècle plus tard, les religieux abandonnèrent au roi de France, Louis le Gros, ainsi qu'à ses hommes, leur terre de Baulay, pour la faire cultiver en hostise, mais à la condition qu'elle serait partagée en moitié par eux et par le prince lui-même. En 1132, le roi la leur rendit libéralement et dans toute son intégrité, afin que les chanoines pussent en jouir en toute garantie après son décès (2) ; le tout pour le salut de son âme, celui de la reine Adélaïde, de défunt Philippe, son fils, et de ses autres enfants, avec l'assentiment de Louis, déjà couronné roi (3).

Cette charte est datée de l'année 1132, 23e du règne (pour 24) ; souscrite par Louis le Jeune, roi ; Raoul, comte de Vermandois ; Louis, Bouteiller ; Hugue, connétable ; Hugue, chambrier, et donnée de la main de Simon, chancelier (4).

Par un autre acte, mais encoro sans date, un seigneur nommé Buramon, aurait donné à Saint-Euverte, vers l'an 1134 ou 1136, l'église d'Artenay, ainsi qu'une propriété nommée « Peculiaris » et plus tard la ferme de la Grange avec toutes ses dépendances. Ce don fut consenti et approuvé par Henri de France, fils de Louis le Gros, archidiacre de Beauce (5).

Les usurpations des laïcs dans les propriétés religieuses s'étaient considérablement accrues depuis quelque temps ; on donnait en commendes à des séculiers des collégiales et des abbayes ; d'autre part, la non-résidence avait rendu le nombre des prêtres insuffisant pour le service divin, surtout dans les campagnes.

(1) Dom Verninac, 487.

(2) *Ibid.*, f° 82. *Bibl. nat.*, coll. Moreau, 55, f° 124.

(3) *Cart. de Saint-Euverte*, 10.089.

(4) Luchaire, *Annales de la Vie de Louis VI*, n° 492, f° 227.

(5) *Arch dép.*, H. s. fonds, fr. St Euverte. Dom Verninac, ms. 487.

Le chapitre de Saint-Euverte devait finir par offrir le spectacle d'une véritable décadence. Suivant Etienne de Tournai, qui fut, jeune encore, le témoin attristé de ce lamentable désordre, « on n'avait plus aucun souci de la célébration reli-« gieuse du sacrifice de la messe, du grave devoir de l'office « divin ; pour cela et pour autre chose qu'il n'est pas néces-« saire de dire, l'état présent ne pouvait durer ; il fallait « l'améliorer et rendre aux choses saintes leur sainteté (1) ». Par conséquent, une réforme devenait indispensable.

CHAPITRE II

§ 1. — Réforme à Saint-Euverte.
§ 2. — Roger de Saint-Victor, premier abbé de Saint-Euverte.

§ I. — *Réforme à Saint-Euverte*

I. Aperçu général sur les abbés de Saint-Euverte.
II. Réforme à Saint-Euverte par l'abbaye de Saint-Victor de Paris.
III. Règle de Saint-Victor.

§ Ier. — Aperçu général sur les abbés de Saint-Euverte

Les auteurs du *Gallia Christiana* dressent la liste des abbés connus, depuis Roger de Saint-Victor, en 1145, jusqu'à Timoléon-Charles de Gouffier, nommé à Saint-Euverte, au mois d'avril 1739, et comptent trente-quatre titulaires.

Ils ont omis dans leur énumération les noms de Robert, Pierre I, Jean IV dit Bruneau, et Martin de Beaune. Ce n'est pas étonnant de leur part, car nous n'avons nous-même aucun renseignement précis sur leur existence abbatiale.

1° Le premier successeur supposé de Roger de Saint-Victor

---

(1) *Bibl. de Sainte-Geneviève*, ms. 21, p. 327.

est indiqué par Symphorien Guyon qui ne donne pas la preuve de ce qu'il avance (1).

Le cartulaire, copie du XVIIe siècle, fait figurer en tête d'une charte de 1168 le nom de Robert et en suscription celui de Roger. Ne serait-ce pas une erreur ou une interpolation ? Car si cet acte eût appartenu à Robert, le scribe, après avoir écrit : « Robertus abbas sancti Evurcii » aurait pu s'exprimer ainsi : « Sigillum Roberti » au lieu de « Rogerii » (2). Sceau de « Robert » au lieu de « Roger ».

2° Pierre Ier (1303-13..). Seuls, Hubert et Vergnaud-Romagnési citent son nom sans rien préciser.

3° Jean IV Bruneau est plus connu. Après avoir été prieur de Sennely en Sologne, il succède à Pierre Cherelli ou Chereau (3).

Nous avons rencontré nous-même le nom de Martin de Beaune dans les archives de Saint-Euverte (4).

Par contre, les mêmes auteurs du *Gallia Christiana* citent deux fois l'abbé Roger, de 1145 à 1167 et de 1176 à 1183, et le comptent dans leur liste à la deuxième élection comme le troisième abbé régulier de Saint-Euverte (5).

Il résulte donc que notre nouvelle liste compte trente-huit abbés au lieu de trente-quatre portés à l'ancienne.

Nous donnerons des notices, autant que possible, sur tous les abbés qui se sont succédé à Saint-Euverte, les abbés réguliers d'abord, puis les abbés commendataires. Les premiers étaient librement élus par les suffrages de la communauté, suivant les prescriptions de la règle.

Lorsque s'ouvrira la série des abbés commendataires, nous donnerons des explications concernant le régime de la commende.

---

(1) Symphorien GUYON, *Hist. d'Orléans*, I, 400.

(2) *Arch. nat.*, Cartul. 10.089, f° 78.

(3) Eusèbe GUILLARD, *Sennely et son prieuré*, 68.

(4) *Gall. Christ.*, VIII, 492.

(5) *Arch. dép.*, H., 16.

§ II. — Réforme de Saint-Euverte par l'abbaye de Saint-Victor

La réforme qui s'introduisit dans l'ordre canonique au XIIe siècle est trop considérable pour ne pas faire ici la matière d'un paragraphe; ce ne fut pas le retour à la règle de Chrodegand, mais bien l'établissement d'une vie plus féconde et plus sévère, et ce serait laisser dans une pénombre regrettable l'œuvre qui s'accomplit à Saint-Euverte, que de l'isoler soit du mouvement général qui se produisit alors, soit du principe salutaire qui l'avait engendré et qui l'activait.

Le signal parti de Rome sous l'impulsion de saint Pierre Damien fut entendu en France et en particulier par Yves de Chartres. En 1132, le pape Innocent II, au retour de son voyage en France, d'où il avait tiré un victorin pour l'élever au cardinalat, pouvait écrire à l'évêque de Paris et au chapitre de Notre-Dame :

« Votre dilection n'ignore pas combien l'église de Saint-
« Victor s'est rendue célèbre tant par les vertus personnelles
« de ses membres que par l'observance régulière et le zèle
« de la discipline ecclésiastique, au point que, de tous côtés,
« beaucoup d'églises, en adoptant son genre de vie et en lui
« demandant des maîtres, ont fait, grâce à Dieu, de grands
« progrès. De tout ceci, la majesté divine reçoit honneur et
« gloire ,et le peuple chrétien ayant sous ses yeux de tels
« exemples est amené à devenir plus fidèle et meilleur (1).

Prieuré sous le gouvernement de Guillaume de Champeaux en 1108, abbaye sous celui de Gilduin, disciple et successeur de Guillaume en 1113, Saint-Victor avait pris la place de la « cella vetus », retraite déjà sanctifiée sinon par des moines, du moins par une recluse nommée Basilie, et tirait son nom du héros chrétien de Marseille, son vénérable patron. C'était un lieu sauvage bordé d'un côté par la rive gauche de la Seine, de l'autre par des bois dont la foule respectait le majestueux silence. Louis le Gros avait largement doté ce monastère (2).

---

(1) Jh. de Thoulouse, ad ann. 1132.

(2) Abbé Michaud, *Guillaume de Champeaux*, p. 240 et s., Fourmier-Bonnard, *Hist. de l'Abbaye de Saint-Victor.*

Or, à cette époque, l'ordre de Saint-Victor s'était propagé dans beaucoup d'églises, moins de quarante ans après sa fondation. « Raoul devint abbé de Saint-Satur, dans l'archidiocèse de Bourges, Odon à Sainte-Geneviève de Paris, Roger à Saint-Euverte d'Orléans, un autre Roger dans l'église d'Eu en Normandie, le seigneur Garnier à Saint-Barthélemy de Noyon, Baudouin à Saint-Vincent de Senlis, Guibert à Notre-Dame d'Eaucourt, Richard à Notre-Dame de Bristol en Angleterre, André à Saint-Jacques de Wigmore ; dans l'église romaine le cardinal Yves, et Hugues, évêque de Tusculum. Tous ces personnages étaient chanoines de Saint-Victor et disciples de Gelduin. Ce dernier eut aussi pour disciples, Hugues de Saint-Victor, que personne n'a surpassé dans la science des Ecritures, maître Achard, évêque d'Avranches, maître Adam, très savant dans les saintes lettres, et le prieur Richard (1). »

Le Gâtinais et l'Orléanais ne furent pas non plus délaissés. Louis VI concéda à cette abbaye de date récente les églises de Puiseaux, d'Amponville, de Saint-Séverin de Châteaulandon, et de Bucy-le-Roi avec toutes leurs dépendances (2).

En 1134, il accorda aux religieux de Saint-Victor la terre d'Ambert, située dans la forêt d'Orléans, avec les terres et les bois d'alentour (3).

§ III. — Règle de Saint-Victor

Le renoncement à la propriété en dehors des vœux ordinaires fut conseillé aux chanoines avec une instance toujours croissante par les souverains pontifes Nicolas II et Alexandre II, aux conciles de Rome, en 1059 et 1063. Les chanoines qui acceptèrent la vie commune « sine proprietate » sans rien posséder en propre, prirent le nom de réguliers; ils faisaient

(1) *Bibl. nat.*, ms. lat. 15,009, f° 76 v°.

(2) *Cart. de Saint-Victor*, 1450, f° I. — Puiseaux, ch.-l. de canton (Loiret). Châteaulandon, ch.-l. de canton (Seine-et-Marne). Bucy-le-Roi, com. du canton d'Artenay (Loiret).

(3) *Bibl. nat.*, Moreau, f° 104. Ambert, hameau de Chanteau (Loiret)

et firent revivre le régime de la communauté du clergé primitif. Saint Augustin avait reproduit et propagé en Occident ce type de vie religieuse et saint Antonin de Florence a pu écrire que l'ordre canonique institué par les apôtres a été amené à la vie régulière par le saint docteur.

Ce fut cette règle qu'adopta l'abbaye de Saint-Victor et qui y demeura en vigueur pendant des siècles, enrichie de compléments tels que ce célèbre monastère put lui donner son nom. Elle n'est autre que le « Liber Ordinis » resté inédit et dont deux copies se trouvent actuellement à la bibliothèque nationale (1). Du Cange affirme que ce « Liber » a eu pour auteur le premier abbé de Saint-Victor, Gilduin, qui mourut en 1155 (2).

Quoi qu'il en soit, ce nouveau code religieux comprenait deux parties : les fonctions dans le monastère et les prescriptions générales pour la vie canonique.

I. Fonctions dans le monastère.

Ces fonctions étaient parfaitement définies et les devoirs clairement tracés sous les titres d'abbé, de prieur, de sous-prieur, d'économe, de cellérier, d'aumônier, de réfectorier, de portier, de garde-vestiaire, d'armoirier ou bibliothécaire, de grand-chantre, de sacristain, de réglementaire (3).

a) Abbé. Le « Liber ordinis » exige la liberté complète de l'élection et de l'intronisation de l'abbé. Il est interdit d'influencer les votants, de les exhorter à nommer, dans les réunions ou individuellement, tel ou tel religieux. A défaut d'un sujet apte, instruit et de bonnes mœurs, on pouvait porter son choix sur d'autres personnes, spécialement sur celles qui étaient sorties de l'abbaye ou qui appartenaient à l'ordre de Saint-Victor.

---

(1) *Bibl. nat.*, mss, lat., 14,673 et 14,674.

(2) Du Cange, Glossarium med. et infer. latin. *Index auctorum.*

(3) *Bibl.*, *nat.*, ms. lat., 14,673, f° 1-17.

Aussitôt après la mort de son prédécesseur, l'abbé était nommé par six ou sept chanoines, choisis par le chapitre entier, qui ratifiait ensuite la décision des électeurs. Par conséquent l'élection était à deux degrés.

Le résultat connu et proclamé, les prieur et sous-prieur prenaient l'élu par la main et le conduisaient dans la salle capitulaire où il demeurait prosterné à terre pendant qu'on chantait les prières d'usage. Puis, il était mené au siège abbatial et la procession s'organisait pour se rendre à l'église en chantant le psaume : « Exurgat Deus. »

Au jour fixé par l'évêque, sur la demande du prieur, du sous-prieur et des anciens de la communauté, l'élu allait recevoir la bénédiction abbatiale et faisait son entrée solennelle dans le monastère.

L'abbé ,en possession d'une très large autorité, avait droit de la part de ses inférieurs à des marques de respect et d'obéissance de tous les jours et de tous les instants. D'autre part, il lui était prescrit de ne point abuser du pouvoir qui lui était confié ; car il ne devait aucunement se soustraire à la discipline du cloître ; au contraire, supérieur aux autres, il avait la « règle supérieure à lui-même ».

En conséquence, sa vie était celle des chanoines. Sa présence à l'office, au chapitre, le repas au réfectoire, le repos au dortoir, telles étaient les principales obligations qui pesaient sur sa tête et auxquelles il était astreint comme les autres membres de la communauté. Il ne pouvait en outre faire aucune aliénation, vente, mutation de biens sans le consentement exprès du chapitre. Il n'avait à sa disposition d'autre revenu que le revenu commun.

b) Après l'abbé venait le prieur. Proposé par l'abbé sur l'avis préalable des autres chanoines, il était agréé par le chapitre. Ses fonctions ordinaires étaient de veiller à l'observation de la discipline et, en l'absence de l'abbé, il tenait les rênes du gouvernement. De même que son élection, sa déposition était soumise au consentement des anciens ; enfin, il avait un sous-prieur pour le remplacer.

c) L'économe appelé aussi procureur, chambrier, camérier (camerarius), était obligé de percevoir les revenus et cens du monastère, d'exploiter les terres, de prendre soin des diverses possessions et de pourvoir aux besoins de ses frères. Dans le principe, tous les revenus des biens-fonds, hormis ceux de l'aumônerie, étaient concentrés entre les mains du chambrier. Sa fonction de procureur était de comparaître en jugement pour les parties en procès avec la communauté, d'instruire les causes et de soutenir les intérêts temporels des religieux, des fermiers, des colons ou des hôtes de l'abbaye.

d) Le cellérier « major et minor ». Le cellérier « major ». Ses attributions s'étendaient à tous les actes ayant trait au temporel, parmi lesquels figuraient en première ligne les recettes et les dépenses. Il était chargé de percevoir les revenus, de régler les repas, d'acheter les vêtements, de procurer les provisions, de pourvoir aux dépenses relatives au chauffage, à l'éclairage, à l'entretien de la cuisine, de l'infirmerie, de la cave, etc...

Il devait être paternel et montrer beaucoup de condescendance pour subvenir aux besoins réels de ses frères, surtout des vieillards et des malades, mais aussi tout mesurer et éviter le gaspillage. « Les ustensiles à son usage lui seront choses « sacrées comme vases d'autel. » A l'heure du repas, il est à sa cuisine tout entier, au réfectoire comme à l'infirmerie ; son aide s'occupe à pourvoir l'hôtellerie, la table des serviteurs.

Le cellérier « minor » était investi d'une fonction permanente, celle de pitancier.

On appelait pitance ou aumône la nourriture servie aux religieux, en dehors de la règle, à certains jours de l'année, lorsqu'une donation avait été faite à l'abbaye, sous la condition que les revenus provenant de l'objet donné suffiraient à procurer cette nourriture.

Le cellérier prenait encore le nom de rentier, quand il touchait les rentes d'accord avec le procureur.

e) Parmi les autres officiers, nous mentionnerons :

L'aumônier ou le préposé à la distribution des aumônes, qu'on voulait « pieux et doux » afin qu'il pût par sa piété compatir aux indigents et par sa douceur ne point s'impatienter de l'importunité des demandes.

Les deux portiers. L'un ouvrait la porte extérieure, l'autre avait soin à l'intérieur que le bruit ou la voix des visiteurs ne vinssent troubler la solitude du cloître.

f) L'hospitalier devait se rendre sans retard à l'appel du portier pour recevoir les étrangers.

Au moyen âge, les voyages étaient difficiles ; il n'y avait point de chemins praticables, point d'auberges dans les campagnes ; les voyageurs et les vagabonds se montraient partout. Les premiers hôpitaux furent surtout des hôtels ; d'où est venu le nom si populaire et si commun d'hôtels de Dieu ou « Hostels-Dieu ».

Que l'on se transporte à cette époque par la pensée et l'on se rendra compte des avantages que procurait aux voyageurs pauvres et malheureux l'hospitalité monastique !

g) Le chantre et le bibliothécaire.

Ces deux fonctions furent réunies dans la même personne, parce que primitivement les bibliothèques abbatiales étaient composées de livres de chant.

Le chantre dirigeait le chant sacré et exerçait au chœur une autorité absolue pour fixer le ton, le mouvement et la distribution des morceaux. Tous doivent conformer leurs voix à la sienne et personne n'a le droit de le reprendre. Il doit lui-même tout prévoir pour éviter les hésitations ; si elles se produisent, il doit être assez sûr de sa personne et des textes pour y parer immédiatement. Il avait sous ses ordres un religieux qu'on appelait « le sous-chantre, succentor. » Lui était appelé « Préchantre ou Precentor ».

Le bibliothécaire ou armoirier (armarius). Il remplissait des fonctions assez complexes. Tout d'abord il avait le soin de l'armoire où se conservaient les précieux manuscrits ; il dirigeait ensuite les copistes, leur traçait leur besogne, leur fournissait écritoires, plumes, couteaux, grattoirs, parchemins et revisait leur travail.

Il avait encore d'autres fonctions à remplir. Il devait rédiger et proclamer le bref où étaient distribuées chaque samedi, selon des règles fixes, les charges hebdomadaires ou de circonstance. C'était à lui de choisir les lectures et les lecteurs au chapitre, au réfectoire, à la conférence, et au besoin de remplacer les absents et de corriger les « lapsus ». A lui d'indiquer les offices de chaque jour, d'inscrire et de lire en leur temps le nom des morts au « Nécrologe », de donner aux frères assemblés en chapitre connaissance des lettres qui leur étaient adressées.

h) Le réfectorier. Aidé d'un convers, il a soin de toute la vaisselle et du linge de table. Il devait y dresser le couvert, y placer le pain bien blanc, le vin pur, l'eau bien fraîche en été, la chauffer au besoin en hiver. Pendant le repas, il servait lui-même, recevant les plats du cellérier à la fenêtre qui s'ouvrait sur la cuisine. Il avait encore la charge des préparatifs pour le lavement des pieds.

i) Infirmier. La règle Augustinienne avait prévu l'infirmier, chargé de demander au cellérier ce qui était réclamé pour les infirmités de chacun. Un frère éprouvait-il quelque malaise, l'infirmier était à sa disposition, et, si son état l'exigeait, on le conduisait immédiatement à l'infirmerie avec la permission de l'abbé. C'était un local sain et silencieux, pourvu de tout le mobilier nécessaire et utile, et même d'une salle de bains. Les religieux qui avaient étudié la médecine pouvaient être attachés à l'infirmerie. Ils ne devaient soigner les laïques que dans l'intérieur de l'abbaye.

Le vestiaire ou garde-vestiaire. Il distribuait soit aux religieux, soit aux hôtes, les vêtements, les chemises confectionnés par les convers. Il était de plus chargé de l'entretien des vêtements, de distribuer aux religieux le papier, les plumes et l'encre dont ils pouvaient avoir besoin.

j) Sacristain. Réglementaire.

Le sacriste ou sacristain était chargé de pourvoir à toutes

les exigences du culte. Il nettoyait les calices, les vases sacrés, fabriquait les hosties, prenait soin des ornements sacerdotaux, veillait à l'entretien de l'église, la balayait, l'ouvrait le matin et la fermait le soir, et enfin réglait et réparait l'horloge.

Il avait pour le seconder en ses fonctions le réglementaire ou marguillier « matricularius » dont le principal devoir était de sonner les cloches et d'appeler les religieux à l'office.

2° Prescriptions générales pour la vie canonique.

La seconde partie du « Liber ordinis » règle minutieusement, au point de vue liturgique, disciplinaire ou spirituel, ce qui regarde les offices, les fêtes, le réfectoire, le dortoir, l'emploi de la journée, la sanctification de l'âme, les secours religieux à donner aux malades et même la sépulture des morts. Une large part était faite au silence, à l'étude, à la charité fraternelle, à la pauvreté, au jeûne, à l'obéissance. Le travail des mains fut imposé aux moines pour donner au corps sa peine de la vie, mais aussi pour lui procurer sa nourriture (1).

La règle de Saint-Victor est considérée comme le développement logique ou le complément utile de la règle-mère qu'avait léguée le grand évêque d'Hippone. Nous sommes donc autorisé à dire : la règle de Saint-Augustin avec les trois vœux monastiques et solennels, voilà le caractère général de la réforme qui s'opéra, au XIIe siècle, dans l'ordre canonique.

ARTICLE II

Roger de Saint-Victor, premier abbé de Saint-Euverte (1145-1167)

§ 1. — Sage administration.

§ 2. — Donations. Bulles des Souverains Pontifes. Chartes du roi de France et de Manassès de Garlande, évêque d'Orléans.

§ 3. — Découverte du corps de saint Euverte.

§ 4. — Relations diverses. Derniers actes. Retraite de Roger. Robert, abbé présumé de Saint-Euverte.

---

(1) Cf. *Jh. de Thoulouse.* Abbé Ferêt, Fournier-Bonnard.

I. — Sage administration de Roger. — Débuts.

Aperçu général sur notre diocèse.

En France, la réforme fit d'importantes conquêtes ; les chapitres des cathédrales et des collégiales, les monastères qui avaient perdu l'esprit de la vie cénobitique se rallièrent en grand nombre à cette véritable et salutaire révolution .

C'est surtout à la fin du XIe et au commencement du XIIe siècle, peut-être plus qu'en aucun autre temps, que notre pays sentit naître en lui des aspirations plus généreuses, un désir de vie chrétienne plus immolée, un plus vif besoin d'association plus intime. Et pour montrer quelle sainte influence les moines exercèrent à cette époque, et quelle place glorieuse ils méritent dans notre histoire, il suffira de citer des noms, comme ceux de Robert de Molesmes, Robert d'Arbrissel, saint Bruno et de tant d'autres.

A côté des grandes abbayes, telles que Grammont, la Chartreuse, Citeaux, Fontevrault, on en voit naître de plus humbles.

Le diocèse d'Orléans ressentait aussi les heureux effets de cet enthousiasme religieux qui caractérisa le commencement du XIIe siècle.

L'ordre de Citeaux, fondé en 1098, est un des plus répandus et des plus célèbres. En peu d'années, de nombreux monastères en sortirent et nous placerons au premier rang l'abbaye de la Cour-Dieu. C'est en 1118 que, répondant à l'appel de Jean II, évêque d'Orléans, une troupe de douze moines vint s'établir tout près de la forêt, sur le territoire d'Ingrannes, dans une vallée où s'encaisse la route de Pithiviers et qui prit le nom favorable de « Curia Dei » (Cour-Dieu).

Le couvent prospéra sous la direction de ses premiers abbés qui furent des saints. En même temps se fondent sur notre sol les modestes prieurés de Flottin, Semoy, Chanteau, de la Coudre de Grammont, et ils ne tardent pas à devenir des pépinières de saints, de savants et d'artistes.

Effrayés de la décadence des mœurs et de ses conséquences,

Manassès de Garlande, évêque nommé d'Orléans et probablement son oncle, Etienne de Garlande, doyen du chapitre, ancien chancelier et sénéchal de Louis le Gros, reconnaissant les mérites et la réputation de sainteté de l'ordre récent de Saint-Victor, lui demandèrent instamment, pour les religieux de Saint-Euverte, la règle de Saint-Augustin, telle qu'elle était observée dans cette abbaye. Roger fut alors préposé à la direction du monastère orléanais, pour y rétablir la vie régulière (1).

Nous n'avons aucune donnée sur sa famille, son origine, son caractère, antérieurement à sa nomination à Saint-Euverte. Elevé sans doute dans le cloître, sous le gouvernement de l'abbé Gelduin, par des maîtres aussi savants que pieux, tels que Hugues, Adam et Richard, il eut pour condisciples et amis ceux que nous avons précédemment cités et qui sont devenus comme lui habiles dans l'administration et la vie spirituelle.

Les commencements de Roger à Saint-Euverte durent être pénibles à tous les points de vue. Les chanoines, réduits à la dernière extrémité, privés des moyens d'exercer leurs œuvres de miséricorde, n'avaient plus d'autres ressources que les revenus précaires de Baulay, de Baudreville, de Sennely et quelques prébendes dans l'église d'Orléans (2).

Le monastère lui-même était tombé dans un tel état de vétusté et de démembrement qu'il fallait à tout prix le restaurer.

Pendant les quarante années de son fécond et brillant épiscopat, Manassès de Garlande prodigua aux religieux de Saint-Euverte les marques de son plus sympathique dévouement. Peu de temps après son élection, il ordonna, d'accord avec le chapitre, que l'abbaye jouirait du revenu annuel de toutes les prébendes qui viendraient à vaquer, de quelque manière que la vacance se fasse, à condition que l'abbé et les frères

(1) *Histoire littéraire*, T. XIV, p. 228.
(2) *Gall. christ.*, VIII. 472-473.

prieraient tous les jours pendant un an pour tout chanoine décédé (1).

De plus, l'abbaye possédait de temps immémorial une prébende à Sainte-Croix, et, soit en considération des bienfaits qu'elle avait reçus des précédents évêques d'Orléans et du chapitre, soit pour quelque raison inconnue, l'abbé et les chanoines de Saint-Euverte étaient obligés d'administrer les sacrements aux chanoines malades de la cathédrale et de leur donner la sépulture avec les cérémonies d'usage après leur mort.

Cette coutume était en vigueur du temps de Hugues de Garlande, comme nous l'apprend une lettre d'Etienne de Tournai (2).

A la prière de Roger et de ses compagnons de retraite, l'évêque, avec le concours de son chapitre, croit pouvoir leur offrir la jouissance annuelle de toute prébende et demande que les frères Saint-Euverte prennent part aux distributions qui se font deux fois par an, aux fêtes de l'Invention de la Sainte-Croix et de Noël, aux chanoines qui se lèveront la nuit pour assister aux matines. Et s'il arrivait que ces annates fussent supprimées par l'affectation d'une de ces prébendes aux besoins généraux du chapitre, les chanoines de l'église d'Orléans seront tenus en compensation de payer à l'abbaye dix sous de rente le jour de la fête de Saint-Euverte (3).

Mais les religieux ne purent continuer bien longtemps d'aller aux offices de nuit et demandèrent au chapitre à en être exemptés ou qu'on leur donnât une escorte pour les garantir des attaques des voleurs. En mémoire de cette tradition, l'abbé qui avait assisté à l'office était reconduit chez lui accompagné de deux soldats du guet que lui fournissaient les chanoines de Sainte-Croix « propter saltum » (4). Ce sont les

---

(1) *Bibl. d'Orléans*, ms. 478. I. 53. Dom VERNINAC.

(2) Abbé DESILVE. Epist. 289. « Tenetur ipsa ecclesia infirmantibus exhibere solatium et decedentibus prœstare sepulcrum. »

(3) *Bibl. d'Orl.* Dom VERNINAC, ms. 487, f° 53.

(4) *Ancien processionnal de Sainte-Croix.* Dict. de Robert ESTIENNE, « Saltus est sylva densior in quà pasci et œstivare pecudes solent. »

expressions du rituel ; l'abbaye de Saint-Euverte était située au milieu de la forêt de Semoy, dangereuse à traverser.

Cette charte, datée de 1146, porte la signature d'Etienne, doyen du chapitre ; de Hugues, grand-chantre ; de Zacharie, sous-doyen ; de Raoul, chévecier ; d'Algrin, archidiacre ; de Pierre, archidiacre ; de Hugues, archidiacre de Beaugency ; de Hugues, archidiacre de Sully ; d'Odelard, sous-chantre ; d'Ancel, maître des Ecoles, et de Burchard, prévôt (1).

Grâce à ces premières libéralités, les chanoines de Saint-Euverte furent, au moins pour quelque temps, à l'abri du besoin et des préoccupations matérielles de l'existence. Ils pouvaient se livrer en paix à leurs exercices religieux dans la solitude qu'ils s'étaient choisie. Parmi les anciens séculiers qui consentirent à recevoir des mains de Roger l'habit et la règle de Saint-Victor, nous reconnaissons le prieur Hugues qui devint dans la suite abbé de Saint-Barthélemy de Noyon, le sous-prieur Godefroy, plus tard abbé de Saint-Satur, au diocèse de Bourges, un troisième qui n'est désigné que par son initiale G, abbé de Saint-Ambroise de Bourges, le chantre Guillaume qui mourut à Franchart dans la forêt de Bière, après plus de quarante ans de vie religieuse et érémitique ; enfin, les prêtres Engerbaud et Mainard (2).

II. — Bulles des Souverains Pontifes, chartes confirmatives de Louis VII. — Donations.

Afin de donner plus de stabilité à ces premières immunités, Roger dut faire reconnaître son abbaye, comme on dirait aujourd'hui, d'utilité publique, lui faire recevoir la consécration légale qui lui assure la protection des pouvoirs civil et ecclésiastique, et la mettre à l'abri des persécutions auxquelles le législateur de l'époque laissait un champ trop libre. Il eut recours à deux autorités sacrées et incontestées, celle du

(1) *Gall. christ.*, t. VIII. 472, 473.

(2) *Arch. dép.* H. 1., fonds Saint-Euverte.

Pape et celle du Roi qui lui témoigneront les marques de leur extrême bienveillance.

Ecrivant au Souverain Pontife, l'abbé de Saint-Euverte le priait de vouloir bien le bénir ainsi que son troupeau et donner une auguste sanction à sa communauté nouvellement réformée.

Eugène III accueillit favorablement cette supplique, répondit à Roger par une bulle datée de 1147, confirma Saint-Euverte dans la règle de Saint-Augustin ainsi que toutes ses dépendances, et défendit en même temps à qui que ce soit, laïque ou ecclésiastique, sous peine d'excommunication, de troubler cette abbaye dans ses jouissances temporelles.

Voici du reste la traduction de la bulle du Souverain Pontife :

« Eugène, évêque, serviteur des serviteurs de Dieu, à nos « chers fils Roger, abbé de Saint-Euverte, et à ses frères, tant « présents qu'à venir, qui professent à perpétuité la vie reli- « gieuse, salut dans le Seigneur. Puisque Dieu, pourvoyeur de « tout bien, nous a donné la charge de l'Eglise universelle, il « est de notre devoir d'aimer les personnes qui lui sont consa- « crées et d'apporter tout notre soin à en sauvegarder les « règles, car il n'est pas de servitude plus noble que celle « qui est dirigée par la charité et garantie par la pureté et « l'intégrité de la religion. C'est pourquoi, chers fils dans le « Seigneur, nous condescendons avec clémence à vos justes « demandes, en prenant sous notre protection et sous celle du « bienheureux Pierre, l'église dans laquelle vous vous êtes « adonnés au service divin et à laquelle comme caution nous « accordons le privilège de cette bulle. Nous arrêtons d'abord « que dans cette abbaye l'on observe individuellement et à « perpétuité l'ordre régulier établi en vue de la crainte de « Dieu, selon les règles de Saint-Augustin et l'institution des « frères de Saint-Victor de Paris. Qu'ensuite aucun religieux « n'ose sortir du couvent sans la permission de l'abbé et de « la communauté, que personne n'ose le retenir sans lettre « en bonne et due forme ; seul, l'abbé, après l'avoir averti

« deux ou trois fois, s'il persiste à ne pas rentrer dans la « maison qu'il a quittée à votre insu et contre vous, a le droit « de prononcer contre lui la sentence canonique. Que vous « possédiez intacts tous vos revenus et biens que, pour le « moment, cette église possède légitimement et canoniquement, « ainsi que ceux qu'elle pourra acquérir avec la grâce « de Dieu, soit par la concession des évêques, la largesse des « rois et des princes, les offrandes des fidèles ou de toute « autre source. Du reste, pour plus de précision, nous pen- « sons qu'il est bon de les énumérer, chacun en particulier, « savoir : l'église et le village de Sennely, Baudreville avec ses « terres cultivées et non cultivées, ses dépendances, la justice « de l'église, comme l'atteste le privilège de Charles, roi des « Francs, l'église d'Artenay, avec ses terres labourables au « milieu desquelles est située une métairie nommée « Pecu- « liaris », les dîmes des mêmes terres et une maison que le « roi avait affranchies de toutes servitudes et exactions ; le « village de Baulay avec son territoire et son terrage ; Cuny « avec ses dépendances, hommes, terres labourables, dîmes « et autres coutumes ; les terres que vous possédez à Marcau « près de Pithiviers, à Romilly, à Séronville, au Monceau, le « bois de Chantemerle, les terres de Melleray, de Gémigny, « de Fay, le village d'Ourcelles près de Beaugency, avec les « terres, le terrage, le cens, la justice et les autres coutumes ; « une prébende dans l'église de Sainte-Croix, que vous avez « possédée jusqu'ici en toute sécurité, le cens de douze sous « accordé par Hugues, fils de Renaud ; l'immunité par « laquelle Charles le Grand (c'est Charles le Chauve qu'il fau- « drait dire) vous a affranchis de toutes coutumes et droits « que les officiers royaux avaient l'habitude de prélever sur « vous. Quand vous viendrez à mourir, cher fils en Notre- « Seigneur, maintenant abbé de ce lieu, que nul ne soit mis « en votre place par astuce ou par violence, mais que les frères « d'un commun accord pourvoient à l'élection de votre rem- « plaçant selon la règle de Saint-Augustin, choisi dans votre

« collège ou dans une communauté de même ordre. Que personne ne prélève de dîmes sur les travaux manuels ou la « nourriture des animaux. Nous vous promettons même de « retirer des mains laïques les droits qui appartiennent à votre « église. Que personne ne se permette de jeter témérairement « le trouble dans votre maison, d'en enlever les biens, de les « retenir, de les amoindrir ou de vous poursuivre par toutes « sortes d'exactions. Que ces biens, au contraire, vous soient « conservés et servent à votre entretien et subsistance, puis- « qu'il vous ont été donnés pour cet usage, sauf toutefois le « respect canonique dû à l'église du diocèse. Si, à l'avenir, « quelque personne ecclésiastique ou laïque, connaissant ce « diplôme écrit de notre autorité, ose témérairement y mettre « obstacle ou qu'avertie deux ou trois fois, elle ne donne pas « une satisfaction convenable, nous ordonnons qu'elle soit « privée de toute dignité, puissance et honneur, qu'elle sache « que l'iniquité ainsi perpétrée la rend passible du jugement « de Dieu et indigne de participer au corps et au sang de « Notre-Seigneur Jésus-Christ, notre Dieu et notre Rédemp- « teur, et que dans ses derniers moments, elle soit soumise à « une rigoureuse pénitence. Que la paix de Notre-Seigneur « Jésus-Christ repose sur ceux qui dans le même lieu conser- « veront les sentiments de justice, et de même qu'ils recueille- « ront sur la terre le fruit d'une bonne action, qu'ils trouvent « auprès du Souverain Juge le prix de l'Eternelle paix !

« Ainsi soit-il ! »

« Donné à Rome dans la cité transtiberine par les mains de « Robert, prêtre cardinal et chancelier, le seizième jour des « calendes de mai, indiction neuvième, l'an mil cent quarante- « sept, le deuxième de notre pontificat (1). »

---

(1) *Gall. christiana*, VIII, 1575. Au lieu de 1114, fausse date de la bulle, il faut lire 1147 : « Mendum irrepsit in anno assignato in bullâ « quâ Eugenius III sancti Evurtii bona confirmat, data Rogerio, ubi « loco 1114, legendum 1147. »

Sennely, Baudreville, Artenay, Cuny (voir aux chartes d'Agius et d'Odolric) ; Chantemerle, hameau de Chilleurs-aux-Bois, canton de

Sans doute inspirée par saint Bernard, cette charte méritait de passer à la postérité.

On est étonné, avec nos lois et nos mœurs, qu'une abbaye comme celle de Saint-Euverte aille chercher un appui temporel à près de quatre cents lieues de distance ; c'est qu'alors les campagnes étaient entre les mains d'avides seigneurs qui gouvernaient en despotes. S'emparer des biens de religieux sans défense, s'introduire dans leurs fermes, maltraiter les serfs, étaient des crimes sur lesquels les lois féodales étaient muettes ou impuissantes, surtout lorsque le malfaiteur était assez fort pour en imposer aux hommes de justice ou faire valoir les détours de la chicane. Comme la foi était grande alors, le Pape, chef de l'Eglise, en appelait à la conscience ; s'il n'était pas toujours écouté, au moins est-il certain que sa voix était entendue et qu'elle arrêtait bien des malheurs.

En cette même année 1147, Roger sollicita également du roi de France une lettre de confirmation pour mettre son monastère à l'abri des vexations qu'on pourrait lui susciter. Louis VII lui déclara qu'en se conformant aux prières des ecclésiastiques, soit qu'ils demandent pour soulager les pauvres de Jésus-Christ, soit qu'ils veuillent venir en aide à leurs frères, il s'acquitte non seulement d'une fonction royale, mais il attire encore sur lui les bénédictions de l'époux de l'Eglise notre mère. En conséquence, il défend à tous, juges, prévôts et autres officiers de son royaume d'exiger aucun tribut des moines de Saint-Euverte. « C'est en vue de Dieu, « dit-il, pour le repos de l'âme de mon père et de celle de

---

Pithiviers ; Gémigny, canton de Patay (Loiret) ; Fay-aux-Loges, canton de Châteauneuf-sur-Loire ; Ourcelles, hameau de Josnes, canton de Marchenoir (Loir-et-Cher) ; Romilly, hameau de Coinces, canton de Patay ; Melleray, hameau d'Oinville-Saint-Lyphard (Eure-et-Loir) ; Mareau-aux-Bois, canton de Pithiviers ; Séronville, hameau de Prénouvellon (Loir-et-Cher).

Nous n'avons pu identifier les termes Monceau ou les Montceaux et « Peculiaris ». Monceau ou les Montceaux dépend peut-être d'Escrennes ou de Montigny ; « Peculiaris » serait peut-être la Grange d'Artenay ?

« mes ancêtres, que je fais avec joie ces pieuses munifi-
« cences (1). »

Il confirme ensuite les possessions de l'abbaye, telles que nous les avons énumérées dans la bulle précédente.

En 1149, Louis le Jeune, après son retour de la Terre Sainte, fit un voyage à Orléans et donna à l'abbé une nouvelle preuve de son estime et de son attachement. Il confirma de nouveau les possessions de Saint-Euverte et renonça pour toujours aux droits de mainmorte qui lui étaient dus dans la ville sur les territoires de l'évêché et du monastère (2).

Peu de temps après (1151), il ratifia encore, en faveur des religieux, une propriété de sa mouvance, la ferme de « Chesnes que Denys de Chaintreaux » leur avait abandonnée pour une petite somme d'argent (3), et leur céda la terre de Torville, en échange des masures et maisons de la dépendance (4).

Roger de Saint-Victor accompagna plusieurs fois Louis VII dans ses déplacements, notamment à Blois, à Pontlevoy, à Bourges et à Arsac dans le Languedoc (5).

Dom Mabillon lui donne le titre de chancelier ou de chambrier dans le privilège que le prince français accorda au chapitre de Saint-Sernin de Toulouse et à l'église de la Daurade. C'est en cette qualité que notre abbé souscrivit à une charte de 1154 (6).

Cette fonction honorifique et sans doute temporaire fut créée en faveur de Roger, à l'occasion du voyage du roi en Espagne. C'est assez dire qu'il possédait la confiance de son souverain et qu'il fut alors jugé digne d'avoir été placé au nombre de ses amis et de ses officiers.

---

(1) *Gall. christ.*, VIII. 508. Cart. Sancti-Evurtii, ms. 10089. *Bibl. d'Orléans*, ms. 487. Dom Verninac.

(2) *Archiv. dép.* H. 1. *Gallia christiana*, VIII. 494.

(3) *Arch. dép.* fonds Saint-Euverte, H. 1. Chesnes, hameau de Saint-Péravy-la-Colombe, canton de Patay (Loiret).

(4) *Arch. dép.* H. 1. Torville, hameau de Sébouville, autrefois paroisse de l'archidiaconé de Pithiviers.

(5) *Gall. christ.* VIII. 494.

(6) Dom Mabillon, *De re diplomaticâ*. V. 358.

A la mort du pape Eugène III, l'abbé de Saint-Euverte se hâta de solliciter d'Adrien IV, successeur du pontife défunt, une nouvelle bulle confirmative de ses biens et il l'obtint telle qu'il la désirait, explicite et précise sur les intérêts de ses religieux (1).

Quelques années après, dans un moment de troubles et d'inquiétudes survenus au sein de l'église en 1159, il eut la bonne inspiration de se joindre à l'ordre de Citeaux pour reconnaître le véritable et légitime pasteur de la chrétienté, Alexandre III. L'influence de cette démarche fut décisive, et après que le glorieux proscrit l'eut remporté sur son compétiteur Victor III, la reconnaissance du souverain pontife ne fit jamais défaut à Saint-Euverte. Une première bulle datée de 1164 confirme toutes les immunités du monastère (2) ; une seconde de la même année exempte les religieux de tout droit de procuration que pourrait exiger l'archevêque de Sens ou l'évêque d'Orléans (3).

A ces bulles et à ces faveurs temporelles, le pape Alexandre III ajoute sa protection spirituelle. Il met sous la protection de saint Pierre, de l'église romaine et sous la sienne la personne des religieux qui servent Dieu au monastère de Saint-Euverte, le lieu où ils célèbrent les divins offices et tous les biens présents et à venir qu'ils possèdent et posséderont selon les lois de la justice, biens donnés précédemment par des bienfaiteurs ecclésiastiques ou laïcs.

Manassès de Garlande qui avait déjà tant travaillé pour l'abbaye, ne pouvait manquer de lui apporter son concours et ses faveurs. Cet évêque, qui avait mis précédemment cette communauté en possession de la cure d'Artenay, érigea en 1150 avec le consentement de Roger et de ses frères, le village de Bucy en paroisse rurale et en confia la charge à l'abbé de

(1) *Gall. christ.* VIII. 508. *Cart. S^ti-Evurtii*, 10.089. Dom VERNINAC, ms. 487.

(2) *Arch. dép., fonds Saint-Euverte*, H. 4.

(3) *Ibid., Bibl. nat.*, ms. lat. 10.089.

4

Saint-Victor de Paris. Le prieur d'Artenay et ses vicaires devaient pourvoir à la prompte administration des sacrements et à la sépulture des morts dans cette paroisse (1).

En même temps que Roger s'assurait la protection des souverains pontifes, du roi, de l'évêque d'Orléans, il recueillait avec reconnaissance les largesses des seigneurs voisins.

C'est d'abord Raoul de Beaugency, qui abandonne en 1150 au couvent de Saint-Euverte deux moulins situés à La Ferté-Nabert, dans l'intention de fonder un service en l'honneur de son père et de ses ancêtres (2).

La même année, Bouchard de Meung cède aux religieux un terrain près de l'abbaye et du champ Hagon, à la condition de lui payer, ainsi qu'à ses successeurs, un cens de douze livres parisis et de conserver le droit de relevoison sur cette censive. Dans le cas que l'abbé y établisse des hôtes, il ne devait pas exiger de ces derniers plus que ne prescrivait la coutume d'Orléans (3).

De plus, Roger échange avec l'abbé de Saint-Mesmin, les terres, bois et dîmes, serfs et serves qu'il possédait à Mantelon, au Bruel, à Meslons contre les terres de Villorceau et du Bouchet au pays de Trinay (de Trinayo), et vingt-deux deniers de cens que les religieux de Micy devaient au chapitre de Sainte-Croix (4).

Quelques années après, en 1154, Hugues de Méréville et sa femme Hélissende donnent à l'abbé de Saint-Euverte, à Hugues, chapelain de la bienheureuse Vierge Marie, et à ses héritiers « une place où les lacs arrosaient un champ destiné

(1) Jh. de Thoulouse, *bibl. d'Orléans*, 67. Bucy-le-Roi, commune du canton d'Artenay (Loiret).

(2) Vignat, *Cart. de Beaugency*, p. 62. Ferté-Nabert, aujourd'hui Ferté-Saint-Aubin (Loiret).

(3) *Bibl. d'Orl.*, ms. 487. I. 61 v°, *Cart.* ms. lat., 10.089, f° 126.

(4) *Arch. dép.*, H. I. Mantelon, hameau de Mézières-les-Cléry ; Bruel, hameau de Marcilly-en-Villette ; Meslons, hameau d'Ouzouer-le-Marché (Loir-et-Cher) ; Villorceau, hameau de Charsonville ; Bouchet, hameau de Trinay, canton d'Artenay.

« à construire une maison » moyennant quatorze deniers de cens, payables chaque année à la fête de Saint-Denis, sauf le droit de forage et de rouage du vin (1).

Ces pieuses libéralités ont naturellement constitué le patrimoine du monastère. Roger était digne assurément de ces faveurs, tant par ses qualités privées que par la manière intelligente dont il dirigeait les affaires de son couvent au dehors comme à l'intérieur.

Cependant, malgré les donations diverses, les mauvaises récoltes, l'abandon de certaines terres conventuelles ne laissaient pas que d'inquiéter l'abbé de Saint-Euverte. La ferme de Baulay que les hôtes de l'abbaye ne pouvaient plus cultiver au moyen de leurs propres charrues avait été délaissée depuis quelque temps à des colons du pays, qui s'en considéraient comme les véritables propriétaires. A la prière de Roger, le souverain pontife prend cette dépendance sous sa protection et par là même arrête momentanément la cupidité des serfs et des seigneurs voisins (2). De plus, la situation du couvent dans ces pénibles circonstances, ne laissait pas que d'être bien précaire, et l'abbé ne manque pas de dépeindre ce triste état de choses à Hernis, abbé de Saint-Victor :

« A son très cher Ernis, abbé de Saint-Victor, Roger, humble « abbé de Saint-Euverte, souhaite de pouvoir vivre et gérer « à son honneur les affaires dont il a la charge. Nous ne pou- « vons douter de l'affection que vous nous portez, vous nous « en avez fourni jusqu'ici tant de preuves ! Aussi nous étions « décidés à vous faire savoir combien nos moissons ont été « maigres, les vendanges peu abondantes et, par le fait, com- « bien insuffisantes ont été nos provisions pour l'année com- « mencée. Autant ne pas parler de telles récoltes ; déjà nous « craignons de manquer de vivres.

« Veuillez donc faire savoir à nos clercs de Norvège, com-

(1) *Arch. départ.*, H. 2. Méréville, canton (Seine-et-Oise).
(2) *Gall. christ.*, VIII. *Arch. dép.*, H. 12.

« patriotes de cet archevêque (1), qui était votre hôte ces der-
« niers temps, que d'après votre intermédiaire et vos conseils,
« nous serions disposés à leur offrir en gage des manuscrits
« sur l'Ecriture sainte. Vous savez bien par expérience les
« soucis de quelqu'un qui doit pourvoir aux besoins d'une
« nombreuse communauté. Salut (2). »

Cette plainte était sans doute motivée par les réclamations de l'abbé de Saint-Victor et par l'impossibilité où se trouvaient les chanoines d'Orléans de lui payer la rente annuelle qu'ils s'étaient engagés à lui servir sur le produit des terres de Baulay et de Baudreville (3).

Alexandre III était venu en France en 1162, et, ayant entendu parler de l'abbé de Saint-Euverte, de ses mérites, de sa pureté, de sa droiture et de sa science, il le prit en haute considération et l'invita au concile de Tours qu'il présida lui-même, au milieu de l'année. Avant de répondre à l'invitation papale, Roger soumit en ces termes ses hésitations à Ernis, son supérieur et son ami : « Une sainte décision a interdit
« pareille chose dans notre ordre, et nos privilèges nous
« mettent suffisamment à l'abri de tels dérangements.
« Mon avis est donc que vous consultiez sur ce point les
« frères les plus animés de l'esprit de Dieu, et que si vous le
« jugez expédient, vous soumettiez le cas au chapitre, afin
« d'adopter à l'avenir une ligne de conduite qui soit avanta-
« geuse à vous et à nous. Voyez-vous déjà les inconvénients
« d'être forcés bientôt, si nous cédons une première fois à
« courir aux conciles même les plus éloignés ? Ecrivez-nous
« au plus tôt les intentions du chapitre général. Salut (4). »

Nous ignorons la réponse de l'abbé de Saint-Victor, mais ce que nous savons d'une manière positive, c'est que le souverain pontife ne témoigna aucun ressentiment aux deux

(1) Archevêque de Lunden.

(2) Jh. de Thoulouse. Cf. Fourrier-Bonnard, *Abb. de Saint-Victor.*

(3) *Arch. dép.*, H. 12.

(4) *Gall. christ.*, indiqué, VIII. 494. Cf. Jh. de Thoulouse, Fourrier-Bonnard, ouvr. cité.

abbés ; il conserva à l'un et à l'autre son estime et son affection et renouvela la confirmation des anciennes possessions du monastère orléanais, en y ajoutant dans son énumération des biens acquis de date récente :

« La chapelle de Saint-Hilaire avec la prébende de Saint-« Aignan appartenant à la même église.

« La chapelle de Saint-Vincent située vis-à-vis du Châtelet.

« Le Champ-Hagon qui est à l'entour du cloître avec ses « appartenances, ses droits, privilèges et immunités. Nous « vous maintenons, protégeons ces droits et nous vous « donnons la permission d'en acquérir de nouveaux de mains « laïques... (1). »

III. — Découverte du corps de Saint-Euverte.

A son arrivée à Orléans, il semble que Roger ait été préoccupé de rendre à ses compatriotes un des plus chers objets de leur culte. Il eut d'ailleurs le très grand bonheur d'y réussir. Après la retraite des Normands, le corps de saint Euverte fut de nouveau confié à la terre, mais dans quelle partie de l'église, on ne le savait pas ? sous quelles dalles du sanctuaire on l'ignorait, et les séculiers s'étaient bien gardés de le dire à leurs successeurs, supposé qu'ils le sussent ? C'est ainsi que l'abbé fait part de sa découverte à un de ses amis, Preherius, abbé de Saint-Ouen de Rouen (2). Cette lettre reproduite par les Bollandistes ne doit pas être considérée comme un document isolé : c'était sans doute un des exemplaires d'une circulaire adressée par l'abbé aux principales communautés de France, afin d'annoncer l'événement dont se réjouissaient les chanoines réguliers, substitués au chapitre séculier qui, pendant plusieurs siècles, avait desservi l'église consacrée au saint patron d'Orléans.

Plusieurs évêques et abbés avaient déjà applaudi à ce pro-

(1) *Arch. dép.*, fonds Saint-Euverte, H. 4.

(2) Bollandistes. *Acta Sanctorum*, t. XLIII sept., t. III. 35-51. *Gall. christ.*, VIII. 473-475.

jet, lorsque Suger, abbé de Saint-Denis, venu à Orléans, le mit à exécution. Toute la communauté eut recours à la prière et au jeûne comme à une affaire majeure. Puis, on commença l'œuvre d'exhumation. Ici, laissons parler l'abbé Roger lui-même : « Nos prédécesseurs, les chanoines, dit-il, qui il y a « environ cinq ans desservaient encore cette église, avaient « souvent projeté de l'agrandir. Ils avaient même fait cuire « une grande quantité de chaux dont nous avons la provi- « sion (1). Mais tout à coup, ils changèrent de pensée. Ils crai- « gnaient que le corps de saint Euverte, une fois découvert « et exhumé, on ne les retirât de l'église pour mettre à leur « place des moines et des chanoines réguliers, qui rendraient « au saint un culte plus digne de lui. Depuis qu'il a plu à « la divine Providence de nous placer ici avec l'habit et l'ob- « servance des réguliers, sans écouter la chair et le sang, nous « avons mille fois et avec de vives instances conjuré le Sei- « gneur de découvrir à nos regards le corps de notre glorieux « père. Nos prières ont été exaucées. Souvent nos seigneurs « les évêques et les révérendissimes abbés qui nous hono- « raient de leurs visites nous pressaient de faire des recher- « ches. Le sage et habile Suger, étant venu un jour à Orléans, « nous le conduisîmes derrière l'autel dans un lieu secret « dont une espèce de cloison interdisait l'entrée au public. « Là, nous lui montrâmes une grande châsse en bois, placée « depuis longtemps sur le tombeau du saint. Au fond de cette « châsse se trouvait une longue pierre d'ardoise paraissant « destinée à couvrir le sépulcre. C'est ici qu'il doit être, nous « dit Suger, cherchez ici, ici vous trouverez ; ne différez pas. « Encouragés par ces paroles qui nous semblait un oracle et, « plus encore par la révélation faite à nos frères, par des « miracles opérés sous nos yeux après des jeûnes et des prières « ferventes ; le vendredi de la troisième semaine de l'avent,

(1) On remarque ici la difficulté fort grande en ce temps de se procurer de la chaux pour bâtir. De ce côté se portait toute la sollicitude. Etait-on pourvu de chaux, il semblait que les autrés matériaux devaient se rencontrer sans peine.

« pendant la nuit, nous allâmes avec quelques frères faire des « fouilles au lieu marqué. Nous y trouvâmes deux sarcophages « placés à peu de distance l'un de l'autre et renfermés dans « un carré de murailles. Ils étaient très beaux, fermés de « briques peintes enduites de ciment d'un rouge bien poli. « Ayant ouvert le premier de ces sarcophages à l'issue de la « messe de Noël, nous le trouvâmes absolument vide. Mais « le jour des Saints-Innocents, après matines, l'ouverture du « second sarcophage mit sous nos yeux le trésor que nous « cherchions. Des personnes religieuses nous ont donné le « conseil de différer jusqu'à l'arrivée du roi la translation « solennelle du corps (1). »

Que faut-il entendre par cette dernière expression ? S'agit-il d'un simple voyage du prince à Orléans, ou Roger veut-il parler du retour de Louis VII après la seconde croisade ? La question serait bientôt résolue, si nous avions l'itinéraire de ce prince. Privés d'un tel secours, nous sommes réduits à de simples conjectures. On sait par une lettre du roi adressée à Suger, qu'il avait débarqué en Calabre, à la fin de juillet. Au mois d'octobre, nous le trouvons à Tusculum auprès du pape Eugène III. D'autres lettres prouvent qu'on l'attendait à Cluny vers la Toussaint ou vers la Saint-Martin (2). D'autres documents parlent de l'arrivée du roi dans cette abbaye, mais sans indiquer une date précise (3) ; on remarque d'ailleurs beaucoup d'agitation à l'approche du souverain longtemps absent de son royaume. Les dates formelles nous manquent et rien ne prouve absolument qu'au 27 décembre 1149, Louis le Jeune fût déjà arrivé. Les obstacles qui avaient retardé son voyage depuis son débarquement en Calabre, accrus encore par la mauvaise saison, expliquent une lenteur dont les événements contemporains témoignent d'ailleurs d'une manière surabon-

(1) *Acta SS.* Sept. III. 50-51.

(2) *Hist. des Gaules.* XV. 517. N° lxxxix. Lettre de Raoul, comte de Vermandois à Suger.

(3) *Ibid.*, XV. 712. N° V. Lettre de Hugues, archevêque de Sens à Suger.

dante. Or, dans ces documents, l'expression qu'on emploie correspond à celle dont Roger fait usage. « Adventum domini « regis. » Nous sommes porté à croire qu'on attendit en réalité l'arrivée de Louis VII pour célébrer l'exaltation des reliques de saint Euverte, et comme, dans la suite, la commémoration de cette cérémonie resta fixée au 12 juin, il est à présumer qu'elle eut lieu en présence du roi, à la date correspondante de l'année 1150 (1). Suger, qui avait encouragé la recherche du corps du saint évêque d'Orléans, devait assister à la fête. Il venait de remettre entre les mains du roi l'administration du royaume qu'il avait gouverné avec tant de sagesse pendant la croisade, et sa mort qui eut lieu bientôt après, dans le cours de l'année 1151, allait priver le jeune prince des conseils auxquels avaient été jusqu'alors attachées la conduite des affaires et la prospérité de l'Etat.

IV. — Relations diverses. — Derniers actes. — Coup d'œil sur l'état de la communauté. — Retraite de Roger de Saint-Victor. — Robert, abbé présumé de Saint-Euverte. — Election du doyen du Chapitre.

§ I. — *Relations diverses.*

Si parfois la situation de Saint-Euverte paraissait peu brillante, celle d'Ambert laissait bien plus à désirer. Jean ou Jonas, ami de Roger et, comme ce dernier, religieux de Saint-Victor, avait reçu d'Ernis, leur commun maître, l'administration du domaine forestier, grevé de dettes et d'hypothèques. Les créanciers impitoyables menaçaient de tout emmener,

---

(1) Le roi vint à Orléans le 12 juin 1150, comme le prouve une charte de donation de l'évêque Manassès de Garlande. Cette charte, datée de 1149 et de la treizième année de son règne, et formulée à Orléans, doit nécessairement avoir été écrite entre le 1er août 1149, jour anniversaire de l'avènement du roi (1137) et le 16 avril, jour de Pâques, où commençait l'année 1150, suivant la manière de compter d'après l'ancien style.

Cf. Dom Gérou, *Bibl. d'Orl.*, chartes et diplômes, 64, f° 81.

Cf. Thoison. *Séjours des rois de France.* Luchaire, *Actes de Louis VII*, n° 241.

blé, avoine, vin et autres denrées. Le prieur d'Ambert, exilé à Cherbourg dans le Cottentin se recommandait à Roger et à Nicolas, prieur de Bucy, les priant instamment de lui venir en aide. Sa lyre qui avait jadis célébré les pâturages et les bois de son ermitage ne faisait plus entendre que des accents plaintifs. « Je pleure votre absence, leur dit-il, je ne verrai « jamais plus vôtre visage contemplatif, je n'entendrai plus « vos enseignements paternels, priez pour moi (1). »

D'autre part, il écrivait à Ernis : « Je vous ai fait savoir que « le prieur de Bucy nous est jusqu'ici généreusement venu « en aide ; maintenant un autre amour absorbe ses forces : « vivant pour Bucy, il est mort pour Ambert (2). »

Grâce aux prières des deux religieux victorins, le proscrit de Cherbourg réintégra sa chère retraite forestière (3).

Grâce à sa modération, l'abbé Roger vécut aussi en bons termes avec l'abbé de Cluny. Saint-Euverte possédait à Mardié quatre arpents de vigne, sur lesquels le prieuré de Pont-aux-Moines de l'ordre de Cluny, avait aussi des prétentions mal justifiées. On put craindre un instant qu'une contestation au sujet de ce droit de propriété n'amenât des difficultés entre les deux monastères. Elles furent heureusement écartées par Manassès de Garlande et Jean de la Chaîne, doyen du chapitre, choisis comme arbitres entre Roger et les chanoines victorins d'une part et, d'autre part, entre l'abbé Etienne de Cluny et Jean, prieur de Pont-aux-Moines (4). Il fut convenu que la vigne en litige appartiendrait à l'abbé Roger, à la condition de remettre au prieur Jean et au cellérier la valeur équivalente de la propriété, c'est-à-dire la somme de quatre livres parisis.

Peu de temps après, Manassès donne à Saint-Euverte les cens des vignes de Darvoy (5). L'abbé de son côté cède en

(1) Migne, *Patrologie latine*, CXVII, f° 1238.

(2) Ms. 10.089, f° 25.

(3) Ambert, prieuré situé sur la paroisse de Chanteau, au milieu de la forêt, à trois lieues au nord d'Orléans.

(4) *Hist. de France*, XVI, 136. *Hist. litt.*, XV.

(5) Luchaire, *Institutions monarchiques*, I. 226.

échange au doyen de Sainte-Croix dix-huit deniers de cens à prendre sur l'église de Saint-Liphard, à la condition que les chanoines abandonneront aux religieux le champ Hagon qui constituait alors les prébendes du chantre Gérard, du sous-chantre Zacharie et du chevecier Raoul (1).

§ *II.* — *Derniers actes.*

Roger sollicite encore de Louis VII une lettre de sauvegarde, afin de mettre son monastère à l'abri des vexations que lui suscitaient les officiers du roi. Il se plaignait avec amertume du sans-gêne et du parti pris avec lesquels les prévots dilapidaient les villas et domaines de l'abbaye, sous prétexte de remplir le trésor, vide d'avance, mais bien plutôt pour se faire une situation prépondérante dans nos campagnes de la Beauce et du Gâtinais. Au mépris de tout droit, sans aucun motif apparent, sans injonction, ni provocation de la part de l'abbé, de quelque frère ou de quelque colon, le prévôt d'Yèvre-le-Châtel, en particulier, avait dérobé les bœufs d'un fermier de Baulay. Roger demande instamment au roi de faire rendre à l'abbaye ce qui en avait été injustement enlevé. De plus, il ne peut s'empêcher de manifester son mécontentement contre ce même prévôt d'Yèvre, ceux de Courcy et du Gâtinais, qui assignent à chaque instant *devant* leurs tribunaux les sujets de Saint-Euverte, sans vouloir les entendre et même sans prendre la peine d'instruire préalablement l'abbé de la cause de la citation (2).

L'arbitraire de ces fiscalins atteignait parfois de telles proportions que les rois eux-mêmes en arrivaient à constater

---

(1) *Bibl. nat.*, ms. lat., 10.089, f° 25 : « Rogerius abbas sancti Evurcii « dedit monachis de Ponte, Johanne ejusdem domus existente priore, « IIII libras per manum Johannis decani, qui rogatu Stephani abb. « Cluniacensis curam habebat de domo. »

(2) Baluze, ms. 78, f° 65. *Bibl. d'Orl.* Dom Verninac, ms. 487.

dans leurs diplômes l'abandon de nombreuses localités de leur domaine capétien (1).

Emu de ces attaques et de ces persécutions, Louis VII se hâta de répondre à la sollicitation de l'abbé en lui déclarant qu'il prenait le monastère victorin sous sa sauvegarde, l'exemptait de toute juridiction séculière, et le confirmait dans ses possessions et dépendances de Baulay ; de plus, il l'affranchissait de tout droit de travers et de péage, pour le transport au milieu de ses propriétés royales des choses nécessaires à la subsistance et à l'entrétien des religieux.

§ III. — *Retraite de Roger de Saint-Victor. — Coup d'œil sur l'état de la Communauté.*

Nous pensons que Roger de Saint-Victor estimant le fardeau trop lourd pour ses épaules donna sa démission d'abbé de Saint-Euverte et reprit sa place dans l'humble condition de simple régulier. Cette abnégation du chef de la communauté montre que les vertus chrétiennes y étaient pratiquées à un haut degré. Cette retraite eut lieu à la fin de l'année 1167 (2).

Nous retrouverons en 1176, pour la seconde fois, l'ancien abbé, à la tête de son monastère.

Certains auteurs, entre autres Symphorien Guyon et Vergnaud-Romagnési assignent à cette date de 1167 la mort de l'abbé Roger. Ils ont également fait erreur en plaçant la réforme de Saint-Euverte en 1163 (3).

Pendant les vingt-deux années de sa paternelle administration, le pieux abbé réussit à établir sur des bases solides sa chère demeure d'Orléans. Il s'était surtout attaché à la diriger dans la voie droite de la règle de Saint-Augustin, dans la prière,

---

(1) *Historiens de France*, XVI, 114. VERGNAUD-ROMAGNÉSI. *Abbaye de Saint-Euverte*, p. 12.

(2) M. Longnon n'a pas reconnu le second abbatiat de Roger : « 13 nov. « Item obiit domnus Rogerius (post annum 1168) canonicus noster « professus. » Cf. LONGNON, *Pouillé du diocèse de Paris, abbaye de Saint-Victor*, p. 600. Province de Sens.

(3) Archives dép. fonds Saint-Euverte H. 1. Arch. nat., ms. lat. 10.089.

le recueillement et le travail. Autant il fut habile à attirer sur sa communauté la considération du souverain pontife, du roi et de l'évêque diocésain, et lui assurer les bienfaits des grands et des riches, autant il sut faire respecter son autorité dans le cloître et y donner l'exemple des plus belles vertus. Il avait fécondé la piété de ses moines et il en recueillit les premiers fruits.

Parmi les religieux, les uns étaient prêtres et s'adonnaient à la prière, au chant, à l'étude des sciences, des belles-lettres et des arts, et pouvaient être promus aux premières dignités de la maison conventuelle. Tels furent Hugues, Godefroy, Guillaume, Engerbauld et Mainard (1) qui conservèrent leur ancien titre de chanoines. La règle, du reste, ne permettait de remplir les fonctions de prieur, sous-prieur, chantre... qu'à ceux qui s'étaient engagés dans les ordres sacrés. D'autres venaient de s'associer à eux pour partager les bienfaits de la vie commune. C'est ainsi que Saint-Euverte comptait encore dans son sein des chanoines ou des moines auxiliaires « canonici ad succurrendum » qui s'engageaient à obéir à l'abbé, des jeunes gens qui sous la forme de « scolares » venaient se former à la connaissance des choses saintes et peut-être à la vie religieuse.

Des seigneurs laïcs cédaient au couvent leurs bénéfices avant de partir pour la croisade ; des gens du peuple, touchés de la grâce, abandonnaient leurs biens, prenaient le nom de « convers » ou « d'hôtes » quand ils embrassaient la vie régulière, de donnés « oblati », quand ils ne s'engageaient que par des vœux temporaires. Quelques-uns obtenaient la permission de vivre dans leurs terres en renonçant à leur usufruit pendant leur vie.

§ IV. — *Election du doyen du Chapitre.*

Tout démissionnaire qu'il fût, Roger tint toujours en raison de sa prébende un des premiers rangs au Chapitre de Sainte-

(1) *Archiv. dép.*, H 1. Cartul., 10.089.

Croix. Après le meurtre de Jean de la Chaîne, l'ancien abbé fut désigné avec cinq de ses confrères pour lui succéder dans la dignité de doyen de cette église. Très sensible à ce témoignage de haute confiance, il préféra résigner cette fonction et en faire bénéficier Hugues de Garlande, neveu de l'évêque d'Orléans.

Voici comment, dans une de ses lettres, Etienne de Tournai, notaire auprès du petit conclave capitulaire, rend aux commissaires délégués par Alexandre III un compte fidèle de l'élection de Hugues de Garlande, doyen du chapitre : « Il nous a « plu, dit-il, après avoir pris le bon et religieux Roger, qui a « renoncé spontanément à sa charge d'abbé, d'entendre sépa- « rément et sous le sceau de la confession la volonté de tous. « Nous nous retirons à l'écart, nous écoutons et nous écri- « vons toutes les dépositions que nous avons reçues. Nous « nous rendons à l'assemblée avec l'ordre de n'en pas sortir. « Deux partis sont en présence avec leurs dissentiments et « leurs manières de ne pas s'entendre. Le sous-doyen et le « chantre présentent chacun trois candidats ; il est décidé que « cinq concurrents ou les six à l'unanimité choisiraient leur « doyen en conscience, avec toute leur liberté d'action, dans « le plus grand secret et sous le sceau de la confession, rati- « fieraient cette élection sans y apporter ni contradiction ni « opposition. Cinq candidats émettent leurs suffrages, excepté « le sixième, l'abbé Roger, qui s'abstient et garde le silence, « puis reviennent au chapitre. Tout à coup, un des six concur- « rents, nommé Herbert, archidiacre d'Orléans, se lève et à « haute et intelligible voix : Nous choisissons, dit-il, et nous « nommons pour notre doyen, Hugues, sous-doyen. Il « est acclamé par tous, sans aucune contestation. On le con- « duit à l'évêque qui procède ensuite aux cérémonies ordi- « naires de l'installation et le fait asseoir dans la chaire déca- « nale, au chapitre comme au chœur. L'élu du Seigneur, la « main sur les évangiles, prête serment de garder indemnes « les biens de l'Eglise et de demeurer toujours fidèle à l'évêque « et au chapitre ; c'est ainsi que les choses se sont passées en

« notre présence. Voilà ce que nous avons vu et entendu et « nous certifions notre témoignage sincère et véritable (1). »

Parmi les monastères qui dépendaient de la juridiction épiscopale, celui de Saint-Euverte fut assurément un des plus importants et des plus considérés. L'abbé, élu par le chapitre de l'abbaye recevait de l'évêque sa consécration. C'est ainsi que Roger fut sacré par l'évêque d'Orléans ; quant à son intronisation, elle appartenait au prieur et au sous-prieur.

D'autre part, comme l'abbé de Saint-Euverte était chanoine à vie du chapitre de Sainte-Croix, le doyen avait le droit de l'installer dans ses fonctions canoniales. Comme tel, il était donc appelé à siéger au rang des chanoines et à exprimer ses suffrages à l'élection du doyen du chapitre. C'est ce qui résulte de la lettre d'Etienne de Tournai reproduite précédemment.

§ V. — *Robert, présumé abbé de Saint-Euverte* (1167)

Les auteurs du *Gallia christiania* ne font aucune mention de cet abbé. Seul, Symphorien Guyon en parle en ces termes : « Il (Robert) resta peu de temps dans sa charge d'abbé (2). » A notre avis, cette présomption ne repose sur aucune base solide et nous avons toute raison de mettre en doute l'existence abbatiale de Robert. Le copiste aura confondu le nom de « Rogerius » avec celui de « Robertus » qui, ne figurant pas à l'en-tête de la charte, se trouve à la fin dans la suscription (3).

Après la démission du premier abbé, les biens de Saint-Euverte tombèrent sans doute en régales et furent administrés par les officiers de la couronne (4).

---

(1) Abbé Desilve, *Lettres d'Etienne de Tournai*, ms. Séguier IV. — Baluze, XXVIII, p. 398.

(2) Symph. Guyon, ouvr. cité, I. 400.

(3) *Arch. dép.* H. 1.

(4) Luchaire, *Institutions monarchiques*, II. 57.

CHAPITRE III

Un illustre abbé : Etienne de Tournai (1168-1175)

ARTICLE PREMIER

Naissance d'Etienne de Tournai. — Ses premières années passées à l'Ecole de Sainte-Croix. — Son séjour à l'Ecolé de Bologne. — Etienne, précepteur et chapelain de Guillaume de Champagne. — Sa profession religieuse à Saint-Euverte.

I. — *Naissance d'Etienne de Tournai*

Le surnom que l'histoire lui a consacré ne fut ni l'indication d'un lieu d'origine, ni celui d'une noblesse héréditaire. Il lui vint du titre d'évêque dont il fut revêtu sur le siège de Tournai et dont il exerça les fonctions pendant plus de dix ans. On aurait pu l'appeler tout aussi bien Etienne d'Orléans.

Suivant les auteurs de l'*Histoire littéraire des Gaules* (1) et comme il le dit lui-même dans plusieurs lettres adressées à Guillaume de Champagne et à différents abbés (2), c'est dans notre cité qu'il vit le jour le 19 février 1128 (3).

En parlant de son premier professeur de grammaire, « le municipe commun, écrit-il, nous a vu « naître et grandir tous deux (4). » Etienne, encore enfant, comme nous pourrions le supposer, fut-il consacré au Seigneur par ses parents et confié comme oblat à des religieux, suivant l'usage de l'époque, nous ne le savons pas d'une manière positive ?

Bien que nous n'ayons aucun renseignement sur ses premiers pas dans la vie, il est facile de comprendre que, doué

---

(1) *Histoire littéraire des Gaules*, tom XV, pp. 525-528.

(2) Abbé Desilve. *Lettres d'Etienne de Tournai*, ép. 57, 58, 59, 72, 73.

(3) Du Molinet dans son *Histoire d'Etienne de Tournai* et après lui le *Gallia christiana*, VIII, col. 1575, assignent l'année 1125. L'opinion des auteurs de l'Histoire littéraire nous a paru concluante et nous admettrons cette opinion.

(4) Desilve, ouvr. cité, 57, 58, 59. Sans donner aucun preuve rationnelle, Hubert le fait naître à Jargeau et Dom Gérou à Orléans.

des facultés de l'intelligence et du cœur, le jeune enfant conçut de bonne heure le légitime désir d'arriver par l'étude à une situation élevée. Ses écrits nous font connaître un frère plus jeune que lui qui porta le même nom et un neveu qu'il appelle Pierre. Tous deux ont été religieux ou chanoines, et Etienne, en les recommandant à ses amis, aurait voulu les voir plus dignes et plus parfaits.

II. — *Premières années passées à l'Ecole de Sainte-Croix*

Au douzième siècle, le clergé français formait, par le savoir, la richesse et l'autorité de ses membres, la classe la plus haute et la plus puissante de la société. Tandis que le métier des armes était réservé aux nobles et aux chevaliers, que le commerce et l'industrie étaient le monople d'un certain nombre d'artisans, aucun obstacle venant de la naissance ou de la fortune ne fermait aux enfants l'accès de l'église. Les fonctions, presque toutes, pourvues de bénéfices, étaient ouvertes, sinon toujours en fait, à celui qui se montrait capable par sa science et ses mœurs d'en remplir le saint ministère. C'était donc en entrant dans le clergé que l'homme du peuple pouvait parvenir à la considération. Sans aucun doute, les parents d'Etienne ne tardèrent pas à l'envoyer de bonne heure à l'école de Sainte-Croix (1). Bâtie par Théodulphe, à l'ombre de l'église cathédrale sous les yeux de celui qui se proclame l'éternelle vérité, cette école jetait tout son éclat dans la première moitié du XIIe siècle. Voici ce qu'en dit Paulin Paris :

« Celle d'Orléans, autre source de lumière pour divers païs,
« produisit en ce temps plusieurs grands hommes de lettres.
« On n'a cependant guère de connaissance de ceux qui prirent
« soin de la diriger. Le nom de celui qui le faisait en 1131
« commence par un G et c'est tout ce que l'on sçait de lui,
« sinon que lui et Archambauld, sous-doïen de cette église,
« ayant reçu quelques mauvais traitements, le pape Inno-
« cent II prit la défense de leur cause. On ne connaît non plus

(1) Cf. *Académie de Sainte-Croix*, année 1905.

« le nom d'un autre scolastique que par la lettre initiale qui « est un A. Il avait des mœurs, de la douceur dans les « manières et un grand fond de littérature (1). »

Il se nommait Anceau (2). Il rassembla autour de sa chaire un grand nombre d'élèves parmi lesquels figure Etienne de Tournai. Ce maître sous la direction duquel il fit ses premières études avait, paraît-il, le caractère inconstant et l'humeur vagabonde. Il renonça à sa dignité d'écolâtre pour embrasser d'abord la vie religieuse à Saint-Euverte ; bientôt après, il abandonna cette retraite pour se retirer à La Charité-sur-Loire et ensuite au monastère de Citeaux (3).

Quand il le recommande au prieur de La Charité, l'ancien, mais toujours affectueux élève, n'a pas assez de reconnaissance pour celui qui fut son dévoué précepteur et qui demeura jusqu'à la fin son favori et son protégé. « Il est sorti de chez « nous, écrit-il, non pas pour suivre la voie de Balaam, séduit « par l'or de ses ennemis, mais plutôt pour se rendre à « Bethléem et y vivre inconnu. Que le père aille donc au-« devant du fils qui lui revient, qu'il lui rende sa tunique et « son anneau. Ce qui m'engage aussi fortement à m'adresser « à vous, c'est la connaissance de ce professeur depuis le rudi-« ment des lettres, c'est à cause du municipe commun qui « nous a vu naître et grandir ; mieux que cela, c'est le magis-« tère de celui qui m'enseigna les premiers éléments de la « grammaire (4). »

Etienne fut à coup sûr un des élèves les plus instruits et les plus brillants de l'Ecole de Sainte-Croix. Si parfois nous songeons à l'influence qu'exerce notre premier maître, peut-être ne trouverons-nous pas téméraire d'attribuer à Anceau une partie de cette science universelle, profane et sacrée que nous rencontrons déjà dans le futur évêque de Tournai, et

(1) *Histoire littéraire*, XI, 59, 60. Ep. 57, 58.

(2) Symph. GUYON, I. 400 et s.

(3) *Hist. littér.*, XV. 524. Ep. 72, 73.

(4) Ep. 72, 73.

surtout ce fonds sérieux, ce caractère méditatif, agrémenté d'un esprit subtil et aiguisé, qui sont restés empreints sur sa physionomie, malgré les coups de pinceau qu'ont pu y donner les autres professeurs.

Ce qui frappe surtout dans ses lettres, c'est la connaissance assidue qu'elles supposent des Anciens. Etienne connaît à fond les vieux grammairiens, Donat, Priscien, Servius, Isidore, Bède, Cassiodore ; il les explique avec talent et les commente avec finesse. Il aime aussi les poètes d'un amour passionné ; il les a lus, appris et les sait par cœur. Il les cite aussi souvent que la Sainte-Ecriture et les Pères de l'Eglise. Dans son engouement pour eux, il se les a assimilés, les bons comme les mauvais, ceux qui nuisent aux mœurs comme ceux qui préconisent la vertu. Virgile, Stace, Sénèque et surtout Horace et Ovide lui sont familiers ainsi qu'à toutes les natures cultivées de son temps. Aussi s'exerça-t-il souvent à parler et à écrire dans la langue des Dieux ; mais contrairement à la tradition de l'Ecole, il s'adonna de préférence à la poésie légère. Ses satires sur la calvitie de l'un de ses maîtres, sur la démarche peu gracieuse ou le bégaiement d'un autre, les spirituels et malins badinages de son adolescence jetèrent parfois dans son âme plus d'un trouble et lui causèrent plus d'un remords. Sur le déclin de l'âge, il rima des hymnes, composa en vers plusieurs offices et en particulier celui de Saint-Gérauld, pour réparer, disait-il, les écarts de sa trop ardente jeunesse (1).

III. — *Son séjour aux Ecoles de Bologne*

Après de studieuses années passées dans sa ville natale, Etienne conçut le désir de quitter sa patrie et de se rendre à Bologne pour y apprendre le droit canonique et civil (2). « On va à Paris, disait le moine Hélinand, pour s'instruire

(1) Ep. 25, 26.

(2) *Hist. littéraire*, XV. 524, 587.

« dans la théologie, à Orléans pour y étudier les belles-lettres « et à Bologne pour apprendre la jurisprudence (1). »

Ce fut entre les années 1145 et 1150, qu'Etienne fit ce pèlerinage dont il parle dans ses écrits. L'Ecole de Bologne était encore dans tout l'éclat de sa vogue et de sa renommée. On n'estimait pas à moins de dix mille le nombre des élèves réunis. Toutes les nations s'y trouvaient représentées non pas seulement sur les bancs, mais encore dans les chaires elles-mêmes. Irnerius et Gratien avaient des représentants et se survivaient dans leurs disciples (2). Alors continuaient leur talent dans la cité : Bulgarus, Martin Gosius ou Gosia dont les tendances doctrinales sortaient d'une sèche exposition, sans toutefois dépasser les bornes d'une rigoureuse orthodoxie. Avec eux régnaient en maîtres, mais à un grade inférieur, Jacques et Hugues de Porta-Ravennate, les complaisants casuistes de Frédéric Barberousse.

Aux savantes leçons de ces célèbres professeurs, Etienne eut pour condisciples Albéric de Porta-Ravennate, Guillaume de Cabriano qui mourut archevêque de Ravenne, Héraclius plus tard archevêque de Césarée en Palestine et surtout ceux qui devinrent le cardinal Gratien et le pape Urbain III. Sans cesse il évoque dans ses lettres leur cher et glorieux souvenir : « Il m'est très doux et très agréable de me rappeler que nous « avons été condisciples (3). » Trente ans plus tard, il les voit encore, il les félicite, il les admire « comme Hylas en présence d'Hercule » marchant à grands pas dans la voie de la science et de la vertu (4).

Il aima tellement cette retraite, qu'il se le reprocha sou-

---

(1) *Hist. littéraire*, XV. 526.

(2) Sur son lit de mort, Irnerius, ne voulant pas choisir son successeur, avait composé le dystique suivant :

« Bulgarus os meum, Martinus copia legum,
« Hugo mens legum, Jacobus et quod ego. »

(3) Ep. 25, 26, 44, 68.

(4) *Hist. litt.*, XV. 525, 526. Ep. 25, 26, 44, 68.

vent, comme on doit se reprocher d'aimer le monde et ses attraits, et quand il fallut la quitter vers 1150, il regretta toujours ces instants trop courts, mais paisibles, passés au milieu des vertes collines et sur les bords sinueux des rivières d'Italie. La beauté du site l'avait séduit comme aussi la gravité des lois ; la charité et l'émulation qui animaient cette école, avaient jeté dans son âme un vif désir de demeurer sur cette terre étrangère, toujours hospitalière et bienfaisante, en compagnie de savants et affectueux amis (1).

IV. — *Etienne écolâtre à Orléans, précepteur et chapelain de Guillaume de Champagne*

De retour dans sa patrie, l'écolier passa maître, et, après avoir reçu les saints ordres, il enseigna d'abord les arts libéraux, puis la science dans laquelle il s'était acquis une si grande et si légitime réputation (2).

Il y avait à l'Ecole de Sainte-Croix, comme dans la plupart des monastères deux sortes d'étudiants ; les uns suivaient ce qu'on pourrait appeler de nos jours l'enseignement secondaire, les autres l'enseignements supérieur. La première catégorie comprenait les enfants de nobles familles qui venaient apprendre à lire, à réciter le psautier, voire même à écrire ; car, là d'ordinaire s'arrêtait l'instruction des futurs chevaliers que l'on remettait à l'âge de quatorze ans aux mains des écuyers pour les livrer à l'exercice des armes. A côté de ces écoliers prenaient place les oblats, c'est-à-dire les enfants de famille noble ou serve qui se destinaient au ministère des autels ; ceux-là étudiaient les éléments de la langue latine et la grammaire qui comprenaient une grande partie de ce que nous appelons les humanités.

Dans ces temps de foi, les parents étaient dans l'usage d'offrir leurs enfants et de les vouer dès leur bas âge au ser-

(1) Ep. 43, 53.
(2) Ms. de Sainte-Geneviève, 17e, p. 731, 732. Ep. 277.

vice de Dieu. Cette oblation était de leur part comme un sacrifice, un renoncement sublime que pouvait seule inspirer la religion chrétienne, si féconde en vertus inconnues du monde ancien. On confiait à ces enfants des fonctions en rapport avec leur âge, celle de lecteur ou d'acolyte.

La seconde catégorie de jeunes gens se composait plus particulièrement de ceux qui poursuivaient l'étude du Trivium et du Quadrivium couronnés par la théologie.

Quels qu'ils fussent, ces enfants confiés par leur famille à la sollicitude du chapitre, avaient besoin d'être formés au service des autels. Il fallait qu'ils trouvassent auprès de l'église ce que leurs parents n'auraient pas manqué de leur procurer, l'instruction et l'éducation, en même temps que la nourriture et les choses nécessaires à leur subsistance. Aussi très heureux de donner à ces pupilles qu'ils adoptaient, pour ainsi dire, comme les leurs, les chanoines les confiaient à un maître choisi, sur qui ils pouvaient compter, qui leur apprît, avec les sciences sacrées, les sciences profanes et le chant ecclésiastique.

> O vous, sur ces enfants, si chers, si précieux,
> Ministres du Seigneur, ayez toujours les yeux (1).

Nos historiens orléanais s'accordent tous à dire qu'Etienne de Tournai fut professeur à l'école épiscopale ; mais sans doute il ne fut jamais honoré du titre de scolastique et n'eut pas la jouissance de la prébende préceptorale affectée à cette dignité.

En même temps qu'il donnait à ses élèves avides de l'entendre, des leçons sur les belles-lettres et la jurisprudence, Etienne se recueillait dans le silence et la méditation, étudiait les livres saints et les Pères de l'Eglise et se livrait à la science de la prédication évangélique. Suivant la chronique, ses sermons lui valurent de bonne heure une rapide notoriété, à ce point que Barthélemy de Vendôme, doyen et archevêque de

(1) Racine, *Athalie*, acte II, scène VII.

Tours, l'employa pour la composition de ses discours dogmatiques (1).

La célébrité du pieux et savant professeur arriva jusqu'aux oreilles de Thibault, comte de Champagne et de Blois. Celui que son siècle surnomma le Grand et le Saint voulut s'attacher ce prêtre éminent que la voix publique élevait déjà aux premières dignités de l'Eglise. Il en fit le secrétaire et le chapelain de son quatrième fils, Guillaume aux Blanches-Mains, tout jeune encore, appelé dans la suite à occuper successivement les sièges de Chartres, de Sens et de Reims (2). Quelles raisons attiraient Etienne de préférence à la cour de Blois ? Y était-il envoyé par l'évêque d'Orléans, Manassès de Garlande ? Pierre de Blois ou l'évêque de Chartres auraient-ils recommandé au puissant seigneur les talents de leur ancien condisciple et ami ? Nous ne le savons pas.

Quoi qu'il en soit, sur ce nouveau théâtre comme ailleurs, Etienne se concilia la faveur de tous ; son influence dans les affaires était décisive, les honneurs et les richesses lui étaient prodigués. Mais plus les prospérités se multipliaient autour de lui, plus il en ressentit le néant. Un jour, un de ses compatriotes, chanoine de Saint-Victor, lui dépeignit le bonheur du cloître en termes si pénétrants, que le précepteur de Guillaume de Champagne quitta aussitôt « dans sa fleur, un « monde toujours aride », se démit de ses charges et se fit reli« gieux à Saint-Euverte (3).

Une lettre adressée à Hugues de Garlande, évêque d'Orléans, nous fait connaître à peu près le temps où Etienne fit sa profession. L'auteur déclare qu'à l'époque où il écrivait cette lettre, « il y avait environ quarante-cinq ans qu'il avait

---

(1) *Arch. nat.*, ms. lat. 14592, f° 1. Bourgain, chaire au XIIe siècle, p. 51. Lecoy de la Marche, chaire aux XIIe et XIIIe siècles.

(2) Desilve, ouv. cité. Ep. 11. Dom Martène, I. 787.

(3) Ep. X. Dom Martène — CCLXXXII : « Quadraginta ferme et « quinque anni sunt elapsi, ex quo in ecclesia beati Evurcii habitum « religionis suscepimus... » *Hist. litt.*, t. XV, p. 526.

« embrassé la vie religieuse (1). » Si cette épître était datée, ce ne serait plus qu'une affaire de calcul, mais ne pouvant arriver à une exacte précision, nous sommes obligé de rapprocher l'une de l'autre deux dates connues. Or, nous savons que Hugues fut élu en 1198 et qu'Etienne mourut en 1203. C'est donc dans l'intervalle de ces deux années qu'on peut placer la lettre en question, et, en prenant un terme moyen, il en résulte qu'Etienne se fit religieux en 1155. Il pouvait avoir alors de vingt-huit à trente ans.

Les auteurs du Gallia christiana indiquent l'année 1158, peut-être 1153 (2).

ARTICLE II

I. Etienne étudiant à l'Ecole de Chartres. — II. Il remplace l'abbé Roger, démissionnaire. — III. Attentat contre Jean de la Chaîne, doyen du chapitre d'Orléans. Protestation du nouvel abbé de Saint-Euverte devant le concile provincial de Sens. — IV. Son œuvre à Saint-Euverte. Ecole claustrale. Construction de l'église et des bâtiments claustraux. — V. Affaires diverses. Les moines de Pont-aux-Moines. Notre-Dame de Doué ou d'Oë. Echanges. Concessions.

I. — *Etienne étudiant à Chartres*

Roger gouvernait alors l'abbaye de Saint-Euverte et Etienne retrouva dans cet asile avec la tradition des Victorins, la ferveur et l'observance de la discipline religieuse. Cependant, bien que l'Université de Paris attirât dans son sein l'élite des esprits, l'Ecole de Chartres, forte de son glorieux passé, jetait encore autour d'elle un brillant éclat. Aussi, l'abbé, qui appréciait les belles qualités de son digne collègue, n'hésita pas un seul instant à l'envoyer à cette célèbre Ecole, dans le but de s'y perfectionner dans les hautes études de la théologie et la mystique divine. Etienne y étudia trois ans et lui-même nous

(1) Ep. X. Dom Martène. *Hist. littér.*, XV. 526.

(2) *Gall. christ.*, VIII. « Vitam religiosam professus est anno saltem 1158, forte etiam 1153.

apprend qu'il se fit rappeler trois fois par Roger, avant de se décider à partir pour Orléans. Enfin, il annonce son retour pour les fêtes de Pâques de l'année 1158. « J'aurais déjà hâté « mon départ, disait-il, mais je ne trouvais pas les moyens « nécessaires de transport ; Dieu veuille que je puisse revenir « avec mes livres placés dans deux voitures (1). »

Il demeura toujours rempli de reconnaissance pour la gracieuse hospitalité qu'il reçut dans cette église, et, dans deux lettres écrites à des cardinaux, il se plaît à en faire les plus grands éloges : « Nous devons aimer cette église, d'autant « que nous avons goûté plus abondamment le lait de ses « caresses et la douceur de ses consolations (2). » Parlant de Geoffroy le doyen et de Guillaume le sous-chantre, il ajoute : « Ce sont des amis avec lesquels j'ai vécu et notre ancienne « cohabitation me rappelle le souvenir de leur aimable com- « merce (3). » Il utilisa plus tard les relations contractées à Chartres pour correspondre avec Guillaume de Champagne dont il fut l'aumônier et le protégé, avec le légat Pierre de Pavie dont il fut le condisciple, avec Robert de Gallardon, abbé de Pontigny, et plusieurs autres encore.

Il dut avoir pour condisciples à l'Ecole de Chartres, Pierre de Blois, Guillaume de Blois et Ernaud de Blois. Il y connut aussi un prieur de Naples, le conseiller Jean Piuzito, dit le cardinal de Naples, qui fonda en 1171 ou 1172 en cette dernière ville une abbaye de chanoines réguliers de Saint-Victor (4).

II. — *Etienne remplace l'abbé Roger, démissionnaire.*

Etienne remplaça l'abbé Roger en 1168. Faut-il dire avec quelle sollicitude il s'acquitta de son ministère sacré ?

---

(1) Desilve. Ep. 42, 43.
(2) Abbé Desilve. *Hist. littér.*, XV. 527.
(3) *Ibid.*, 28, 42, 43.
(4) Clerval, *Ecoles de Chartres*, 291, 292.

Jamais soins plus éclairés et plus empressés n'avaient été donnés à la direction spirituelle du monastère ; jamais paroles plus graves ne s'étaient fait entendre dans l'assemblée des frères. Roger avait trouvé dans son procureur un successeur digne de lui. Aussi l'abbaye prospéra-t-elle de plus en plus, croissant au dedans en savoir et en vertu, au dehors en honneur et en richesses.

Sous ce rapport, la mission d'Etienne ne s'annonçait pas difficile ; la discipline se maintenait dans sa première vigueur. Que l'on se représente alors à l'est de la ville comme demeure conventuelle, un entassement confus de bâtiments, quelques-uns en pierre, le plus grand nombre en bois ; à l'entour, un cordon de fenêtres rétrécies, évasées au dehors, sans symétrie, ouvertes sur le jardin ou sur le cloître, prêtant une lumière avare et mêlée d'ombres à d'étroites cellules et à quelques grandes salles ; au centre et au-dessus de tout, les débris d'une vieille église romane, détruite par un violent incendie ; une grande cour intérieure ; au milieu de cette cour, une fontaine qu'on appelait aussi le lavatoire et dont le murmure semblait être comme un écho de la prière incessante qui s'échappait de ces âmes profondes et limpides ; sous les cloîtres à arcades massives et cintrées le moine en robe de bure se rendant au travail d'un pas silencieux, le scolastique à sa classe, le copiste à ses archives, le bibliothécaire à ses livres, le quêteur à la ville, le cellérier au marché, le prieur au chapitre, l'hôtelier à la porte, le sacristain à l'église, l'aumônier où l'attendent les pauvres ; tous les autres au chœur ou aux divers travaux intellectuels ou manuels ; dans le fond le plus retiré de la maison, l'abbé en prière ou penché sur ses livres et accueillant avec bonté ceux qui viennent auprès de lui chercher la vérité ou réclamer une parole de charité ou de pardon ; chez tous, une modestie grave tempérée par la jouissance de la paix intérieure ; la ferveur primitive d'une maison nouvellement réformée, une ardente piété, insatiable de renoncement et de sacrifice, l'enthousiasme des conversions récentes ; en un mot, toutes les vertus de la terre provoquées par une claire vision et une mystérieuse assistance du ciel : tel devait être alors l'aspect que présentait le saint et paternel gouvernement de Roger et tel il fut sous l'administration de l'abbé Etienne.

III. — *Attentat contre Jean de la Chaîne, doyen du chapitre de Sainte-Croix. Protestation de l'abbé Etienne.*

A la fin de l'année 1167 ou au commencement de l'année 1168, le diocèse d'Orléans fut ensanglanté par un crime odieux dont le doyen de Sainte-Croix fut la malheureuse victime. Un jour que Jean de la Chaîne revenait de Pithiviers, accompagné de son secrétaire, un gentilhomme placé en embuscade au bord du chemin, dans le voisinage de Mareau-aux-Bois, le frappa mortellement de son épée et le laissa inanimé entre les bras de son serviteur. Usurpateur des biens du chapitre, le seigneur assassin trouva sans doute qu'il était plus facile de frapper que de rendre. Un cri d'épouvante retentit dans toute la province ; l'archevêque de Sens, les évêques suffragants, les abbés réunis en synode dans cette ville, prononcèrent l'excommunication majeure contre le coupable qui s'était habilement dérobé à toutes les poursuites de l'autorité civile et religieuse. Chargé par son évêque, Manassès de Garlande, de porter la parole dans cette solennelle, mais triste circonstance, Etienne de Saint-Euverte s'indigne avec raison de l'effroyable licence qui devient de jour en jour, l'état normal de la société, licence désordonnée jusqu'à l'anarchie, toutes les fois que ses forces ne sont pas maîtrisées et assouplies par la seule puissance alors respectée et obéie, l'Eglise. Il demande qu'on aggrave encore la peine portée par les prélats, afin d'avertir et de désarmer ceux que le retour si fréquent à de pareils crimes ne faisait qu'enhardir à les commettre (1). Jamais orateur ne parla avec autant d'éloquence,

(1) Abbé DESILVE, Ep. 2. Cette épître n'est pas une lettre proprement dite, mais un discours prononcé à une assemblée synodale de Sens, afin d'exciter la vengeance de l'assassinat commis sur la personne de Jean de Catenâ. *Hist. litt.*, XV, 532.

jamais discours ne fut plus goûté et ne produisit autant de convictions dans les esprits ? Sur l'ordre de l'assemblée, l'abbé de Saint-Euverte s'adressa au roi de France et l'informa que l'assassin déjà sous le coup du glaive spirituel méritait désormais toutes les rigueurs de la justice (1). Louis VII, on ne sait pourquoi, fut mécontent de cette injonction et en témoigna longtemps sa mauvaise humeur (2). L'intervention de Guillaume de Champagne, évêque nommé de Chartres, le crédit dont il jouissait à la cour à cause de sa sœur, Alix, reine de France, ne furent pas de trop pour apaiser la colère du roi (3).

Pour récompenser Etienne de son courage et de son dévouement, l'évêque d'Orléans, les archidiacres d'Orléans et de Pithiviers et les chanoines réunis de Sainte-Croix abandonnèrent alors aux religieux de Saint-Euverte, l'église de Mareau-aux-Bois, à la condition d'y faire célébrer chaque année un service pour l'ancien doyen du chapitre (4).

L'archidiacre conservait encore son droit de synode et de dix sols payables à l'octave de l'Epiphanie. L'archiprêtre avait également droit à deux livres de cire, à une livre d'encens que l'église de Mareau payait habituellement au chapitre d'Orléans (5) ; mais ce que les clercs Guillaume, Lupellus et Eudes percevaient sur les oblations et menues dîmes, les chanoines de Saint-Euverte le recueilleront grâce au doyen de Sainte-Croix, librement et en paix (6).

---

(1) L'auteur ne nomme pas le coupable, mais il le désigne par ces mots : « Ipsum ducem sceleratæ factionis illius qui altero se polluerat homicidio, suo redemerat interventu. » Ep. 2. *Histoire littér.*, XV. 532.

(2) L'opinion commune est qu'un membre de la famille des Bouteillers de Senlis, d'Oison ou de Luyères, ait été l'auteur de ce lâche assassinat. Le roi devait le couvrir nécessairement à cause des services rendus par sa famille.

(3) *Bibl. nat.*, ms. 10.089, f° 444. *Gall. christ.*, VIII. 503.

(4) *Ibid.*

(5) *Cartul. de Sainte-Croix*, LXXXVII, 39, 65, 80, 126, 520. Mareau-aux-Bois, commune du canton et de l'arrondissement de Pithiviers (Loiret).

(6) *Ibid.*

Le culte divin avait été négligé dans cette paroisse, avant qu'elle appartînt au monastère ; car, une charte de l'évêque Manassès nous apprend que les chanoines permirent à Herbert, archidiacre de Pithiviers, de mette un prêtre à la tête de cette église et de le remplacer quand le besoin s'en ferait sentir (1). Dans ce diplôme il est dit que l'église d'Estouy, quoique placée sous le vocable de Saint-Euverte, ne dépendait pas de l'abbaye de ce nom, mais de celle de la Cour-Dieu (2).

A Jean de la Chaîne succéda Hugues de Garlande, neveu de l'évêque, et nous savons comment Etienne rend compte de cette élection aux délégués du souverain pontife (3).

IV. — *Ecoles de Saint-Euverte. — Construction de l'église et des bâtiments claustraux*

1) Ecoles de Saint-Euverte

Etienne avait été dans la chaire de Sainte-Croix un professeur remarquable, et s'il abandonna momentanément l'enseignement ; il ne renonça jamais au travail de l'esprit et à la recherche de la vérité. Elevé à la dignité abbatiale et entraîné par le besoin qu'il avait de ne pas laisser ignorer des autres les connaissances qu'il percevait lui-même, il n'eut qu'une seule pensée, ouvrir à Saint-Euverte une école publique sur le modèle de celle de Sainte-Croix, qui fut à la fois un grave sanctuaire de la religion et des mœurs.

Roger avait-il établi précédemment une école à Saint-Euverte ? Aucun texte ne le prouve, et il n'est pas permis de supposer que celui qui avait suivi dans sa jeunesse les leçons de Guillaume de Champeaux n'en ait pas rapporté avec lui à Orléans les meilleurs souvenirs !

En tout cas, Etienne de Tournai son auxiliaire et ensuite son successeur nous apprend, dans une de ses lettres, qu'il y avait à Saint-Euverte une école « Schola », et il cite au nombre de

---

(1) *Hist. litt.*, XVI. 526.

(2) *Arch. dép.*, ms. lat. « Cart. Curiæ Dei ».

(3) *Bibl. nat.*, Baluze, ms. 78, f° 18.

personnes qui doivent obéissance à l'abbé « les clercs, les « servants et les écoliers (1). »

Le terme de « Schola », a dans les écrits du moyen âge des significations diverses et ne désigne pas toujours une école proprement dite : par conséquent « scholaris » ne veut pas toujours dire « Ecolier ».

Tantôt il indique le lieu où les moines prenaient leur repos, le dortoir de la communauté (2) ; tantôt il désigne la réunion des chantres attachés à une église (3).

Mais ici le doute n'est plus possible. Les « scholares » sont bien de véritables écoliers, qui, au XIIe siècle, venaient rechercher dans l'enceinte du cloître, l'instruction et l'éducation nécessaires à leur état (4).

L'abbé de Saint-Euverte comprend que pour conserver à son monastère son importance religieuse et matérielle, il lui faut faire revivre les sciences sacrées, telles qu'elles étaient pratiquées à Chartres, à Paris, à Saint-Germain-des-Prés, à Saint-Victor, à Sainte-Geneviève ; et quoiqu'il y eut à Orléans des écoles extérieures, il en établit d'intérieures avec les religieux, afin qu'elles n'eussent aucun rapport avec celles du dehors (5) ; la règle sagement établie dans les monastères est qu'il y ait des écoles pour la vertu aussi bien que pour la science (6).

Il demande donc à Odon, abbé de Sainte-Geneviève de lui envoyer huit professeurs remarquables par leur savoir et leur distinction. Etienne les accueille avec joie, leur adresse ses

(1) Ep. « Clerici et servientes atque scholares qui ad jus prefate ecclesie pertinere noscuntur. »

(2) *Concil. Turon.* « Schola labore communi construatur ubi omnes « jaceant, aut abbate aut præposito gubernante. »

(3) Du Cange, VI. 112. « Scholares de cantu qui sunt in scholâ cantorum. » « Scholares qui in scholis docentur. » « Escoliers, id. est, « tirones ».

(4) Du Cange, *Diction.*, VI. 112.

(5) *Hist. littér.*, XV. 524.

(6) Ep. 93.

encouragements et leur fait part de ses meilleures espérances (1). Il ne choisissait pas à la légère ces maîtres de la jeunesse « qui doivent être d'une vertu éprouvée et d'une « érudition complète (2). »

Voulant à tout prix procurer aux clercs de sa ville natale les bienfaits de l'instruction, Etienne les recommande les uns et les autres, maîtres et élèves, aux cardinaux Albéric de Porta-Ravennate et Guillaume de Cabriano et prie instamment ces prélats, ses amis, de vouloir bien rendre facile à ses jeunes compatriotes leur entrée aux écoles de droit de Bologne (3).

Ce qui caractérise la science théologique d'Etienne à Saint-Euverte, ce fut de faire de la science révélée l'objet des investigations de la raison, tout en supposant d'abord établie la certitude de ces mêmes vérités : « Fides quaerens intellectum » et le principe qu'il a développé dans ses écrits est celui-ci : « L'ordre de rectitude exige que nous croyions « d'abord les mystères de la foi chrétienne avant de vouloir « leur appliquer la discussion du raisonnement. Je ne cher- « che pas à comprendre pour croire, mais je crois afin de « pouvoir comprendre (4). » L'abbé, comme nous aimons à le constater, suivait la méthode de saint Anselme, de Guillaume de Champeaux et de l'école de Saint-Victor.

Cette petite école monastique d'Orléans était comme une sorte de séminaire où durent se recruter de nombreux jeunes gens qui se consacraient aux études sacrées et ensuite au sacerdoce.

Lorsqu'il fut nommé à Sainte-Geneviève, Etienne voyant avec peine le dépérissement des bonnes études, eut le courage de demander au souverain pontife d'y apporter un prompt et salutaire remdèe.

Il lui représente que « dans les matières théologiques, on

---

(1) Maitre, *Ecoles épiscopales*, 144.
(2) Ep. 80.
(3) Ep. 25, 26.
(4) *Hist. littér.*, XV. 527.

« ne composait plus que de petites sommes ou de longs com-
« mentaires, comme si les écrits des Saints-Pères ne suffi-
« saient pas pour l'intelligence des Ecritures. La manie de
« briller ou d'étaler sa science était telle qu'on disputait sans
« respect jusque dans les carrefours et les places publiques
« sur la divinité incompréhensible et les autres mystères de
« la religion.

« En matière canonique, on ne fait plus usage que d'un
« recueil immense de décrétales qu'on débite sous le nom
« d'Alexandre III, et on ne tient plus compte des anciens
« canons qu'on rejette, qu'on conspue. Ce nouveau code tient
« lieu de tous les autres, et il ne serait pas étonnant que les
« avocats en soient les auteurs ; on l'enseigne dans les écoles,
« on l'expose en vente, à la grande satisfaction des copistes
« et des libraires, qui voient par là diminuer leur travail et
« augmenter leur gain (1).

« Quant aux arts libéraux, ils sont abandonnés à de jeunes
« imberbes, qui, à peine écoliers, se targuent du titre de
« maîtres, qui, laissant de côté les livres classiques, font aussi
« leurs petites sommes de leur salaire, non du vrai sel des
« philosophes (2). »

Nous avons reproduit cette lettre avec intention, pour montrer quel était à la fin du XIIe siècle l'état de l'enseignement dans les Ecoles, enseignement dont Etienne de Tournai désirait ardemment la réforme.

2) Construction de l'église et du cloitre

En 1167, selon plusieurs historiens, un grand incendie ravagea la ville et plusieurs églises. Celle de Saint-Euverte aurait été complètement détruite. L'abbé Etienne s'appliqua à reconstruire son église sur un plan plus vaste et ne se laissa rebuter ni par les obstacles ni par les difficultés sans cesse renaissantes (3).

(1) Ep. 274. *Hist. littéraire,* XV. 572.
(2) Ep. 274. *Hist. litt.*, XV. 572.
(3) Symph. Guyon, Lemaire.

N'est-il pas admirable de voir un simple abbé construire un tel monument avec ses propres ressources ? La dévotion envers Saint-Euverte et les vertus des nouveaux religieux avaient, il est vrai, attiré des offrandes considérables, mais ces ressources étaient loin de correspondre à la grandeur de l'entreprise. « A « peine les murs du temple saint commençaient à sortir des « ruines fumantes », ce sont les expressions d'Etienne, et déjà il lui fallait mendier dans les diocèses voisins les secours de la charité (1). Il envoya plusieurs de ses frères, avec les reliques des saints et probablement celles de saint Euverte, quêter en faveur de cette œuvre. Deux lettres adressées, l'une à Barthélemy de Vendôme, doyen de Saint-Martin de Tours, et l'autre aux prêtres du même diocèse, ont pour but de recommander ces religieux quêteurs à la bienveillance des fidèles (2).

Huit ans suffisent pour la reconstruction de ce magnifique monument. C'est donc à son zèle que nous devons cette église admirable ; nous la voyons telle, à peu près que la montra son édification primitive ; car, malgré la destruction du temps et le ravage des hommes, elle a toujours conservé son caractère gothique du XIIe siècle.

Les annales ne disent rien de la reconstruction des bâtiments claustraux. Ce ne fut sans doute qu'une restauration de l'ancien monastère.

V. — *Affaires diverses*

Rempli de zèle pour le bon ordre et l'honneur de la sainte église, l'abbé de Saint-Euverte se plaint amèrement à Etienne de Cluny de la conduite de Jean, prieur de Pont-aux-Moines (3). « Ce dernier dissipe les biens de la communauté, « ne prend pas les intérêts de ses religieux, contracte des

(1) Ep. 19, 20.

(2) DESILVE, Ep. 19, 20. *Hist. littér.*, XV. 527.

(3) Pont-aux-Moines est encore appelé dans les chartes « Pons Usanciæ » à cause de la petite rivière du Cens qui se jette dans la Loire près de Combleux.

« dettes, sans toutefois augmenter le nombre des frères et « réparer les bâtiments claustraux. C'est une cause de scan- « dale et de murmure de la part des seigneurs voisins, par la « générosité desquels ce couvent avait été fondé (1) ».

Une femme de qualité, originaire du pays, avait indignement troublé les religieux de Mont-Sion dans la jouissance de leurs propriétés. Condamnée à la restitution par le chapitre de Sainte-Croix, cette dame se pourvoit en appel devant le métropolitain de Sens. Etienne, de son côté, se hâte de recourir à l'intervention de Guillaume de Champagne, alors archevêque de cette ville, lui expose son jugement et celui des habitants au sujet de cette injustice, et le prie de confirmer de toute son autorité la sentence dernière portée contre cette femme sans conscience et sans pudeur, qu'il qualifie de nouvelle Jezabel (2).

En 1171, Pierre III d'Annecy, évêque du Puy, jeta aussi les yeux sur Etienne de Tournai, en vue de rétablir la discipline dans l'abbaye de Notre-Dame ou de Saint-Jacques Doë, conformément aux louables traditions de Saint-Euverte (3). Cet ordre que son extrême pauvreté avait réduit à la dernière misère, traversait une véritable crise qui se prolongea plus de trois ans. D'accord avec Hugues de Noyon et l'abbé Etienne, le prélat réussit dans ses démarches. Grâce à l'active sollicitude avec laquelle notre bon abbé travailla aux intérêts de cette communauté, cette nouvelle fondation reprit sa régularité première et devint un sujet d'édification pour la ville du Puy dont elle était voisine et dépendante.

Etienne multiplie encore les biens et revenus de son abbaye par des échanges, des concessions et des accords faits avec Manassès de Garlande, l'abbé de Saint-Mesmin, par des com-

---

(1) Louis VII donna Saint-Samson aux chanoines de Mont-Sion en 1152 ou 1153. LUCHAIRE, *Actes de Louis VII*. 193, n° 289. Ep. 10. Symphorien GUYON, ouvr. cité, I. 401, 402.

(2) *Gall. christ.*, II, col. 769. Ep. 30, 31. *Hist. litt.*, XV. 530.

(3) *Bibl. nat.*, cart. lat. ms. 10.089, f° 81, 82. Symph. GUYON, I. 402.

positions entre Sainte-Croix et l'abbaye de Bonneval (1) ; il est appelé comme arbitre et témoin dans des règlements entre l'Evêque d'Orléans et Bouchard de Meung, dans différentes contestations entre Saint-Benoit, la Cour-Dieu, Bourg-Moyen de Blois (2).

Il réunit encore à la mense abbatiale des vignes et des terres situées à Saint-Marc, à Saint-Jean-de-Braye, à Darvoy, et plusieurs moulins sur les Mauves (3).

En 1176, l'évêque d'Orléans, sur la demande de l'abbé, baille à cens aux religieux de Saint-Euverte un quartier d'arpent de terre stérile et infructueuse, plantée en vigne, dans le climat de « Tancauda » Tanqueue (4), à la condition que les moines paieront chaque année, le jour de l'Invention de la Sainte-Croix au prélat et à ses successeurs, la somme de deux deniers parisis (5). Quelques jours après, d'accord avec ses neveux, Hugues, doyen du chapitre, et Manassès Chévecier, le même évêque accorde à Etienne la dîme de Couture, de la paroisse de Mareau-aux-Bois, et un cens de deux deniers sur les vignes de Jargeau (6).

En même temps, il terminait heureusement un différend que le monastère avait avec les neveux et nièces, héritiers d'un certain Gaudefroy-Marquis, au sujet d'une vigne donnée à l'abbaye ; pour conclure la paix, il leur abandonna quarante sols parisis. Les témoins de cet acte appartiennent à la Beauce orléanaise et pithivérienne ; nous nommons entre autres Jehan le Marguillier, chanoine de Saint-Euverte et réglementaire, c'est-à-dire chargé de sonner la cloche et d'appeler les religieux aux offices de la communauté (7).

---

(1) Cart. de Sainte-Croix, 119, n° 154.

(2) *Bibl. nat.*, Baluze, 78, f° 68. Ep. 73.

(3) *Arch. dép.* H. 4.

(4) *Bibl. nat.*, ms. lat. 10.089, f° 82. Tanqueue, climat de Saint-Jean-de-Braye, dépendant au xve siècle de Saint-Hilaire.

(5) *Arch. dép.*, ms. H. 18, fonds Saint-Euverte.

(6) *Bibl. nat.*, Baluze, 78, f° 18.

(7) Baluze 78, f° 18.

Cette même année 1176, Etienne transige avec le roi de France contre les habitants de Torville qui lui devaient xxx parisis de taille annuelle. Ce droit est réduit à la somme de xx sols (1).

Etienne est encore nommé dans une transaction passée entre l'abbé de Saint-Jean de Sens et ses frères, au sujet d'une maison située sur la paroisse de Saint-Benoit et léguée à l'abbaye par Girard, chantre de Meung-sur-Loire (2).

On le retrouve de même dans un acte de donation, par lequel le chevalier Etienne de Poinville abandonne aux religieux orléanais trente-six mines de froment à percevoir chaque année sur la dîme d'Angerville la Gâte (3).

La réputation de science, de sainteté et de zèle apostolique fit choisir Etienne pour abbé de Sainte-Geneviève de Paris, après la mort de Hugues, le 22 novembre 1176, d'après le nécrologue de Saint-Denis, ou le 24 du même mois, d'après celui de Sainte-Geneviève (4).

ARTICLE III

I. Correspondance d'Etienne pendant son abbatiat à Saint-Euverte. — II. Relations diverses. Recommandations. — III. Jugement porté sur l'abbé de Saint-Euverte.

§ I. — *Correspondance d'Etienne, abbé de Saint-Euverte*

C'est par la correspondance d'un homme qu'on apprend à le connaître et à l'aimer. Un homme, en effet, n'écrit pas trois cents lettres, souvent de sa propre main, à la hâte et dans les circonstances les plus diverses, sans trahir ici ou là, le fond de son âme. Or, dans les trois étapes de la vie publique

---

(1) *Arch. dép.*, ms. H. 12. « 1176. Transaction entre Loys le jeune « roy et le frère Estienne. abbé de Saint-Euverte, contre les habitants « de Torville pour raison de taille que ledit abbé avoit droit de prendre « sur eux chascun an qu'il disoit estre XXX parisis, por ce que ledit « roy et ledit abbé à la première requeste la movoit à X· l. p. X[s].

(2) *Arch. de l'Yonne*, H. 414.

(3) De Vauzelles, la *Madeleine-les-Orléans*. 31, 213, 214.

(4) *Bibl. nat.*, ms. 17 , p. 471, fd Sainte-Geneviève.

d'Etienne, à Saint-Euverte, à Sainte-Geneviève et à Tournay, depuis le premier jour de son avènement jusqu'au dernier, nul changement ne peut être signalé ni dans sa conduite ni dans son attitude.

Il est toujours le même, digne, juste, énergique, bienveillant et aimable, soit qu'il s'adresse aux souverains pontifes, aux cardinaux, aux évêques, aux abbés, ou qu'il étende ses relations jusqu'aux rois et autres célèbres personnages.

Dans cette correspondance qui constitue une mine précieuse pour la biographie d'Etienne, et, bien plus encore, pour l'histoire de la deuxième partie du XIIe siècle, nous trouvons un grand nombre de lettres où se révèle une véritable affection pour le vieil abbé Roger et ceux qui ont collaboré à son ministère ; lettres où il intercède en faveur de religieux coupables et repentants, où il réclame l'aide de ses amis pour réparer son église en ruines, où il ordonne au prieur et aux religieux de fournir des excuses à cause de leur absence au chapitre général ; lettres où il pleure la mort de plusieurs jeunes gens envoyés à Naples contre leur gré par l'abbé de Saint-Victor ; où il prend la défense du pauvre, de la veuve et de l'orphelin, où il apporte un conseil, une félicitation, une consolation et une espérance.

Une étroite amitié s'était formée entre d'anciens maîtres et chanoines et lui, amitié qui dura de longues années et qui ne fut brisée que par la mort. Quand il fit profession à Saint-Euverte, Etienne connut particulièrement Guillaume de Franchart, Hugues de Noyon, Geoffroi de Saint-Satur... Le premier fut prieur de Saint-Euverte pendant quinze ans, mais avant la réforme ; le second fut chantre ; le troisième exerça la charge de sous-prieur sous l'abbé Roger. Séparé d'eux, lorsqu'ils devinrent, l'un ermite dans la forêt de Bière, les autres abbés de Saint-Barthélemy de Noyon et de Saint-Satur, il leur conserva toujours dans son cœur un souvenir tendre et fidèle (1).

(1) Ed. Desilve. Ep. 35, 48, 177, passim.

Toutes les fois qu'il pouvait s'échapper à ses frères, bravant le froid et la fatigue, il venait les retrouver dans leurs abbayes et se réjouir avec eux dans le Seigneur. Quand les occupations incessantes ne lui permettaient pas de faire des visites, les amis s'écrivaient souvent. Etienne, beaucoup plus jeune, les consultait comme des maîtres. En les écoutant, il croyait boire à la source de la charité et de toutes les vertus. A Hugues, il atteste qu'il n'attache pas son âme aux choses de ce monde. « Je suis pauvre, lui dit-il, en biens spirituels, et riche en « biens temporels ; mais les uns comme les autres ne viennent « pas de nous ; notre suffisance vient de Dieu (1). »

§ II. — *Relations diverses. — Recommandations.*

Grâce à sa grande sollicitude, il prie Geoffroi de Saint-Satur de vouloir faire bon accueil et donner toute son assistance à un de ses religieux souffrant et malade (2). Il recommande à Jothon, archevêque de Tours, Geoffroy, évêque de Quimper, son condisciple, le fils de la concorde, l'héritier de la mansuétude et des autres vertus (3) Il assure encore de son entier dévouement Adalbert de Tournel, évêque de Mende, dont la bonne foi avait été surprise par de faux rapports (4). Il lui témoigne toujours une vive affection au souvenir de celui qui aurait pu être dans la culture des lettres son précepteur et son collègue. Un autre ami, autrefois chanoine de Saint-Euverte et depuis évêque de Mamistra, en Palestine, lui envoyait de l'Asie un flacon de thériaque pour le préserver de toutes sortes de maladies (5).

Comment s'appelle ce religieux de Saint-Victor, Etienne ne l'indique pas ?

---

(1) Ed. Desilve. Ep. 33, 39.

(2) *Ibid.*, 33.

(3) Ed. Desilve. Ep. 17.

(4) *Ibid.*, Ep. 147. Les auteurs du *Gallia Christiania* pensent que ce victorin fit partie de la croisade. Il en serait revenu, sur l'ordre d'Amaury, roi de Jérusalem.

(5) *Gall. christ.*, VIII. 1617. Ep. 46.

Auprès d'Alexandre III et de Guillaume de Champagne, légat du Saint-Siège, il plaide avec une éloquence passionnée la cause de l'archidiacre et du chantre de Bourges, accusés d'avoir détourné des legs faits aux églises et aux pauvres par Pierre de la Châtre (1). A l'occasion de l'élévation de Pierre de Pavie à la dignité de cardinal, il félicite son ami et énumère dans une lettre élogieuse, souvent citée, les différentes étapes de sa carrière (2). S'il faut en croire les auteurs du *Gallia Christiana*, Pierre aurait été le disciple d'Etienne à l'Ecole de Chartres. Si entre le premier qui mourut en 1182, après avoir vécu dans les honneurs, et l'abbé de Saint-Euverte pouvaient exister des relations de maître à élève, on serait plutôt porté à renverser les rôles. Le ton d'Etienne de Tournai n'est pas celui d'un ancien maître, mais plutôt celui d'un ami ou, si l'on veut, d'un ancien condisciple au temps qu'ils étudiaient ensemble la théologie à l'Ecole de Chartres (3).

Contemporain de Maurice de Sully, évêque de Paris, Etienne fut consulté concurremment par Ponce, évêque de Clermont, sur la question de savoir si le baptême donné sous cette forme abrégée : au nom du Père, du Fils et du Saint-Esprit, était valide, sans qu'on prononçât la formule : « Je te baptise. » Maurice répondit négativement. Etienne, d'un avis différent, s'en excuse auprès de l'évêque de Clermont. « Je suis confus « que vous placiez mon suffrage au rang d'un tel pontife, « rapprochant de la sorte l'insecte et le chameau, le chardon « et le cèdre, le faible Hylas et le puissant Hercule (4). »

---

(1) Ed. Desilve. Ep. 48. « Amplector scolarem, prosequor archidiaconum, deosculor abbatem, assurgo episcopo, revereor cardinalem. » Abbé Clerval, *Ecole de Chartres*, p. 292, 293. Certains ont voulu voir dans le terme de « Scholaris » l'idée de Scolastique. Il s'agit ici du terme « Ecolier ». Voir Du Cange, VI.

(2) Desilve. 42, 43. *Revue des Questions historiques*, 1891 et 1892. *Pierre de Pavie*, par Hipp. Delehaye. S. J.

(3) Ep. 3, 4, 5. Cf. Mr Baunard, *Maurice de Sully*, 66. Mortet, *Hist. de l'Ile de France*, Maurice de Sully, XVI. 277.

(4) Desilve. Ep. 31.

Aussi il arriva qu'Hylas fut terrassé par Hercule. La décision du prélat prévalut en cour de Rome, laquelle lui donna l'irréfragable sanction de son autorité. Du reste il ne pouvait en être autrement.

Saint Thomas de Cantorbéry, qui avait trouvé une si touchante hospitalité sur la terre de France, était tombé aux pieds des autels frappé par le glaive de quatre gentilshommes. C'était le 29 décembre 1170. Cinq ans après cet horrible attentat, l'abbé de Saint-Euverte se rappelle encore le souvenir du pontife martyr. « Il le prie de ne pas rejeter après la gloire « de sa mort celui qu'il jugeait digne, auparavant, d'être uni « à sa vie et à ses entretiens (1). » Tandis que l'Eglise catholique décernait au primat d'Angleterre les honneurs de la canonisation, Henri II, son persécuteur, venait s'humilier devant son tombeau. Semblables à ces furies vengeresses que l'antiquité nous représente attachées aux familles criminelles des Œdipes et des Atrées, sa femme et ses enfants, soutenus par le roi de France, s'étaient révoltés contre lui. Le malheureux prince pousse alors vers Rome un cri de détresse. Des prélats et d'autres ecclésiastiques prudents se joignent alors au légat Pierre de Pavie et parviennent, avec l'aide de Dieu, à ramener entre les deux partis l'union et la paix. Parmi ces personnages, à qui est dû le revirement dans la fortune du monarque anglais, les plus célèbres furent Arnould de Lisieux, Joscelin de Salisbury, Jean de Balméïs ou aux Blanches-Mains, évêque Poitiers, et Etienne de Saint-Euverte. L'évêque de Poitiers avait encouru la disgrâce du fier Plantagenet à cause de son attachement à Thomas Becket. La légation était donc difficile et il est à croire qu'au moment où les ambassadeurs entamèrent les négociations avec les révoltés, la nouvelle de la pénitence du vieux roi se répandit partout et disposa en sa faveur l'opinion publique divisée jusqu'alors sur la légitimité de ses droits. Etienne de Tournai fut un des premiers à féli-

(1) Desilve. Ep. 34.

citer l'évêque de Poitiers sur son heureux retour et sur le succès presque inespéré de cette mission d'outre-mer (1).

Après avoir vécu plus de quinze ans à la tête de la célèbre abbaye de Sainte-Geneviève, ses vertus lui méritèrent l'insigne honneur d'être élevé sur le siège épiscopal de Tournai qu'il occupa jusqu'au 9 septembre 1203, époque de sa mort.

Evidemment sa vie passée à Sainte-Geneviève et à Tournai n'appartient pas à notre récit. Etienne fut inhumé dans sa cathédrale le 12 du même mois (2). Il était âgé d'environ soixante-seize ans. Toujours attaché par le cœur aux deux maisons qu'il avait successivement gouvernées pendant plus de vingt-trois ans, il fit construire dans son palais épiscopal une chapelle en l'honneur de saint Vincent martyr, « entre « toutes les vitres de laquelle, dit Symphorien Guyon, il fit « dépeindre Saint-Euverte et Sainte-Geneviève, en mémoire « de ce qu'il avait été abbé de leurs églises, et en cette cha- « pelle il fonda une messe chaque jour (3). » Par ses ordres encore, l'église de Tournai célébrait tous les ans, sous le rit double, l'office de ces deux bienheureux.

§ III. — *Jugement porté sur Etienne de Tournai*

Nous ne connaissons pas de portrait d'Etienne de Tournai dont peut-être l'art n'a jamais reproduit la figure ; mais sa physionomie morale nous est, au contraire, parfaitement connue ; elle ressort vivante, en quelque sorte, de l'histoire que nous avons racontée en partie.

Le trait principal de cette individualité, c'est la foi la plus sincère et en même temps la plus réfléchie ; de là, l'homme tout entier. Il fut un survivant de cette lumineuse pléiade

---

(1) Ed. DESILVE. 34, 35. *Hist. litt.*, XV. 425 et suiv. Nous n'avons utilisé que les lettres écrites pendant l'abbatiat de Saint-Euverte. Pour plus amples détails, voir : DESILVE, *Lettres d'Etienne de Tournai ;* t. X de l'*Histoire littéraire ; Etienne de Tournai*, par abbé BERNOIS (1905).

(2) *Gall. christ.*, col. 215, 216.

(3) Symph. GUYON, ouvr. cité, t. II. 4 et suiv.

d'esprits éminents que nous admirons dans la seconde moitié du XIIe siècle. Dieu les avait fait naître de toutes parts pour préparer le siècle suivant ; grands pontifes, saints et illustres religieux, théologiens, canonistes, savants, il leur avait dispensé tous ses dons, les avait comblés de tous ses charmes. Etienne était doué d'une facilité comparable à celle de saint Bernard et de Pierre le Vénérable. Par l'intégrité de ses mœurs, l'indépendance de son caractère, la supériorité de son esprit et l'étendue de sa science, il avait acquis le droit de dire à tous la vérité. Avec un grand fond de bonté et de douceur, il savait ce qu'on doit d'indulgence aux faiblesses humaines. Aimant ses semblables, il devait tenir à leur plaire. Mais cette amitié n'excluait pas les douces et légitimes préférences que nous ne pouvons refuser aux hommes et aux choses avec lesquels nous entretenons de plus fréquents et de plus chers rapports. Quel affectueux souvenir il conserve, au milieu des soucis de son épiscopat, de Saint-Euverte et de Sainte-Geneviève ! Avec quelle effusion il supplie ses parents Etienne, Pierre, de vivre d'une vie régulière, pour que leur union commencée sur la terre par les liens de la chair et du sang se resserre dans l'éternité où ils ne seront plus qu'un seul esprit et une seule âme. Son attachement pour Bertier, Barthélemy, Marcel, ces frères, non de la nature, mais de son cœur, est tel qu'il chercherait en vain des termes pour l'exprimer. C'est aussi à ses lettres qu'il faut attribuer son heureuse action sur la société contemporaine. Toutes ne sont pas arrivées jusqu'à nous et les meilleures collections en renferment plus de trois cent trente. Parmi les personnages auxquels elles furent adressées, nous comptons sept papes, trente-cinq évêques ou archevêques, quinze cardinaux, quarante abbés et trois rois. Plus de cinquante furent écrites à Guillaume de Champagne, encore un survivant de la grande génération et l'un des prélats les plus distingués de son temps. La confiance de ce dernier à l'égard d'Etienne de Tournai ne se démentit jamais ; elle demeura jusqu'à sa mort arrivée en 1202.

Nous avons utilisé ces lettres au point de vue de l'histoire.

Au point de vue littéraire, on y rencontre de belles et admirables choses mais la pensée ne se présente pas toujours avec assez de naturel. L'amour des antithèses verbales, des rapprochements, des concetti y est porté trop loin, en sorte que les figures d'un si bon effet, quand l'emploi en est juste, sobre et habile, nous apparaissent forcées et même assez puériles. « Il faut qu'il aime en les vénérant ceux qu'il vénère « en les aimant. » — « L'évêque de Dol est plutôt l'évêque « du Dol. » Nous y rencontrons aussi des formes étranges qui peignent avec une grande vivacité, quoiqu'elles ne soient pas toujours de bon goût, le sentiment qu'elles ont à rendre. Cependant, il faut le dire, à côté de ces singularités, on admire des traits pleins de délicatesse et de grâce.

Etienne publia, en dehors de ses lettres, un livre sur les décrets de Gratien.

Un dernier trait à ajouter à la silhouette de notre ami en tant que poète et orateur.

Etienne n'est pas un poète, quoiqu'il ait pu, comme Fénelon, tourner dans un moment d'oubli quelques vers médiocres. Sa muse mesurait des épitaphes en l'honneur des grands hommes et des hymnes à la gloire des saints. Si l'on remarque la coupe des vers latins dans les épitaphes, comme dans celles de Louis le Jeune et de Maurice de Sully, on ne trouve guère que de la prose arrangée selon le goût de l'époque. Dans les hymnes, en particulier dans celles de saint Gérauld, c'est une sorte de poétique qui emprunte au vers roman la syllabe comme pied et l'assonnance comme rime.

Grande aussi paraît avoir été sa réputation oratoire. On aimait non seulement à entendre, mais à lire le prédicateur. Du Molinet ne nous a laissé qu'un sermon d'Etienne, abbé de Saint-Euverte. Peut-être justifierait-il médiocrement l'estime où il semble avoir été tenu comme prédicateur, si l'on n'avait égard au goût subtil de l'époque, aux habitudes d'un auditoire, auprès duquel les considérations mystiques passaient pour ingénieuses et édifiantes. Deux manuscrits latins de sainte Geneviève nous relatent plus de soixante sermons (1).

L'abbé de Saint-Euverte a tout étudié avec ardeur et succès : humanités, philosophie, théologie, science canonique. De là, la correcte latinité, l'élégance même de son style. De là, les grades dont il fut jugé digne dans la science de la raison pure comme dans celle de la révélation. De là, la chaire de droit canon qui lui fut confiée et qu'il occupa brillamment (2). De là, les commentaires qu'il écrivit sur les Decrétales (3), et le titre de savant canoniste que lui décerna Innocent III (4). De là, sa situation prépondérante dans le clergé de France, comme abbé et comme père de l'église dont les décisions étaient admises à l'unanimité (5).

CHAPITRE IV

ARTICLE PREMIER

1. Roger, abbé de Saint-Euverte pour la deuxième fois (1176-1183).
2. Donations à l'Abbaye des églises de Saint-Hilaire, de Saint-Donation, du prieuré du Gué de l'Orme, de l'église d'Ouzouer-le-Marché.
3. Donations faites par Thibault, comte de Blois, aux chanoines de Sennely.
4. Derniers actes.

ARTICLE II

Successeurs de Roger de Saint-Victor

1. Hugues (1184-1185). — Barthélemy (1186-1196). — Bertier (1194-1200).
2. Prieurés d'Huisseau-sur-Mauves et de Franchart donnés à l'Abbaye de Saint-Euverte.

---

(1) Du Molinet. Ep. « Steph. Tornacensis. Vita Stephani Tornacensis », ms. lat., 14935, f° 32, D. L. 27, f° 25. Abbé Bourgain, *Chaire au XIIe siècle*, p. 51. Lecoy de la Marche, *Chaire aux XII*e *et XIII*e *siècles*.

(2) *Ibid.*

(3) *Bibl. nat.*, ms. lat., 14.609.

(4) *Ibid.*, 21, f° 350.

(5) Conf. Desilve. *Lettres d'Etienne de Tournai.* Abbé Féret. *Abbaye de Sainte-Geneviève*, T. I. p. 125 e. s. v. *Mém. de l'Académie de Sainte-Croix*, 1903. Abbé Bernois, *Etienne de Tournai.*

ARTICLE PREMIER

Roger, abbé de Saint-Euverte pour la deuxième fois

1° Après le départ d'Etienne, les regards des religieux se fixèrent une seconde fois sur Roger de Saint-Victor, qui fut élu par les suffrages unanimes de la communauté. Pour obéir à l'ordre de la Providence qui l'appelait de nouveau au gouvernement de l'abbaye, il accepta avec résignation cette lourde charge, continua d'améliorer la situation matérielle du monastère, donna plus de consistance à ses propriétés, en augmenta les revenus et fut comme par le passé, rempli de bonté à l'égard de tous. Mais s'il reprit la direction de Saint-Euverte, ce fut à la condition expresse d'être encouragé et secondé par ceux-là mêmes qui l'y avaient forcé, le nouvel abbé de Sainte-Geneviève, Hugues de Noyon, Geoffroy de Saint-Satur, Gérard de Bourges et les autres frères (1).

2° Donations diverses. Donations des églises de Saint-Hilaire, de Saint-Donatien, du prieuré du Gué de l'Orme, de l'église d'Ouzouer-le-Marché.

La vie régulière des chanoines fixa encore l'attention publique et motiva de nouvelles largesses de la part des fidèles.

Hugues de Meung possédait une place près de l'église abbatiale ; il en donna la moitié à la communauté de Saint-Euverte pour fonder l'anniversaire de Burchard, son aïeul, de Gervais, son frère, et le sien après sa mort. Quant à l'autre moitié, il la vendit pour la somme de quatre-vingts livres parisis ; il prit à cette occasion pour pleiges ou cautions Pierre de la

(1) *Histoire littéraire*, XIV, p. 228. « Il fallait vraiment vaincre sa résistance, car je vois dans un diplôme de cette même année 1176, que Louis VII l'appelle « quondam abbas » ; ce qui me fait croire qu'il ne gouverna d'abord que comme ancien abbé, au lieu que dans les actes suivants, il est qualifié du titre de véritable abbé, sans l'addition du mot « autrefois ». Cf. Prieuré de la Madeleine-lès-Orléans, v. s. Les lettres d'Etienne de Tournay adressées à ses anciens confrères et collaborateurs servent de témoignages irrécusables et authentiques.

Porte, André Anguille et Jean, maire de Mareau. Si Hugues manquait à ses engagements, les religieux pouvaient faire appréhender les pleiges et les retenir dans les prisons d'Orléans, jusqu'à ce que le seigneur de Meung eût complètement rempli ses obligations à l'égard du couvent. Ces donations et ventes furent consenties par Adeline de La Ferté, femme de Hugues, et approuvées par l'évêque Manassès dans le fief duquel la place était située (1).

A la fin de 1176, à la prière de Roger, autrefois abbé de Saint-Euverte, « quondam abbas Sancti Evurcii », Louis VII réunit à l'église de Saint-Hilaire la chapelle de Saint-Etienne (alias Saint-Vincent) située dans les jardins du roi et la céda à Saint-Euverte dans les mêmes conditions qu'à Pierre, premier desservant, qui tenait cette chapelle de la libéralité du même roi. Dans le but d'augmenter les revenus de Saint-Hilaire, Louis le Jeune accorda aux chanoines Euvurtiens quatre muids de blé-mouture à prendre dans ses greniers, et, en cas de disette sur ses moulins du pont, deux muids de vin dans son cellier, un arpent de vigne que la concierge Béatrix avait donnée à la chapelle et dix sols à percevoir sur la baillie d'au delà du Loiret, pour l'entretien de la lampe du sanctuaire (2).

Deux ans après, mû par les mêmes sentiments d'estime et de bienveillance, le même prince accorda aux chanoines de Saint-Euverte l'église de Saint-Donatien pour la posséder après la mort ou la démission volontaire d'un prêtre nommé Henri, qui l'avait également obtenue de la faveur royale. En 1179, cette donation fut autorisée par le doyen Hugues et le chapitre de Sainte-Croix, sous la réserve expresse de juridiction que l'évêque, l'archiprêtre et le doyen avaient de tout temps exercée sur cette église, d'un pastum ou collation à

(1) *Bibl. nat.*, ms. lat., 10.089, f° 24.

(2) *Arch. dép.* A 1141. *Gall. christiana*, t. XIIII. 519. Le Maire, *Antiquités de la ville d'Orléans. Bibl. d'Orl.*, ms. 487. Dom Verninac, I, f° 60 et s. q.

acquitter le jour de la fête des saints Donatien et Rogatien, lorsque les chanoines allaient en procession à cette église, et de plus sous la réserve du service que le desservant devait à la cathédrale d'Orléans (1).

En même temps que le souverain pontife, Alexandre III confirmait à l'abbé Roger les dîmes de Bucy, d'Artenay, de Mareau et de Binas ; il garantissait également de son autorité apostolique la concession de l'église de Saint-Donatien, et c'est de cette époque, la vingtième année de son pontificat, que date, à proprement parler, la vie religieuse et paroissiale de cette église (2).

Philippe-Auguste, imitant la piété de son père, confirma ce legs par lettres patentes données à Châteauneuf-sur-Loire, en 1183, la quatrième année de son règne (3).

En 1163, un familier de Louis VII, nommé Guy, avait fondé sur la terre du Gué de l'Orme une petite communauté soumise à la règle de Saint-Augustin, réformée par les Prémontrés. Au domaine primitif vinrent s'ajouter la maison de Douxchamp, la petite église de Saint-Nicolas-des-Landes, des terres et des vignes situées dans la forêt d'Orléans, à Chilleurs, à Courcy, à Soisy et à Châteauneuf (4).

Les abbés Jean et Sevin, successeurs de Guy, vécurent pendant quelque temps indépendants de leurs voisins de Saint-Benoît et de la Cour-Dieu, qui ne voyaient pas d'un bon œil se développer auprès d'eux cette nouvelle abbaye ; mais en 1178, Manassès de Garlande concéda aux Euvurtiens d'Orléans le prieuré du Gué de l'Orme avec ses dépendances et

---

(1) *Bibl. nat.*, Cart. ms. lat., 10.089, f°s 457, 458. Arch. dép. G, 376. MM. Thillier et Jarry. *Cart. de Sainte-Croix*, p. 176. *Gall. christiana*, VIII, p. 573.

(2) *Arch. dép.*, fonds St Euv. H. 4. *Gall. christ.*, VIII. Inst. 521. Dom Verninac, *Bibl. d'Orl.*, ms. 487, t. I, f° 64. *Arch. dép.*, fonds Saint Donatien, copie de juillet 1466. G. 192.

(3) Cart. St Evurcii, ms. lat., 10.089, f° 500. Cf. L. Delisle, *Actes de Philippe-Auguste*, n° 73, p. 18. *Gall. christ.*, VIII, p. 520.

(4) *Bibl. nat.*, Cart. Ste Evurcii, ms. lat., 10.089, f° 459.

fixa les redevances que les nouveaux propriétaires devront payer aux chapitres de Sainte-Croix et de Jargeau dont relevait cette demeure monacale (1).

A la suite de différents pourparlers, il fut convenu que les frères de Saint-Euverte paieraient chaque année pour les églises de Saint-Nicolas-des-Landes et de Saint-Martin-d'Abbat deux livres de cire ; au chapitre de Jargeau, quatre sous et un cierge d'un quart de livre pour un domaine de vingt-deux arpents. De plus, l'abbé Roger promettait de ne pas engager le Gué de l'Orme ni d'en changer la règle conventuelle sans l'approbation des chanoines de Jargeau, s'obligeait à recevoir dans cette maison les frères infirmes ou malades et associer les défunts aux prières de sa communauté (2). Dans la suite, le prieuré changea son titre de Notre-Dame en celui de Saint-Laurent.

Roger hérita naturellement du droit de nomination à la cure de Saint-Martin-d'Abbat dont dépendait le Gué de l'Orme, et l'évêque d'Orléans déchargea cette église et celle de Saint-Nicolas-des-Landes de toutes redevances, ayant bien soin de spécifier qu'elles avaient été établies par lui et n'existaient pas du temps de ses prédécesseurs (3). De plus, Manassès permet à l'abbé de placer des religieux à la tête de l'église d'Artenay, « comme on a coutume de faire dans tous les prieurés ruraux dont les revenus suffisent à l'entretien d'au moins trois frères », mais sous la réserve expresse de les retirer quand il lui plairait et de leur substituer un vicaire séculier (4).

(1) *Bibl. nat.*, cf. Prou et Vidier. *Ermitages orléanais*, p. 53. Chilleurs, Courcy, communes du canton de Pithiviers (Loiret) ; Douxchamp, ham. de Courcy ; Saint-Nicolas-des-Landes, ham., commune de Chilleurs (Loiret) ; Soisy-aux-Loges, act[t] Bellegarde, ch.-l. de canton (Loiret) ; Châteauneuf (Loiret) ; Gué de l'Orme, ham. de Saint-Martin-d'Abbat (Loiret).

(2) *Bibl. nat.*, Cart. ms. lat., 10.089, f° 500.

(3) *Arch. départem.*, fonds St Euverte, H, 18 ;

(4) *Ibid.*, H, 13 *bis*.

Il y avait encore sur la paroisse de Chilleurs un petit prieuré dit de Chantemerle, « de Cantemerulâ », dont les Victorins d'Orléans devinrent titulaires. Des Lettres communicatives de Louis VII citent cette dépendance. « Nemus quod Cantamerula dicitur (1). »

Une charte de l'évêque d'Orléans, de 1180, nous apprend que les religieux accordaient à leurs bienfaiteurs ce qu'on appelait alors « le bénéfice de l'église ». Ce privilège consistait non seulement dans la participation aux prières, dans l'avantage d'avoir leurs noms inscrits au nécrologe, mais aussi dans le droit d'hospitalité à l'abbaye, lorsqu'ils jugeraient à propos d'y venir, dans la distinction honorifique, lorsqu'ils assisteraient au service divin les jours de fêtes solennelles, de recevoir ce qu'on appelait la charité du pain et du vin, et surtout d'être inhumés dans la chapelle du monastère.

Pour cette dernière raison, et en considération de l'honorable sépulture accordée dans les caveaux de Saint-Euverte à leur fils unique, Gaudefroy Archambault, surnommé Pire-que-Loup, et Marie, son épouse, donnent au monastère l'église d'Ouzouer-le-Marché et toutes les dîmes qu'ils possédaient dans cette localité (2). Ses frères, Mathieu dit Caseus ou Fromage et Simon le Doyen confirment cette donation. Henri, archidiacre de Beaugency, écrit à Odon, prêtre d'Ouzouer, pour lui notifier qu'il avait donné son église aux religieux de Saint-Euverte et l'engage à les entourer des marques de sa bienveillance, autant qu'il dépendra de sa bonne volonté (3).

III. Donations faites par Thibault, comte de Blois, aux chanoines de Sennely.

En 1183, Thibault V, comte de Blois, sénéchal de France, d'accord avec Alix de France, son épouse, ses enfants, Thibault, Louise et Isabelle, donne en aumône à Hildebert, cha-

---

(1) *Gall. christ.*, VIII, 517. Arch. dép. H, 18 .

(2) *Bibl. d'Orl.*, ms. 487. Dom Verninac, f° 66. Vignat, *Cartulaire de Beaugency*, n° 161, f° 190.

(3 *Bibl. d'Orléans*, ms. 487. Dom Verninac, I. 66.

noine de Saint-Euverte et prieur de Sennely, la dîme de ses moulins située dans cette baillie et une rente de quatre muids de seigle (1).

La même année, par une charte datée de Sennely, il accorde au même prieur la menue dîme du chanvre, du lin, des navets et d'autres objets. Ces deux chartes étaient scellées de son grand sceau de cire verte, portant l'empreinte d'un cheval bardé et caparaçonné. Hildebert, désigné à cette époque chancelier du comte de Blois, avait su par ses bons services capter la faveur de son souverain (2).

Toutes ces donations furent confirmées par Alexandre III, Manassès de Garlande, les rois Louis le Jeune et Philippe-Auguste.

Dès lors, l'abbaye possède des biens suffisants pour l'entretien de ses religieux et un champ assez vaste pour exercer leur zèle dans les nouvelles demeures conventuelles. Afin d'y développer la vie et l'action extérieure de la maison-mère, Roger y envoya des chanoines, profès de Saint-Euverte, pieux et instruits, avec la mission spéciale de desservir les églises paroissiales, d'y administrer les sacrements et d'y remplir les fonctions du saint ministère. Ces chanoines, soumis à tous les devoirs de la vie régulière, devaient obéissance à un prieur qui relevait canoniquement de l'évêque à titre de curé et qui, de plus, devait rendre compte à l'abbé de la gestion des intérêts du prieuré dont il avait la charge.

Manassès de Garlande, avons-nous dit, renouvela la confirmation des églises et des autres revenus sur lesquels l'abbé exerçait son patronat immédiat et incontesté. Mais il y avait encore un autre droit dont il n'a pas été question jusqu'ici et qui devait soulever, de la part de l'archevêque de Sens, de graves difficultés. Guy de Noyers prétendait, en sa qualité de métropolitain, revendiquer le droit de procuration dans l'abbaye de Saint-Euverte, c'est-à-dire qu'il voulait être

(1) *Gall. christiana*, VIII, 520, ms. 487, 64, 71.

(2) Cf. Eusice Guillard, *Sennely et son prieuré*, 3, 4, 87, 88.

hébergé, lui et toute sa suite, par l'abbé ou les curés dont il visitait le monastère ou les paroisses (1).

Un jour, les religieux d'Orléans, avertis de la visite inusitée du prélat, connaissant d'ailleurs ses habitudes fastueuses et ses dépenses exagérées, refusèrent de le recevoir. Guy de Noyers écrivit au pape Lucius III, demandant réparation de l'injure qui lui était faite et réclamant avec force le privilège dont il se croyait être le véritable et légitime possesseur. Cette prétention injuste et malentendue, comme il arrivait dans ces temps difficiles où le plus hardi avait toujours gain de cause, faillit faire encourir à l'abbé Roger la disgrâce du Souverain Pontife. Heureusement Hugues de Noyon et Etienne de Tournai usèrent de tout leur crédit et de toute leur influence pour faire parvenir leurs protestations motivées devant la cour romaine et assurèrent au Pape que jamais, de mémoire d'hommes, l'archevêque de Sens n'avait exercé le droit de procuration dans l'église de Saint-Euverte. « Au temps des « séculiers, dit Hugues de Saint-Barthélemy de Noyon, il y a « déjà plus de quarante ans, je fus tout à la fois chanoine et « chantre dans cette communauté ; quelque temps après, j'y « embrassai la règle de Saint-Augustin et y reçus l'habit de « pénitent. Je sais, révérend père, que de mémoire d'hommes « encore vivants, et je l'affirme dans toute la force de la « vérité, que depuis la réforme, l'église de Saint-Euverte et « trois autres abbayes de clercs de la ville d'Orléans, Saint-« Pierre-Empont, Saint-Pierre-le-Puellier et Saint-Avit ont « toujours joui de l'exemption de procuration, autrefois ac-« cordée par les souverains pontifes, et jamais aucun arche-« vêque ne s'est arrogé un droit qui ne lui était pas dû (2). »

Etienne, alors abbé de Sainte-Geneviève, élevé dès son enfance à l'Ecole de Sainte-Croix d'Orléans puis profès à Saint-Euverte, n'est pas moins formel dans sa déposition (3).

(1) Ce droit d'origine féodale fut connu jusqu'à la troisième race de nos rois sous le nom de « Mansionaticum ».

(2) Ed. DESILVE. Epist., 73.

(3) *Ibid.*, 73.

Ne pouvant, à cause de la pauvreté relative de l'abbaye, envoyer à Rome des gens dignes de foi pour soutenir leurs intérêts, les deux abbés Hugues et Etienne supplient le Pape de vouloir bien commettre sur les lieux quelque personnage discret et religieux, qui puisse enquêter et connaître de cette cause et par là même rendre un jugement équitable et définitif. Après tout, si l'archevêque de Sens, Guy de Noyers, croit avoir des raisons suffisantes pour faire valoir ses prétentions sur ces quatre abbayes, c'est à l'évêque d'Orléans qu'il doit en référer, vu que ces maisons religieuses dépendent de son ressort et que leurs revenus sont depuis longtemps réunis à la mense épiscopale (1).

IV. Derniers actes de Roger. Sa mort.

Saint-Euverte tenait un des premiers rangs parmi les abbayes du diocèse. Pendant près de quarante ans, Roger avait travaillé d'une manière infatigable à la prospérité matérielle, intellectuelle et religieuse de sa chère communauté et il avait parfaitement réussi.

Il avait été, il est vrai, puissamment secondé par des hommes de mérite qui devaient lui succéder dans la direction du monastère et surtout par ceux que nous avons précédemment cités, tels que Hugues de Noyon, Etienne de Tournai, Geoffroy de Saint-Satur, Girard de Bourges... Il jouissait de la considération universelle qui est le digne couronnement d'une vie bien remplie. A Rome, il avait pour protecteurs ceux qui furent jadis ses élèves, Jean, Guillaume et Robert, promus à la dignité de chanceliers des souverains pontifes (2). Les abbayes de tout ordre rendaient justice à ses vertus et avaient établi, de concert avec l'abbé de Saint-Euverte, des alliances spirituelles et des associations de prières dont les ramifications s'étendaient non seulement dans toute la France,

(1) Ed. Desilve. Epist., 74. *Gall. christ.*, VIII, 1573. « Una e quatuor « clericorum abbatiis in civitate Aurelianensi memoratis in epistolâ « 58 inter epistolas Stephani Tornacensis. p. 75. videlicet Sancto Evurtio, Sancto Petro Virorum, Sancto Petro Puellarum et Sancto Avito... »

(2) Abbé Desilve. Ep. passim.

mais jusque dans la Suède et le Danemark (1). Manassès de Garlande avait fait de Roger de Saint-Victor son confident et son ami et ne prenait aucune décision sans s'adresser à ses lumières et à ses conseils.

C'est bien avec raison que Hugues de Noyon, ancien chanoine et chantre du temps des séculiers, écrivait en ces termes au Souverain Pontife plus de quarante ans après la réforme : « Cette église, dit-il, que recommandent les mérites « de son saint patron et le témoignage de la cité tout entière, « est un lieu choisi par les anges et desservi par des hommes « qui y vivent en grande piété et vertu (2). »

Roger fonda deux grands services à l'église de Sainte-Croix, le 4 janvier et le 12 juin. Les chanoines de la cathédrale devaient y assister et, si le temps était favorable, aller en procession à Saint-Euverte. Si le 12 juin, le temps n'était pas propice, ou que la fête du saint patron tombât dans l'octave de la Pentecôte ou de la Sainte-Eucharistie, on disait la messe après prime à l'église et sous le rit double (3).

Le dernier acte de Roger fut de souscrire, au commencement de 1183, avec Regnauld, abbé de Beaugency, aux chartes de Pierre de Boël ou Boyau, qui, voulant établir un prieuré à Huisseau-sur-Mauves, donnait aux chanoines de Saint-Euverte toutes les dîmes qu'il possédait sur la paroisse (4).

Pourquoi fallait-il que ses derniers jours fussent attristés par les murmures et la jalousie que quelques dissidents entretenaient au sein de la famille religieuse ? Etienne de Tournai s'en plaint amèrement dans ses lettres et invite instamment ses amis de Noyon et de Saint-Satur à venir consoler dans ses peines leur commun père et abbé ; de plus, il recommande a Guillaume de Champagne, son ancien élève, maintenant

---

(1) Abbé Desilve. Ep. passim.

2 Ep. 73, 74.

(3) *Bibl. nat.*, ms. lat. 10.089, f° 376.

(4) Ep. 15, 45, 65, 69, 102.

archevêque de Reims, de vouloir bien mettre fin à ces tristes dissentiments, ramener la concorde à Saint-Euverte et faire recevoir à nouveau les clercs qui ont abandonné le cloître (1).

Roger mourut en 1184, après avoir résidé trente-huit ans à Saint-Euverte, à titre d'abbé ou de simple religieux. Son obit est fixé au 4 septembre (2).

Nous ne possédons que trois lettres de cet abbé. La première, adressée aux religieux de Saint-Ouen de Rouen, relate les différentes circonstances dans lesquelles fut découvert le corps de saint Euverte.

Dans la deuxième, Roger se plaint à Louis le Jeune et lui demande de faire restituer au couvent les propriétés que les officiers royaux lui avaient enlevées par violence (3).

La troisième est une lettre de conseil écrite à Ernis, abbé de Saint-Victor (4).

ARTICLE II

Successeurs de Roger a Saint-Euverte

Hugues (1184-1688). — Barthélemy (1186-1194). — Bertier (1194-1200). — Prieurés d'Huisseau-sur-Mauves et de Franchart réunis à l'abbaye.

I. — *Hugues (1184-1185)*

Son nom ne figure dans aucun manuscrit concernant Saint-Euverte. Seuls, les auteurs du *Gallia Christiana* le placent dans leur catalogue au rang des autres abbés. Ils semblent le faire intervenir deux fois à ce même titre, d'abord après la mort de Roger et ensuite en 1185, dans un acte où il prend part aux délibérations passées entre Etienne de Tournai et Guillaume de Châalis, au sujet des affaires de ce dernier prieuré (5).

---

(1) *Bibl. d'Orléans*, Dom Verninac, ms. 487...

(2) *Nécrol. Ste Victoris*, Jh de Thoulouse.

(3) *Hist. littér des Gaules*, XIV, 288.

(4) *Gall. christ.*, t. VIII, f° 517. Hubert pense que l'écu imparfait « hersé » conservé dans la sacristie de Saint-Euverte appartient à Roger de Saint Victor. *Armorial de l'Orléanais*.

(5) *Ibid.*, VIII, 517.

II. — *Barthélemy (1186-1196).* — *Prieuré d'Huisseau-sur-Mauves*

En 1186, Henri de Dreux, archidiacre du Brabant, du diocèse de Cambrai, fut élu à la place de Pierre Anselle. Au commencement de son épiscopat, l'abbé Barthélemy, réfugié à Sainte-Geneviève, lui écrit par l'intermédiaire d'Etienne de Tournai afin d'implorer son secours contre les gens du fisc qui faisaient des incursions fréquentes sur les terres de l'abbaye ; il lui fait remarquer que s'il n'use pas de son influence pour faire cesser ces brigandages, il y aura péril même pour les possessions de l'évêché. Sous prétexte de prêcher la croisade, de quêter en faveur de ceux qui font partie de l'expédition d'outre-mer, on se permet contre les gens d'église et en particulier contre les religieux toutes sortes d'exactions, et la protection que sollicite l'abbé de Saint-Euverte, Pierre de Blois vient également la réclamer auprès de l'abbé de Sainte-Geneviève et de l'évêque d'Orléans. Nul en effet ne pouvait mieux défendre les intérêts de ses diocésains que ce prélat, le fils de Robert Ier, comte de Dreux, frère de Louis VII (1).

Les propriétés monacales subissaient alors de fréquentes et singulières transformations. C'est ainsi que pour aplanir des difficultés résultant de l'empiétement et du gênant voisinage de ses vassaux de Baulay, Barthélemy échange avec Guillaume, fils de Salomon, seigneur de ce lieu, la terre et les prés de Tréfontaines, le Clos-Roi et un hommage de vingt sols contre des droits, fermages et dépendances de ce domaine (2).

Le fait le plus important et le plus intéressant de cette administration est sans contredit l'adjonction de l'église d'Huisseau-sur-Mauves au monastère de Saint-Euverte. Pendant plus de cent cinquante ans, les seigneurs d'Aschères et

---

(1) Abbé Desilve. Ep. 139. Symph. Guyon, ouvr. cité, II, 7, 8.

(2) *Bibl. nat.*, ms. lat., 10.089, f° 150. *Bibl. d'Orl.*, Dom Verninac, ms. 484, I, 64. — *Arch. dép.*, H, 18

de Pithiviers, à titre d'avoués de cette église, s'en regardèrent comme les véritables propriétaires ; mais au milieu du XIIe siècle, ils furent remplacés par les membres de la famille Boël ou Boyau qui a joué un grand rôle dans notre contrée. Le chef de cette maison, Hélie, vassal de l'évêque, revendiquait alors le patronage de cette paroisse contre Henri, archidiacre de Beaugency et le clerc Terricus, peut-être le curé de cette desserte. Afin de mettre un terme à toutes contestations, le seigneur d'Huisseau remit en 1188 tous ses droits réels ou putatifs entre les mains de Henri de Dreux, évêque d'Orléans, le véritable et légitime suzerain (1). Le prélat abandonna ce domaine aux religieux de Saint-Euverte à la condition expresse de faire célébrer tous les ans un anniversaire dans l'église d'Huisseau, de payer à l'évêque et à l'archidiacre les redevances accoutumées, et d'acquitter envers le chapitre de Sainte-Croix une rente de quarante sols parisis et le droit de cire. Cette charte a été ratifiée par Henri, archidiacre de Beaugency et le chapitre d'Orléans (2).

De plus, Barthélemy s'engage à faire construire à Huisseau, dans l'intervalle de deux ans, une maison conventuelle pour deux religieux et une grange pour deux frères convers. Il s'agit ici non d'un simple bâtiment destiné à serrer les récoltes, mais bien d'une grange ou ferme analogue à celles que possédaient les Cisterciens dans l'Orléanais (3).

Quelques années après, vers 1190, d'accord avec deux chanoines de Saint-Euverte, Giles et Martin, l'abbé Barthélemy souscrit à la charte de Lancelin de Beaugency portant confirmation, au profit de l'abbé Salomon et des religieux de Notre-Dame, de l'usage du bois mort dans la forêt de Briou (4). Le même abbé échange avec celui de Saint-Denis certaines terres

---

(1) HUBERT, *Bibl. d'Orl.*, 457 *bis*, tome III, 41, ms. 436. — Cl. VIGNAT. *Cart. de Beaugency*, de Saint Avit. — J. DOINEL. *Cartulaire de Voisins*. — DOM VERNINAC, ms. 484, I, 64.

(2) *Bibl. nat.*, ms. lat., 10.089. f° 150. DOM VERNINAC, ms. 484, I, 64.

(3) *Ibid.*

(4) TEULET, *Layettes des Chartes*, J. 721.

situées à Ointpuis contre d'autres sises à Trétainville, de la paroisse de Guigneville, et obtient de Henri de Dreux le tensement de Cuny que lui contestait Hugues le Bouteiller de Senlis (1).

En 1193, Pierre de Bachevilliers ou Berchevilliers et son frère abandonnent à Saint-Euverte leurs possessions d'Etampes provenant de la donation du prêtre Hugues, surnommé Gogé ; Pierre, abbé de Morigny, confirme et scelle de son sceau cet abandon (2).

Cependant, malgré les concessions de toutes sortes faites aux chanoines et qui semblaient les mettre à l'abri du besoin, ils avaient différé de payer à leur ancien abbé la pension annuelle qu'ils s'étaient engagé à lui servir sur le produit de la terre de Baudreville. Etienne de Tournai, réclame cette pension, préférant s'adresser plutôt à leur conscience que de les livrer scandaleusement à la chicane et à la vindicte des tribunaux (3).

III. — *Bertier ou Bertère d'après Symphorien Guyon (1194-1200).* — *Prieuré de Franchart*

Bertier avait été prieur de Saint-Euverte sous l'abbé Roger, comme le mentionne un acte de 1182, cité dans le *Gallia christiana* (4). Il l'était encore en 1191, car, la lettre intéressée d'Etienne de Tournai s'adressait directement à lui (5). Lorsqu'il prenait possession de l'abbaye orléanaise, en 1194, il fut choisi avec Aubert de Beaugency et Hugues, doyen de Sainte-Croix, comme arbitre d'un différend né entre l'évêque

(1) *Bibl. nat.*, ms. lat., 10.089, f° 37. Ointpuits, Trétainville, ham. de la com. de Guigneville, canton de Pithiviers. Cuny, ham. de Gidy. Tensement (tensamentum), d'après Du Cange, signifie aide et protection.

(2) *Arch. dép.*, H, 12. Berchevilliers, ham. de Saint-Maurice, canton de Dourdan (Seine-et-Oise).

(3) Ep. 92.

(4) *Bibl. d'Orl.*, ms. 484, f° 61. *Gall. christ.*, VIII, 522-1573.

(5) *Ibid.*

et l'abbé de Saint-Mesmin (1). Ce dernier refusait de se présenter au synode diocésain et ne donnait aucun motif suffisant pour justifier son abstention.

L'année suivante, le prieur Robert et les frères de la maison de Saint-Lazare d'Orléans, sur les conseils des bourgeois de la ville, vendent à la maison de Saint-Euverte le quart d'un verger donné par Odon de Béthisy et situé au Champ-Hagon (2).

Au commencement du XIIe siècle, sous le règne de Louis le Gros probablement, de pieux solitaires se retirèrent dans un lieu aride de la forêt de Bière ou de Fontainebleau, nommé Franchart, et y bâtirent une chapelle dédiée à saint Alexis, puis peu après à la Sainte Vierge. Cet ermitage fut aussitôt comblé de faveurs par les comtes du Perche et du Gâtinais, les vicomtes de Fessard et de Melun, les seigneurs de Corbeil, de Mauvoisin et autres bienfaiteurs. Alix de Champagne, veuve de Louis VII, à qui le Gâtinais était échu en douaire, fut remplie de bienveillance à l'égard des nouveaux religieux. Les papes et les archevêques de Sens leur accordèrent de nombreux privilèges (3). Les deux premiers prieurs, nous dit l'histoire, Vulfin et Henri furent assassinés par des voleurs.

Philippe-Auguste fit l'abandon régulier et à vie de cette humble retraite à un frère nommé Guillaume, ancien chanoine et chantre de Saint-Euverte (4). En 1194, Michel de Corbeil, archevêque de Sens confirma cette donation et l'affranchit de tout droit de procuration épiscopale et archidiaconale ; trois ans plus tard, en 1197, le roi de France adjoignit au prieur deux chanoines de Saint-Euverte qui seraient obligés de prier pour la famille royale et d'observer la règle que s'était imposée le fondateur, à moins qu'ils ne préférassent en suivre une plus rigoureuse. Le genre de vie était

---

(1) Dom Verninac, ms. 484, f°s 78, 79.

(2) *Ibid.*, 77, 78, 79.

(3) *Ibid.*, 77, 78, 79.

(4) *Cart. S[ti] Evurcii. Bibl. nat.*, ms. lat., 10.089, f° 388. *Gall. christ.*, VIII. Instrum. 1453.

pourtant des plus austères, si l'on en juge par une lettre adressée à Guillaume par un ancien ami. Etienne de Tournai, après l'avoir comparé aux Paul, Antoine, Macaire et autres moines du désert, l'encourage et le félicite d'avoir voulu rechercher au milieu des délices de la France les rigueurs et les austérités de la Thébaïde et de la Nitrie ; mais en même temps, il l'engage à prendre plus de soin de son corps, à se livrer après les oraisons et les lectures habituelles aux légitimes distractions des champs et de son petit jardin. Le seul agrément que prenait le prieur consistait à regarder le travail des abeilles qui dès lors peuplaient ces solitudes (1). La charte de 1197 portait défense expresse aux religieux d'augmenter sans la permission du roi le terrain qui leur avait été accordé et d'envoyer bœufs, vaches, moutons, chèvres ou porcs au pacage du domaine royal (2).

Telle fut l'origine du prieuré de Franchart dont le nom évoque certainement de poétiques images chez tous les touristes qui vont visiter la forêt de Fontainebleau. Guillaume appela de suite auprès de lui les deux frères qui ne devaient prendre qu'après sa mort possession du petit ermitage. La communauté, enrichie dès sa fondation par la reine douairière, devint bientôt très florissante (3).

Toujours attaché par le cœur à sa chère abbaye de Saint-Euverte, Etienne de Tournai, sur la fin de sa vie, adressa à l'abbé deux lettres qui renferment les suprêmes conseils d'un père à ses enfants bien-aimés. Bertier ne peut rendre visite à l'évêque de Tournai, retenu qu'il est par la maladie et peut-être aussi par la lourde charge qui pèse sur ses épaules. Etienne lui souhaite la santé, le recommande aux prières de ses confrères et lui fait espérer sa visite dans des circonstances plus propice (4).

---

(1) Ed. Desilve, Ep. 188.

(2) *Gall. christ.*, VIII, 522, 1453. Domet, *Forêt de Fontainebleau*, p. 3.

(3) *Annales du Gâtinais*, XXXI, 317, suiv.

(4) Desilve, Ep. 236.

Quelque temps après, le prélat écrit au même abbé une lettre fort vive et remplie de reproches. Il le blâme de ce que, comme le grand-prêtre Hélie, il n'ose pas rappeler ses enfants à leur devoir, les châtier de leur mauvaise conduite et user des avis les plus sages, afin de gouverner sa maison en toute sécurité et toute sainteté. Puis, il éclate en sanglots ; l'amertume déborde de son âme et les plus dures sévérités tombent de sa plume. « O illustre et religieuse maison de Saint-« Euverte, s'écrie-t-il, comment se fait-il que tu sois tombée « de si haut ! Tu nourrissais jadis des cèdres et tu n'as plus « maintenant que des chardons ! De ton sein sont sortis de « saints pères et de saints pasteurs, comme les Ambroise de « Bourges, les Satur de Sancerre, les Barthélemy de « Noyon !... Malheur à toi, abbé, à cause de la communauté « qui t'a été confiée ! Je suis passé par le champ d'un homme « paresseux et j'ai vu avec peine ce champ rempli d'épines « et d'orties. Ne prends pas modèle sur Roboam qui a suivi « les perfides conseils de jeunes gens qui méprisaient les « vieillards aux cheveux blancs et qui s'attribuaient avec « impudence l'autorité d'enseigner avant d'avoir appris. Moi, « qui me considère encore comme ton religieux et ton frère, « je te conjure de mieux ordonner ta maison (1). »

Voyant que ses avis n'avaient pas été bien accueillis ou qu'ils ne portaient pas tous les fruits qu'il en avait espérés, l'évêque de Tournai s'adresse cette fois à Hugues de Garlande et aux chanoines de Sainte-Croix ; il les supplie ardemment de se revêtir du zèle de Mathatias et de Phinée, pour contraindre ses frères à l'observance régulière de leur institut, et, cependant, il n'y avait guère que cinquante ans que les Euvurtiens avaient embrassé la règle de Saint-Augustin (2). La décadence spirituelle s'était fait sentir dans la communauté avec l'affaiblissement de la discipline.

---

(1) Ed. DESILVE, Ep. 236.

(2) Ed. DESILVE, Ep. 300-301. Cf. Symphorien GUYON, *Histoire d'Orléans*, t. II, 3.

CHAPITRE V

Ulgrin ou Vulgrin et ses successeurs (1200-1247)

ARTICLE PREMIER

Ulgrin, Vulgrin ou Wulgrin, abbé (1200-1235)

1. — *Election du nouvel abbé. — Droits de procuration réclamés par l'évêque d'Orléans*

Pendant les trente-cinq années de son administration, l'abbé Vulgrin ne fut témoin d'aucun événement extérieur notable qui ait laissé des traces dans l'histoire de l'abbaye ; sa gestion fut toujours active, intelligente et dévouée. Ancien familier du roi et attaché à sa personne, il profita de ses relations avec Philippe-Auguste pour augmenter ou affermir les possessions du monastère ; il fit comprendre en même temps à ses chanoines que la sainteté de leur état dépendait de leur fidélité à suivre la règle. « De même qu'il n'y a point de véri- « table société sans lois, de même il n'y a point de véritables « religieux sans règle (1). »

Peu de temps après cette nouvelle élection, Hugues de Garlande, celui-là même, qui, à la prière d'Etienne de Tournai, avait pris la défense de Saint-Euverte, réclama à cette com-

(1) Jh. de Thoulouse.

munauté, comme autrefois le métropolitain de Sens, les droits de procuration qu'aucun de ses prédécesseurs n'avait jamais osé revendiquer. Vulgrin protesta par la plume de l'obligeant évêque de Tournai contre cette prétention insolite et contraire à la justice. « Depuis plus de quarante ans, écrit-il, que « nous avons pris l'habit religieux dans l'église du bienheu« reux Euverte, nos seigneurs et pères, les évêques et cha« noines d'Orléans ont laissé jouir cette église d'un tel repos « et d'une telle tranquillité qu'ils n'ont jamais réclamé « aucune procuration, ou comme nous le disons vulgaire« ment, ils n'ont jamais réclamé les droits de gîte et d'hos« pitalité (1). » L'ancien abbé affirme ensuite que Manassès de Garlande, de bonne mémoire, l'oncle de l'évêque actuel, quand il venait prendre ses repas à Saint-Euverte, avait bien soin de se faire apporter par ses domestiques les vivres et tout ce qui était nécessaire au service de la table. Cette protestation entendue du pape Innocent III motiva de sa part une bulle confirmative des privilèges déjà accordés par ses vénérés prédécesseurs à la maison des Victorins d'Orléans (2).

II. — *Donations, ventes, acquisitions diverses*

Jusqu'à cette époque, les religieux avaient reçu des dons en aumône ou en franchise, c'est-à-dire à titre gratuit, sans autres charges que quelques redevances ou un droit général aux prières de la communauté, à un obit, à un anniversaire, ou à la sépulture dans l'église de l'abbaye.

Parmi les donateurs, les uns accordaient une maison, des

(1) Ed. DESILVE, D. M. 10. « Procuratio, hospitium, cœnaticum ou prandium », d'après du Cange, sont des droits en vertu desquels les évêques, les archidiacres, les archiprêtres en tournée, se faisaient héberger par les curés ou les abbés dont ils visitaient les paroisses ou les établissements religieux.

(2) Le 3e concile de Latran régla l'exercice de ce droit pour écarter les abus. Ce droit fut souvent remplacé du consentement des parties par une somme d'argent ou une taxe équivalente à la dépense qui pouvait en résulter.

masures, des métairies, un pré, des terres ; les autres, leurs droits sur le vin, les moissons, les cens ou la justice. Pour consacrer ces donations et leur donner un caractère plus solennel, ils juraient en présence de témoins la main sur le saint évangile.

En 1200, Vulgrin reçoit de Pierre de Bou et de sa femme leurs droits sur la dîme de Chesnes (1) ; de Guy de Champagne, chanoine d'Orléans, une maison située dans la censive de Saint-Euverte (2), d'autres maisons situées sur la paroisse de Saint-Victor (3), les métairies de Poignepuis (4), de Bassonville, vingt arpents de bois à Cossoles (5), les dîmes d'Artenay, de Marcau, de La Ferté-Nabert, de Saint-Martin-d'Abbat, les sens de Trétinville, de Torville et de Guigneville (6).

Au nombre des donateurs figurent les chevaliers, les plus brillants représentants de l'armorial orléanais, des bourgeois, des officiers de justice ou de diverses administrations ecclésiastiques ou prévôtales, voire même des roturiers ou manants, car, le cas échéant, nous enregistrons également l'offrande de la veuve comme l'aumône du riche.

Quelques-unes de ces donations cependant étaient faites pour des motifs divers ; en réparation d'un crime, d'un meurtre ; en reconnaissance des soins donnés à un malade, de la guérison d'un fils sur le point de partir à la croisade, ou même à un simple pèlerinage.

Quand un seigneur abandonnait un domaine, il ne pouvait ordinairement disposer que des rentes, car, il avait déjà

(1) *Arch. dép.*, H. 18 4. Chesnes, ham. de Saint-Péravy-la-Colombe (Loiret).

(2) *Bibl. d'Orl.*, ms. 487, f°s 56, 60.

(3) *Ibid.*.

(4) *Arch. dép.*, H. 18 1. *Bibl.*, ms. 487. Poignepuis, ham. de Ramoulu, canton de Pithiviers (Loiret). Bassonville, h. d'Angerville (Seine-et-Oise).

(5) Cossoles, ham. et ferme de la comm. de Chevilly.

(6) *Arch. dép.*, H. 18 4. Cf. DE MAULDE, *Condition forestière de l'Orléanais*.

accordé la directe de ce bien à des tenanciers par bail perpétuel.

Saluons en passant quelques-uns de ces notables bienfaiteurs de l'abbaye.

En 1203, Thibauld de Gaudigny abandonne aux religieux tout ce qu'il possédait à Poignepuis en hôtes et en terres. Il était fils de Galeran de Gaudigny et d'Isabelle, un des plus nobles représentants de cette ancienne famille du Gâtinais, qui possédait alors de nombreuses propriétés dans les environs de Beaune et de Pithiviers (1).

Guillaume de Tournel, maréchal, un des premiers seigneurs de la cour de Pierre de Courtenay, confirme cette donation qui relevait de sa suzeraineté (2). Sa femme Marguerite est inhumée dans l'église de Flottin (3).

En 1210, Béatrix des Gués et son fils Adam lèguent au prieuré du Gué de l'Orme la rente de six mines et un muid de seigle, mesure de Sully et de Châteauneuf (4).

Adam de Loury donne à Saint-Nicolas des Landes cinq sols de cens à prendre à Chilleurs pour son anniversaire (5).

Guy de Bonnée et Landry, tous deux, bourgeois de Loury abandonnent également à l'abbaye leur dîme de Saint-Martin-d'Abbat, à la charge d'une redevance de cent sols de rente et de cent muids de seigle, mesure de Châteauneuf, à payer tous les ans, le jour de l'Assomption (6). Ils sollicitaient la faveur d'être admis à la participation des prières et des bonnes œuvres et plaçaient en revanche leurs personnes et leurs biens

---

(1) *Bibl. d'Orléans*, ms. 487. Dom Verninac, f° 79. Cf. Dom Morin, *Hist. du Gastinois*, p. 118, notes, 78. Gaudigny, hameau d'Egry, canton de Beaune-la-Rolande (Loiret).

(2) *Mém. de la Société d'Agriculture et des Belles-Lettres*, t. XII. René de Maulde, *Prieuré de Flottin*, p. 108.

(3) Cette famille, appelée Tornel ou Torneau, de Tornèel (de Tornello), avait comme armes : une croix recercelée.

(4) *Bibl. nat.*, ms. lat. 10.089-488.522. *Bibl.*, ms. 487-70.

(5) *Ibid.*, *Arch. dép.*, H. 18 4.

(6) *Ibid.*, 10.089, f° 488. Voir Hubert ms. Biblioth. d'Orl., *La famille de Loury*.

au service du monastère. Vulgrin associa Guy de Bonnée à titre de frère servant : « Monachus ad Succurrendum (1). »

Une charte intéressante à cause des personnes qui y sont nommées se rapporte à la dîme de Luyères cédée au prieuré de Douxchamp par Guérin le Bouteillier, à la condition expresse que l'abbé de Saint-Euverte y entretiendra un prêtre pour y dire la messe en souvenir de Guérin et de ses parents défunts. Cet acte, daté de 1212, est approuvé par ses frères Algrin et Hugues ; Eremburge, sa femme ; leurs fils Hugues et Mathias (2).

En 1213, Eremburge, veuve d'André Filtaria ; Aalez, mère du défunt ; André de la Broce (de Brocca) et Guy ses frères reconnaissent qu'André, en mourant, avait assigné aux religieux de Saint-Euverte une rente viagère de cinq livres à prendre sur une maison sise à Filtaria, à condition de faire le même jour son anniversaire et celui de sa femme (3).

En mars 1219, Aalès d'Epieds (de Apaiaco) donne à son lit de mort à l'église de Saint-Martin-d'Ouzouer six mines d'hybernage sur ses terres de Charsonville. Guillaume d'Epieds, chevalier, et Etienne, clerc, reconnaissent et confirment cette donation en présence de Manassès, évêque d'Orléans (4). Les chanoines de Saint-Euverte s'engagent à célébrer son anniversaire chaque année.

A la même époque et le lundi après les Brandons, en reconnaissance de ce que les religieux leur faisaient toutes les semaines l'aumône d'un pain blanc et d'un pain noir, tous les ans, à Pâques, l'offrande d'un porc du prix de vingt sols, et, aux vendanges, d'un poinçon de vin blanc, Guillaume Morand (Morandi), citoyen d'Orléans, et Isabelle, sa femme, abandonnent à ces mêmes chanoines leur pressoir des Bordes, de Saint-Cyr-en-Val, des cuves grandes et petites, des poin-

---

(1) *Arch. nat.*, 10.089. ms. lat., f° 488. *Arch. dép.*, H. 18 4.

(2) *Bibl. d'Orl*, Hubert, ms. 457 *bis*.

(3) *Bibl. d'Orl.*, ms. 484, f° 63. Filtaria, localité inconnue.

(4) *Ibid.*, f° 65

çons et autres ustensiles semblables, s'en réservant l'usufruit pendant leur vie (1).

Ces donations avaient sans doute pour mobile l'association aux prières de la communauté ; mais cela n'empêchait point d'autres moyens plus ou moins intéressés et dès le début du XIIIe siècle, elles se faisaient à titre onéreux.

En principe, l'abbé ne pouvait pas de son propre chef, et en vertu de la règle conventuelle, acquérir des meubles et immeubles sans une autorisation spéciale royale ou épiscopale. Cependant, en 1210, Philippe-Auguste donne à Vulgrin la permission d'acquérir des terres, seigneuries et censives sur les domaines de Bassonville, Chesnes et Romilly, en présence de l'évêque de Chartres (2). Ces biens étaient sans doute de la mouvance du roi et de l'évêque de Chartres.

L'abbé avait seulement le droit d'acheter le domaine utile d'un bien dont il avait le direct et encore devait-il employer à cette acquisition, les sommes uniquement destinées à cet usage. Voici de quels subterfuges on usait ordinairement : Savait-on que les moines témoigneraient leur reconnaissance par une compensation d'argent ou d'autre objet, on cédait alors « in elemosynâ » le sixième, le quart, le tiers, la moitié d'un immeuble ou l'immeuble tout entier ; en échange, les religieux, faisaient « de caritate » des cadeaux au donateur, à ses parents, à sa femme, à ses enfants, à ses frères et sœurs, même aux seigneurs du fief qui amortissaient la donation. La cession des sommes variait de trois sols à quatre livres, suivant la valeur de la chose cédée. C'était bien, à ne pas s'y tromper, une vente déguisée, qui se faisait avec toutes sortes de réserves, de retenues de cens annuels, de redevances et qui imposait parfois de lourdes obligations (3).

Une charte de 1219 nous offre un exemple remarquable

(1) *Bibl. nat.*, ms. lat., 10.087, f° 467. *Bibl. d'Orl.*, ms. lat., 487, f° 53.

(2) *Arch. dép.*, H. 18.

(3) *Arch. dép.*, H. 18.

d'une prise à cens faite en faveur de l'abbaye par Garnier de Gratelou. Par le même acte, deux de ses fils, Garnier et Herbert exercent leur retrait lignager sur seize arpents de bois sis à Cossoles, et cèdent de nouveau le même bois à Vulgrin, donataire primitif, à la condition de lui payer dans la huitaine un cens de cinq sous, à peine d'une amende égale à la quotité censuelle (1).

En 1207, Hugues de Garlande avait été remplacé sur le siège d'Orléans par Manassès II, de l'illustre famille de Seignelay (2). Usant de son droit de juridiction gracieuse, le nouveau prélat eut tout d'abord la bonne pensée de confirmer les possessions de l'abbaye. C'était un très beau début.

III. — *Différends.* — *Accords*

Le nom de Vulgrin figure sans cesse dans des chartes où il sut utiliser son esprit de conciliation, particulièrement au sujet de diverses contestations suscitées entre lui et des particuliers, ou bien entre sa communauté et les prieurés de Saint-Vincent-des-Vignes (inter vineas), de Bonneval, de Bourgmoyen, le chapitre de Saint-Avit, les chevaliers du Temple et bien d'autres encore. Il se signala dans toutes ces circonstances et s'acquit une grande réputation de science et d'habileté (3).

Au sujet d'une dîme que Guillaume Meuchard (Menchardi) avait donnée aux chanoines d'Artenay, Vulgrin arrête un arrangement et décide que Guillaume posséderait la terre et paierait chaque année aux prêtres desservants trois mines de blé à prendre sur la grange d'Herblay (4).

Par un acte de janvier 1213, le même abbé fut choisi comme arbitre avec Payen, sous-doyen d'Orléans, et Hugues

(1) *Arch. dép.*, H. 18, De Maulde, *Cond. forestière*, 58.
(2) *Gallia Christiana*, VIII, 521.
(3) *Bibl. nat.*, ms. lat., 10.089, f° 374. *Bibl. d'Orl.*, ms. 487, f° 56.
(4) *Bibl. d'Orl.*, ms. 487, f° 66.

le sous-chantre pour réclamer des dîmes dont la propriété était respectivement revendiquée par les Templiers de Saint-Marc et le prieur de Saint-Vincent-des-Vignes. L'affaire fut arrangée à l'amiable et à l'avantage de ce dernier. Vulgrin adjugea au prieur le droit de réclamer ces dîmes sur les terres de la Commanderie, à Putigny, auprès de la Grange des Chevaliers et du côté de Semoy (1).

En 1215, le souverain pontife le délégua avec l'abbé de la Cour-Dieu et l'archiprêtre de Sainte-Croix pour juger une contestation survenue entre Ursion de Nemours, seigneur de Méréville, et le chapitre de Saint-Lyphard de Meung. Le doyen de Meung se plaignait de ce que ce seigneur, violent et batailleur, levait des tailles à volonté sur ses hôtes de Juine, du Tranchot et d'Autruy, prenait plus qu'il ne lui était dû dans les granges de Pannecières et écrasait les habitants de la contrée sous le poids de ses exactions et brigandages (2). En s'attaquant aux propriétés d'église, Ursion suscita contre lui, de la part de l'évêque d'Orléans, du doyen de Saint-Liphard et d'autres abbés intéressés, une vive réclamation auprès du roi de France. Philippe-Auguste, qui, dans le principe, semblait ne pas se préoccuper des communautés religieuses, renvoya son vassal des fins de ses plaintes et de ses allégations mensongères. L'orgueilleux baron en appela au pape Innocent III. Les juges délégués, sans égard aux exceptions supposées et aux coutumes contestées, ne voyant devant eux qu'un despote perfide et révolté, jetèrent l'interdit sur les terres de Méréville. Le souverain pontife, préférant une politique adroite et prudente aux éclats d'une lutte bruyante et intempestive, manda à l'archevêque de Sens, aux évêques de Paris et de Noyon, après une sérieuse enquête, de lever immédiatement

(1) Arch. dép. non classées. Putigny, climat de Saint-Jean-de-Braye (Loiret). Semoy, com. du canton de Chécy (Loiret).

(2) *Bibl. nat.*, Bal., 78, f° 184. Autruy, canton d'Outarville (Loiret). Juine, le Tranchot, ham. d'Autruy. Pannecières, canton de Malesherbes (Loiret).

l'interdit, sans recourir à aucun appel, s'ils remarquaient que le jugement appartenait plutôt au juge séculier qu'au tribunal ecclésiastique. Le débat se conclut au moyen d'un arbitrage et fut favorable aux chanoines de Saint-Lyphard de Meung (1).

A la date de juillet 1218, les justiciers de Saint-Aignan avaient arrêté un prisonnier sur les terres de l'abbaye situées à Artenay. Aussitôt, Vulgrin porta plainte, réclama avec insistance le prisonnier et exigea la dîme que les chanoines de Saint-Aignan avaient achetée de l'écuyer, Pierre de Ruan. De leur côté, les chanoines reprochaient aux religieux de Saint-Euverte d'avoir fait labourer le chemin compris dans les limites de leurs propriétés et réclamaient de plus la restitution de certains biens que l'abbé Vulgrin avait acquis d'un serf de leur église. De plus, l'abbé avait admis au nombre de ses frères convers un autre serf du chapitre sans demander ni autorisation ni consentement. L'affaire était grave et il était difficile de la terminer avec succès. Un jeune et éminent professeur, Régnauld, ou plus communément, Réginald de Saint-Aignan, alors en possession du décanat, posa les bases d'un accord conclu selon les droits de la justice la plus intégrale. La dîme fut restituée aux chanoines de Saint-Aignan, Réginald abandonna à Saint-Euverte les biens vendus par le premier serf et confirma la vocation religieuse du second. Il renonça en faveur de ce dernier monastère à la justice prétendue sur les terres d'Artenay, se la réservant toutefois dans les cas de rapt et de meurtre. Il fit de plus reconnaître par les religieux son droit de poursuivre les malfaiteurs sur les terres de l'abbaye, sauf dans la clôture de la métairie de la Grange. Cette querelle, qui aurait pu avoir de graves conséquences, fut ainsi apaisée avec une prudence pleine d'à-propos,

---

(1) *Bibl. nat.*, 78, f° 184. Dom Bouquet, XIX, 394. Symph. Guyon, ouvr. cité, II, 8.

et le doyen de Saint-Aignan eut l'adresse et l'honneur de ménager son droit là où il ne fallait pas céder (1).

Deux ans après, Vulgrin figure dans deux transactions. Il échange d'abord avec Jean, abbé de Saint-Mesmin, une censive que ce dernier possédait à Jouy-le-Potier contre une redevance semblable située à Saint-Mesmin et de la dépendance de Saint-Euverte (2).

Une autre fois, il est nommé tiers-arbitre avec l'abbé de la Cour-Dieu par les habitants de Mardié, alors en contestation avec le chapitre de Sainte-Croix, au sujet des dîmes de la paroisse. Voici l'arrêt prononcé par les arbitres : « Les habitants donneront au chapitre trois mesures de vin par arpent à titre de dîme et paieront annuellement en deux termes trois cents livres parisis (3). »

IV. — *Pastum, associations religieuses. Communion de prières. — Synodes. — Prieurés*

1. — Il existait depuis longtemps, peut-être depuis l'origine, un usage qui devenait de plus en plus dispendieux pour l'abbaye. Le chapitre de Sainte-Croix avait pris l'habitude de se rendre processionnellement à Saint-Euverte, aux deux principales fêtes du saint patron et au lendemain de Noël et de Pâques pour y célébrer solennellement l'office avec les religieux. Par reconnaissance et par amitié, la communauté offrit aux chanoines une collation, puis un dîner, tant que cela ne dégénéra pas en abus. Mais le chapitre, s'accoutumant à considérer ce repas comme un privilège et comme un droit, en vint même à l'exiger avec rigueur ; il en prescrivait l'ordinaire et y mettait tant de luxe et de somptuosité que la communauté

(1) Symphorien Guyon, ouvr. cité, 10 et s. q.

(2) *Bibl. d'Orléans*, ms. 487, f° 72-82. *Arch. dép.*, H. 184. Jouy-le-Potier, canton de Cléry (Loiret).

(3) *Arch. dép.*, G., 347. Cf. Thillier et Jarry, *Cartulaire de Sainte-Croix*, p. 266. Mardié, commune du canton de Chécy (Loiret).

de Saint-Euverte se leva tout entière et protesta contre les folles dépenses que tout cela lui occasionnait. L'abbé Vulgrin, qui avait à cœur de défendre partout son monastère, ne manqua pas de faire des représentations aux chanoines, dans le but de s'affranchir de cette servitude. Sa voix malheureusement ne fut pas écoutée. Il s'adressa alors à l'évêque d'Orléans dont l'ascendant et l'influence pouvaient mettre fin à toutes ces discussions. Manassès de Seignēlay fit paraître devant lui les deux parties intéressées et les détermina de toutes ses forces à faire l'arrangement suivant qui devait satisfaire les uns et les autres. Les chanoines continuèrent à aller en procession à Saint-Euverte comme par le passé ; mais le banquet sera remplacé par une somme de quarante sols, que l'abbaye paiera au chapitre, un jour avant chaque procession. Vulgrin en fit autant pour le prieuré de Saint-Donatien. En présence du prélat, il exposa avec habileté les excès auxquels ces sortes de repas donnaient lieu, le préjudice qu'ils causaient à l'abbaye, les sacrifices qu'ils occasionnaient en faisant dépenser en folles prodigalités des biens qui n'avaient été donnés que pour le service de Dieu, l'entretien des religieux et le besoin des pauvres (1).

2. — Tout en s'occupant d'améliorer le sort de sa maison conventuelle et d'établir la paix avec ses voisins, l'abbé ne négligeait rien de ce qui pouvait contribuer au bien spirituel des religieux. Il entrait en association de prières et de bonnes œuvres avec les communautés qui voulaient bien accepter cette union réciproque de bons procédés.

L'histoire manuscrite de Dom Verninac contient la déclaration suivante de Mathieu, quinzième abbé de Pontlevoy (2). Ce dernier établit une société spirituelle entre son monastère et notamment ceux de Saint-Mesmin, de Saint-Euverte et de Bourgmoyen de Blois. Dans le pacte conclu avec Saint-Euverte on remarque les clauses suivantes : « Les abbés de

(1) *Arch. dép.*, G., 271. Cf. *Cart. de Sainte-Croix*, 259.
(2) *Bibl. d'Orl.*, ms. 489, f° 389.

« Saint-Euverte et de Pontlevoy s'attribuent réciproquement « un pouvoir disciplinaire sur l'une et l'autre communauté. « Quand les moines d'une communauté viendront dans « l'autre, ils feront partie du chapitre, seront traités comme « des frères et non comme des étrangers. Les moines préva- « ricateurs seront envoyés dans l'autre abbaye pour se réfor- « mer. Quand un moine mourra, et que la nouvelle en sera « parvenue à l'autre maison, il y sera célébré un service de « communauté ; chaque prêtre dira une messe, chaque frère « non prêtre dira cinquante psaumes et chaque laïque cin- « quante *Pater*. Quand l'un des abbés visitera l'autre église, « il pourra placer dans le chœur qui bon lui semblera (1). »

Sur l'avant-dernière clause, nous ferons observer que dans les communautés on distinguait alors trois sortes de personnes : les frères de chœur, les prêtres, les frères profès et les frères laïques, libres de tout vœu. Un siècle plus tard, cette distinction avait disparu et le concile de Vienne tenu en 1311 obligea tous les moines à recevoir la prêtrise ; dès lors, il n'y eut plus que des prêtres, à l'exception de quelques laïques, employés aux bas offices ou au travail des mains.

En 1224, Vulgrin conclut avec Bourgmoyen une convention semblable, absolument conforme à celle qui unissait Saint-Euverte à l'abbaye de Saint-Victor de Paris. Il demande « qu'on fasse un service solennel pour chaque associé, qu'à « la porte du couvent on fasse une distribution aux pauvres, « qu'on leur abandonne pendant quelque temps la portion « du défunt, après toutefois l'avoir laissée à sa place au réfec- « toire, durant le repas commun (2).

Pour accomplir ces formalités, il fallait de part et d'autre se faire connaître les noms des frères décédés. Le principal moyen fut l'usage du rouleau des morts. Ces rouleaux, formés de membranes ou de feuilles de parchemin, qu'on cousait les

---

(1) *Bibl. d'Orl.*, ms. 489, f° 389.
(2) *Bibl. d'Orl.*, ms. 487.

unes au bout des autres, se prêtaient toujours à de nouvelles additions et pouvaient ainsi servir pendant un laps de temps indéfini (1).

Pour assurer l'exécution des conventions mutuelles, un messager, le « rotuliger », partait de temps en temps de l'abbaye, allait d'église en église, de prieuré en prieuré, implorant des prières pour l'âme du défunt et réclamant d'urgence l'inscription de son nom à l'obituaire (2). Tous s'empressaient de répondre aux demandes du porte-rouleaux, se mettaient en prières, puis inscrivaient sur le parchemin qui leur était présenté le titre de leur église, la mention des suffrages qu'ils adressaient à Dieu, la date du passage du messager et quelques réflexions sur la vanité des biens de la terre ou même des pièces de vers plus ou moins longues en l'honneur du défunt (3).

Cependant les liens de prières et d'associations religieuses qui rattachaient l'abbaye orléanaise à celle de Saint-Victor tendaient à se relâcher depuis quelque temps. Pour remédier à cet état de choses, Vulgrin promit à Jean le Teutonique, abbé du monastère parisien, de rétablir entre eux les relations de solide fraternité et d'observer, comme par le passé, la règle et les coutumes dont les statuts portent le nom de « Liber Ordinis » (4).

3. — Nous nous rappelons que Roger écrivant à l'abbé Ernis, lui demandait la date du chapitre général. Un peu plus tard, Etienne, alors abbé de Sainte-Geneviève, s'excusait de ne pouvoir y assister (5).

Jacques de Vitry, qui nous a laissé d'intéressantes chro-

(1) Mabillon, *De re diplomaticâ*, I, CIX, n° 1. *Analecta*, p. 160. Les termes latins de Rouleau sont les suivants : « rotulus, rotula, Rollus, rolla, liber Rotularii ». Cf. Mabillon, D. Tassin, D. Toustain.

(2) M. de Montalembert, *Moines d'Occident*, VI.

(3) Mabillon, *Bibl. de l'Ecole des Chartes*, III, 3e série, année 1846, p. 36. Vallet de Viriville.

(4) Jh. de Thoulouse, *Gall. christ.*, VIII, col. 1576.

(5) Abbé Desilve, *Etienne de Tournai*, Ep. 70.

niques sur le XIIIe siècle, nous apprend que tous les abbés de l'ordre de Saint-Victor se réunissaient une fois l'an à Paris pour y tenir le chapitre général, et que là, après avoir savouré les mets suaves et délicats de l'éloquence sacrée, ils traitaient des affaires concernant la discipline et la bonne tenue des religieux (1).

Du reste, le pape Honorius fit à l'abbé de Saint-Victor une stricte obligation de réunir chaque année ses confrères et à ces derniers une injonction formelle d'assister à ce chapitre général (2). Aussi, possédons-nous un acte officiel de 1213, de Guillaume d'Auvergne, qui nous donne d'utiles renseignements à ce sujet. On constate à cette réunion la présence de Jean le Teutonique, abbé de Saint-Victor, des abbés de Sainte-Geneviève, de Saint-Euverte, de Notre-Dame d'Eu, de Notre-Dame d'Hérivaux, de Notre-Dame de Livry, de Juilly, d'Eaucourt, de Saint-Jean-du-Jard et de Notre-Dame de Cantimpré (3).

Les religieux de Saint-Victor portaient alors une longue tunique, au surplis à larges manches d'étoffe de lin, tombant jusqu'aux pieds, recouverte d'une chape de laine noire à laquelle s'adaptait un capuce assez ample pour couvrir la tête et les épaules ; sous le surplis, une pelisse ou un manteau de drap et une tunique. A la différence des moines, ils usaient de linge de corps.

L'usage du vêtement complet n'était pas toujours obligatoire ; en certains cas, en été, par exemple, les chanoines avaient faculté, hors du chœur, de laisser leur chape et de prendre sur le surplis un simple capuce (4).

Le portrait de Godefroy de Saint-Victor, du XIIIe siècle, représente le costume extérieur conforme aux prescriptions

(1) VITRY, *Hist. occid.*, cap. XXIV.
(2) POTHAST, *Reg. Pontific. romanos*, n° 7815.
(3) *Bibl. nat.*, ms. lat., 14.455, f° 179, V°.
(4) *Liber ordinis*, cap. XVIII, ms. bibl. nat., 14.515, f° 106.

du « Liber Ordinis » consistant en une tunique blanche et une grande chape noire (1).

En exécution du concile de Latran tenu en 1215, Vulgrin convoqua aussi à Saint-Euverte, sous forme de synode, les prieurs et les officiers disséminés dans les prieurés et obédiences. Tous, s'ils ne pouvaient se rendre à ces assemblées, devaient au moins s'y faire représenter. On y réglait les affaires spirituelles et temporelles de l'abbaye. Pendant la durée du synode, pleine autorité était dévolue aux définiteurs choisis parmi les supérieurs les plus capables d'élaborer les règlements, les statuts, les élections des abbés et des prieurs, et de prendre toutes les mesures intéressant le patrimoine du monastère (2).

Or, ce fut précisément dans une de ces assemblées solennelles que furent rédigés des règlements conformes à ceux de Paris.

Les chanoines étaient au nombre de deux ou trois, le plus souvent de six ou sept, dans les grands prieurés comme à Saint-Donatien, à Saint-Hilaire, à Artenay, à Huisseau-sur-Mauves, à Ouzouer-le-Marché, à Saint-Martin-d'Abbat, à Sennely... A leur tête, l'abbé plaçait un prieur qui recevait de l'ordinaire l'institution canonique et les pouvoirs nécessaires. Après le prieur venaient le sous-prieur ou vicaire, le sacristain, le chapier ou des prêtres habitués. Ces chanoines étaient ordinairement servis par des domestiques laïques et dans le service liturgique aidé par de jeunes clercs séculiers. Ainsi, Roger, fils de Guillaume de Rident et de Milesende, Etienne d'Espieds, fils d'Agnès, dame de ce lieu, étaient, de 1220 à 1230, clercs à Saint-Euverte, pour devenir, dans la suite, le premier, prieur à l'abbaye, et le second à Ouzouer-le-Marché (3).

Ce prieur, ordinairement curé de paroisse, chargé du ministère des âmes, gouvernait son bénéfice sous la direction de

(1) Miniature du ms. lat., bibl. nat., 14.515, f° 106.
(2) *Bibl. d'Orl.*, ms. 487, f° 60.
(3) *Bibl. d'Orl.*, ms. 487, f° 60.

l'abbé et lui rendait compte de l'administration spirituelle et temporelle de la petite communauté (1).

En dehors des prieurs, l'abbé établit encore dans les villages de sa dépendance, qui n'avaient pas de titre officiel, des chapelains connus sous le nom de vicaires perpétuels, comme à Baulay, Baudreville, Melleray... Ces religieux, chargés du soin des âmes avaient droit à une pension, aux novales, aux dîmes vertes et à une quantité de grain de différentes espèces (2).

Cependant, il ne faudrait pas les confondre avec ceux qu'on appelait « hommes vivants et mourants ». Quand un bien était donné en fief à des religieux, considérés « mainmortables », ces derniers devaient fournir au seigneur, pour les représenter, un homme que nous appellerions vulgairement « un prête-nom ». La mort de cet homme donnait ouverture aux droits de relief, de mutation ou d'aliénation.

Ce représentant ou vicaire (viguier) qui demeurait au choix des religieux et qui pouvait être l'un d'entre eux était « l'homme vivant et mourant (3) ».

L'abbaye de Saint-Euverte en avait un à Cléry « pour qua-« rante mines de terres assises à Gueudreville, paroisse de « Bazoches-les-Gallerandes (4) » ;

« Pour une maison située à Saint-Vincent-des-Vignes ;

« Pour une maison dite « La Teste-Noire » rue des Hostelleries ;

« Pour une maison sise rue de l'Escrivinerie ;

« Pour trois maisons du couvent d'Ambert ;

« Pour une maison de Saint-Samson ;

« Pour trois maisons de Saint-Pierre-Empont, situées rue

---

(1) *Arch. dép.*, H. 1.

(2) Les Novales étaient des dîmes de terres ou de bois nouvellement défrichés et consistaient en tout genre de blé, de légumes, de foin, etc. On appelle dîmes vertes : le lin, le chanvre, la laine.

(3) Guérard, *Cartul. de Saint-Père de Chartres*, cf. 105.

(4) *Arch. dép.*, H. 1. Gueudreville-le-Renart, ham. de Bazoches-les-Gallerandes (Loiret).

des Trois-Maries, devant le couvent de Notre-Dame de Bonne-Nouvelle (1) ».

4. Prieurés. Nos prieurés n'ont rien à envier à la maison-mère pour la prospérité matérielle et le niveau moral. On y pratiquait, autant que possible, la vie claustrale et liturgique de l'abbaye. « Dans les obédiences où résident plusieurs cha-« noines, les heures se doivent chanter chaque jour au temps « prescrit et la grand'messe au moins chaque dimanche et « les jours fériés, après tierce (2). »

Un grand nombre de donations se font en faveur des prieurés.

A la mort d'Alix de Champagne, Philippe-Auguste cède à Franchart le droit au bois mort dans la forêt de Fontainebleau, confirme en sa faveur toutes les immunités accordées par son père et sa mère (3).

Ce que fut la maison royale pour Franchart, celle de Blois le fut pour Sennely. A la mort de Thibault V, Louis son fils ratifia tous les privilèges accordés par son père aux chanoines de Saint-Euverte.

En 1226, Etienne de Châtillon abandonne aux religieux de Sennely, pour le salut de son âme, de Thibault ci-devant comte de Blois, de ses enfants, de ses ancêtres, les dîmes qu'il avait coutume de prendre sur les vignes du prieuré (4).

Vulgrin échange en même temps une partie de sa terre de Sennely contre celle d'Ourcelles, de la paroisse de Josnes, et abandonne au prieuré une rente de vingt-huit livres parisis à prendre sur cette dernière terre (5).

---

(1) *Arch. dép.*, H. 1.

(2) Cf. Du Molinet, Jh. de Thoulouse.

(3) *Bibl. nal.*, 10.089, f° 338. *Bibl. d'Orl.*, ms. 487, f°s 67-70.

(4) Bernier, *Hist. de Blois. Bibl. nat.*, ms. l. 10.089. *Bibl. d'Orléans*, ms. 487, f° 67.

(5) *Ibid.*, ms. Sauvageon.

§ V. — *Derniers actes, nouvelles donations, 1220-1235.*

Nous pourrions dresser une liste de donations et de transactions de tout genre, mais elle trouverait mieux sa place dans le terrier de l'abbaye. Il suffira de relever quelques noms de bienfaiteurs, tels que Nicolas Tascher, citoyen d'Orléans, Jean Gastin de Chécy, Jean d'Andrezel, Jean le Cementier « Cementarii », Odon Broart de Chamerolles, Pierre d'Escrennes, Guillaume de Porcheresse, Marie de Villereau (1).

Philippe-Auguste vidime les chartes de possessions de l'abbaye situées dans la censive royale près de la maison du Temple (2), Louis VIII lègue aux religieux trois cents livres d'argent, et, plus tard, Louis IX, encore enfant, ratifie toutes les donations faites au couvent par son père et son aïeul (3).

En 1220, Ferry de Trétinville et Guillaume son frère, en présence de Manassès de Seignelay, engagent à l'abbé Vulgrin leur dîme de Trétinville pour la somme de quatre-vingt-cinq livres (4) ; en décembre 1234, le même Ferry, sa femme Eremburge, ses enfants Jean et Etienne confirment, en présence de Philippe Berruyer, la donation de la dîme de Baulay accordée précédemment par leur père Thibault de Trétinville, chanoine de Saint-Euverte (5).

Cette famille riche et puissante habitait le village dont elle a pris le nom, et qui devint plus tard une seigneurie de la vicomté d'Etampes.

En 1230 et 1232, Eudes, fils d'Hélie Boël ou Boyau, donne aux prêtres d'Huisseau quatre livres et douze deniers à prendre sur le moulin de Flix et charge Guillaume, sous-prieur, et Robert du Seuil (de Solio) de distribuer aux pauvres quarante

---

(1) *Bibl. d'Orl*, ms. 487.

(2) L. Delisle, *Actes de Phil. Aug.*, n° 2.157, p. 472.

(3) *Bibl. nat.*, ms. lat., 10.089, f° 70.

(4) *Bibl. d'Orl.*, ms. 487, f° 69.

(5) *Ibid.* Trétinville, ham. de Guigneville (Loiret).

sous de rente jusqu'à concurrence de quinze livres à prendre sur les vignes du Boël (1).

En retour de ces immunités, le prieur d'Huisseau était tenu de célébrer des services pour les défunts de cette famille et devait chaque année au synode de septembre :

« A l'évêque d'Orléans, dix-sept sols de cire.

« Au chapitre, le jour de la Purification... (illis.)

« A l'abbaye de Saint-Euverte, pour les robes des frères... « cinquante sols.

« A l'archidiacre, pour procuration, trente sols.

« A l'Archevêque (de Sens)... dix sols (2).

Mathieu Boyvins, Guy son fils, Agnès de Mareau, épouse de Guillaume le Meunier (Molendinarii), donnent également, en présence de l'évêque Philippe Berruyer, une pièce de terre, leur dîme commune de blé et de vin, situées près de l'église de Saint-Pierre de Mareau (3).

Réginald de Crottes (de Crotis), chanoine de Saint-Euverte, abandonne pour la somme de dix-huit livres à la maison de Saint-Nicolas des Landes (de Nemore) les revenus d'une dîme qu'il possédait dans sa paroisse natale (4).

Le nom d'Orléans est devenu depuis quelque temps familier dans l'histoire de l'abbaye, et ne rappelle que des souvenirs de piété et de générosité.

En 1230, Payen se signale par des largesses et fait son testament en faveur de Saint-Euverte : « Item, nous avons à Mont-« pipeau quatorze mines de blé à percevoir sur la grange de « la Gounandière (5) pour célébrer chaque année l'anniver-« saire de dame Marguerite, du seigneur Payen et de la dame « Agnès, son épouse (6). »

---

(1) *Bibl. nat.*, 10.089, f° 374. *Bibl. d'Orl.*, ms. 487, f° 74.
(2) *Ibid.*, f° 319. *Bibl. d'Orl.*, ms. 487, f° 60, 222.
(3) *Ibid.*
(4) *Bibl. d'Orl.*, ms. 487, f°s 60, 74.
(5) De Vassal, *Famille d'Orléans*, p. 33.
(6) Conf. Hubert, *Bibl. d'Orl.*, ms. La Gounandière ou Gaudrière, ham. d'Huisseau. *Bibl. d'Orl.*, ms. 487, f° 64.

L'année suivante, Jean d'Orléans et Payen, son frère, donnent aux religieux, le jour de la fête de saint Georges, dix sols pour faire célébrer dans l'église d'Huisseau leur anniversaire (1).

En reconnaissance de ces legs, Vulgrin adresse à leur fils et neveu, Jean d'Orléans, seigneur d'Epieds et de Charsonville, une charte dont voici les termes :

« Vulgrin, abbé du bienheureux Euverte d'Orléans et le « couvent dudit lieu...

« Saichent tous que de notre consentement commun avons « accordé en faveur de noble homme Jean d'Orléans et d'Elizabeth, sa femme, que nostre prieur d'Huisseau dira ou « fera dire tous les jours par l'un de ses chanoines la messe « dans la chapelle de Montpipeau et qu'en outre aux festes « annuelles il y dira les mâtines et les heures. A cause de « cette charge imposée au prieuré, nous concédons à perpétuité au prieur dudit lieu certaines rentes que nous avions « coutume de percevoir dans la paroisse d'Huisseau, savoir « les menues dîmes et tout ce que nous recevrions dans les « terres de Séronville et de Vileray (2). »

« Fait en l'an du seigneur, 1230, au mois d'octobre. »

Parmi les grands propriétaires de la forêt d'Orléans, l'abbé de Saint-Euverte tenait au XIIIe siècle, et sans contredit un des premiers rangs.

Nous ne connaissons pas l'origine de tout le domaine forestier abbatial, mais les bois dits de Cossoles de la paroisse de Saint-Germain d'Andeglou, qui en forment pour ainsi dire le noyau, étaient à cette époque disséminés entre les mains de plusieurs tréfonciers. A force de temps, de patience et d'argent, l'abbaye réussit à acquérir les différentes parties contiguës à ses possessions ou enclavées au milieu d'elles.

Dès le début du XIIIe siècle, Garnier de Gratelou donnait à Saint-Euverte vingt arpents de bois à Cossoles ; cette dona-

---

(1) *Bibl.*, ms. 487, 56. DE VASSAL, 33.

(2) Séronville, hameau de Prénouvellon (Loir-et-Cher). Villeray, ham. de Charsonville (Loiret).

tion fut confirmée par le suzerain Hugues Boischenin, le fils du donateur, l'évêque d'Orléans et, enfin, en 1204, par le roi de France, Philippe-Auguste, qui défendit à l'abbaye d'aliéner ou d'engager ces biens cédés pour son usage et celui de la Grange d'Artenay (1).

Jean de Gratelou, écuyer, fils d'Herbert de Gratelou et d'Isabelle de Mauchesne, vend aux religieux soixante-quatorze arpents de bois dans le même climat, moyennant la somme de cent livres parisis, avec le consentement de toute sa famille, l'autorisation du souverain et de l'évêque (2).

Philippe de Jouy et Philippe Berruyer confirmèrent toutes les donations faites à l'abbaye et aux prieurés de sa dépendance. Ayant sans doute remarqué des abus dans le cours de ses visites pastorales, Philippe Berruyer fit un décret par lequel il commandait aux prieurs-curés de l'ordre de Saint-Victor, et en particulier de l'obédience de Saint-Euverte, de se conformer en tout pour la nourriture, l'habit et la literie au régime qu'ils devraient suivre dans leurs abbayes, s'ils y faisaient leur résidence. Tous, dans une assemblée synodale, déclarèrent se soumettre à ce décret et demandèrent au prélat pardon de leurs manquements et de leurs fautes (3).

Cette intervention de l'évêque n'avait rien que de très normal ; les chanoines, vrais religieux, n'étaient pas exempts des visites épiscopales et Philippe n'exigeait, dans le cas présent, que l'observance des statuts dûment obligatoires.

Vulgrin avait été aidé dans la direction de son monastère, comme Roger de Saint-Victor et Etienne de Tournai, par des auxiliaires dévoués et obligeants, tels que Jean, dit d'Orléans, qui le remplacera dans quelques années, Thibault de Trétinville, Guillaume, sous-prieur, Lucas de Dreux, Philippe de Saclines, Guillaume Pipault ou de Mont-

---

(1) *Bibl. nat.*, ms. fr. 1191. O. 20.662- — 665. *Inventaire des titres de l'Evêché, fonds Saint-Euverte*, H. 17 *bis*.

(2) De Maulde, *Cond. forest. de l'Orléanais*, 20-22. Paul Domet, *Forêt d'Orléans*, p. 75.

(3) *Bibl. d'Orl.*, ms. 487, f° 27.

pipeau, Guillaume le Chambellan, Réginald de Crottes... (1).

Ces hommes appartenaient aux meilleures familles nobles de l'Orléanais et avaient sollicité et obtenu la faveur d'avoir été admis au nombre des frères de l'abbaye.

L'augmentation des religieux, l'accroissement des biens signalèrent la sage conduite de Vulgrin, abbé de Saint-Euverte, à l'estime et à la vénération de ses contemporains. Il mourut dans un âge avancé, à la fin de l'année 1234 ou au commencement de l'année 1235 (2). Son obit est fixé au 23 juin. « Il « y avait quarante sols à prendre par le chapitre de Sainte-« Croix sur une maison située devant le Martroy (3). »

ARTICLE II

Successeurs de Vulgrin

Herbert (1235). — Gervais (1235-1240). — Jean Ier (1240-1241).
Donations, différends, accords

I. Herbert (1235)

L'élection de l'abbé Herbert eut lieu probablement au milieu de l'année 1235 ; car, à cette époque, son nom figure dans un acte par lequel Guillaume, Jean et Raoul Pipaut vendent une place à Raoul, marguillier de Saint-Euverte, pour la somme de six livres parisis (4). L'administration d'Herbert fut sans doute de bien courte durée.

II. Gervais (1235-1240)

Au mois de décembre 1235, Gervais notifie un accord entre le prieuré de Franchart, Odon d'Alonne, chevalier, Odon

---

(1) *Bibl. d'Orléans*, ms. 487. Dom Verninac, *Passim*. Arch. dép., *Fonds de Saint-Euverte*, H. 1.

(2) *Gallia christiana*, VIII, 1563.

(3) Longnon, *Pouillé de la province de Sens, Obituaires du diocèse d'Orléans*.

« 23 junii. Obitus Vulgrini canonici : xls super domum que est « ante Martreium. »

(4) *Gall. christ.*, VIII, 1577. *Cart. lat.*, ms. 10.089, f° 420.

de Pannes, la dame de Saint-Germain, Pierre Broard, au sujet d'une rente de quatre muids de blé à Arrancourt (1). Ce legs avait été fait par Hugues de Prunay, chevalier, à la condition qu'on célébrerait son anniversaire dans l'église du prieuré.

Le Cartulaire de Sainte-Croix a sans doute confondu l'abbé Gervais avec un autre abbé, nommé Guillaume, omis par les auteurs du *Gallia Christiana* et Dom Verninac. D'autre part, le cartulaire de Saint-Euverte note en l'année 1235 la prise de possession de Gervais ; si Guillaume eût existé à cette époque et dans la suite, ce même cartulaire nous eût sans doute conservé le nom et les actes de ce dernier (2).

Parmi les faits qui marquent le gouvernement de l'abbé Gervais, il est bon de signaler l'amélioration qu'il crut devoir donner aux domaines de l'abbaye. Il confirme les legs de Guillaume de Bouzonville, de Milesende d'Orgemont, de Hugues l'Auceps autrement dit l'Oiseleur, les donations de Philippe Boël, de Robin de Cossoles (3).

En 1238, il intervient avec Arnoul le chevecier et Thierry (Terricus) dans un débat entre le prieur de Douxchamp et Evrard, prêtre de Luyères, qui prétendaient avoir également droit de propriété sur les dîmes et fourrages de Luyères. Les arbitres donnèrent raison à l'abbé Gervais et forcèrent les contestants à lui servir annuellement les rentes qui lui étaient dues (4).

III. — Jean Ier (1240-1241)

Le frère Jean, dit d'Orléans, que nous croyons issu de la famille de ce nom, avait été envoyé à Saint-Victor, pour s'y perfectionner dans la théologie.

---

(1) *Gall. christ.*, VIII, 1577. *Cart. lat.*, ms. lat. 10.089-17.049, fos 229 et 248. *Ann. du Gâtinais*, XXXI, 357.

(2) *Arch. nat.*, ms. lat., 17.049. Thillier et Jarry, *Cart. de Sainte-Croix*, p. 336.

(3) *Bibl. d'Orl.*, ms. 487, fos 56, 66, 71. Arch. dép., *Fonds Saint-Euv.*, H. 18.

(4) *Bibl. d'Orl.*, ms. 487, fo 71. Luyères, ham. de Neuville-aux-Bois.

Le seul acte que nous possédions de lui est une charte par laquelle il autorise le prieur et les moines de Franchart à recevoir d'une dame de Boterne ou de Bazarnes et de ses héritiers, douze deniers de cens annuel pour une place à bâtir près de l'église de Montceaux (1). En cédant cette place au prieuré, cette dame et ses héritiers déclarent qu'ils n'ont point l'intention d'abandonner leur titre de seigneur du lieu et ne renoncent point non plus au droit de justice qu'ils possèdent depuis longtemps sur la maison ou la grange que les religieux possédaient dans cette place.

ARTICLE III

Etienne II (1241-1265)

I. Etienne II. — II. Serment des abbés. — III. Actes divers, donations, compromis, arbitrages. — IV. Anniversaires, Associations de prières. — V. Sceau de l'abbé.

I. — *Etienne II (1241-1265)*

Les suffrages des frères se portèrent sur Etienne que nous ne connaissons pas autrement. A l'occasion de cette élection, Manassès, doyen du chapitre, renouvela les prétentions déjà très anciennes touchant les droits d'installation et de bénédiction. De son côté, l'évêque, Philippe Berruyer avait fait lever sur les communautés de sa juridiction des annates et des subsides qui devaient servir à payer les premiers frais de la croisade. L'intervalle écoulé entre le départ de cet évêque et la nomination de son successeur, Guillaume de Boësses, avait retardé la levée de cette nouvelle imposition et l'abbé de Saint-Euverte se trouvait dans la dure nécessité de ne pouvoir acquitter sa dette (2). Alors, par commisération et libre abandon, l'évêque lui remet la redevance des oblations et engage le doyen à ne plus rien réclamer à l'avenir ni à l'abbé ni aux religieux.

(1) *Bibl. nat.*, ms. lat. 10.089, f° 424. *Gall. christ.*, VIII, 1577.
(2) *Arch. dép.*, H. 184. *Bibl. d'Orl.*, ms. 487, f° 27.

En même temps, Guillaume de Boësses et le doyen du chapitre conviennent que l'abbé, lorsqu'il sera de semaine, percevra les anniversaires et le pain, comme s'il était chanoine résidant (1).

II. — *Serment de l'abbé*

En prenant possession de son siège, Etienne prêta devant l'évêque et le doyen de Sainte-Croix un serment ainsi conçu : « Moi, Etienne, abbé de Saint-Euverte d'Orléans, promets « obéissance, respect, fidélité et affection à cette sainte église « d'Orléans, ma mère, et à vous, révérend père Guillaume, et « à tous vos successeurs, qui seront élus canoniquement. Je « l'affirme en mettant ma main sur cet autel. *Amen* (2). »

Partant en 1242 conduire une expédition avec le roi Louis IX, l'évêque d'Orléans emprunta à l'abbé Etienne un char et des chevaux pour la campagne projetée en Saintonge, et afin que ses successeurs ne fissent pas dégénérer à l'avenir en droit obligatoire ce qui n'était qu'une simple tolérance, le prélat délivra à l'abbé et au couvent une charte de non-préjudice, mais de prêt volontairement consenti (3). Il semble assez curieux de voir un évêque d'Orléans, habitué par ses éminentes fonctions à un grand train de maison, recevoir d'un de ses subordonnés un pareil service.

Ce n'était pas un fait exceptionnel, car en 1234, Philippe Berruyer avait demandé la même complaisance à Francon de Saint-Mesmin et en 1238 à Nicolas de la Cour-Dieu (4).

III. — *Actes divers. Compromis. Arbitrages*

Les actes qui concernent Saint-Euverte de 1240 à 1265 deviennent tellement fréquents que, pour éviter la monotonie

(1) *Arch. dép.*, G. 271.
(2) *Bibl. d'Orl.*, ms. ancienne cote 144, nouv. 121.
(3) *Arch. dép.*, H. 16.
(4) Cf. Jarossay, *Hist. de Micy*. L. Jarry, *Hist. Cour-Dieu*.

inséparable de leur nomenclature, nous sommes obligé d'en passer un certain nombre sous silence. Les donations se multiplient, les acquisitions se font d'une manière avantageuse pour le couvent.

Guillaume Boël et Guyot des Chastelliers abandonnent aux religieux leur dîme du Poirier située à Coulmiers, dix-huit deniers parisis et quatre arpents de terre (1).

Philippe Boël, leur frère, lègue, à la même maison, une pièce de vigne sise à Guignegault, toutes les dîmes qu'il possédait sur ses hôtes, à la condition que l'on fasse dire pour lui et les siens toutes les semaines une messe dans l'église d'Huisseau et qu'on distribue aux moines de Saint-Euverte une pitance générale, le jour de son anniversaire (2).

Le 15 août 1245, Pierre de Bonnivent et Agnès sa femme vendent une maison sise à « La Rue » pour la somme de deux cents livres parisis, payables de la manière suivante : « les « religieux s'engagent à fournir aux vendeurs deux livres « parisis par semaine « duas librarias parisienses » deux « mines de pois, deux de fèves à la Toussaint, un porc de « vingt sols et deux poinçons de vin sain et pur au temps de « la vendange. Au cas de la mort de l'un ou de l'autre époux, « ils ne devraient qu'une livre de pain (3) ».

En 1248, les chanoines de Saint-Aignan avaient fait abattre les murs de clôture du prieuré d'Artenay, prétendant que ces murs avaient été bâtis sur leur terrain. Geoffroy, archidiacre de Sologne décide par sentence arbitrale que le prieur d'Artenay relèvera les murs et donnera au chapitre de Saint-Aignan vingt livres tournois pour le dédommager du terrain pris pour la réfection de l'enceinte de clôture (4).

Les religieux de la Cour-Dieu possédaient entre la maison de Saint-Magloire et le territoire de l'église de Saint-Euverte

---

(1) *Bibl. d'Orl.*, ms. 487, f°s 65. 75, 76.
(2) *Bibl. d'Orl.*, ms. 487, f°s 65. 75, 76.
(3) *Ibid.*, ms. 487, f° 56.
(4) *Ibid.* ms. 487, cc. *Arch. dép.*, H. 18 *bis*.

un terrain inculte et inutilisé, lorsqu'en 1250 ils le cédèrent à perpétuité à différentes personnes, à la condition d'y bâtir des maisons. On en construisit quatorze et les possesseurs de ces maisons devaient payer par an deux sous parisis de cens, cinq sous de relevoison et un droit sur le vin qui y serait vendu (1). La Cour-Dieu se réservait encore l'amende par défaut de paiement et la justice sur ces nouvelles habitations. L'abbé de Saint-Euverte, voyant le parti que pouvait en tirer son confrère Cistercien, réclama aussi sur ces maisons récemment construites des droits de jallaie et de juridiction (2). Après bien des débats et discussions, il fut convenu qu'on se soumettrait à l'arbitrage de deux chanoines de Sainte-Croix. Les moines de la Cour-Dieu élurent Jean, archidiacre de Beaugency ; et ceux de Saint-Euverte, le prieur de Saint-Samson ; de plus, les deux parties nommèrent d'accord et conjointement un troisième arbitre, Guillaume de Boësses, évêque d'Orléans, et décidèrent de s'en rapporter à leur décision sous peine d'une amende de cent sous parisis.

Par sentence rendue le 6 novembre 1652, les juges ordonnèrent que la propriété des quatorze maisons demeurerait aux religieux de la Cour-Dieu et que la juridiction, la jallaie et généralement tous les droits de ces derniers passeraient à Saint-Euverte, à la charge de payer en échange cent dix sous parisis dans l'octave de Pâques (3).

Le cartulaire de Saint-Euverte donne une charte de l'abbé Guérin qui accepte la décision des arbitres telle que nous venons de la rapporter. L'abbé ne désigne pas l'évêque d'Orléans et ne se désigne lui-même que par la lettre G. commune aux deux personnages. Outre la justice, les religieux d'Orléans avaient droit, en vertu de la sentence arbitrale, d'exiger une jallaie de vin des habitants des quatorze maisons (4).

---

(1) *Arch. dép.*, H. 18 *bis*. *Bibl. d'Orl.*, ms. 487, f° 67.

(2) La jallaie variait de capacité suivant les lieux. Dans les vignobles situés aux environs d'Orléans, elle équivalait à 16 pintes ; douze jallaies emplissaient un poinçon.

(3) *Bibl. d'Orl.*, ms. 487, f° 58. *Arch. dép.*, H. 18 4.

(4) *Arch. nat.*, ms. lat., 10.089.

A la fin de l'année 1256, on mit fin à un différend qui existait entre le prieur de Mareau et le curé de Vrigny. Ce dernier réclamait à l'abbaye les dîmes du blé et du vin des terres et des vignes de Verrines et de Clérembault ; d'autre part, le prieur de Châtillon de la maison de Flottin et le maître du Temple de Ramoulu avaient droit chacun à deux mines d'hybernage (1). Il fut décidé à l'amiable que les dîmes seraient partagées entre Saint-Euverte et le curé de Vrigny, sauf les droits du prieur de Châtillon et du maître du Temple de Ramoulu.

Parmi les seigneurs qui suscitèrent alors quelques difficultés à l'abbé de Saint-Euverte, nous avons le regret de signaler les noms suivants :

Eudes Boël, Hervé et Hugues d'Epieds, riches propriétaires à Huisseau, Ouzouer, Charsonville et à Epieds, refusaient de payer au prieur d'Huisseau leurs droits d'oblies (2). Poursuivis en justice par Etienne, abbé de Saint-Euverte, et Odon, archidiacre de Beaugency, ils reconnurent leurs torts et payèrent aux chanoines la redevance de deux pains, de deux deniers et de deux mines d'avoine, mesure de Meung (3).

Hugues le Bouteiller, avant de partir pour la croisade, arrête ses prétentions sur la grange de Cuny, s'engage à réparer ses injustices et à ne plus persécuter ses voisins (4).

A l'exemple de ses prédécesseurs, Etienne renouvela les associations de prières avec les abbés de Micy et de Bourmoyen, et en 1259 confirma son serment de fidélité entre les

---

(1) *Arch. dép.*, H. 12. Mareau-aux-Bois ; Vrigny, canton de Pithiviers ; Verrines et Clérembault, ham. de Bouilly ; Ramoulu, canton de Malesherbes (Loiret). Hyvernage, Hybernagium, Hyvernagium, d'après Du Cange, signifie semence d'hiver, récolte d'hiver ou provision d'hiver.

(2) Oblies (obliæ), droit féodal en vertu duquel les vassaux offraient aux seigneurs soit des pains ronds et plats nommés « oblians, oblies, oublies », soit une mesure de blé ou une somme d'argent.

(3) *Bibl. d'Orl.*, ms. 487, f°s 58-65. *Arch. dép.*, H. 18 *bis*.

(4) *Ibid.*, ms. 487, f°s 74, 80.

mains de Robert de Courtenay, récemment élu évêque d'Orléans. Cet abbé mourut en 1265 (1).

ARTICLE IV

Laurent (1265-1288). — Guillaume Ier (1288-1303). — Pierre (1303-13..?). — Bernard (1310-1341). — Guillaume II (1341-1347), abbés de Saint-Euverte.

1. — Laurent (1265-1288)

Au début de son abbatiat, Laurent termine un procès pendant entre Jean, seigneur de Sully, et le prieur de Sennely, touchant les droits de novales sur la dîme du prieuré (2).

Robert de Courtenay reconnaît qu'il n'a aucun droit de procuration à Huisseau-sur-Mauves et que si le prieur de cette localité a bien voulu le recevoir pour y donner le sacrement de confirmation, il l'a fait de sa bonne volonté (3).

Pour répondre à l'ordonnance par laquelle l'évêque d'Orléans enjoint aux abbés, prieurs et prêtres de son diocèse d'aider les religieuses de Voisins à rebâtir leur monastère qui tombait en ruines, Laurent donne en 1273 aux sœurs cisterciennes vingt sous parisis à prendre sur les cens d'Huisseau et d'Ouzouer-le-Marché (4).

Jeanne de Loury, du consentement de Marguerite, sa fille, amortit la dîme de Douxchamp et renonce à toutes les prétentions sur ce prieuré, mais à la condition que, pendant sa vie, on dira tous les ans une messe pour elle, dans l'octave de l'Assomption, tant dans l'église de Douxchamp que dans celle de Saint-Euverte ; après sa mort, on y fera son anniversaire, celui de Jean de Corbeil, son second mari, celui de son père Adam de Loury, de sa mère Agnès, de sa fille Mar-

(1) *Gall. christ.*, t. VIII, 1577. Symph. Guyon, ouvr. cité.

(2) Novales, récoltes faites dans des terres ou des bois nouvellement défrichés. *Bibl. d'Orl.*, ms. 487, f° 75.

(3) *Bibl. d'Orl.*, ms. 487, f° 15. *Arch. dép.*, H. 16. Symph. Guyon, II, 62 et suiv.

(4) *Ibid.*

guerite, en son vivant femme de Raoul Le Bouteiller de Senlis (1). Cette noble dame mourut en 1270 et fut inhumée à la Cour-Dieu selon son désir (2).

Cinq ans plus tard, l'évêque d'Orléans conçut le dessein de réparer sa cathédrale qui tombait en ruines. Bâtie primitivement, comme nous l'avons dit, par saint Euverte, elle avait été démolie par les Normands aux IXe et Xe siècles. L'évêque Arnoul reprit l'œuvre première au commencement de son règne. Relevé à la hâte, l'édifice ne tarda pas à se lézarder, les voûtes poussèrent au vide, les murs perdirent leur aplomb, l'église menaçait ruine (3). En 1268, Robert de Courtenay résolut de la reconstruire, et pour y réussir il n'épargna ni sa fortune personnelle qui était considérable, ni les revenus de l'évêché qui s'augmentaient des droits prélevés sur les collégiales et abbayes de son diocèse ; mais il était réservé à son successeur de faire emploi de ces ressources.

Gilles Pasté avait trop au cœur le zèle de la maison de Dieu pour ne pas entrer dans les vues de son prédécesseur et faire de la reconstruction de Sainte-Croix son œuvre de prédilection. Il y affecta tous ses droits et s'imposa les privations et les sacrifices les plus pénibles pour mener à bonne fin sa vaste entreprise. Le pape Honorius IV, dont l'approbation était nécessaire, chargea les abbés de Saint-Mesmin et de Saint-Euverte d'étudier la question et, sur leur rapport favorable, approuva la réédification de Sainte-Croix, par une bulle datée des calendes d'octobre de l'année 1286 (4).

Les travaux marchèrent avec rapidité et le jeudi après la Nativité de la Sainte Vierge, en la fête des saints Prothe et

---

(1) Du Chesne, *Hist. des Bouteillers de Senlis*, p. 56.

(2) Jarry, *Hist. de la Cour-Dieu*, 90, 202.

(3) La Saussaye, *Ann. Aurel.*, p. 538 : Charte de Berthold de Saint-Denis, de 1300 : « Quia omnia ex elementari materiâ composita processu « temporis corrumpuntur, prœfata ecclesia pro magnâ parte vetustate « tanti temporis est consumpta, alia nihilhominus periculosam mini- « tante ruissam. »

(4) *Gall. christ.*, VIII, 755. Symph. Guyon, II, 66.

Hyacinte (1287, eut lieu une magnifique cérémonie. C'était à l'heure de tierce ; le prélat, accompagné des abbés de Saint-Benoît, de Beaugency, de Saint-Euverte, entouré de son chapitre, d'une foule considérable de religieux, de clercs et de laïques, posa la première pierre « in capite pilorii mediæ capellæ », c'est-à-dire, suivant M. de Buzonnière, dans la tête de la chapelle intermédiaire, dans la partie droite de la chapelle (1).

Il est souvent question de l'abbé de Saint-Euverte dans les comptes des baillis de France.

En 1285, il est payé à Laurent et à son couvent soixante-treize livres parisis pour la vente du quatre cinquième de leur bois dans la forêt d'Orléans (2).

En 1287, l'abbé se fait restituer, par le chapitre de Sainte-Croix, un muid de blé que lui avait donné la dame Marie Pirequeloup sur la grange d'Ouzouer (3).

L'année suivante, il se fait rendre également par le doyen de Saint-Aignan, avec la moyenne et basse justice, une place occupée par les meuniers sur la rive droite de la Loire et appelée dans le vieux langage « La Voua et la Montagne (4) ».

---

(1) Symph. GUYON. « Notitia sanctorum Ecclesiæ Aurelianensis et historia chronologica episcoporum ejusdem ecclesiæ. »

F° 244. « Ægidius Pasteus.... ob restaurationem Eccl. Aurel. cujus primarium lapidem die II septembris, anno domini 1287, presentibus Guillelmo abbate Floriacensi, Laurentio abbate S. Euvurtii, abbate Balgenciacensi, et magna cleri ac populi frequentia, Gardiano fratrum Missorum concionem habente... »

(2) *Hist. de France*, XXII, 656. « Compotus baillivorum Franciæ. « De vendâ abbatis et conventus S[ti] Euvurtii, pro quarto-quinto. »

LXXIII[tt] p.

(3) *Bibl. d'Orl.*, ms. 487, f° 75.

(4) *Arch. dép.*, H. 18 4. « Hæc carta fuit transcripto per Robertum « Hubertum in utroque jure licenciatum, sanctæ sedis apostolicæ Pro-« tonolarium, consiliarium et elemosynarium regium ac dicte Ecclesie « Sancti Aniani precentorem. »

N. B. — *Arch. dép.*, Cart. de Sainte-Croix, G. 466. Description de deux sceaux de Laurent, fonds Sainte-Croix G.

1° Sceau. L'entaille montre sur l'ovale principal $\frac{(0,065)}{0,045}$ un abbé mitré

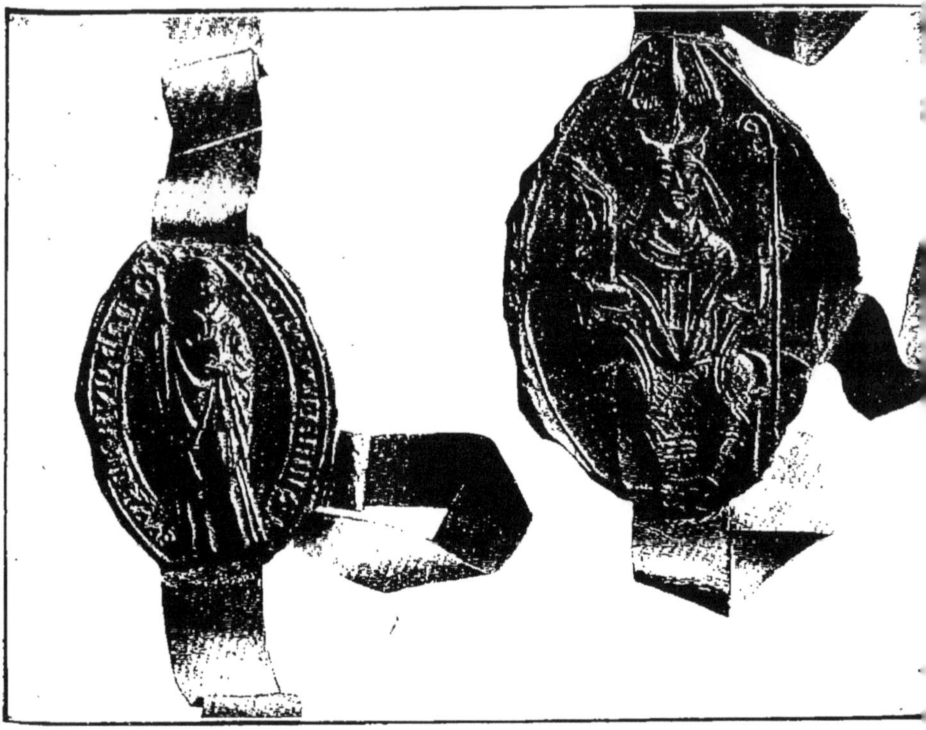

II. — *Guillaume Ier (1288-1303)*

Nous constatons, à la fin du XIIIe siècle, comme une sorte de schisme avec l'abbaye de Saint-Victor. Depuis longtemps déjà, les suffragances voyaient avec peine la suprématie de la maison-mère et sa désignation comme centre des réunions capitulaires. En 1288, il est question d'une assemblée tenue à Notre-Dame de Bourgmoyen ; c'est la seconde indiquée par les auteurs du *Gallia-Christiana*, à laquelle prit part l'abbé de Saint-Euverte. Il y fut convenu « que l'abbé de l'une ou « de l'autre maison aurait le droit de corriger ou d'absoudre « les coupables, que les chanoines seraient réputés profès de « ces deux communautés, qu'on prierait mutuellement les « uns pour les autres, qu'on dirait trois messes pour chaque « abbé et une pour chaque chanoine, après leur mort (1)... »

Un autre chapitre se tint à Juilly en 1298, et Saint-Victor n'y est pas même représenté. Par contre, nous y rencontrons des abbés que nous savons lui appartenir, comme ceux de Sainte-Geneviève, de Saint-Ambroise, du Jard, de Saint-Euverte, de Saint-Barthélemy de Noyon, de Saint-Vincent de Senlis (2)...

Le zèle pour les fondations se ralentit pendant quelque temps. On ne mentionne sous l'administration de Guillaume que la donation établie en 1288 par Eremburge, veuve de Guillaume de la Barre. C'est une action généreuse dont les

---

assis, tenant de la main droite un livre et étendant la main gauche. Sur sa tête descend une colombe.

L'avers porte en chef un calice et deux étoiles ; au-dessous, une croix grecque et une main bénissant avec cette légende : « Dextera Domini fecit virtutem. »

2° Sceau. Un abbé tient une crosse de la main droite et un livre de la main gauche $\frac{(0,050)}{0,032}$. Exergue : Laurencius abbas St Euv.

Avers. Sceau rond. Au milieu, une crosse tenue de la main droite, à gauche, un croissant (0,020),

(1) *Arch. dép.*, H. 10. *Bibl. d'Orl.*, ms. 489.

(2) Jh. de Thoulouse.

siècles précédents nous ont fourni quelques exemples. Cette noble dame se donna elle et tous ses biens à l'abbaye pour le remède de son âme et de celle de ses parents défunts. Elle cède aux religieux trois arpents de vignes situés au clos de Tudelle (Saint-Marceau), une maison avec ses dépendances dans la rue de la Chevrerie (de Caprearia), et ses meubles d'une valeur de 36 livres (1).

En souvenir d'une faveur accordée autrefois par Philippe-Auguste, les religieux faisant corps avec Saint-Euverte avaient le droit de prendre tous les jours une charretée de bois dans la forêt de Rebréchien (2). Il en était de même pour Franchart dans la forêt de Bière et pour le Gué-de-l'Orme dans la garde de Vitry. Philippe-le-Bel remplaça ce droit « par trois cents charretées par an (3). »

Il est aussi question, dans les historiens de France, de frère Guillaume, abbé de Saint-Euverte. Le 31 janvier 1288, il est inscrit sur les tables de cire de Pierre de Condat, et reçoit le jeudi suivant « pour les harnois du jour de la Chandeleur,

« pour les affaires du roi.......................... C^{lt}.

« Pour la cuisine.......................... CCC^{lt}.

« Pour la fourrière.......................... XXII^{lt} (4).

Le garde de Vitry, Robert du Rupercourt, avait la monomanie de vivre aux dépens des couvents de son voisinage. Les abbés et prieurs se laissaient faire et ne parlaient de lui qu'en levant les yeux au ciel d'un air douloureux et presque résigné.

« Quand il venoit avec ses gens et gisoient en ville, i envoie « querre en l'abaye dou pain et dou vin a aus et à leurs

(1) *Arch. dép.*, H. 10.

(2) *Arch. nat.*, O. 20.618, f° 34.

(3) *Arch. dép.*, A. 2.049 *Bibl. d'Orl.*, 487, f° 82.

(4) *Historiens de France*, XXII, 494 . « Guillelmus de S. Evurcio frater. Tabulœ ceratœ Petri de Condato, 31 jan. 1288. » « Item die jovis « sequenti, frater Guillelmus ad hernesia Candelosœ, pro negociis « regiis .... C^{tt}.

« Item pro coquinâ.. III ^{tt}.

« Item pro forariâ.. XXII^{tt}.

« garçons et de l'avoine à leurs chevaux. Robert est venu « maintes fois à leur grange de Cuny et d'Artenay » il y « demandoit du vin et refusoit le vin que l'abé buvoit qui « estoit bon et suffisant... et envoya l'en querre pour sa « bouche jusqu'à 6 soudées (1).

Il réclama aussi « du drap blanc que l'abé de Saint-Yveltre « d'Orliens donna » au même forestier (2).

Cependant, l'abbé se plaint avec amertume des forestiers et de certains seigneurs qui ne cessent d'exercer leur violence contre les religieux dans leurs droits les plus sacrés.

En 1288, le maître de la garde de Goumât, nommé Taupin, a pris « sans raison XIIII chevaux de la grange de Romeilli, « les garda en prison VII jours au cueur des semailles ; « on « évalue le dommage à vingt livres tournois (3). »

Arnaul le Bouteiller, seigneur de Gidy et d'Oison, voulant se pourvoir contre l'amortissement de défunt Hugues, son oncle, s'empara du domaine de Cuny, mit en prison l'administrateur de cette ferme et accabla les hôtes de toutes sortes de mauvais traitements. Guillaume implora la protection de l'évêque d'Orléans, dont le Bouteiller était un des principaux vassaux. Sous le coup de l'excommunication, ce dernier fut obligé de restituer ce qu'il avait enlevé à l'abbaye et de faire amende pour ses crimes passés et les pertes causées à Saint-Euverte (4).

III. — *Pierre Ier (1303-13...?)*

Seuls, Hubert et Vergnaud-Romagnési citent son nom à la date de 1303, sans aucune précision (5).

---

(1) *Arch. nat.*, J. 742-16. J. 1028. — Cf. De Maulde, *Condition for.*, 384.

(2) *Bibl. nat.*, J. 742-5.

(3) *Arch. nat.*, J. 742, n° 6. — Cf. De Maulde, *Cond. forestière*, 212.

(4) *Bibl. d'Orl.*, ms. 487, f° 82.

(5) Vergnaud-Romagnési, *Abbaye de Saint-Euverte*, document inédit de M. Hubert, p. 8.

Les faveurs royales étaient chèrement payées lorsque nous savons que Saint-Euverte fournit sa part de décimes pour subvenir aux charges et dépenses de l'Etat et que Philippe-le-Bel exigeait des chanoines des preuves palpables de leur bon vouloir.

En 1300, il leur demandait de lui céder le bois de Fleury et à l'abbé de Saint-Victor les deux prieurés de Chanteau et d'Ambert qu'il destinait à la dotation des Célestins. Il offrit aux Euvurtiens de prendre en compensation sur la prévôté d'Orléans vingt livres de revenus annuels (1).

Quelle fut leur attitude dans les démêlés du roi avec Boniface VIII et les Templiers ? Ils suivirent sans doute la même direction que l'abbé de Saint-Victor. Guillaume de Rebetz s'appliqua à donner aux maisons affiliées à son ordre.

IV. — *Bernard (1310-1341)*

Bien avant l'année 1312, époque à laquelle fut confirmée la fondation de l'Université d'Orléans, un grand nombre de jeunes gens, en dehors des cours donnés à l'abbaye, soit par les professeurs de la maison, soit par des étrangers, étaient autorisés à fréquenter les écoles de droit et de théologie de la ville. On avait institué pour ces étudiants une bourse à part sur les revenus conventuels, semblable à celle de l'aumônier, réservée pour le patrimoine des pauvres. C'est dans ce but que Guillaume le Chambellan, docteur et professeur de lois, tenant école dans le quartier de Saint-Euverte, laissa en 1297 à l'abbaye tous ses biens situés dans la banlieue et deux maisons, afin que le revenu en soit intégralement partagé à perpétuité entre les écoliers de théologie et de logique (2).

En 1320, les frères et chanoines réguliers Paschase, prieur claustral, Nicolas, sous-prieur, Jean Pullarius, Jean du Ches-

(1) *Bibl. nat.*, ms. lat., 10.089.
(2) *Arch. dép.*, H. 18 ; *Bibl. d'Orl.*, ms. 487, f° 82.

noy, Aubert de Breteuil, Pierre de la Boce, Etienne de Saint-Benoît, présents à l'assemblée capitulaire, répondirent chacun en particulier à toutes les questions qui leur furent adressées et furent d'avis qu'il serait bon et expédient de refaire la salle d'étude et de reconstruire la grande partie de l'habitation par où l'on aboutit à cette salle (1).

Les jeunes gens soumis à un régime spécial prenaient leurs grades et aimaient à se parer du titre de dôcteur ; mais ils ne vivaient pas toujours, tant s'en faut, dans la contemplation des théories d'Aristote, et parfois ils donnaient à nos concitoyens le spectacle de leur intolérable indiscipline. Deux neveux de l'abbé Guérin, de Rouen, aimaient fort le jeu d'échecs et étaient toujours à court d'argent (2). On dut les renvoyer de Saint-Euverte.

En 1310, Raoul Grosparmi, évêque d'Orléans, donna par testament à l'abbaye la somme de vingt livres parisis, à la condition d'acheter un revenu suffisant pour célébrer tous les ans son anniversaire dans l'église du couvent (3).

Clémence de Hongrie, reine de France et de Navarre, « à « la connaissance d'un débat mû entre elle et les religieux « au sujet du ressort de Torville, de la paroisse de Sébouville, « arrêta toute espèce de prescriptions (4). » Elle accomplissait ainsi par rapport à ce village l'acte de suzeraineté qui lui était légitimement dû à cause de son douaire.

---

(1) *Arch. dép.*, H. 18 . « Fratres et canonici regulares Sancti Evurcii, « Paschasius, prior claustralis, Nicolaus, sub prior, Johannes Pullarius, « Johannes de Chesnoys, Aubertus de Britolio, Petrus de la Boce, Stephanus de Sancto Benedicto presentes in capitulo dicti conventus in « suis quœstionibus singuli responderunt credendum fore bonum et « expediens quod studium reformetur et quod major pars habitationis « quâ itur ad studium reformetur. »

(2) *Bibl. nat.*, ms. lat., 14.615, f° 315.

(3) *Mém. de la Société hist.*, t. VI, 450. VIGNAT. *Testament de Raoul Grosparmi*, « lego monasterio sancti Evurcii Aur. ad emendum redditum pro anniversario nostro celebrando ibidem annuatim viginti « libras. »

(4) *Bibl nat.*, ms. fr. 11.999, f° 203.

Le 13 novembre 1329, Bernard assista à une imposante cérémonie dans l'église de Sainte-Croix. Le chœur et la nef étaient rebâtis ; Jean de Conflans, pour rendre le temple de Dieu plus vénérable, l'enrichit de précieuses reliques et convoqua pour cette majestueuse solennité le clergé de son diocèse et un grand nombre d'abbés parmi lesquels se trouvait celui de Saint-Euverte (1).

V. — *Etienne II* (1241-1253)

Le pape Benoît XII, qui avait occupé une chaire de docteur à Paris, ordonna que dans chaque établissement conventuel il y ait un maître chargé d'enseigner aux jeunes élèves, outre le rudiment, les sciences divines et humaines (2). L'abbaye de Saint-Euverte fit alors partie de la province constituée par les églises régulières et canoniales de la métropole de Sens et l'abbé Etienne fut chargé de nommer le prieur des étudiants d'Orléans (3).

CHAPITRE VI

Article Ier. Invasion anglaise. — II. Pierre II Gueniot ou Querriot, abbé, 1360-1402. — Lettres de sauvegarde. — III. Jean II, Adam et Jean III de Trétinville, abbés. — IV. Siège d'Orléans.

ARTICLE PREMIER

Invasion anglaise

Pendant les premières années du XIVe siècle, tout semblait sourire au monastère de Saint-Euverte. Mais, vers 1336, s'ouvrit pour la France une ère lugubre, ère de guerre et de deuil, et les cris des hommes d'armes se firent entendre dans les

(1) *Arch. dép.*, G. 244. Symph. Guyon, II, 69.
(2) Bulle « ad decorem Ecclesiæ sponsæ Dei ».
(3) *Bibl. d'Orl.*, ms. 487, f° 69.

campagnes de l'Orléanais. Notre contrée toutefois ne perçut qu'un écho lointain de la défaite de Crécy. Après la funeste journée de Maupertuis, ce ne fut plus partout qu'un champ de carnage et d'incendie. Il est facile dès lors de se faire une idée de l'effroi qui précédait la marche des armées, et les nouvelles désastreuses volant de bouche en bouche jetaient l'épouvante parmi les populations rurales qui accouraient se réfugier au centre de la ville.

En 1358, au temps où avec ses Bretons, Foulques de Laval pillait Etampes, les routiers infestèrent le pays jusqu'à Orléans (1). Le 24 juin, Meung-sur-Loire et l'abbaye de Beaugency furent pris et incendiés. Le chapitre général des chanoines fait une description des plus tristes de l'état auquel les avaient réduits les ennemis en portant partout la désolation, brûlant et saccageant tout ce qu'ils rencontrèrent sur leur passage.

En face de Robert Knolle, les Orléanais firent ce qu'ils renouvelèrent soixante-dix ans plus tard, en 1428, quand les Anglais s'avancèrent pour mettre le siège devant leur cité (2). Toutes les églises et les monastères situés hors des murs furent abattus. L'abbaye de Saint-Euverte ne fut pas épargnée dans cette triste circonstance et il ne resta plus de l'antique basilique d'Etienne de Tournai que des pans de murailles à ciel découvert. Cédant à la panique générale, les religieux vinrent, sur l'ordre du souverain pontife, se réfugier dans une maison qu'ils possédaient dans le quartier de Saint-Donatien. Ils emportèrent avec eux les reliques des saints, leurs livres, les vases et ornements sacrés et firent du prieuré un petit monastère où ils purent célébrer le service divin, vivre dans le recueillement et observer les règles de leur ordre (3). Ce fut probablement à cette époque que l'abbé de Saint-Euverte

(1) Jean de Venette, *Grandes chroniques*, p. 258.

(2) *Bibl. d'Orl.*, ms. 487.

(3) Denifle, *Désolation de la France pendant la guerre de Cent ans*, II, p. 320. « Regist. Avenion. Innoc. VI, n° 21, f° 552, ad annum 1359, januarii 17. Innoc., n° 24, ad annum 1360, maii 18. »

acquit plusieurs immeubles dans les rues de la Charpenterie, du Petit-Puis et particulièrement dans la rue qui prit le nom des « Petits-Prêtres ».

En 1359, le prince de Galles, avec une armée de vingt mille soldats, s'avançait jusqu'aux portes d'Orléans, et, sans plus attendre, se disposait à entourer la ville. Au levant, dans le faubourg de Saint-Euverte, il avait établi un cimetière pour la sépulture de ceux qui succomberont pendant le siège (1). En vain, il tenta assaut sur assaut, essaya embûches et surprises ; heureusement le succès ne couronna pas ses efforts. Les habitants, déterminés à s'ensevelir sous les ruines de leurs demeures plutôt qu'à se rendre à la merci du terrible envahisseur, le repoussèrent des remparts et l'obligèrent à se retirer dans la Beauce et l'Ile de France après avoir toutefois incendié les faubourgs de la cité.

La guerre avec son cortège de pillages et de dévastations s'était appesantie sur les propriétés de l'abbaye. Ouzouer, Huisseau, Séronville, Romilly, Melleray, Baudreville, tous les domaines de la Beauce étaient devenus la proie des Routiers et des Malandrins (2). Le Gué de l'Orme disparaissait momentanément comme prieuré. A Franchart, tout fut détruit, soit en 1368, lorsque les Anglais s'avancèrent, selon Froissard (3), jusqu'aux portes de Paris et de Bourg-la-Reine, soit un peu plus tard, par les aventuriers qui, répandus dans le Gâtinais, s'emparèrent de la porte de Melun regardant la Bière.

La ferme de Baulay qui « vouloit estre la plus grande partie « des propriétés de Saint-Euverte et son unique susténtacion » avait été abandonnée ; les pillards, grossis des paysans de l'endroit s'étaient emparés du bétail et des animaux de labour, les vignes n'étaient plus cultivées faute d'ouvriers, la plupart des terres étaient restées en friche (4).

---

(1) *Annal. de la Société des sciences, belles-lettres*, t. XI, p. 271.

(2) *Arch. dép.*, H. 18 *bis*.

(3) Froissard, *Chroniques*.

(4) *Arch. dép.*, H. 18 *bis*.

ARTICLE II

Pierre II Gueniot ou Querriot

C'est dans ces tristes circonstances que Pierre II prit possession du siège de Saint-Euverte. Reçu docteur en théologie devant l'Université de Paris, il avait été précédemment prieur de Puiseaux (1).

Les premiers soins du nouvel abbé furent de réparer les désastres occasionnés par la guerre et de payer une somme considérable pour le rachat du roi Jean, dit le Bon.

Cependant, même après le traité de Brétigny, vers le 30 mars 1363, une armée de 500 Anglais était venue camper près des murs d'Orléans. Ils se fussent facilement emparés de la ville, si un enfant n'eût, comme par miracle, réveillé les sentinelles qui dormaient à poings fermés (2).

Au nom de sa communauté, Pierre Gueniot expose à Charles V ses sincères condoléances et lui adresse une pétition par laquelle il lui demande de réparer et de rendre habitable Baulay, métairie, grande, belle, bien ordonnée et située très avantageusement en Beauce, près de Pithiviers, mais ruinée par le fait des guerres ; une bonne partie des hommes de corps et les sujets de Saint-Euverte demeurent auprès, et en cas de danger, ils pourraient y trouver un asile assuré ; leurs hôtes, au besoin, se chargeraient de faire le guet dans la place et de la bien défendre sans que le pays en fût grevé. A cette pièce dont nous ne possédons pas la copie intégrale, le roi de France adresse sa réponse, le 26 novembre 1364, recommande à Thomas Darnault, bailli de Cepoy, et surtout à ses juges et officiers de soutenir et de défendre de tout leur pouvoir les chanoines de Saint-Euverte ; de plus, il leur enjoint de ne les molester en quoi que ce soit, dans l'exercice de leurs droits et la jouissance de leurs privilèges (3).

---

(1) Jehan de Thoulouse.

(2) Jean de Venette, *Continuation de Lescot*, p. 318.

(3) *Arch. dép.*, H. 18 *bis*.

Cette mesure réparatrice fit reprendre courage aux religieux et ranima la confiance des cultivateurs. Baulay, Melleray, Cuny, Baudreville, Romilly furent désormais entourés de murs et de contreforts ; dans ces nouvelles fortifications, on pratiqua de distance en distance de nombreuses meurtrières dans le but de repousser les attaques des routiers qui couraient encore les campagnes.

En prenant l'abbaye sous sa protection, Charles V voulut qu'elle jouît d'immunités semblables à celles des églises de fondation royale. C'est ainsi qu'il commence sa lettre :

« Nous avons oye la supplication des abbé et couvent Saint-Euverte d'Orliens, estant en nostre sainne et espéciable garde et de royale fondacion... (1). »

Grâce à cette faveur inespérée, les moines se mirent à l'œuvre et le fait historique qui puisse consacrer à la postérité la mémoire de Pierre Gueniot, ce fut le zèle qu'il déploya à l'avancement des travaux de l'église abbatiale. Il avait eu l'intention de construire un autre monastère, mais le 28 avril 1371, nous dit la bulle du pape Grégoire XI, la basilique était à peine commencée ; par conséquent, il ne fallait pas compter sur une nouvelle entreprise. L'abbé fit voûter le chœur et termina la première travée de la nef en 1378. La dépense s'éleva à la somme de neuf cents livres qui fut en partie couverte par les revenus annuels du monastère et les offrandes des fidèles (2).

De nouvelles lettres de sauvegarde nous apprennent tout ce que Saint-Euverte eut à souffrir non seulement des troupes débandées qui pillaient les campagnes, mais encore des seigneurs de la contrée, de simples particuliers, voire même des officiers du duché d'Orléans.

Pour comble de maheur, Philippe, surnommé le Bon, le premier duc d'Orléans, était décédé le 1er septembre 1375 (3).

---

(1) *Arch. dép.*, H. 18 *bis*.
(2) Reg. Vatican, Greg. XI, n° 282, f° 43.
(3) *Pouillé de l'Eglies d'Orléans*, LONGNON.

Alors les prétentions des agents du fisc n'eurent plus de bornes ; les troubles et les calamités publiques furent pour ces avides personnages une cause de convoitise et d'enrichissement.

« Par lettres-royaux en forme de complainte et matières de « nouvelletés, le roy Charles défend à qui que ce soit, clerc « ou laïque de faire aulcun tort aux abbé et religieux de « Saint-Euverte, comme l'avaient fait certains, se rendant « justice à eulx-mêmes en saisissant les serviteurs, troupeaux « et aultres biens, sans aulcune forme de droit (1). »

De plus, le monarque proteste contre les officiers du duc d'Orléans « en la chastellenie d'Yenville, pour les troubles « qu'ils faisaient auxdits religieux en leurs terres appelées « Baudreville, Gueudreville, la Vallée, le moulin du Tron- « chot, où ils avaient toute justice haute, moyenne et basse, « droit de bailler, de mesurer tant à grains qu'à vin. » Ces lettres sont signées du seing de la grosse, sous le ressort de la prévôté d'Yenville, le douzième jour de septembre de l'année 1380 (2).

Les citoyens d'Orléans étaient alors soldats volontaires et chargés de garder les portes de la ville. Plusieurs se détachèrent de cette milice improvisée et allèrent surveiller les châteaux voisins. On voulut engager dans ceux d'Yèvre et de Janville les religieux de Saint-Euverte, mais Charles V, par lettres patentes du 1er mai 1380, les dispensa d'y monter la garde (3).

Après la mort du roi survenue le 16 décembre 1380 (4), deux fléaux dévastateurs promenèrent le deuil et la désolation dans nos campagnes : la guerre civile et l'invasion des troupes étrangères.

---

(1) *Arch. dép.*, H. 1.

(2) *Ibid.*, Baudreville, Gueudreville, v. s. La Vallée, Le Tronchot, ham. d'Autruy-sur-Juine (Loiret).

(3) *Arch. dép.*, H. 18 *bis*. *Journal général du département du Loiret*, 1792, *Histoire de Saint-Euverte*, 7 mai.

(4) *Arch. dép.*, H. 1.

Le prévôt d'Yèvre avait mis la saisie sur les terre et justice de Baulay, faisait au nom du roi des baux injustifiés, réclamait aux laboureurs des loyers fictifs et s'ils ne payaient pas dans les six mois, les menaçait de la torture ou de la prison perpétuelle (1). Jehan Laureau « advoué et subiect de l'abbé et des religieux, demeurant à Baulay » fit un réquisitoire en règle contre le prévôt Bouracier, soutint les droits anciens et incontestés de ses supérieurs et se fit citer en cour d'assises à Yèvre-le-Châtel. L'abbé Guéniot, de son côté, traduisit ses détracteurs devant la cour d'Orléans et fit rendre en 1389 un arrêt qui eut alors une certaine célébrité.

Guillaume du Rozay, bailli d'Orléans ; Bouracier, prévôt d'Yèvre ; Jean Mauduit, son lieutenant ; Baudry, avocat et conseiller du roi, se virent condamnés à faire amende honorable à l'abbé et aux religieux et à réparer les torts qu'ils leur avaient injustement causés (2).

Les comptes municipaux deviennent désormais pour l'histoire de notre abbaye l'objet d'une inappréciable valeur. Certains de ces comptes, dits « de forteresses », relatent les dépenses considérables, affectées chaque année à la réparation des tours, des remparts et des portes de la ville. Par une ordonnance de l'année 1390, Charles VI contraint les habitants d'Orléans à concourir au plus tôt à l'entretien des murailles, et force également le clergé à les aider pour la quatrième partie (3).

De là, vive contestation entre les deux ordres. Les membres du clergé se prétendant exonérés de toutes charges « disoient « que de droit ils estoient gens d'esglise, « devoient estre « francs, quittes et exems de toutes indictions, subsides et « coactions, de toutes charges personnelles, disoient que « leurs esglises avoient esté destruites et démolies de par le

(1) *Arch. dép.*, A. 1095.

(2) *Arch. dép.*, A. 1095. *Bibl. d'Orl.*, ms. 487, f° 82, H. 18.

(3) *Arch. communales*, F. F. 29. Ce diplôme est en mauvais état et en certaines parties illisible.

« fait damnables desdits habitans et que pour occasion de ce,
« leurs rentes et revenus estoient tellement diminués...
« disoient que si ils foisoient retrait de leurs biens dedans
« ladittc ville, ce estoit pour cause dudit fait, et pour l'eschevement de leurs esglises, pour faire le service divin, disoient « que le roy avoit donné et ottroïé auxdits habitans deux « deniers pour faire et estre conduites ces réparations pour « lesquelles les habitans avoient loué pour vingt ans et environ et avec ce avoient mis sur les farines qui pouvoient « monter à six cens livres...

Les habitants d'Orléans demandaient d'autre part et « requéraient que lesdits gens d'esglises feussent condamnés « aux frais de réparations de la cité, à l'entour des murs et « fossés et aultres choses nécessaires pour la garde, tuition et « exactions de toutes charges personnelles et disoient que « leurs esglises estoient depuis longtemps dispensées, et au « cas que la chose prenoy delay... que provision feust faiste « auxdits... ils ne tenoient pas la centiesme partie des rentes « de la ville... (1). »

(1) A titre de renseignements nous donnons ici les noms des membres du clergé de la ville. Ce sont : « Lormes de l'Isle, docteur ès décrets, abbé de l'esglise de Saint-Mesmin d'Orléans ; frère Pierre « Gueniot ou Querriot, abbé de l'esglise de Saint-Euverte ; Pierre de la « Polle, commandeur de Saint-Marc ; les chantre, chanoines de Saint-Pierre-Empont ; les chantre, chanoines de Saint-Pierre-le-Puellier ; « les chantre, chanoines de Saint-Avy ; Jehan Picard, prieur de Saint-Samson ; Robert de Cognères, prieur de Saint-Maclou ; Martin Mane, « prieur de Saint-Donatien ; Pierre de Lyssart, prieur de Saint-Hilaire ; « Macé de Daro et Estienne de Dinart, curé de Saint-Pol ; Michel Jourdain, curé de Saint-Pierre-Lentin ; Maistre Jehan Troysseaux, curé « de l'Alleu Saint-Mesmin ; frère Guillaume Tabard, prieur de Bonne-Nouvelle ; Hélie du Val, curé de Saint-Victor ; frère Nicolas du Saint-Sépulcre, prieur de Saint-Laurent ; Jehan Graffard, curé de Saint-Laurent ; Estienne Person, curé de Bonne-Nouvelle ; frère Estienne Trousson, prieur de Saint-Poir ; Jehan Triquoys, curé de Saint-Poir ; frère « Gilles de Saint-Mesmin, curé de Saint-Marceau ; Thomas Testeau, curé « dudit lieu ; Jehan Beaufils, maistre de Saint-Ladre ; Hervé Lenoir, « curé de Saint-Germain ; Guillaume Mignan, curé de la chapelle de « Saint-Aignan ; Thomas Soumel, chapelain du Retour de Saint-Be-

Enfin, les citoyens, bourgeois, manants, plaidèrent si bien leur cause devant le Parlement que le clergé fut condamné à payer le quart de tous les frais.

Dans l'état des comptes rendus de 1391 à 1393, par Pierre de Saint-Mesmin, procureur des habitants de la ville, la paroisse de Saint-Euverte comme celles des faubourgs, de Saint-Vincent des Vignes, Saint-Michel, Saint-Avit, fut imposée à une taille bien moins élevée que celles de Saint-Donatien et de Saint-Hilaire. Ainsi « pour païer plusieurs mises et dépens « qu'il convient faire pour la venue du roy nostre sire et « de nos seigneurs, affin que le roy et nosdits seigneurs aient « en faveur la bonne ville d'Orléans, les manans et habitans « plus en grâce et en bonne amour.

Sont imposées les paroisses « de Saint-Donacian pour sa « portion de taille à cent vingt-quatre livres parisis .... CXXIV lt p.

« De Saint-Hilaire pour sa porcion de la taille à soixante livres parisis .... LXIV lt p.

Saint-Euverte, ainsi que les paroisses ci-dessus désignées, ne payait que huit livres parisis (1).

En 1391 et 1393 les collecteurs de Saint-Euverte et de Saint-Vincent étaient Jean Orange et Jean Dupont (2).

ARTICLE III

Jean II, dit Bidouin (1408-14...). Adam de Trétinville (1421-1453). — Jean III de Trétinville

A la demande de l'abbé, Louis, le nouveau duc d'Orléans, renouvelant, le 27 mai 1394, en faveur de Saint-Euverte les

« noîl ; Me Eudes Patriarche, chévecier de Saint-Pierre-le-Puellier ; « Geoffroy Vasseur, curé de Saint-Lyphard ; Me Jehan Chéreau, docteur « en droit, prieur de Saint-Vincent ; de Saint-Denys, chanoine de « Saint-Pierre-Empont ; Me Pierre Belloche, chanoine d'Orléans, procu- « reur et défendeur du clergé. »

(1) *Arch. commun.*, cc. 537.

(2) *Ibid.*, F. F. 29.

lettres de sauvegarde de son père Charles V, déclare que ce monastère est exempt de la juridiction d'Yèvre, qu'il possède à Baulay toute justice haute, moyenne et basse ; il recommande expressément à ses sergents de respecter et de faire respecter les droits des chanoines, à la Petite Hermeline, à Semoy, contre les entreprises du prieur de la Petite Sauve (1) ; de plus, il autorise les religieux à relever dans leurs terres et seigneuries les échelles, piloris, fourches patibulaires et gibets depuis longtemps tombés de vétusté (2).

Rappelons en passant que l'échelle servait au même usage que le pilori. On y faisait monter les criminels et on leur laissait passer la tête, les bras et les jambes dans les cinq trous disposés de manière à leur enlever toute liberté de mouvement. C'était la marque distinctive de la haute justice (3).

En 1396, Pierre Gueniot fut délégué par le roi pour faire partie de la commission du clergé, chargée de la répartition des impôts occasionnés par les guerres précédentes (4).

1. — *Jean II (1408-14...)*

Il reçut, en 1408, la consécration abbatiale des mains de Guy de Prunelé, évêque d'Orléans. Nous ne savons rien de plus sur ce personnage (5).

Il ne nous est pas possible de combler les nombreuses lacunes qui se sont produites dans la succession des abbés dans cette période malheureuse.

L'année 1407, particulièrement dure pour Charles d'Orléans, fut marquée par l'assassinat de son père et les tristes événements qui suivirent ce crime. Devenu veuf une première fois, il épousa, en 1410, Bonne d'Armagnac, âgée de dix-sept ans, et décédée en 1415. Cette même année vit le désastre

(1) *Arch. dép.*, A. 1095, f° 155.

(2) *Ibid.*, A. 1095, f° 159.

(3) *Ibid.*, G.

(4) *Gallia christ.*, 1533. S. Guyon, II, 159.

(5) *Ibid.*, 1533.

d'Azincourt, et le duc d'Orléans n'y survécut que pour aller commencer en Angleterre sa longue captivité de vingt-cinq années.

Les ennemis redeviennent alors maîtres de la France et les excès commis entre les partis adversaires sont tels qu'on ne peut les redire.

2. — *Adam de Trétinville (1421-1453)*

Les auteurs du *Gallia christiana* font mourir Adam de Trétinville en 1425 ; ils lui donnent pour successeur Jean III, du même nom que lui, son frère ou son neveu, de l'année 1432 à 1448. Comme nous le verrons dans la suite, le dernier acte de l'abbé Adam est de 1452. Il est clair que le *Gallia christiana* a fait erreur encore une fois (1).

Adam, surnommé de Trétinville, du lieu de sa naissance, descendait de cette ancienne famille beauceronne dont les ramifications s'étendaient dans l'Etampois et le Pithiverais et dont le dévouement aux intérêts de l'abbaye orléanaise ne se démentit jamais. Nous connaissons Ferry de Trétinville, Eremburge, son épouse, Etienne leur fils, témoins dans une vente faite à Etampes par Guillaume de Bouzonville (2).

Nous avons eu occasion de citer précédemment plusieurs membres de cette famille au sujet des terres de Baulay, d'Ointpuits et de Torville (3).

Le 21 mars 1412, le chanoine Jean Canut lègue à l'église de Saint-Euverte par « testament et dernière volonté » la somme de deux francs à « la condition que les religieux diront « à son intention tous les ans une messe basse et des vigiles à « neuf leçons (4). »

En 1421, l'abbé de Saint-Euverte apparaît pour la première

(1) *Gall. christ.*, VIII, 1533.

(2) Bouzonville-en-Beauce, canton de Pithiviers (Loiret).

(3) Alliot, *Cart. de Notre-Dame d'Etampes*, 85.

(4) *Arch. dép.*, G. G., Testaments. Ces hameaux dépendent de Guigneville et de Sébouville.

fois et signe un bail pour une maison située dans l'enclos du monastère (1).

Le 12 juillet 1424, il confesse avoir reçu de Maître Jehan Boylève, licencié ès lois, chanoine de Saint-Aignan, « la « somme de dix livres parisis dues par ce dernier, par accord « fait entre eux, à cause d'ung ostel appelé les Quatre-Evan- « gélistes, situé rue de l'Etelon et dans la censive de Saint-Euverte (2).

A la demande d'Adam de Trétinville, des lettres de sauvegarde précédemment délivrées par Charles V et le duc d'Orléans sont renouvelées en 1427 par Charles, prisonnier à la Tour de Londres, et Jean Framberge, garde de la prévôté, est chargé de défendre les religieux contre la mauvaise foi de leurs persécuteurs (3). Mais bientôt tout est changé.

3. — *Siège d'Orléans*

En 1428, les Anglais sont pour la seconde fois devant la ville d'Orléans. Salisbury, général aussi habile que brave, marche à leur tête et s'empare de nombreuses places fortes du Gâtinais, du Hurepois et de la Beauce. L'ennemi a été prévenu, mais les habitants de la ville n'hésitent pas à abatire des édifices qui pourraient servir de retraite aux assaillants.

Condamnée à la destruction, l'église de Saint-Euverte, à peine réédifiée, tombe, elle aussi, sous les coups de marteau des héroïques démolisseurs. Il n'en resta plus que les piliers et les travées des fenêtres, et l'on ne put guère penser à sa reconstruction avant l'année 1445 (4).

Tout le monde connaît l'histoire du fameux siège d'Orléans et de la délivrance miraculeuse de cette ville par Jeanne d'Arc, le 8 mai 1429. Par trois coups d'épée mémorables, elle

(1) *Arch. dép.*, H. 1.

(2) *Arch. comm.*, cc. 36.

(3) *Arch. dép.*, H. 184.

(4) Denifle. *La Désolation des églises, monastères pendant la Guerre de Cent ans*, N. 106, 107, 954.

débloque la rive droite de la Loire en consumant la bastille de Saint-Loup, puis passant le fleuve, elle emporte celle des Augustins, et malgré l'hésitation des chefs, lance ses troupes ardentes contre les Tourelles, s'en empare et termine le siège par cet éclatant exploit.

Suivant les légendaires du temps, on aperçut dans les airs, pendant ce dernier combat, deux hommes d'une beauté divine, d'une taille au-dessus de la stature humaine, autrement armés que les combattants ordinaires, et montés sur des chevaux d'une blancheur éclatante. C'étaient, dit-on, les saints évêques protecteurs de la cité, Euverte et Aignan, qui venaient au secours de leur peuple menacé (1).

Au mois de mai 1435, l'abbé Adam de Trétinville intervient dans un procès qui aurait pu avoir pour Saint-Samson les conséquences les plus graves. Le doyen de Saint-Aignan, jaloux de son autorité et voulant réparer les pertes causées à son église par la guerre de Cent ans, convoitait le prieuré de Saint-Samson et voulait au plus tôt l'annexer à la mense capitulaire. Pour arriver à ses fins ambitieuses, il s'adressa au roi de France et au Souverain Pontife, Eugène IV, qui lui furent favorables dans le principe et lui prêtèrent leur puissant concours.

Sur ces entrefaites, le prieur, Etienne Courtin, vint à mourir et aussitôt les religieux de Saint-Samson se réunirent en chapitre afin de lui nommer un successeur. On choisit Raoul Godard, prieur de la Framée et homme de grand mérite.

Ce dernier s'était fait incorporer au concile de Bâle le 13 octobre 1433 et avait prêté serment entre les mains du cardinal-légat. Il s'adresse à cette assemblée, lui fait entendre que pour se faire reconnaître par ses frères, il avait besoin de faire valider son élection soit par l'abbé du Mont-Sion à Jérusalem, soit par le Souverain Pontife. Dans le premier cas, il n'y fallait pas compter et l'accès auprès du Souverain Pontife lui était interdit par un grave différend et sous peine d'excom-

---

(1) La Saussaye, *Ann. Eccl. Aur.*, 66.

munication. De plus, son élection n'avait pas été faite suivant les formes.

La démarche de Godard est adroite ; le concile, heureux d'obliger un de ses membres, nomme les évêques d'Orléans et de Tours, pour examiner cette affaire, suppléer aux vices de forme et approuver l'élection au nom du synode.

D'autre part, les religieux du prieuré s'adressent à l'abbé de Saint-Euverte et le prient d'intervenir dans leur cause : 1° parce que le droit et la justice sont de leur côté ; 2° parce que Saint-Samson et Saint-Euverte appartiennent au même ordre, celui de Saint-Augustin. Cette prière est favorablement accueillie et on convient de s'en rapporter à l'arbitrage de l'archevêque de Bourges et de l'évêque d'Orléans par Adam de Trétinville et Guillaume des Salles, licencié-juré ès droits civil et canon. Les juges se réunirent dans la demeure de Jean, évêque d'Orléans, alors au concile de Bâle, et arrêtèrent que les chanoines de Saint-Aignan acquiesceraient aux sentences rendues par le concile, renonceraient au procès et à leurs prétentions d'union, que le prieur de Saint-Samson les tiendrait quittes de tous dépens et enverrait au chapitre un marc d'or en écus bons et royaux pour être employés aux réparation ou réédification de l'église ruinée (1).

Au mois de juillet 1427, Charles VII avait établi l'assiette de la taille « ordonnée et baillée aux halles pour conduire au « paiement de la dite ville... »

Pendant que la paroisse de « Saint-Donacian » payait « six-vingt livres parisis », celles des « fors-bourgs », au nombre de huit et parmi lesquelles se trouvait Saint-Euverte, acquittaient seulement une contribution de trente-deux livres (2).

Aux Etats généraux, convoqués à Orléans le 2 novembre 1439, le roi entreprit de doter la nation d'une armée permanente et organisa quinze compagnies de grosse cavalerie qui

---

(1) *Arch. de Saint-Samson*, H., DE VASSAL.
(2) *Arch. comm.*, cc. 36. *Arch. dép.*, A. 1810.

prirent le nom de « Compagnies d'Ordonnances ». Chaque compagnie se composait de cent cavaliers armés de toutes pièces ; chaque cavalier était accompagné de cinq soldats d'un rang inférieur, de trois archers, d'un courtillier, d'un page ou varlet. La réunion de ces six hommes formait ce qu'on appelait une lance garnie et fournie (1).

En 1449, 1450 et 1451, la taxe était de 94 livres douze sols et Saint-Euverte donnait pour sa part quarante-cinq sols (2).

Le monastère, par la gestion prudente de son abbé, la régularité des chanoines, inspirait encore aux populations une juste confiance ; car on voit, à cette époque, plusieurs laïcs se donner à l'abbaye, corps et biens, pour vivre et mourir en paix dans une sainte et salutaire dépendance. Le 3 janvier 1433, Jean Simon et Catherine sa femme offrent un exemple de ce genre de donation. D'autres également contribuèrent à y fonder des anniversaires (3).

Le 8 mai 1452, jour de la commémoration de la délivrance d'Orléans, Pierre d'Arc, dit du Lys, le frère chéri et le compagnon d'armes de la Pucelle, devient, grâce à un bail de cinquante-neuf ans, possesseur d'une maison de la dépendance de Saint-Euverte, entièrement ruinée pendant le siège de la ville. Moyennant l'engagement qu'il prend de reconstruire cette demeure, de la recouvrir de « thuilles et de la mettre en bon estat et convenable », l'abbé de Trétinville lui abandonne l'usufruit de l'immeuble pour le modeste prix de 32 sols parisis de ferme, payables par moitié en deux termes, à la Saint-Jean Baptiste et à Noël. Encore ne devait-il, pendant deux ans, payer aucune rente et pendant quatre ans ne payer que demi-rente, soit seize sols parisis. A partir seulement de 1458, année où mourut sa mère Isabelle Romée, Pierre du Lys devait solder la ferme tout entière (4).

(1) Du Cange.

(2) *Arch. comm.*, cc. 36.

(3) *Arch. dép.*, A. 1810.

(4) *Arch. dép.*, H. 5.

Cette maison faisait « le coin de la rue de Saint-Eloi à l'église de Saint-Pierre-le-Puellier, assise devant la maison de la Fontaine (1). »

Cependant l'église et le couvent étaient dans un état lamentable et il fallait à tout prix trouver de l'argent pour faire les réparations les plus urgentes et assurer le service divin. L'abbé demanda donc au duc d'Orléans qu'il lui fût permis de faire des ventes dans les bois de sa dépendance forestière jusqu'à concurrence de cent livres parisis (2).

Le 17 août 1449, Charles d'Orléans accorda à Adam de Trétinville la somme de quatre-vingts livres tournois en compensation de la coupe de huit arpents de bois, moitié en la garde de Chaumontois, moitié en la forêt de Dunois, « alias » de Marchenoir, pour aider les chanoines à reconstruire « leur « esglise, laquelle feust démolie et abattue en l'an MIIII c « XXXVIII, pour obvier que les Angloys qui audit an misrent « et tindrent le siège d'Orléans, ne s'y logeassent (3). »

Pour la quatrième ou cinquième fois, le prévôt d'Yèvre-le-Châtel et ses officiers avaient encore tenté de faire passer dans leur ressort la justice de Baulay : un homme de guerre qui avait tué plusieurs de ses compagnons s'était emparé des biens et des fermes au siècle précédent ; il fallut que le duc d'Orléans fît rétablir dans leur premier état la poterne, le pont-levis et les fourches patibulaires et défendît expressément à ses gens de poursuivre désormais les hôtes du domaine monacal (4) (1453).

3. — *Jean III de Trétinville (1454-145...)*

Le nouvel abbé conclut avec ses fermiers de Baulay, de Melleray, de Baudreville, de Verreau, de Douxchamp, de Marcau...

---

(1) *Ibid.*, H. 14, 18 *bis*. Comptes de Jh. Binet.

(2) *Arch. dép.*, H. 14, A. 2130. *Arch. comm.*, cc. 556.

(3) *Arch. dép.*, 1096, f° 159.

(4) *Arch. dép.*, H. 14, 15, 16.

des baux emphytéotiques de 59 et de 99 ans, à la charge par les preneurs de payer une modique redevance annuelle, de faire les constructions et réparations ordinaires, de défricher les terres et de travailler à l'amélioration de la propriété foncière (1). Ce genre de location eut alors un grand succès dans la Beauce et le Gâtinais, car nous voyons, à la tête des localités mouvantes de l'abbaye, des familles dont les membres se succèdent de générations en générations, sans jamais briser l'anneau de cette transmission plusieurs fois séculaire. Il y avait cependant un certain danger dans cette manière de procéder ; les fermiers osaient afficher la prétention de se croire chez eux et de se conduire comme de véritables propriétaires.

Les parents de frère André Huays, l'année même où il entrait à Saint-Euverte, pour y faire son noviciat, donnèrent à l'abbé une somme de treize écus d'or pour la réparation des vitraux de l'église (2).

Par une lettre datée du 7 juin 1454, Jean de Trétinville fait appel à la générosité des bienfaiteurs et énumère les nombreux avantages qui leur sont faits : messes, indulgences, inscriptions à la confrérie de Saint-Euverte, participation aux mérites des religieux et des églises unies en association de prières (3).

---

(1) Arch. dép., *Fonds Saint-Euverte*, H. 14, 15, 16.
(2) *Bibl. nat.*, ms. lat., 889.
(3) *Arch. dép.*, G. 169.

CHAPITRE VII

ARTICLE PREMIER

I. Pierre III Chéreau ou Cottereau (1456-1485).
II. Jean IV. Bruneau (1485...).

ARTICLE II

I. Sceaux et Armoiries. — II. Portage de l'évêque d'Orléans. — III. Relations avec les évêques d'Orléans.

ARTICLE PREMIER

PIERRE III CHÉREAU OU COTTEREAU (1456-1485)

Pierre Chéreau était titulaire du prieuré de Sennely quand il fut appelé au gouvernement de Saint-Euverte. Il avait un oncle nommé Jean Chéreau (Cherelli), chanoine d'Orléans et du Mans, qui mourut en 1446 ; ce dernier avait légué au chapitre une somme de VI[lt] 16 sols parisis à prendre sur la maison neuve qu'il avait bâtie derrière la « Grande maison du Cloître et celle de Jehan de Mâcon (1). »

Il laissa en testament à son neveu Pierre « ung décret avec « un livre d'oresons à deux fermoirs d'argent (2). »

En 1457, l'abbé demande au doyen de Sainte-Croix de vouloir bien le faire remplacer pendant sa semaine par un ou deux chanoines ; ce qu'il obtint facilement en raison de sa prébende perpétuelle (3).

En 1459, Pierre Chéreau adresse une supplique au Saint-Siège et lui explique comment son abbaye, naguère riche et prospère, était tombée peu à peu dans une véritable misère par suite des guerres et autres calamités qui avaient exercé leurs ravages sur nos populations rurales ; il lui avoue qu'il

(1) LONGNON, *Pouillé du diocèse d'Orléans*. Cf. Cuissart, *Chanoines de Sainte-Croix*, *Mém. Société historique*, tome XXVIII, 103.
(2) *Arch. dép.*, G. 248.
(3) *Ibid.*

ne sait plus comment faire pour rebâtir son monastère et nourrir les religieux qui l'habitent ; il demande par conséquent au Souverain Pontife de supprimer plusieurs prieurés, cures, vicairies, en particulier le prieuré de Saint-Hilaire, et de réunir leurs revenus à la mense abbatiale (1).

Le pape Pie II, par une bulle datée du 11 mars 1459, consentit à rattacher à la maison-mère les bénéfices ecclésiastiques avec cure ou sans cure, soumis à la présentation de l'abbé, actuellement vacants et dont les revenus annuels ne dépassaient pas cent florins d'or.

En même temps, le Souverain Pontife accorde à Pierre Chéreau, sa vie durant, la commende de Saint-Hilaire avec tous les fruits et revenus qui pourraient en résulter.

Mais en 1464, Charles, duc d'Orléans, écrivit au Pape une lettre très pressante en même temps que très respectueuse par laquelle il le priait de remettre en règle la cure de Saint-Hilaire déjà tombée en commende et à l'avantage du vénérable abbé, Pierre Chéreau ; « cette église a été de tout temps la « chapelle des rois et des ducs ses prédécesseurs ; les prieurs « ont toujours porté le titre de chapelain du roi ou du duc... » Il est aussi fait mention de la chapelle de Saint-Vincent, comme chapelle domestique du palais, et il paraît que le prieur était en grande estime et avait la confiance du duc d'Orléans et de Marie de Clèves, « sa très chère et très aimée épouse (2). »

---

(1) *Bibl. d'Orl.*, H. ms. 317. Arch. dép., *Fonds Saint-Hilaire*, G. 197. Cette liasse contient quatre pièces :

1. Supplique de l'abbé Chéreau aux cardinaux, les priant de recommander le contenu de sa lettre au Saint-Père.

2. La bulle de Pie II. Copie illisible et défectueuse.

3. Lettre du duc d'Orléans adressée au Souverain Pontife pour la cassation de la bulle.

4. Procuration donnée à l'abbé par deux religieux de Saint-Euverte pour la révocation de la dernière bulle.

« ... monasterium Sancti Euvurtii extra muros Aurelianos a suis « primœvâ donatione, dotatione notabiliter fundatum fuerit, tamen « causantibus guerris et aliis sinistris eventibus quibus partes illæ « diutine afflictæ fuerint... »

(2) *Arch. dép.*, G. 197. « Ego et carissima atque amantissima consors mea. »

Quelques mois après, l'abbé Chéreau adressait une nouvelle supplique au Saint-Siège pour lui représenter que « jouissant « seulement du revenu de la cure de Saint-Hilaire, il se char- « gerait de la faire desservir par un de ses chanoines (1). » Ce droit de commende fut annulé par la lettre du duc d'Orléans, datée de Blois au mois d'août 1464.

Vers le même temps, l'évêque d'Orléans, Thibault d'Aussigny qui portait à l'abbé une affection toute particulière, lui donnait par une lettre du 27 juillet 1460, l'autorisation d'officier pontificalement dans toutes les églises du diocèse, aussi bien que dans celle de son monastère (2). Lemaire ajoute que le souverain pontife, Pie II, lui accorda la faveur de porter la mitre, la crosse et l'anneau, ainsi que le Saint-Siège l'avait fait en d'autres occasions à d'autres abbés ou chanoines réguliers (3). Le pape lui confirme également la permission de donner la bénédiction solennelle aux jours de fêtes, après la messe, les vêpres, les matines, pourvu toutefois qu'aucun évêque ou légat ne soit présent à la cérémonie (4).

En 1462, Pierre Chéreau, d'accord avec Jean Bruneau, prieur de Sennely, présente au prévôt d'Orléans une requête dans le but d'obtenir une injonction contre un sergent qui

---

(1) Cette lettre nous fait connaître un certain nombre de prieurs et de religieux convoqués par le duc d'Orléans :

« Triduldus La Vieulle, prior de Marolio in bosco ;

« Gregorius Hilaire, prior Sancti Euvurtii, Stephanus Barbeblanche, « sub-prior ;

« Guillelmus Tribardeau, prior de Artenayo ;

« Johannes Griveau, prior de Seneliaco ;

« Guillelmus Closier, prior de Franchardo ;

« Johannes Souuieux ,prior de Vado-Ulmi ;

« Luillier, prior de Sancto Martino de Abbelo ;

« Fratres : Guillelmus Renoux, G. Pictoris (Le Peintre), G. Pouilnel, « Carolus Gilbertus, Stephanus Gigon, nutritores Sancti Euvurtii ;

« Henricus de Ludivino, Johannes Paris, Guillelmus le Fuzellier, « Johannes Pichon, Scipio de Desmeuniers doctor, G. presbyteri... »

(2) *Gall. christ.*, VIII. Symph. Guyon, II, 289.

(3) Lemaire, *Hist. d'Orl.*

(4) Reg. Pontif., Pothast.

avait mis des arrêts sur les moulins et dépendances de Misy, à la demande de Jean de Gyverlay, archidiacre de Sully (1).

Le 1er septembre de cette même année, Eustache Juvénal, chanoine de Sainte-Croix, est nommé vicaire vivant et mourant pour représenter l'abbaye propriétaire du verger possédé par Jacques Ponceau de Saint-Jean-de-Braye (2).

Voyant avec peine les destructions successives des églises consacrées à nos saints patrons, Louis XI rebâtit l'église de Saint-Aignan. Pour la préserver, en cas de guerre, d'une nouvelle ruine, ainsi que celle de Saint-Euverte, il résolut de prolonger à l'est de la ville les murs de fortifications, de manière à y renfermer ces deux sanctuaires. Tel est le motif qui l'a déterminé à construire en 1466 la troisième enceinte qui ne sera achevée que quatorze ans plus tard, en 1480 (3).

A cette occasion, le roi de France confirma les possessions de l'abbaye, acquises par fondation ou autrement, leur accorda tous les droits d'indemnité ou d'amortissement et défendit à ses officiers de troubler les chanoines dans la jouissance de leurs biens (4).

En 1472, Pierre Chéreau fut désigné par le cardinal Bessarion, légat du pape en France, ainsi que Florentin Cornereau, abbé de Notre-Dame de Beaugency, pour réparer la chapelle de Saint-Nicolas de la paroisse de Saint-Firmin, de la même ville, et l'ériger elle-même en paroisse particulière (5).

Une reconnaissance du 3 janvier 1476 reçue par Pierre Noblet, notaire au Châtelet d'Orléans, est faite à Pierre Chéreau pour des maisons et vergers situés au Portereau, au fur de dix deniers parisis de cens et de trois sols de relevoisons. Les religieux nommèrent alors pour le sieur abbé, comme vicaire vivant et mourant, Monseigneur le duc d'Orléans,

(1) Eusice GUILLARD, ouv. cité, 69. Misy, ham. de Sennely.
(2) *Arch. dép.*, G. 248.
(3) *Ibid.*, G. 169.
(4) *Bibl. d'Orl.*, ms. 487, f° 79.
(5) *Gall. christ.*, VIII.

depuis Louis XII, après le décès du sieur Vincent, dernier vicaire (1).

Au XVe siècle, l'église des Trémentines, au diocèse de Maillezais, en Bas-Poitou possédait une relique de Saint-Euverte. André Guiauchant, seigneur de la Tigeoire reçut la pieuse mission de doter son église d'une relique du saint patron d'Orléans. En 1480, il venait dans notre ville et se rendait à l'abbaye. Le 13 janvier, le révérendissime abbé, Pierre Chéreau, en présence de sa communauté et d'un docteur public, nommé Lejeune, descellait sur le grand autel de l'abbatiale un petit vase d'ivoire, et en extrayait trois dents ; il en choisit une qu'il enveloppa d'un double morceau d'étoffe de soie rouge et de linon ; puis, ayant scellé le tout de son anneau pontifical, il remettait la précieuse relique au sieur de la Tigeoire. En même temps, celui-ci promettait de la porter à l'église des Trémentines, de l'y déposer, afin que « le glorieux confesseur Euverte y soit plus vénéré, et, de plus, « il s'engageait à la faire enchâsser le plus honnêtement pos- « sible (2) ».

Lorsqu'en 1487, Guillaume Charpault, licencié ès décrets, bachelier ès lois, archidiacre de Beaugency, fut chargé par l'évêque d'Orléans, François de Brilhac, de recouvrer les droits du sceau, dus à la mense épiscopale, l'abbaye de Saint-Euverte s'y fit représenter par ses chanoines, prieurs, curés ou vicaires.

Les prieurs donnent à l'évêque la somme de deux livres, les chapelains douze sols seulement, parce qu'ils n'ont pas de titre bénéficiaire à faire valoir.

Voici les noms des prieurs et chapelains de la mouvance de l'abbaye :

Etaient prieurs : à Mareau-aux-Bois, Charles Compaing en 1486, Ludovic Fretté en 1487 et Charles Pierre, vicaire.

---

(1) *Bibl. d'Orl.*, coll. PATAUD. Factum B, 2107 7, n° 8.
(2) *Bulletin de la Société hist.*, XIII, n° 179, f° 423. Trémentines, église du diocèse de Maillezais en Bas-Poitou.

A Huisseau-sur-Mauves, Jehan de Saint-Avit, prieur ; Gilles Parfond et Philippe Rotrou, chapelains.

A Ouzouer-le-Marché, Jehan Le Masson, prieur, et Jehan Aumond, chapelain.

A Artenay, Jehan Proust, prieur (1).

En 1480, Saint-Euverte et les autres paroisses des faubourgs payaient pour la taille la somme de deux cent soixante livres, quinze sols, huit deniers (2).

En 1487, l'abbaye payait pour ses droits de taille vingt-six livres six sols et avaient comme collecteurs Estienne Brochet et Jehan Billault (3).

Pour la solde des « gens d'armes » cette paroisse, unie à celles de Saint-Victor, de la Chapelle, de Saint-Aignan et du Crucifix, payait quatre-vingt-treize livres, dix sols, huit deniers (4).

Jean IV Bruneau (1485-1488)

Pierre Chéreau fut remplacé par Jean Bruneau, prieur de Sennely. Les auteurs du *Gallia christiana* et les historiens orléanais ne font aucune mention de cet abbé. Nous sommes porté à croire qu'il vécut peu de temps à Saint-Euverte.

Les religieux s'étaient alors opposés à une prise de terrain au nord et à l'ouest de l'église, à l'endroit même où se trouvait le cimetière gallo-romain, et où devait se construire la seconde enceinte de la ville. Louis XI autorisa cette prise en donnant aux chanoines une vaste place située au sud, du côté de Saint-Aignan, où ils établirent un nouveau cimetière pour les laïcs.

Une tour, qui prit le nom du patron de l'abbaye et qui devint dans la suite une prison pour les criminels, s'éleva au

(1) *Arch. dép.*, A. 1097.
(2) *Arch. comm.*, cc. 36.
(3) *Ibid.*, cc. 46.
(4) *Ibid.*

Nord-Est, à l'endroit où le rempart forme un angle avec la rue de Semoy. La Porte de la Forêt ou de Semoy fut reculée un peu plus loin, pour l'usage des habitants de Saint-Marc. Dans la suite, cette tour reçut le nom de Tour-à-Pinguet en souvenir d'un de ses portiers. Enfin, sur la même ligne, de l'Est à l'Ouest, les tours de Juranville et de Pénincourt terminèrent l'enceinte de Louis XI, du côté du Bourg-Neuf et de la rue de la Croix (Bourdon-Blanc).

ARTICLE II

1. Sceaux et Armoiries de l'Abbaye. — 2. Portage de l'Evêque d'Orléans. — Relations avec les Evêques d'Orléans.

1. — *Sceaux et armoiries de l'abbaye*

Nous reproduisons ici le sceau de Saint-Euverte suivant la tradition commune :

✠. S. ABBIS. STI EVORCII AVREL DCESIS
Sigillum Sancti Evorcii Aurelianensis episcopi.

Dans le champ, un abbé à mi-corps tenant un livre contre sa poitrine de la main gauche et de la main droite portant une crosse ; à droite de la tête de l'abbé, un croissant et un astre et au-dessous un objet peu distinct qui est sans doute la dextre divine.

Sceau ellyptique d'une longueur de 45 millimètres sur 28 de large. Il fut gravé vers le milieu du XIVe siècle et sans doute copié sur un sceau plus ancien ; car cette manière de figurer les abbés à mi-corps remonte au moins au XIIIe siècle.

Au revers, le grand sceau avait pour contre-scel une main bénissant avec cette légende : « Dextera Dei » (1).

Indiquons maintenant les armes que nous avons trouvées dans l'Armorial de d'Hozier :

« Par ordonnance rendue le 3e du mois de janvier de l'an

(1) *Bibl. d'Orléans*, sceaux du moyen âge, H. 417, par Arthur Forgeais

1696, par Messieurs les Commissaires généraux du Conseil, députés, sur le fait des armoiries. Celles de l'abbaye de Saint-Euverte d'Orléans ici peintes et figurées, après avoir été reçues, ont été enregistrées à l'armorial général, dans le registre cotté Paris, en conséquence des droits réglés par le tarif et réglés par le Conseil, du 20e de novembre 1696, en foy de quoy le présent brevet a été délivré par nous Charles d'Hozier, conseiller du roy et garde de l'armorial de France, etc.

« A Paris, le 29e jour de février de l'an 1698.

« *Signé* : D'Hozier. »

ARMORIA

Anciennes armoiries de Saint-Euverte, 1698. Pour copie conforme à l'original conservé aux archives départementales du Loiret.

De gueules sur le champ, une croix d'or en tête ; une main d'argent qui bénit à droite ; à gauche, une colombe d'argent ; en pointe, de chaque côté de la croix, deux fleurs de lys d'argent.

2. — *Portage de l'Evêque à sa première entrée dans sa ville épiscopale.*

La ville d'Orléans se distinguait entre toutes celles de France par de mémorables solennités, et l'une des plus curieuses par la pompe qui l'environnait, par les prérogatives qui s'y rattachaient, était l'entrée de l'évêque dans la cité épiscopale.

Quatre barons le portaient sur un fauteuil de velours violet depuis la porte du cloître Saint-Aignan jusqu'à la porte de l'église cathédrale de Sainte-Croix. C'étaient les barons d'Yèvre-le-Châtel, de Sully, de Chéré-les-Meung, d'Aschères et de Rougemont. L'évêque les envoyait sommer par son procureur fiscal, assisté d'un notaire, de venir remplir leur office au jour indiqué. Ils n'étaient pas tenus de se présenter en personne, mais ils devaient se faire représenter par quatre gentilshommes munis d'une procuration spéciale.

Le prélat jouissait ce jour-là d'une prérogative plus remarquable encore ; il avait le droit de délivrer les prisonniers qui se trouvaient détenus dans les prisons de la ville.

Cette prérogative quasi royale donnait à la cérémonie un caractère solennel ; c'était un des grands événements de la cité et c'est à ce titre surtout qu'il a paru intéressant d'en conserver le souvenir.

Tout était réglé dans cette circonstance, de manière à donner à l'entrée du prélat l'aspect d'une marche triomphale.

Le nouvel évêque se faisait précéder dans sa ville épiscopale par des lettres du roi adressées aux autorités ecclésiastiques et civiles pour qu'on eût à lui rendre les honneurs dus à sa dignité. L'époque de son entrée était annoncée quarante jours d'avance par le gouverneur de la province, par un mandement du prélat et par des affiches et publications sur toutes les places de la ville.

La surveille du jour indiqué pour la cérémonie, l'évêque séjournait à Notre-Dame de la Cour-Dieu, abbaye fondée en 1118, à six lieues d'Orléans, dans la forêt de ce nom, accompagné du chapitre de Sainte-Croix, des officiers de sa justice ecclésiastique et temporelle, du syndic ; il était reçu par l'abbé à la tête de ses religieux, et, ce jour-là, il avait droit d'être logé lui et tous ceux de sa suite.

Le lendemain, il se rendait à l'abbaye de Saint-Euverte avec le même cérémonial et il y couchait avec tous ses gens.

Cette communauté avait été choisie pour le lieu ordinaire de sépulture des évêques d'Orléans, et c'était de cette église, où leur corps devait être rapporté et inhumé, qu'ils sortaient pour prendre possession de leur siège au milieu de leur clergé et des autorités civiles et militaires. L'église avait voulu rendre présente à leur esprit l'austère pensée de la mort au début de ces honneurs dont on saluait leur joyeux avènement.

Les moines, prévenus de la visite de l'évêque, se préparent à le recevoir avec dignité. Revêtus de leurs habits de fête, portant la croix, l'eau bénite, l'encens et les évangiles, ils se tiennent à la porte du monastère. A l'arrivée du prélat, ils s'avancent à sa rencontre sous la conduite de l'abbé ou à son défaut du prieur.

L'abbé encense l'évêque qui se met de l'eau bénite au front et en jette sur toute l'assistance, puis lui présente la croix et les saints évangiles à baiser. L'abbé et le prieur le complimentent en latin sur son heureux avènement ; à quoi le pontife élu répond dans le même langage et jure de respecter et de garantir les privilèges de l'abbaye.

Toutes les cérémonies religieuses accomplies, l'évêque est conduit au monastère dont il fait la visite, s'il lui plaît, puis à la maison abbatiale où il exerce son droit de procuration ; c'est-à-dire qu'il doit être logé et traité, lui et tous ceux qui l'accompagnent, à l'occasion de son entrée et pour cette fois seulement.

L'évêque passe aussi la nuit à Saint-Euverte, comme il l'a fait à la Cour-Dieu.

Le lendemain, dès le matin, le clergé des diverses paroisses, toutes les communautés de la ville, les pauvres de l'hôpital général viennent prendre le chapitre de Sainte-Croix et se rendent avec lui processionnellement à Saint-Euverte. Le Recteur, à la tête des officiers de l'Université, les échevins et le conseil de la ville, les officiers de la milice bourgeoise précédent le clergé. Le recteur harangue le nouvel évêque sous le jubé, à l'entrée du chœur, et tout le cortège se met en marche vers Saint-Aignan. La procession suit les rues de l'Etelon, de la Porte-Bourgogne et de l'Oriflamme.

Les évêques d'Orléans jouissaient de ce droit de joyeux avènement dès la fin du XIe siècle, comme d'une coutume établie. On en trouve la preuve dans une lettre d'Yves de Chartres, écrite à Sanction, vers 1099.

Il existe à l'entrée du grand vestibule, à gauche de l'escalier qui conduit à la Salle Synodale de l'Ancien Evêché, un tableau peint par Natoire en 1743, en souvenir de cette grande solennité, telle qu'elle avait lieu avant l'édit porté par Louis XV, au mois de novembre 1753.

La scène se passe le 2 mars 1734, à l'entrée joyeuse de Monsieur de Paris. L'évêque est assis sous l'ancienne porte Bourgogne, entouré des dignitaires de son chapitre, des magistrats et principaux fonctionnaires publics, parmi lesquels on remarque les portraits de Pothier et de Jousse, jeunes alors l'un et l'autre. Devant lui les prisonniers présentent leurs suppliques pour leur délivrance et le prélat tient sur ses genoux le livre des Evangiles, sur lequel les juges vont jurer qu'ils ne retiennent ni cachent aucun prisonnier. Au bas du tableau se voit la charte par laquelle l'évêque délivre les prisonniers et leur fait grâce des peines encourues précédemment.

Tel est le cérémonial qui accompagnait le séjour des évêques à Saint-Euverte à l'époque de leur entrée solennelle. La plupart des historiens n'en font qu'une mention très brève. Nous avons voulu en donner une description détaillée, nous conformant à la version de Polluche qui est la plus exacte (1).

Ajoutons qu'une fois les cérémonies terminées, l'évêque, au retour de la cathédrale, réunissait dans son palais un certain nombre d'invités auxquels il offrait un splendide repas.

---

(1) *Bibl. d'Orl.*, Polluche ms.

Parmi eux se trouvaient une partie des membres du chapitre, les curés de la ville, les abbés de la Cour-Dieu, de Saint-Euverte, de Saint-Mesmin, de Beaugency, de l'Aumône de Citeaux et plusieurs autres.

3. — *Relations des évêques d'Orléans avec les religieux de Saint-Euverte.*

Manassès de Garlande est le premier dont la présence à Saint-Euverte soit signalée par des actes.

Comblée de bienfaits par les papes et les rois de France, cette abbaye fut de la part de ce prélat l'objet d'une prédilection toute particulière. Il donna des biens aux chanoines et confirma de nombreux legs faits par différentes personnes.

Cet évêque, qui, sur la fin de sa vie, avait eu quelques difficultés avec le chapitre de Saint-Aignan, voulut être inhumé dans l'église abbatiale de Saint-Euverte. Il mourut le 25 octobre 1185 et le surlendemain son corps fut déposé dans le chœur de cette église. On y célébrait tous les ans son obit le 14 des calendes de juillet. A cette occasion, on distribuait quarante sols aux chanoines, à condition qu'ils assisteraient au service chanté dans l'église de l'abbaye (1).

Henri de Dreux et Hugues de Garlande ne cessèrent de combler les religieux de leurs faveurs et de les protéger contre les spoliateurs des biens sacrés. Le premier, qui eut pour confesseur l'abbé Barthélemy, exprima le désir d'être inhumé au même lieu que son prédécesseur ; mais il mourut en Italie, et, contrairement à ses volontés, il fut enterré à Sienne (2).

Quand Hugues de Garlande, doyen de Sainte-Croix et neveu de Manassès, eut été appelé à gouverner l'église d'Orléans, son élection fut saluée avec joie par Etienne de Tournai

(1) *Bibl. d'Orl.*, ms. 451 *bis*, abbé Dubois, IV. *Annales religieuses d'Orléans*, année 1878. *Sépultures des Evêques d'Orléans*, par M. l'abbé Cochard, 693-695.

(2) *Gall. christ.*, VIII, 1450.

dont l'âme patriotique s'intéressait toujours à tout ce qui touche à sa ville natale : « Une courte parole, lui écrit-il, nous « a apporté une grande joie ; le doyen a été choisi pour « évêque. Que l'église d'Orléans se réjouisse, puisqu'elle n'a « pas été contrainte de choisir un prélat dans les autres églises. « Celui qu'elle avait nourri dès sa tendre jeunesse, qu'elle « avait élevé jusqu'à l'âge d'homme parfait, couronné dans « la discipline ecclésiastique, elle l'a tiré de son collège, de « son fils elle en a fait son père. Il n'a jamais dégénéré de « son illustre origine et n'a jamais fait paraître aucun dérègle- « ment. Nous prierons Dieu qu'il vous comble de ses grâces, « qu'il vous élève en vertus, comme il vous a élevé en dignité. « En attendant, frère bien-aimé, honorez de tous vos soins « et de tout votre cœur votre glorieux prédécesseur saint « Euverte et son église ; rappelez-vous souvent que c'est de « cette église que vous êtes parti, pour monter sur la chaire « épiscopale, et qu'un jour vous y serez ramené pour y reposer « dans le tombeau (1). »

Etienne envoie aussi à Hugues, comme souvenir, un bâton pastoral fait de bois de cyprès. On composa à cette occasion le vers latin suivant :

« Curva trahit quos recta regit pars, ultima pungit. » que traduit à sa manière Symphorien Guyon :

« La croce trois parties contient,
« La crochue les errants redresse,
« La droite les justes maintient,
« La pointue les paresseux presse (2). »

Nous préférons de beaucoup une traduction moderne, moins incorrecte que la précédente :

---

(1) *Gall. christ.*, VIII, 1450. DESILVE, *Lettres d'Etienne de Tournai*, 296. S. GUYON, II, 1, 2.

(2) Symphorien GUYON, II, 1, 2.

« Ne crains point, ô pécheur, ce bâton pastoral,
« En se courbant sur toi vers le ciel te redresse.
« O juste, Il te dirige, indolent, il te presse
« De sortir au plus tôt de ton sommeil fatal (1). »

Hugues de Garlande mourut le 12 mai 1206 et aurait été inhumé à Saint-Euverte, selon le témoignage de M. Pelletier (2). M. l'abbé Cochard semble dire, lui aussi, que Saint-Euverte n'eut que deux fois l'honneur d'avoir été le lieu de sépulture de deux de nos évêques. En 1185, Manassès de Garlande et en 1206, Hugues de Garlande, son neveu, voulurent reposer à l'ombre de l'église abbatiale (3).

Il pouvait être glorieux pour cette abbaye d'avoir le double privilège d'offrir aux évêques d'Orléans leur première station à leur entrée dans la ville et leur dernier asile à leur sortie de la vie ; mais le lieu de leur sépulture était plus naturellement leur cathédrale.

---

(1) Abbé Bellu, *Annales de la Charité*.

(2) Pelletier, *Evêques d'Orl.*, p. 78. *Ann. Relig.*, 1878. Selon notre opinion, Hugues de Garlande ne fut pas inhumé à Saint-Euverte. Desilve, Ep. 296.

(3) Desilve, Ep. 296. Steph. Tornac, « Tenetur et ipsa (ecclesia)... et « infirmantibus exhibere solatium et decedentibus præstare sepul- « crum. »

DEUXIÈME PARTIE

L'ABBAYE DE SAINT-EUVERTE DEPUIS L'ORIGINE DE LA COMMENDE JUSQU'A LA RÉVOLUTION FRANÇAISE (1464-1789)

CHAPITRE Ier

I. Origine des Commendes. — II. Charles Ier de Blanchefort (1488-1513). — III. Philippe Pot (1513-1527). — IV. Louis Chantereau (1527-1531). — V. Odet de Coligny (1533-1537).

ARTICLE PREMIER

ORIGINE DES COMMENDES

Assujetti, avec la plupart des grandes abbayes de France, au régime désorganisateur des abbés commendataires, le monastère de Saint-Euverte, jadis célèbre par la science et la sainteté de ses religieux, ne fut plus désormais qu'un gros bénéfice mis à la disposition des rois et de leurs courtisans.

La commende était, dans le principe, la garde ou l'administration d'une église vacante, en attendant qu'il y eût un titulaire. De là la différence entre les « bénéficia commendata » et les « bénéficia titulata » ou entre des bénéfices réels et des bénéfices improprement dits.

Sous la seconde race de nos rois, on abusa des commendes ; on donna des monastères non seulement à des évêques et à des prêtres, mais encore à des laïques et à des gens de guerre. Lorsque cet abus fut supprimé, les évêques continuèrent à se réserver quelques abbayes ; mais depuis le séjour des papes à Avignon, les commendes se multiplièrent à l'infini. La cour de Rome, privée de ses revenus d'Italie, y suppléa par les bénéfices de France. Alors, les abbés vivaient en grands seigneurs et enrichissaient leurs parents aux dépens des moines et des pauvres. Enfin, le concordat passé entre François Ier et Léon X ôtait au clergé tant séculier que régulier le droit d'élection et conférait au roi le choix des évêques, abbés et autres dignitaires ecclésiastiques. En vertu de cette concession, le roi ne se donnait même pas la peine de prendre un religieux pour gouverner des religieux. Il conférait une abbaye à un évêque, à un ecclésiastique noble ou bien méritant qu'il voulait récompenser. Les titulaires à qui l'abbaye était confiée, mis ainsi, selon l'expression, en « commende », prenaient le nom d'abbés commendataires, résidaient ou ne résidaient pas dans la maison, ne songeaient qu'à tirer le plus de revenus possibles de leurs bénéfices et laissaient les moines suivre leur règle comme ils l'entendaient, et après leur avoir assuré une certaine somme pour leur pitance ou leur vestiaire, et même, cela s'est vu, ils les exposaient à languir de faim et de misère.

Fléau au point de vue économique, néant au point de vue spirituel, voilà le bénéfice net de la commende. Néanmoins, il ne paraît pas que l'opinion publique se soit prononcée contre cette révolution. Il fallait donc abandonner les soins religieux à un mandataire officiel, et lorsque les abbés consentaient à visiter leurs monastères à de rares intervalles, c'était pour déployer la somptuosité de leur cortège et le faste de leur luxe. Ils y trouvaient une réception magnifique, recevaient les serments, approuvaient la gestion des administrateurs et se retiraient en emportant les revenus.

Le prieur, qui, sous les abbés réguliers, remplissait une fonction toute secondaire et consistant à diriger ses religieux, va dans la suite acquérir une certaine importance et devenir le véritable supérieur de la communauté. Lui seul veillera à ce que les règles de l'ordre soient fidèlement observées, aura la juridiction spirituelle et sera, pour ainsi dire, le protecteur du couvent contre l'abbé commendataire. Il veillera également à ce que ce dernier remplisse les obligations de sa charge, obéisse aux ordonnances des supérieurs et visiteurs de l'ordre, les reçoive et les défraye pendant le temps de leur visite, paie les contributions imposées par le chapitre général, entretienne les aumônes pour les pauvres, fournisse aux religieux les vivres et les vêtements nécessaires, pourvoie l'église et la sacristie d'ornements et autres objets indispensables à la messe et au service divin, enfin répare les édifices et reconstruise ceux qui seraient tombés en désuétude.

La charge de prieur claustral devenait donc, conséquence nécessaire du nouvel état de choses, aussi importante que difficile à remplir. Elle exigeait, de la part de celui qui en était revêtu, une science profonde des affaires, beaucoup de tact et autant de fermeté que de prudence.

ARTICLE II

Charles de Blanchefort, premier abbé commendataire, évêque de Senlis (1488-1513)

A proprement parler, Charles de Blanchefort fut le premier abbé commendataire de Saint-Euverte. Il était issu d'une noble famille du Limousin, également illustre par sa grandeur, son ancienneté et les illustres personnages qu'elle a donné à l'Eglise, à l'armée et au Parlement. Il eut pour père Guy de Blanchefort, seigneur de Saint-Clément dans le Rouergue, de Nozerolles en Auvergne et du Bois-Lamy en Berry, et pour mère Souveraine d'Aubusson, fille de Renault d'Aubusson et de Marguerite de Comborn (1).

Charles de Blanchefort avait pour frères Guy, grand prieur

(1) Au tome VIII, 1577, les auteurs du *Gallia christiana* ont commis une erreur en faisant naître Charles de Blanchefort de Guy et de Jeanne de Layre. Cette erreur a été rétractée au tome X, p. 1437.

d'Auvergne et grand maître de Saint-Jean de Jérusalem, Louis, prieur de Bray et ensuite abbé de Ferrières, et était, par sa mère, neveu du cardinal d'Aubusson (1).

Pour jouir paisiblement de sa mense abbatiale, le nouveau titulaire établit entre lui et ses religieux un concordat qui devait fixer régulièrement la situation de l'un et des autres. La loi accordait à l'abbé les deux tiers de tous les revenus. Dans ces tiers était compris le tiers lot, sur lequel se prélevaient les réparations de l'église, de la maison conventuelle, des lieux réguliers, les anciens décimes, les frais d'hospitalité et quelques autres menues dépenses. Munis de leur tiers, les religieux devaient, concurremment avec l'abbé, entretenir les bâtiments autres que ceux indiqués ci-dessus.

Il est facile de comprendre toutes les revendications suscitées par une pareille division des revenus. Une sentence intervint qui fit droit à la demande de Charles de Blanchefort, du 9 octobre 1489 (2).

L'acte de partition nous donne la description détaillée des logements de l'abbé et des autres religieux :

« En la court dudit abbé, il y a une grange garnie par « dedans de pilliers de part et d'autre, contenant sept travées « et neuf pieds entre chascun pillier et de largeur entre deux « pilliers, vingt et un pieds sans les sous-ailes.

« Item un rang d'estables pour mettre chevaux et autre « bestail, contenant trente toises par dehors, ayant de lar- « geur unze pieds entre deux murailles.

« Item des roullis à pourceaulx contenant dix toizes en « long. Plus un corps de maison contenant en long neuf « toises et demie, ou par dessouls il y a un fournil et le « demeurant est une chambre basse, et à un bout tirant vers « l'église, il y a l'auditoire de la justice, et à l'autre bout

(1) Généalogies des familles de Blanchefort, Blanquefort et Blancafort. L'auteur anonyme a bien fait la distinction entre les trois familles. La Chesnaye des Bois, t. II, 543.

(2) *Arch. dép.*, H. 16 *bis*.

« tirant vers la grange il y a une laiterie qui n'est de même « matière ; et au haut deux chambres et deux garderobbes où « on a accoutumé de loger les autres.

« Et derrière ledit hostel il y a un jardin que tient à pré- « sent ledit abbé, contenant un arpent ou à peu près. Et à « l'égard du logis abbatial il y a une petite cour, une cuisine « par bas et une salette, et au-dessus deux bonnes chambres « où il y a gardorobbes et une tierce petite chambre sur le « portail et un petit jardin duquel on peut entrer en une vigne « qui est baillée aux religieux pour partie de leur assigna- « tion.

« Et du côté des religieux est lieu bien garny de cloistres, « reffectoires, chapitre et dortoir... et deux chambres que « tiennent deux anciens religieux près dudit dortoir... »

Du fait de sa nomination d'abbé commendataire, Charles de Blanchefort possédait de nombreuses métairies, maisons, vignes, en avait la jouissance directe et percevait les différents fermages dont les revenus pouvaient s'élever à une somme variant de 15.000 fr. à 20.000 fr. ; mais les religieux avaient le droit d'exiger de lui tout ce qui était nécessaire à leur subsistance et à leur entretien. Ils étaient alors au nombre de dix-huit : douze prêtres, un maître des novices, six novices et trois serviteurs (1).

Un arrêt du 4 janvier 1490 fixa leur sort de la manière suivante :

L'abbé devra fournir à titre de pension :

« Trente-quatre muids de blé-froment, bon et raisonnable, « mesure d'Orléans, payables au dit lieu le jour et feste de « saint André.

« Item trois mines de pois et trois mines de fèves.

« Item pour la « boîte » des religieux cinquante poinçons « moitié de vin blanc et « cléret, rendu en fûts dans leur « cave.

(1) *Arch. dép.*, 16.

« Item pour le chauffage desdits religieux et l'infirmerie « douze milliers de bois « moullé » et douze cents fagots (1).

« Item six porcs gras.

« Item volailles payables par les fermiers et laboureurs de « Romilly et de Cuny.

« Item pour la pitance desdits religieux, maître des novices « et serviteurs, quarante sols tournois par jour.

« Item pour trois serviteurs, jardinier, cuisinier et un autre « attaché à la cuisine, à chascun vingt livres tournois et à « l'autre douze livres tournois par an.

« Item pour le vestiaire de douze religieux, 20 livres tour- « nois par an.

« Item pour ustensiles de ménage, de cuisine, linges, draps, « serviettes ensemble... pour la consommation, pour chan- « delles de suif et autres choses nécessaires, cent livres tour- « nois.

« Item il acquittera deux cent cinquante livres tournois « dues au boulanger.

« Item cent charretées de foin et trois cents gerbées.

« Item l'argent tant pour les religieux que pour l'infirmerie « sera baillé chascun an en deux termes, assavoir aux festes « de saint Jean-Baptiste et de la Nativité de Notre-Seigneur.

« Item livres, luminaire, ornements et toutes autres choses « nécessaires pour le service divin.

« Et seront tenus lesdits religieux, faire leurs aumosnes du « caresme, du monastère des Quatre Mendians, fournir pain « enchanté et vin pour les messes (2). »

L'abbé, sur l'avis des commissaires royaux, s'était choisi pour vicaire général Jean Chéreau, chanoine d'Orléans, et lui avait donné les plus amples pouvoirs pour veiller à ce qu'on observât rigoureusement la discipline et la règle de Saint-Augustin (3). Le nouveau titulaire justifiait pleinement le choix

---

(1) Le bois « moullé » est du bois dont on a enlevé l'écorce.

(2) *Arch. dép.*, H. 16 *bis*.

(3) *Archives dép.*, H. 18 4.

qu'on avait fait de lui ; il était prieur claustral et avait conquis précédemment le grade de licencié ès lois devant l'Université de Paris.

Le 3 mai 1491, Richard, prieur de Saint-Thomas de Doux-champ, baille pour cinquante-neuf ans le domaine du prieuré qui comprend :

« Une motte clouse de fossés, métairies, prés, pastures, qua-« rante arpents de bois sis à Gallerand, la censive de Mon-« toufflet, les dîmes de Luyères et les oblations qui se feront « dans la chapelle de Saint-Caprais (1). »

En l'année 1496, Jean Binet, prieur et procureur de l'abbaye expose devant Charles de Blanchefort l'état des recettes et des dépenses « commençant à Pasques, mil CCCCIVxx quinze et « finissant en m. CCCCIVxx seize (2).

Ces comptes rendus n'éclairent pas seulement l'histoire de la communauté, mais nous donnent les plus intéressantes indications sur les personnes en possession des immeubles, sur la valeur des terres et des maisons, sur leurs prix et leurs revenus.

A la même époque, Jacques d'Aubusson, frère du cardinal, oncle de Charles de Blanchefort par sa mère, était prieur de Saint-Séverin de Châteaulandon. Il fit venir neuf chanoines de la Congrégation de Flandre pour remplacer les Augustins et leur donna pour grand-prieur Jean de Mauburne, religieux aussi distingué par sa piété que par sa science en théologie.

La congrégation de Saint-Séverin acquit bientôt une telle importance et une telle réputation qu'elle vit se réunir à elle et accepter ses nouvelles constitutions les abbayes de Cysoing près de Tournay, de N.-D. de Livry, de Saint-Sauveur de Melun, de Saint-Martin de Nevers et de Saint-Euverte d'Orléans (3).

La commende de Saint-Euverte n'était pas le seul bénéfice

---

(1) *Archives dép.*, Gallerand, ham. de Chilleurs-aux-Bois (Loiret). Luyères, ham. de Neuville (Loiret). S. Caprais, h. de Courcy.

(2) *Arch. dép.*, H. 13.

(3) *Gall. christ.*, VII, 387.

que possédait Charles de Blanchefort. Reçu maître ès arts à l'école de Chartres (1), il fut ensuite nommé protonotaire apostolique, chanoine de la Sainte-Chapelle de Paris et archidiacre de Vendôme. Il jouit encore de la paroisse de Chamel dans le diocèse de Senlis, des abbayes de Notre-Dame de la Victoire et de Saint-Quentin dans l'Ile (2).

A la mort de Jean Neveu, évêque de Senlis et en même temps abbé de Notre-Dame de la Victoire, Charles fut pourvu de ces deux bénéfices en 1498, mais il ne reçut ses bulles qu'au mois d'octobre 1502 (3).

Pour établir la « nouvelle closture de la ville », les habitants furent nécessairement autorisés à prélever sur l'immeuble de l'abbaye, le Champ-Hagon, cinq arpents de terre et les anciens fossés creusés entre la Tour du Champ et la Tour Ronde. Ces fossés furent comblés, remis en place ferme en 1503, et le bailli rendit à l'abbé sur sa demande un emplacement équivalent compris entre les récentes fortifications (4).

La même année, une grave contestation s'éleva entre Charles de Blanchefort et Lancelot du Lac, seigneur de Chamerolles, à l'occasion d'un tréfonds que chacun prétendait lui appartenir. Ce tréfonds, composé d'une pièce de trois cents arpents de bois, était assis sur la paroisse de Chilleurs, au lieu de la « Fousse aux Morts », et limité par les censives de Loury et de la Cour-Dieu (5).

Les deux parties soutinrent leurs droits avec énergie. Charles de Blanchefort présenta au grand maître des Eaux et Forêts un mémoire contenant tous les titres de l'abbaye depuis sa fondation jusqu'à cette époque ; il prouva de la manière la plus péremptoire que ses prédécesseurs et le couvent avaient toujours joui de temps immémorial de tous les droits de pro-

(1) Abbé Clerval, *Ecoles de Chartres*, 484.
(2) *Gall. christ.*, X, 1437.
(3) *Comité arch. de Senlis*, Mémoires, VI, 1891, 115-125.
(4) *Arch. dép.*, H. 17 *bis*. Procédures.
(5) *Ibid.*

priété, de justice, d'usage, des censives, des redevances annuelles et perpétuelles sur les bois du Tréfonds et sur ceux de Chantemerle. Il suit du reste la ligne de conduite des anciens bénéficiaires et n'a pas la prétention de s'en écarter.

Le sieur de Chamerolles, de son côté, produisait comme titres une prétendue donation faite autrefois à son père et à son oncle, Jean et Lionnet du Lac, par les Bouteilliers de Senlis, de Loury, et une vente plutôt déguisée faite le 9 janvier 1498 par Jean Chéreau, le vicaire et procureur de Charles de Blanchefort. Après une enquête ouverte par Antoine Roillard, garde de la prévôté d'Orléans, le grand maître des Eaux et Forêts constata que tous ces héritages étaient de l'ancienne dotation de l'abbaye, condamna Lancelot du Lac, le débouta de toute demande et reprise en justice (1).

L'abbaye, représentée par Florentin Mainart, son procureur, se porta en 1504 appelante contre la saisie de l'ancienne maison des Du Lys, « assise au coin de la rue Saint-Flou, devant la rue de la Fontaine (2) », et finalement le droit de tenue de cette maison fut rétrocédé au monastère par le prévôt Louis Rouillard, sur le désistement du procureur du roi, le 2 avril 1506 (3).

A la mort d'Etienne Richard, survenue en 1512, l'Evêque abbé conféra Douxchamp à Jean Rolloy, précédemment prieur de Franchard (4). Ce dernier prit possession de son titre le 30 août de la même année, en présence de Jean Brimbeuf, prêtre chapelain de Saint-Vrain de Courcy, de Jean Denizet, de Barthélemy De Lorme et de Barthélemy Moriot (5).

L'évêque de Senlis mourut le 29 août 1515. Il n'était plus abbé de Saint-Euverte depuis deux ans, époque de sa résignation en faveur de son neveu, Philippe Pot de Rhodes (6).

---

(1) *Arch. dép.*, H. 17 *bis*. Procédures.
(2) *Ibid.*
(3) *Ibid.*, H. 14, 18 *bis*.
(4) *Ibid.*, H. 5.
(5) *Ibid.*, H. 14.
(6) *Gall. christ.*, X, 1437.

Son tombeau, qui demeura dans la cathédrale de Senlis jusqu'en 1785, près de la grille du côté de l'Evangile, était surmonté d'une statue en marbre blanc sur un socle noir ; on y avait gravé, à l'honneur du prélat défunt, une épitaphe très élogieuse :

« Carolus ingenuâ de Blanchefort stirpe creatus,
« Istius æthereo spiramine pastor ovilis,
« Angelicæ exemplar vitæ, pietatis alumnus,
« Gemma sacerdotum, lumen pietatis avitæ.
« Denique egenorum spes una et sola, sepulcro
« Hoc jacet, æternam mens est sortita quietem.
« Obiit XXIX Augusti, anno domini MCCCCCXV (1).

Issu de l'illustre famille de Blanchefort, par l'inspiration du ciel, nommé pasteur de ce troupeau, modèle de piété par sa vie angélique, perle des prêtres, lumière par la probité qu'il reçut de ses ancêtres, enfin, seule et unique espérance des indigents, Charles est maintenant couché dans ce tombeau et son âme est entrée en possession du repos éternel. Il mourut le 29 août de l'année du Seigneur 1515. Ses armes étaient : d'or à deux lions passants léopardés de gueules.

ARTICLE III

Philippe Pot (1513-1527)

La Thaumassière, dans ses généalogies du Berry, fait remonter l'origine de cette famille à Guillot, chevalier, seigneur de Champroy, qui épousa, vers 1250, Catherine du Verdier. Cette maison a formé plusieurs branches, celle des aînés, de Pot, celle de Rhodes dont sortit Philippe, abbé de Saint-Euverte (2).

Philippe naquit du légitime mariage de Jean Pot, seigneur de Rhodes et de Souveraine de Blanchefort, sœur du précédent

(1) *Gall. christiana*, X, 1437. Cf. Généalogie inédite de la famille de Blanchefort. Auteur anonyme

(2) *Revue du Berry*, juin 1906, p. 208-209.

abbé, Charles de Blanchefort. Un de ses frères, Jean Pot, fut abbé de Ferrières (1).

Au mois de mai 1512, il était vicaire général de Senlis, protonotaire apostolique, licencié en droit, puis successivement président des enquêtes au Parlement de Paris, prieur de Saint-Gautier, et l'année suivante, il était pourvu de l'abbaye de Saint-Euverte par la résignation de son oncle. En 1515, il fut nommé exécuteur testamentaire de Charles de Blanchefort qui laissa 1.000 l. par. au chapitre de Senlis (2).

En 1515, François Ier imposa la ville d'Orléans au paiement de cinq lances (3), et l'abbaye fut taxée à la somme de XLE. (4).

Lorsque Jean de Longueville fit son entrée dans sa ville épiscopale, le 1er juin 1522, il se rendit à Saint-Euverte suivant la coutume ordinaire. En l'absence de l'abbé commendataire, le prieur claustral, Mathieu Le Roy, assisté des autres chanoines, eut l'honneur de recevoir le prélat dans son église et lui fit prêter serment de ne point porter atteinte aux privilèges de l'abbaye. L'évêque répondit par ces paroles du divin Sauveur : « Je ne suis pas venu pour enfreindre la loi, mais pour l'accomplir (5). »

En 1525, Philippe Pot commença la réparation de l'église, de la maison abbatiale, des lieux réguliers et de la sacristie. C'est à lui que nous devons la reconstruction de la tour et du portail où l'on voit encore ses armes écartelées de celles de sa mère (6).

---

(1) La Chesnaye des Bois, II, 544. Hubert, ms. II, 250.

(2) *Comité arch. de Senlis*, 1880, 94-119.

(3) *Arch. comm.*, CC. 214.

(4) *Arch. comm.*, GG. 621. *Arch. dép.*, H. 5.

Devaient : l'abbé de Saint-Euverte, XL l. ; le Prieur de Saint-Hilaire, XL l. ; le Prieur de Saint-Donatien, XXXIII l. ; Les Pr. de Mareau, VIII l. ; de Saint-Thomas de Courcy, XL sols ; de Chantemerle, XL sols ; d'Artenay, X l. ; de Sennely, XII l.

(5) *Gall. christ.*, VIII, 1438. S. Guyon, II, 346. M. l'abbé Pelletier, *Ev. d'Orl.*, p. 112.

(6) Armes : Aux 1er et 3e d'or à la fasce d'azur qui est Pot de Rhodes ; aux 2e et 4e d'or également ; de deux lions passants léopardés de gueules, qui est de Blanchefort.

L'abbé de Saint-Euverte aurait commandé à un artiste, qu'on ne nomme pas, une statuette d'argent qui fut offerte à l'église de Senlis en souvenir de Charles de Blanchefort.

Une inscription latine, gravée sur une plaque de cuivre ornée d'une tête de Christ en relief, nous rappelle que cette statue d'argent est due à la générosité et peut-être à l'art du titulaire de Saint-Euverte.

« Carolus iste Blancefortis episcopus ardens
« Munere te donat, Sancta Maria potens.
« Factum est auctore nepote.
« Virgo sit auspiciis uterque tuis (1). »

M. le chanoine Muller traduit ainsi cette inscription :

« Charles de Blanchefort, qui fut zélé pour votre culte, vous « offre ce présent, ô sainte et puissante Marie. Ce fut fait par « l'initiative de son neveu. O Vierge, que l'un et l'autre soient « sauvés par vos auspices. »

ARTICLE IV

Louis Chantereau, dit Ardier, évêque de Macon (1527-1531)

Louis Chantereau était provincial de l'ordre des Ermites de Saint-Augustin et docteur en théologie. Il devint dans la suite confesseur de Louis XII et de la reine Anne de Bretagne, puis secrétaire de François Ier qui, rendant hommage à son éminent mérite, le nomma, en 1527, abbé de Saint-Euverte d'Orléans (2).

Son abbatiat dura malheureusement trop peu de temps pour le bien du monastère.

Malgré les efforts de ses prédécesseurs et les siens, la discipline du clergé se relâchait chaque jour davantage ; une décadence lente et morne décomposait insensiblement les ordres réguliers ; il semblait que le vent de l'hérésie qui commen-

(1) Comité arch. de Senlis, 1880, 119.
(2) *Gall. christ.*, tome VIII, 1438.

çait à plonger l'Allemagne dans le tourbillon de l'anarchie religieuse, intellectuelle et morale, eût aussi soufflé sur la France.

L'abbé de Saint-Euverte, homme d'un génie élevé, d'un coup d'œil sûr et d'un zèle apostolique véritable, poursuivait un double but : la réforme de ses chanoines et la reconstruction commencée du cloître et de ses dépendances ; mais il ne put voir la réalisation de ses projets ; car le roi lui donna l'évêché de Mâcon en 1529. Deux ans plus tard, Louis Chantereau vint à Paris, y tomba malade et mourut saintement au couvent des Grands Augustins, sur le quai de ce nom, le 24 septembre 1531 (1).

On voyait encore au XVIIIe siècle, sur son tombeau, une épitaphe destinée à perpétuer le souvenir des mérites de l'illustre défunt (2).

Le 27 août 1527, dans la répartition de 5.000 livres tournois demandée à la ville pour la rançon du roi, du dauphin et du duc d'Orléans, l'abbaye de Saint-Euverte fut imposée à payer la somme énorme de 360 livres (3). En 1531, Jean, évêque d'Orléans et archevêque de Toulouse, préleva pour le même objet une taxe semblable sur le clergé de son diocèse. L'imposition fixée par Jacques Fauvin et Me Galliot, vicaire général, s'éleva pour notre monastère à cent quatre-vingt livres dix sols (4).

---

(1) Symph. GUYON, *Historia chronologica Episcoporum Aurelianensium*, f° 275. « Anno 1531, die 24 septembris, obiit Ludovicus Cantu- « rellus, ordinis Eremitarum Sancti Augustini... abbas Sancti Evurtii, ac « demum Episcopus Matisconensis, sepultus in Ecclesiâ Augustinia- « norum. »

(2) *Arch. Comm.*, G. G. 661.

(3) *Ibid.*

(4) *Gall. christ.*, t. VIII.

ARTICLE V

Odet de Coligny (1533-1537)

François Ier, usant du privilège que lui accordait le concordat de 1516, donna la commende de Saint-Euverte à Odet de Coligny, qui reçut ses bulles en 1534 (1).

Il naquit le 15 juillet 1515 du mariage de Gaspard de Coligny, seigneur de Châtillon, maréchal de France et de Louise de Montmorency, la sœur aînée du connétable de ce nom. Il eut deux frères, Gaspard qui fut amiral et François qui devint seigneur d'Andelot et général d'infanterie. Ses parents le destinèrent de bonne heure à l'état ecclésiastique où ils voyaient de riches bénéfices à exploiter. Grâce à l'influence d'Anne de Montmorency qui aimait beaucoup son neveu, Odet de Coligny obtint à l'âge de seize ans le chapeau de cardinal. Indépendamment des deux évêchés de Beauvais et de Toulouse, il posséda jusqu'à trente-deux abbayes, mais pas toujours en même temps ; de ce nombre furent Saint-Euverte et Saint-Benoît-sur-Loire dans le diocèse d'Orléans. Il n'est pas besoin de dire qu'il ne s'occupait guère lui-même de leur administration. Aussi Saint-Euverte n'eut-il que bien rarement sa visite ; ;car, il se contenta de prendre possession de son bénéfice par procureur et d'adresser une lettre aux religieux pour leur faire savoir qu'ils étaient désormais sous sa juridiction.

Odet de Coligny résigna en 1537 l'abbaye de Saint-Euverte à François du Bourg (2).

---

(1) *Gall. christ.*, t. VIII. Armes d'Odet de Coligny. De gueules à l'aigle d'argent membrée, becquée et couronnée d'azur, armée et languée d'or.

CHAPITRE II

ARTICLE PREMIER

I et II. François Ier et François II du Bourg, abbés de Saint-Euverte. — III. Ravages des protestants. Massacres. — IV. Reconstruction de l'église et de l'abbaye (1537-1566).

§ I. — François Ier du Bourg, évêque de Rieux (1537-1541)

Il appartenait par sa naissance à la grande famille des du Bourg de Bourgogne, qui comprenait les branches de Saillans, de Sailloux et de la Perouze, et qui semble avoir eu pour auteur Beaudoin, seigneur du Bourg en Vivarais (1).

Cette famille était représentée dans notre Orléanais, au milieu du xve siècle, par Raymond de Mascaran et par ses alliances avec les Salazar d'Escrennes, de Courcy et de Laas (2).

François était le fils aîné d'Antoine du Bourg, baron de Saillans, chancelier de France et de Jeanne Hémard. Licencié en droit, il fut pourvu des abbayes de Saint-Georges au Bois d'Issoudun et de Saint-Euverte en 1537 (3). Il fut ensuite nommé évêque de Rieux et maître des requêtes, charge qu'il eut dispense d'exercer tant qu'il aurait l'administration de son diocèse ou qu'il en serait le titulaire.

Vers l'an 1541, François Ier du Bourg céda Saint-Euverte et plus tard son évêché de Rieux à son plus jeune frère, nommé François comme lui, déjà abbé d'Olivet près de Romorantin (4).

§ II. — François II du Bourg, évêque de Rieux (1541-1566)

François II, avant d'être titulaire de Saint-Euverte, possédait avec les communautés précédemment citées d'Olivet et de

(1) *Gall. christ.*, III, 194, VIII, 1576.
(2) *Archives dép.*, Forêts. O. 20618.
(3) *Gall. christ.*, *III*, 194, VIII, 1576.
(4) *Ibid.*

Saint-Georges, l'abbaye de Saint-Lô, au diocèse de Coutances (1).

Le 8 octobre 1543, le nouvel abbé prit par procureur possession de son bénéfice et nomma pour son vicaire général Jean de la Fontaine, chanoine de Sainte-Croix et curé de Chaumont en Sologne. Ce dernier, muni des pleins pouvoirs de l'évêque-abbé, dressa en 1545, devant le prévôt d'Orléans, le terrier de l'abbaye (2) et renouvela, en faveur des religieux, la transaction de Charles de Blanchefort. En vertu de cet accord, il devait leur payer en nature leur pension, le chauffage, le vestiaire, soixante poinçons de vin et une somme de 625 livres parisis (3).

Les religieux et novices étaient alors au nombre de quatorze et sont nommés dans l'ordre suivant : Blaise Deschamps, prieur claustral et prieur de Mareau ; Jehan Cahouet, Gentien Baubras, Michel de Laires, Guillaume Corbin, Jehan Marchand, Thibault Le Merle, prêtres et religieux profès ; frères Pierre Minot, François Loriau, Pierre Vau, Estienne Regnault, Guillaume Provenchère, religieux profès ; Jehan Naudet et Pierre Pothier, religieux non profès (4).

Préconisé évêque d'Orléans le 27 avril de l'année 1552, Jean de Morvilliers, absorbé par les affaires de l'Etat, confia au mois de juillet suivant la direction de son diocèse à trois vicaires généraux, savoir : François du Bourg, évêque de Rieux ; Etienne Paris, docteur en théologie de l'ordre des frères prêcheurs, évêque d'Albonne, et Mathurin de la Saussaye, chanoine d'Orléans et archidiacre de Sully (5).

Le 22 août 1557, Henri II imposa tous les habitants de la ville d'Orléans, laïcs et ecclésiastiques, sans aucune exception, à payer une contribution de 25.000 écus « pour une levée de

(1) Moréry, t. II. S. Guyon, II. 380.
(2) *Arch. dép.*, H. 16.
(3) *Arch. dép.*, A. 1858, H. 16.
(4) *Ibid.*, G. 169.
(5) Symph. Guyon, II, 380.

« gens de pied qu'il convient vitement faire, pour renforcer « nostre armée et faire lever le siège de Saint-Quentin. » L'abbaye fut taxée pour sa part à la somme de cent quatre-vingt livres, dix sols, cinq deniers (1).

§ III. — Protestantisme

Comme nous l'avons dit précédemment, Luther avait poussé un cri de révolte contre l'église romaine. A sa voix, d'autres sectaires, animés des mêmes passions impies, prennent les armes et font partout d'horribles ravages. Saint-Euverte avait vu, aux siècles précédents, ses fermes pillées, ses troupeaux enlevés ; les ennemis du moins n'avaient point troublé les religieux jusque dans leur retraite. Les Protestants en voulaient à leur foi et à leur vie et leur déclarèrent une guerre à mort. En 1561, ils confisquèrent les biens de François du Bourg ; l'année suivante, le mardi de Pâques, 2 avril, grâce à l'odieuse trahison du bailli Jérôme Groslot et de quelques échevins, le prince de Condé, qui assiégeait la ville, y pénétra par la porte Saint-Jean et s'en rendit maître.

Les gens de sa suite, selon l'expression de Symphorien Guyon, « se ruèrent premièrement sur l'abbaye de Saint-Euverte (2) » et s'emparèrent des reliques, des châsses, des ornements, des vases sacrés, brûlèrent les titres, les livres, les meubles en proférant les cris et les blasphèmes les plus exécrables. Les richesses de ce sanctuaire vénéré furent transportées à la Tour-Neuve où le chef des Huguenots faisait battre monnaie et furent mêlées à celles qui avaient été arrachées à d'autres églises de la ville et du diocèse (3).

Après avoir tout brisé, les troupes protestantes transformèrent l'église conventuelle en écurie pour leurs chevaux ; la bibliothèque et les archives furent en partie détruites et ce qui

---

(1) *Arch. comm.*, CC. 199.

(2) Lottin, *Rech. hist.*, t. I, p. 435. Symph. Guyon, II, 393.

(3) *Ibid.*, *Bibl. d'Orl.*, Dom Pothier, ms.

nous en est resté, a été heureusement sauvé par les soins de Michel Viole et de ses successeurs (1).

Non content de ces destructions sauvages et sacrilèges, les sectaires se jetèrent comme des forcenés sur les pauvres religieux et en ces temps de désolation Saint-Euverte eut aussi ses martyrs.

Le curé d'une église que Dom Pothier ne nomme pas (2), mais que nous reconnaissons sous les noms de François Le Meusnier, ancien prieur de Saint-Donatien, « âgé de plus de « quatre-vingts ans, s'était caché dans un lieu proche de la « ville ; il fut pris par les religionnaires, pendu à un arbre et « arquebusé (3). »

« Item, fut frère Aignan Huet tué et arquebusé à Mareau-« aux-Bois où il s'estoit réfugié et furent en fuite Thibault « Le Merle et le Chapelain, nommé Antheaume (4). »

Ces derniers auraient été mis à mort par le fougueux et sacrilège Lancelot du Lac, seigneur de Chamerolles.

Nore but n'est pas de passer en revue les épisodes de cette guerre dont Orléans fut le principal foyer ; mais il est aisé de se faire une idée de la terreur qui dut régner dans les maisons religieuses, si nous nous représentons les excès auxquels se livrèrent les Protestants qui dans une seule journée, pillèrent et détruisirent dans la ville dix-neuf églises.

Celle de Saint-Euverte ne fut pas comme les autres, intégralement démolie, mais elle était dans un état lamentable et absolument impropre au service divin. Durant ces pénibles circonstances, François du Bourg présenta au roi Charles IX une requête par laquelle il lui demandait la restitution des ornements et des vases sacrés qui lui avaient appartenu. Le 14 janvier 1563, le Parlement reconnut avec raison le

---

(1) Lottin, *Bibl. d'Orl.*, S. Guyon, Dom Pothier.

(2) Dom Pothier, ms. 487, f° 86.

(3) Symph. Guyon, II, 393.

(4) D. Pothier, ms. 487, f° 86.

droit des chanoines et rendit un arrêt qui les autorisait à reprendre leurs biens dérobés partout où ils les trouveraient et à poursuivre suivant la rigueur des lois leurs injustes détenteurs (1).

Après l'édit d'Amboise, l'évêque, les prêtres et les religieux rentrèrent dans la ville qui reprit son cours ordinaire.

IV. — Reconstruction de l'église et des batiments

L'abbé de Saint-Euverte, qui n'avait jamais touché les revenus de son bénéfice, sentit l'importance des devoirs que la Providence lui avait imposés ; il ne négligea ni soins ni dépenses pour faire oublier les malheurs passés. Le 3 juin 1564, il commença par faire couvrir l'église et chargea un architecte nommé Langelas du plan de la reconstruction de la tour (2). A la place des verrières qui racontaient la légende des martyrs et la gloire des saints, répandaient de si riches reflets de lumière dans l'église, l'état présent ne permit que de mettre à la place du verre blanc et ordinaire. Pour ces restaurations et celles des lieux réguliers il dépensa huit mille livres parisis, fit des recherches par la ville pour recouvrer les titres et autres manuscrits que les soldats huguenots avaient vendus à divers particuliers ; comme on manquait d'ornements sacrés pour célébrer les saints mystères, il en acheta dont il fit présent au monastère (3).

François II du Bourg résigna sans doute son bénéfice à un autre, car depuis 1564, il n'est plus fait mention de lui. Pendant l'absence de Jean de Morvilliers, évêque d'Orléans, il conféra souvent les ordres sacrés et donna le sacrement de Confirmation dans l'église de Saint-Euverte (4).

Partisan des belles-lettres, il fut l'ami de Ronsard, de Vaillant de Guélis, d'Amadis Jamyn, de Joachim du Bellay...

(1) *Arch. nat.*, X 2a 131.

(2) Pothier, ms. 487. *Bibl.*, f° 86.

(3) *Arch. dép.*, H. 17. *Gall. christ.*, 1576.

(4) Symph. Guyon, II, 380.

Nicolas Béraud, professeur d'éloquence à l'Université de Paris, puis historien et lecteur du roi, lui demanda de finir ses jours à Saint-Euverte où il semble avoir pris l'habit ecclésiastique (1).

Ses armes sont : d'azur à trois tiges d'épines posées en pal (2).

ARTICLE II

Michel Viole (1566-1591)

I. Son origine, sa distinction. — II. Le Prieur Henri Bault, concordat avec les religieux. Règlements. — III. Nouveaux troubles causés par les Protestants. — IV. Mort de Michel Viole. — V. Martin de Beaune de Semblançay (1592-1593). — VI. Claude Sain (1593-1602).

I. — *Origine de Michel Viole.* — *Sa distinction*

Michel Viole aurait appartenu à une famille si ancienne que, au témoignage de Dom Morin, elle a eu pour chef en France un tribun de soldats romains, appelé en nostre paÿs colonel, que César avait pris en affection depuis la bataille de Pharsale, et qui descendait déjà d'une des premières maisons de Rome (3).

Plusieurs membres de cette famille prirent une large part aux faits d'armes des croisades et de la guerre de Cent ans. L'église lui doit plusieurs éminents prélats parmi lesquels nous citerons Aignan, évêque d'Embrun. D'autres furent échansons, gouverneurs de villes, conseillers au Parlement, Grands Maîtres des Eaux et Forêts (4).

Joachim du Bellay, anagrammisant ce nom de Viole, a célébré en cent quinze sonnets sa Laure sous le nom d'Olive (5).

D'après Dom Pothier, Michel Viole prit possession de

---

(1) *Mém., Société hist.*, XIV, 388-417.

(2) Hubert.

(3) Dom Morin, *Hist. du Gastinois et du Hurepois*, 461-478.

(4) Dom Verninac, ms. 487. De Maulde, *Cond. forestière*, passim.

(5) Godefroy, *Littérature française, Poésie*, xvie et xviie siècle, I, 124.

l'abbaye de Saint-Euverte le 28 novembre 1566 (1). Il était fils de Jean Viole, seigneur d'Andrezel et d'Aigremont, et d'Isabelle Caille (2). Il fut en ce temps, dit La Saussaye, un personnage des plus éminents. Sa couronne était faite d'une longue suite d'aïeux, de la connaissance des langues sacrées, de la science approfondie des lettres divines et humaines, et qui plus est, du don de prophétie par l'interprétation des livres saints qu'il ne cessait d'étudier. D'ailleurs, il n'en fut pas moins appliqué au gouvernement de sa famille spirituelle ; sa piété envers Dieu était extrême ; il assistait à toutes les heures canoniales ; tous les jours, il offrait le saint sacrifice de la messe, à moins qu'il n'en fût empêché par quelque œuvre publique et nécessaire ; jamais il ne se départit de cette habitude jusqu'à son dernier soupir ; mêlé aux affaires de la cité, on le regardait comme un oracle, tous le vénéraient et chacun s'honorait de suivre ses conseils (3). Rien n'est exagéré dans ce portrait !

II. — *Le prieur Henri Bault. — Concordat avec les religieux. Règlements*

Michel Viole fut admirablement secondé par Henri Bault, prieur de Saint-Euverte et de Saint-Laurent du Gué de l'Orme. Sorti de Saint-Victor, ce dernier fut un orateur très apprécié et occupa successivement les chaires de Nemours, d'Etampes, de Montargis et de Saint-Gervais de Paris. Il fut nommé par le roi prieur de Châteaudun et mourut en 1596 prieur de Bray-sur-Seine (4).

Le 20 novembre 1566, en présence des notaires royaux, de plusieurs notables personnes, bourgeois, marchands, manants de la ville d'Orléans, Michel Viole d'accord avec Henri Bault,

(1) Dom Pothier, ms. 487, f° 86.
(2) Hubert, *Généalogies*, t. II, 280.
(3) La Saussaye, *Ann. Eccl. Aurelianen.*
(4) *Arch. dép.*, H. 16.

procureur des religieux, passe avec ces derniers un concordat, leur promet « obédience et fidélité et de vivre selon la règle « de Saint-Augustin, statuts et ordonnances de la réformation « faite à ladite abbaye, sous la protestation qu'il fait rentrer « les religieux dans leur partition comme auparavant sa prise « de possession... » Il règle la pension de ses frères comme du temps de Charles de Blanchefort et de Philippe Pot. Il leur fournira la quantité de 34 muids de froment, mesure d'Orléans, de 3 mines de pois, de trois mines de fèves, de deux porcs gras, de 50 gerbes de paille, des volailles payables par les fermiers, du vin, du bois, 250 livres, une somme variant de 1.500 fr. à 2.000 fr. pour la pitancce, le vestiaire et autres choses nécessaires (1).

Dans les premières années de son administration, l'abbé de Saint-Euverte dressa des règlements fort sages qui devaient faire de ses religieux des saints dans toute l'étendue du mot.

« On leur enjoignait de réciter ensemble ou de chanter les « heures canoniales dans un lieu et à des heures fixes. Les « visites des parents ou amis n'étaient pas un motif suffisant « pour se dispener de remplir ce devoir.

« Les dimanches et jours de fêtes les religieux devaient « chanter solennellement les offices, sans pouvoir invoquer « d'autre excuse que la maladie. Que les matines fussent « chantées ou qu'elles fussent simplement récitées, comme on « le faisait en hiver, on devait les réciter posément et distinc- « tement, faisant une pause complète au milieu du verset, « sans traîner à la fin et un verset ne devait pas commencer « avant que l'autre ne fût entièrement terminé.

« Les chanoines doivent surtout célébrer la sainte messe « avec tout le respect que demande un si redoutable sacrifice, « et s'y préparer avec une grande prière de cœur et de cons- « cience.

« Ils ne doivent pas à l'heure des offices se permettre des

(1) *Arch. dép.*, H. 16.

« conversations superflues et inutiles avec des frères et des « séculiers.

« Ils doivent toujours porter un vêtement décent et les che« veux coupés, car le Concile de Trente a lancé l'anathème « contre les religieux qui entretiennent leur chevelure.

« Ils doivent surtout garder le grand silence quand le pre« mier signal a été donné pour la messe ou les vêpres, jusqu'à « ce qu'on donne le dernier signal, et depuis huit heures du « soir jusqu'à Prime ou Tierce du lendemain, de sorte que « personne alors ne doive sortir du dortoir, à moins d'une « vraie nécessité, de sorte que chacun dans sa cellule puisse « vaquer à l'oraison et penser à Dieu.

« Il est défendu à un religieux d'entrer dans la cellule d'un « autre ou de le laisser entrer dans la sienne sans une permis« sion spéciale. Si pourtant un frère se sentait malade, son « voisin pourrait entrer chez lui demander en quelques mots « ce qui pourrait lui être utile.

« La règle générale est qu'on garde le silence à l'église, au « dortoir et au réfectoire.

« La règle est que tout soit commun entre les frères. Il faut « donc renoncer à toute propriété, puisque tous ont fait le « vœu de pauvreté et personne ne doit s'approprier aucun « objet ni se permettre de rien vendre, donner, prêter de sa « propre autorité.

« Tous les jours, à huit heures en hiver et neuf heures en « été, les frères seront appelés à chanter les litanies de la « Sainte Vierge, puis ils se retireront dans leur cellule en « silence pour y prier Dieu et se recueillir dans la médita« tion... (1). »

III. — *Nouveaux troubles causés par les Protestants*

Les années 1567 et 1568 furent pour Saint-Euverte néfastes entre tous. Le prince de Condé et François de la Noue, qu'on

(1) *Arch. dép.*, H. 16.

a surnommé Bras-de-Fer, à cause de son incontestble bravoure, entrent une seconde fois dans Orléans et la ville est encore à leur merci. Les catholiques sont sommés d'en sortir sous peine de mort ; les prêtres s'enfuient pour éviter toutes sortes de dangers ; l'évêque, Mathurin de la Saussaye, se retire à Tours avec ses chanoines, comme l'avaient fait, quatre ans auparavant, Jean de Morvilliers et son chapitre (1).

Une note inscrite sur les registres paroissiaux de Saint-Donatien nous fait connaître que « de septembre 1567 à juin « 1568, il n'a esté faict aucun acte à cause des troubles arri- « vés (2). » On pourrait en dire autant des autres paroisses de la ville.

Saint-Euverte fut encore atteint malheureusement par ce nouveau désastre. L'église et le monastère à peine restaurés furent saccagés pour la seconde fois. Les possessions de Baulay, de Douxchamp, de Saint-Nicolas des Landes furent ruinées par les seigneurs voisins (3). Une sage administration aurait pu réparer ces pertes ; mais un autre fléau vint accabler les religieux. Les guerres avaient épuisé le trésor royal et la reine Catherine de Médicis était aux expédients pour le remplir. Elle fit demander à Condé et aux Châtillon de payer les 300.000 écus qu'elle avait avancés à leurs soldats allemands en les congédiant. Elle les prévint en même temps qu'elle entendait que cette somme fût payée par eux moyennant la vente ou l'engagement de leurs biens et non par les églises protestantes (4). Par une compensation digne de sa politique qui consistait à maintenir l'équilibre entre les deux partis, ne faisant de concessions à l'un ou à l'autre que suivant ses intérêts, ses besoins ou ses caprices, la reine-mère sollicitait de Rome, par ses ministres, une bulle du Pape qui lui permît d'aliéner le temporel

(1) *Arch. comm.*, G. G. 191, f° 38.
(2) *Ibid.*
(3) *Arch. dép.*, H. 18.
(4) *Histoire des Français*, de Sismondi, XIX, 26.

du clergé français jusqu'à concurrence de 150.000 livres de rente (1).

Elle obtint cette bulle le 1er août 1568 et les biens vendus produisirent 570.000 écus. Pour faire accueillir favorablement par les ecclésiastiques cet impôt forcé, Catherine de Médicis promettait de n'employer les fonds qui en proviendraient qu'à l'extermination de la religion réformée « pour l'entretènement « des armées que Sa Majesté le roy de France avait dressées « tant pour la conservation de l'église et religion catholique « que pour la restitution des places et forteresses occupées par « les rebelles (2). »

L'édit du roi, publié au Parlement de Paris, le 11 octobre 1568, permettait au clergé de vendre l'argenterie des églises, de s'aider des revenus des fabriques, de faire des baux à longues années, de vendre les bois à longues futaies, etc. (3).

Saint-Euverte fut taxé à 500 livres tournois et 20 livres pour les frais. Cette somme fut d'abord empruntée au denier douze ; puis pour la payer, l'abbé et les religieux furènt obligés d'aliéner les taxes des terres, des biens et redevances, situées en Beauce, notamment à Coinces, Gidy, Ouzouer, Guigneville, avec tous droits et revenus (4).

D'autre part, les catholiques de la ville n'étaient pas mieux traités. Après avoir répondu seuls à un emprunt contracté par Charles IX dans le courant de l'année 1667, en prêtant au trésor la somme de 15.160 livres tournois, ils étaient indignement pillés, rançonnés par le sieur Boucart de Blancafort, gouverneur d'Orléans sous le prince de Condé, et condamnés à payer au parti de la religion réformée, sous peine d'emprisonnement, la somme de quinze mille livres tournois (5).

Charles IX, par un édit du 24 mars 1573, exempta les pro-

---

(1) *Arch. nat.*, A2a, 132, f° 121.
(2) *Arch. dép.*, H. 16.
(3) *Ibid.*, H. 16 et 18.
(4) *Arch. comm.*, G. G., 191.
(5) *Arch. comm.*, CC. 412.

priétés de Saint-Euverte et particulièrement Arthenay du logement des gens de guerres « ... afin qu'ils se puissent restaurer « des grandes pertes qu'ils ont souffertes l'an passé... (1).

Henri III agissait de même le 23 décembre 1574 (2).

Il fallait subvenir aux nécessités de la situation et le 1er juillet 1576, le pape Grégoire XIII accordait de nouvelles bulles, « permettant au roi de France de vendre pour cinquante mille écus de rente du bien temporel des églises, « pays, terres et seigneuries sujets au roi deça les monts. » C'était le moment où la Ligue s'organisait pour résister aux entreprises des Huguenots et il aurait fallu de larges subsides pour les mettre à la raison. L'abbé de Saint-Euverte fut encore taxé à une somme de 740 livres (3).

De plus, les religieux lui réclamaient les arriérés de trois ans de pension ; les revenus étaient bien diminués à cause des troubles nouveaux, les fermes étaient dans un état de délabrement complet. Cependant Michel Viole, voulant à tout prix tenir ses engagements, obtint par une ordonnance royale de faire une large coupe dans ses bois et d'aliéner plusieurs censives de Beauce. Il dut par là même consentir encore une fois à supporter un lourd sacrifice. Malgré ces divers contretemps, il donna, pendant trois années consécutives, aux pauvres de la ville la somme de vingt-cinq écus quarante sols qu'il prélevait sur ses économies et les revenus bien amoindris de sa communauté (4).

En 1583, l'abbé comparut à la réformation de la coutume d'Orléans assisté de Maître Henri de L'Epine et de Maître Etienne Saureau, son procureur (5).

L'année suivante, il se rendit adjudicataire d'une bibliothèque qui avait appartenu à Nicolas Courte, ancien président

(1) *Arch. dép.*, H. 18.
(2) *Arch. dép.*, H. 16 *bis*.
(3) *Ibid.*, H. 18 *bis*.
(4) *Ibid.*, H. 16 *bis*.
(5) *Coutume du duché d'Orléans.* — Procès-verbal.

en l'élection de Pithiviers (1) ; il reconstitua assez rapidement celle de Saint-Euverte en partie pillée et brûlée par les Protestants (2).

Michel Viole, docteur en théologie, écrivit des commentaires sur le Nouveau Testament et six livres des Arcanes, des nombres et des temps (3).

Nous croyons utile de nommer ses principaux collaborateurs avec leurs titres et fonctions, savoir : Henri Bault, prieur ; Pierre Pothier, sous-prieur ; Henri Pallault, médecin ; Etienne Razouer, bailli de la justice. Les chanoines étaient : A. Thué, Jehan Tissier, Pierre Coignet, R. Durand, C. Brimbeuf, N. Cartier, Henri Martin, Jacques Picot, Denys Crespin, Pierre Mynier, A. Perrot, Louis Sain, Charles Dubois, Jacques d'Estat, François Macé, Jehan de Coulons (4).

IV. — *Mort de Michel Viole*

Michel Viole mourut le 14 mai 1591, à l'âge de soixante-dix ans, ; il gouvernait la maison depuis plus de vingt-cinq ans. Il fut inhumé dans l'église de Saint-Euverte. Jean de l'Aubépine, évêque d'Orléans, qui le pleura dans une poésie célèbre, présida ses obsèques suivant le rit pontifical, au milieu d'un deuil universel, et quatre jours durant, les chanoines récitèrent pour lui des prières funèbres. Sa mort fit éclater sa louange en rappelant ses vertus ; on le chanta en poèmes français, latins et grecs que les religieux firent imprimer dans la suite et on grava sur son tombeau cette épitaphe dont nous donnons la traduction :

« A Dieu tout-puissant, très Grand ! »

« Hélas ! excellent voyageur, arrête-toi peu de temps et avec « des larmes dans les yeux, lis ces quelques mots : Ici repose

(1) *Bibl. d'Orl.*, ms. 487, Dom Verninac, f° 86.
(2) *Arch. dép.*, H. 16.
(3) S. Guyon, *Hist. chronol.* Episc. Aurelian., 285-286.
(4) *Arch. dép.*, H. 16, 17, 18.

« un homme de très sainte mémoire, Michel Viole, d'une « naissance illustre, autrefois très digne abbé de Saint-Euverte. « Tant qu'il vécut, il fut l'admiration de sa famille, remar- « quable par ses mœurs et sa probité, admirable par son éru- « dition de toute sorte. Il honora Dieu par sa piété filiale, « nourrit de sa doctrine le troupeau qui lui fut confié, aida « ses concitoyens de ses sages conseils et donna à tous le bon « exemple. Après qu'il eut quitté cette terre par la volonté « de Dieu, sa famille accompagna ses funérailles au milieu « d'un deuil public. Les Parques cruelles qui n'épargnent « personne ont violé par une violente audace les douces vio- « lettes de la France. O voyageur, je te défends de pleurer sur

D. O. M.

Heus! viator optime, adsta paululum
Et cum lacrymis hoc pauca perlege.
Ill. s. e. v. se M. M. Michael Violœus
Abbas dignissimus, qui dûm viveret,
Familiœ splendore clarus, morum
Probitate conspicuus, multiplici
Eruditionis genere admirandus
Deum pietate coluit, gregem doc
trinâ pavit, cives consilio fovit.
Omnes exemplo juvit. C. R. C. post
Quam Deo volenti, familia funus
Ejus cum luctu publico prosequu
ta est. Crudeles Parcœ quœ ne
mini parcunt dulces Galliœ
Violas ausu violento violarunt.
Ejus tamen vicem, viator, flere
Te veto quoniam sors non mi
seranda sed miranda, nec queren
da sed quœrenda tibi est
Commercio, terrena cum celestibus,
Caduca cum œternis, bellum
cum pace, tenebras cum luce
Mortem cum vità commendavit.
Vixit annis lxx, mensibus V. Hoc tibi
Volebam, hospes. Vale et abi in rem tuam (1).

(1) Dom Morin, ouvr. cité 259. — Bibl. d'Orl., *Tombeau de Michel Viole*, in-12, 1598, ms. 487. Dom Pothier, f° 88.

« son sort. Il n'est pas à plaindre, mais à admirer ; il n'est « pas à déplorer, mais à rechercher. Par un heureux com« merce, il a échangé les choses de la terre avec celles du « ciel, les choses passagères avec celles qui durent toujours, « les ténèbres avec la lumière, la mort avec la vie. Il vécut « soixante-dix ans et cinq mois. Voilà ce que je voulais consa« crer à ton souvenir, ô mon hôte, adieu, et va à tes af« faires. »

Les armes de Viole sont :

Anciennes : d'azur à trois chevrons brisés d'or.

Nouvelles : d'azur à trois chevrons brisés de sable.

V. — *Martin de Beaune de Semblançay (1592-1593). Claude Sain (1592-1602)*

I. — MARTIN DE BEAUNE DE SEMBLANÇAY

A la fin de l'année 1592, nous trouvons cet abbé en possession de Saint-Euverte, comme le prouve une lettre de procuration adressée par le frère Lucas Des Moretz, ancien prieur de Saint-Donatien, « à noble et circonspecte personne Maître « Martin de Beaune, abbé de Coulombs et de Saint-Eu« verte (1). »

Par cette lettre de procuration, Lucas des Moretz remontre franchement et fermement « qu'il est venu exprès porter en « présence du notaire le concordat fait le 2 septembre dernier « en la présence du révérendissime Evesque d'Orléans entre « ledit sieur de Beaune et frère Henri Bault prieur, se faisant « fort desdits religieux et parlant à ledit frère Henri Bault, « sommé, prié, rogé et interpellé ledit sieur de Beaune, abbé « dudit Saint-Euverte que son plaisir feust de passer ledit con« cordat en présence du notaire et à son regard accomplir et « entretenir le contenu en iceluy. Offrant à Henri Bault tout

(1) *Arch. dép.*, H. 16.

« pour lui que pour les religieux, comme fondé de procura-
« tions d'eulx, l'entretenement et accomplissement en tout « ce qu'il est tenu, faisant toutes les protestations perma- « nentes au cas où défault de la part du sieur de Beaume, de « l'entretenement dudit concordat... »

Ce concordat commencé par Henri Bault et Lucas Des Moretz n'a été définitivement conclu que le 21 août 1593 entre l'abbé de Saint-Euverte et le prieur Pierre Pothier, sur le modèle de l'accord fait précédemment entre Michel Viole et ses religieux (1).

C'est le seul acte qui établisse la présence de Martin de Beaune et il nous est impossible de fixer la durée de son administration qui, d'ailleurs, nous semble avoir été bien éphémère. Il paraît même douteux, si ce n'était cet acte, qu'il eût jamais exercé les fonctions d'abbé ; le cartulaire du XVIIe siècle, la Gallia Christiana ne font de lui aucune mention.

Les auteurs qui ont parlé de ce personnage ne semblent pas non plus s'accorder entre eux. Moréry, M. de Ponce, Louis Jarry le font naître du légitime mariage de Guillaume de Beaune, baron de Semblançay et d'Elisabeth Cottereau, et il eût été plus tard évêque du Puy. Dans ce cas-là, il serait le frère de Regnauld de Beaune, décédé en 1606, archevêque de Sens (2).

Lequel des deux aurait été abbé commendataire de Saint-Euverte ? Il est difficile de le dire.

2. — CLAUDE SAIN (1593-1602)

Claude Sain, que le chanoine Hubert et son fidèle copiste Vergnaud-Romagnési appellent « Saint-Claude » (3), était fils

---

(1) *Arch. dép.*, H. 16.

(2) MORÉRY, *Dictionn. général*, II, 154. — M. A. DE PONCE, *Mém. Société de Touraine*, t. VI, p. 181. — Louis JARRY, *Abbaye de la Cour-Dieu*, 114.

Armes : De gueules, au chevron d'argent, accompagné de trois besants d'or, deux en chef et un en pointe.

(3) HUBERT II, f° 222. VERGNAUD-ROMAGNÉSI, *Saint-Euverte d'Orléans*, 9.

de Claude Sain, bourgeois et maire d'Orléans en 1571 et de Charlotte Hurault. Il était, quand il prit possession de son abbaye, à la fin de 1593, seigneur de Bellecroix, d'Adonville et de Montigny (1). C'est sous ce dernier titre qu'il signe ses lettres : « Sain, sieur de Montigny. »

Les frères Denis Crepin sous-prieur et Samson religieux de Saint-Euverte eurent l'honneur d'être choisis comme délégués aux Etats Généraux de 1593 et 1594, et l'abbé paya la somme de XXII[lt] pour sa quote-part de contribution exigée par Henri IV sur les biens du clergé (2).

Ces états furent l'occasion pour les députés de signaler au roi les nombreux abus qui réclamaient une réforme sérieuse et leurs réclamations ne furent pas inutiles. Nous trouvons, en particulier, dans le chapitre de l'Etat ecclésiastique, des prescriptions curieuses « contre les blasphémateurs, les devins, « les magiciens ; contre les bateleurs, cabaretiers, gens « d'escrime ; contre les personnes de quelque qualité, quelles « qu'elles soient, qui se promènent dans les églises pendant « les offices ; contre les mariages clandestins, ceux de la « religion réformée... »

Pendant trois années, Claude Sain refusa à ses religieux la partition concordataire à laquelle ils avaient droit. De là, des récriminations et des procès ; le prieur Pierre Pothier proteste au nom de ses confrères et somme l'abbé de lui acquitter les arrérages des années 1593 à 1596 et trois cents écus sur les fermes de Melleray et la Grange d'Artenay (3).

Au dire de Hubert et de Vergnaud-Romagnési, Claude Sain donna sa démission vers 1602 et se fit chartreux (4).

Le jubilé séculaire pour lequel Clément VIII avait accordé des conditions spéciales à la France mérite qu'on s'y arrête un instant. Henri IV venait de faire enregistrer par le Parle-

---

(1) Montigny, h. de Villermain, canton d'Ouzouer (Loir-et-Cher)

(2) *Bibl. d'Orl.*, ms. 510.

(3) *Arch. dép.*, H. 16.

(4) Vergnaud-Romagnési, ouvr. cité, 9.

ment de Paris son édit de Nantes et il avait clairement fait connaître aux autres assemblées de l'enregistrer pour le plus grand bien du royaume et dans l'intérêt de la pacification générale. Le Souverain Pontife désigna l'église de Sainte-Croix d'Orléans pour la visite qui devait remplacer celles des sept basiliques de Rome.

Orléans avait été longtemps le centre du protestantisme en France et les reîtres allemands avaient installé leurs chariots, quand ils étaient venus porter secours aux Calvinistes révoltés. C'était une légitime réparation : elle fût éclatante et cinq cent mille hommes vinrent y gagner l'indulgence jubilaire et confesser leur foi au dogme de la présence réelle en y recevant la sainte Communion. Le roi ordonna qu'on travaillât à la restauration de la basilique à demi-ruinée et on se mit à l'œuvre dès l'année suivante (1).

CHAPITRE III

Article premier. — Charles Fougeu d'Escures (1604-1630).

Article II. — Jacques Le Coigneux. — Réforme par les Génovefains (1630-1644). — François Le Coigneux. — Dominique Larcher (1645-1684).

Article III. — Nicolas de Graves. — Procès. — Visites du prieur Lapille (1684-1738).

Article IV. — Timoléon de Gouffier. — Terrier de l'abbaye. — Bibliothèque (1739-1775). — Joseph Meffroy de Césarges (1775-1791).

ARTICLE PREMIER

Charles Fougeu d'Escures (1604-1630)

Il était, d'après les auteurs du Gallia christiana, fils de Pierre Foujeu, valet de chambre des rois Henri III et Henri IV

---

(1) Symph. Guyon, II, 455 et s. q.

et de Marie de Ruquidor (1). Il fut nommé chanoine de Saint-Aignan, puis de Sainte-Croix le 20 juin 1586, sous-chantre le 31 décembre 1597 ; il se démit de l'abbayye de Saint-Séverin de Châteaulandon en faveur de son neveu Pierre Foujeu, doyen de l'église de Chartres et conseiller au prédidial de la même ville. A la démission de Claude Sain, il obtint la commende de Saint-Euverte (2).

Grâce à son heureuse intervention, des fonds d'Etat furent alloués à la restauration de l'église et de l'abbaye. Grâce aussi au crédit de son frère, Pierre Foujeu, favori du roi, Henri IV assigna à cette œuvre, en 1607, un revenu de huit sel.cent soixante livres à prendre chque année sur l'impôt du sel.

Dans son conseil privé, le roi ordonna que les églises de Notre-Dame de Cléry et de Saint-Euverte dûssent partager la somme de neuf cents livres pour leur réédification ; l'octroi accordé à l'bbaye, commencé le 21 janvier 1610, quelque temps avant la mort de Henri IV, a été de 450 fr., plus l'apport de douze deniers formant la somme de onze cent soixante une livres pour l'entretien des couvertures et des cloîtres (3).

Accablés sous le crédit du dernier abbé commendataire, les religieux n'avaient reçu qu'une faible pension alimentaire et avaient été plusieurs fois obligés de s'en passer. Le 7 juillet 1610, pour mettre fin à tout différend, Charles Foujeu convint de s'en rapporter au concordat de Michel Viole, tout en faisant valoir « que les sciences ayant diminué, les charges « avaient considérablement augmenté (4). »

Deux objets fixèrent l'attention des uns et des autres ; la nourriture et l'entretien de la communauté en général et la pension alimentaire des religieux. Nous avons suffisamment parlé du premier chapitre. Quant à la pension en espèces à

(1) Tom. VIII, *Société hist.*, t. XXVIII, 142.

(2) *Gall. christ.*, t. VIII.

(3) Lottin, *Recherches hist.*, 1, 153. *Arch. dép.*, H. 18 *bis*.

(4) *Arch. dép.*, H. 16 *bis*.

accorder au prieur et aux frères, elle fut ainsi partagée entre neuf prêtres, deux profès et novices et réglée comme il suit :

Il fut accordé :

Au Père Courvegain, prieur claustral..........	290	l.
Au Père , sous-prieur	284	»
Au Père Ignace Biet	284	»
Au Père François Jullien	90	»
Au Père François Macé	60	»
Au Père François Lecoq	100	»
Au Père Claude Perdoux	300	»
Au Père Jehan Foujeu	300	»
Au Père Nicolas Baudoin	200	»

Les frères Estienne Costé et François Lenormand étaient entretenus aux soins de leurs parents. Les frères Abraham Lenormand et Nicolas Thoynard, étudiants en philosophie, recevaient chacun cinquante-deux livres (1).

L'abbé Foujeu assista aux assemblées du clergé des années 1612, 1614 et 1616 et donnait pour la taxe royale une somme d'argent qui variait entre soixante et quatre-vingts livres (2).

En 1614, l'œuvre de l'église était déjà bien avancée. Louis XIII, voulant récompenser l'abbé de Saint-Euverte, son aumônier, lui accorda « quinze cents livres pour reconstructions et embellissements à faire dans le monastère (3). » La date de 1616 inscrite au haut du portail de l'église indique assez que les efforts de l'abbé ont été couronnés d'un heureux succès.

Malgré la décadence qui se faisait sentir un peu partout dans la vie monastique, les études sacrées étaient florissantes à Saint-Euverte et le prieur délivrait en 1623 les diplômes de bachelier en théologie aux frères Jean Poujet, Marin Lenormand,

(1) *Arch. dép.*, H. 16.
(2) *Arch. dép.*, H. 12.
(3) *Arch. dép.*, H. 18 *bis*.

François Jullian, Estienne Costé, Charles Sconnin, Charles de Moulmetz, Jacques Royer, Pierre Brachet, François Lefebvre, Jean Vivier, Pierre Rouaulx (1).

Charles Foujeu mourut le 18 septembre 1630, à l'âge de soixante-deux ans. Il fut inhumé le surlendemain dans la partie droite du chœur.

Voici l'épitaphe inscrite sur sa tombe :

« Charles Foujeu d'Escures, conseiller du roy, vivant abbé
« de Saint-Euverte d'Orléans pendant le cours de vingt-cinq
« années à son instance, par ses soins et industrie l'esglise
« de la dite abbaye a esté rebastie par les bienfaits des rois,
« ce qu'il eût continué de faire sans son décès arrivé le 18 sep-
« tembre 1630, âgé de 62 ans.

« Priez pour le repos de son âme (2). »

Un de ses confrères de Saint-Euverte lui consacre cette notice en latin :

« Carolus Foujeu d'Escures, O. S. A., in diœcesi Aurelia-
« nensi, ab episcopo Aurelianensi provisus die vicesimâ julii,
« anno domini millesimo quingentesimo octogesimo sexto et
« receptus die vicesimâ ejusdem mensis et anni. Fuit postea
« succentor ab anno millesimo quingentesimo nonagesimo
« septimo, tunc capellanus seu clericus capellæ sive oratorii.
« Hic anno 1599 die novembris ob recusationem capituli
« sancti Aniani provisus fuit a capitulo, sede episcopali va-
« cante, prebendâ in regiâ collegiali sancti Aniani super dono
« et nominatione regis Henrici IV pro jucundo ejusdem regis
« in hanc urbem adventu.

« Anno 1577, obtinuit archidiaconatum Balgenciacensem
« cujus possessionem non est adeptus.

(1) *Arch. dép.*, H. 18 *bis*.

(2) *Bibl. nat.*, ms. 11.998. Armes : azur à deux chevrons d'or, accompagnés en chef de deux étoiles d'or et en pointe d'un croissant d'or, d'où sort une flamme de gueules.

Hubert, mss. VIII, 114.

« Obiit millesimo sexcentesimo et tricesimo, die octavo de-
« cimo ssptembri (1). »

ARTICLE II

JACQUES LE COIGNEUX. — RÉFORME GÉNOVÉFAINE (1630-1644).
FRANÇOIS LE COIGNEUX. — DOMINIQUE LARCHER (1645-1738)

1. — *Jacques Le Coigneux de Bellabre (1630-1644)*

Il était le fils de Jacques Le Coigneux, président au Parlement de Paris, et de Marie Le Cérisier. Il obtint ses bulles pour Saint-Euverte le 18 décembre 1630 et ne prit possession de son abbaye qu'au mois de février de l'année suivante (2). Il consentit à faire aux religieux une pension à prendre sur la mense abbatiale et donna à son arrivée 500 l. à M. de Turin, prieur claustral (3).

Le 18 octobre 1631, le nouvel évêque d'Orléans, Nicolas de Netz, fit son entrée solennelle dans sa ville épiscopale. Un témoin oculaire nous raconte l'accueil qu'il reçut de la part de l'abbé et un petit incident survenu à cette occasion.

« Jacques Le Coigneux, « après avoir reçu l'evesque en « chape, voulant paraître en sa présence en rochet et camail « contre l'advis et le sentiment de ses meilleurs amis, fust « obligé de quitter ce costume en entrant dans le cloître où il « fut arrêté par le grand vicaire et les autres officiers dudit « seigneur évesque qui lui représentoient que cet habit ne lui « convenoit pas et qu'il ne devoit paroistre vêtu de cette sorte « en sa présence, le contraignirent de le déposer ; ce qu'il fist « avec beaucoup de peine et assista le lendemain à toute la « cérémonie dudit évesque avec le rochet couvert d'un man- « telet (4)... »

---

(1) *Bibl. nat.*, ms. 11.998.
(2) *Gall. christ.*, t. VIII.
(3) *Arch. dép.*, H. 16.
(4) *Arch. dép.*, H. 16 *bis*.

Les chanoines et les vicaires généraux avaient seuls le droit de porter l'habit canonial, le rochet et le camail dans les cérémonies religieuses.

L'événement le plus considérable qui se produisit pendant l'abbatiat de Jacques Le Coigneux fut la réforme à Saint-Euverte.

L'ordonnance de Blois, se conformant aux vœux du concile de Trente enjoignait aux évêques et aux chefs d'ordres de rétablir la discipline monastique suivant les premières institutions (1).

Deux célèbres congrégations s'établirent alors en France : celle de Saint-Maur pour les moines et celle de Sainte-Geneviève pour les chanoines réguliers. La première commença en 1613 et forma une compagnie qui fut confirmée huit ans plus tard par le pape Grégoire XV. Urbain VIII l'approuva à son tour en 1627, et permit aux supérieurs d'y agréger les maisons religieuses qui voudraient suivre la réforme.

Le 11 mars 1623, furent jetées les bases d'une autre congrégation dont le régime, il faut l'avouer, était nouveau ; le cardinal de la Rochefoucauld et son conseil ayant jugé ces dispositions de caractère plus moderne, nécessaires pour couper court aux causes de décadence, établit ainsi la constitution :

« Il y aurait un supérieur général, élu par les réformés, « pour trois ans, rééligible pour le même laps de temps.

« Les autres officiers claustraux sont remis sous la dépen- « dance des supérieurs et des chapitres. Les religieux renonce- « ront aux cures dépendantes du monastère qui conservera « toujours le droit de présenter des curés primitifs. Il sera « établi un ou plusieurs noviciats dans la congrégation. La « clôture sera réorganisée. On sera prudent pour l'admission « des sujets.

« La robe et les habits des religieux seront de serge ou de « drap blanc, qui n'excédera pas le prix de cent sols l'aune ;

(1) *Bibl. d'Orl.*, ms. 510.

« un surplis et un rochet de toile blanche qui n'excédera pas « vingt ou trente sols l'aune ; une chape d'escot noir ou « serge drapée, du prix commun l'une, qui sera portée dans « l'église ou le monastère le temps qu'elle doit se porter et en « blanc comme ci-dessus, avec un manteau court noir et un « chapeau noir (1). »

Pour les frères convers, le costume serait une robe et un manteau de drap tanné, et un capuce remplaçant la chape.

« On décida encore que défense serait faite à toutes les « abbayes non réformées de recevoir des novices, et que deux « noviciats modèles seraient établis à Saint-Vincent de Senlis « et à Sainte-Geneviève de Paris. Toutes choses dont l'exécu- « tion fut assurée par les pouvoirs spéciaux du cardinal et le « concours éclairé de l'autorité royale (2). »

La vie canonique, avec un règlement assez sévère, reste la base de la congrégation : chant de l'office au chœur, travail manuel, intellectuel et ministère paroissial par la prédication et fonctions des curés.

Les chanoines de Saint-Augustin, de la Congrégation de France disent matines le soir à huit heures, immédiatement après l'examen de concience et les litanies de la Sainte Vierge, se lèvent le matin à cinq heures.

Ils jeûnent tous les vendredis pourvu que ces jours-là ne se rencontrent pas de fêtes solennelles ou qu'il n'y ait pas de jeûne de l'église, le jeudi ou le samedi ; ils jeûnent encore toutes les veilles de fêtes de la Sainte Vierge et de saint Augustin, pendant l'Avent et les deux jours qui précèdent le carême universel.

Ce changement se fit à Saint-Euverte, le 27 juillet 1636, à la demande de Nicolas de Netz, évêque d'Orléans, « parce que « les religieux s'étaient relâchés de la régularité de leur pre- « mière institution (3). » Les Augustiniens de Saint-Victor

---

(1) Abbé Féret, *Abbaye de Sainte-Geneviève*, I, 203.

(2) Fourrier-Bonnard, *Abbaye de la Trinité de Mauléon*, 128, 129.

(3) Migne, *Dictionn. des ordres religieux*. — Art. Génovefains.

« durent alors céder la place aux chanoines réguliers de la « Congrégation de France qui prirent le nom de Sainte-Gene- « viève ou de Génovéfains.

L'évêque d'Orléans confia cette importante affaire au père Faure, premier gouverneur général de Sainte-Geneviève. Mais pour agir dans cette réforme, il fallait au prélat la délégation du cardinal de la Rochefoucauld. Muni de cette autorité de vicaire apostolique, Nicolas de Netz força les anciens religieux à se soumettre, prit des mesures avec le père Faure et le pria de se trouver à Orléans à un jour fixé. Ce dernier partit de Paris au plus tôt, passa par Chartres, puis par Châteaudun d'où il amena huit collègues pour établir sa nouvelle communauté ; il arriva à Orléans, le 27 juillet 1636. Dès le lendemain, l'évêque le mit en possession de Saint-Euverte, ce qui se fit avec beaucoup d'éclat (1).

« MM. de Verthamont et Nicolas Fouquet, commis par le « roy, se rendirent à l'évêché avec M. le lieutenant général, « les officiers de la justice, le maire, les échevins et les « archers de la ville en armes. L'évêque suivi de tout ce nom- « breux cortège, conduisit le père Faure à Saint-Euverte. Ils « eurent une extrême peine à traverser cette partie de la ville « avec cette pompe et cet appareil. Le P. Faure disait que cela « ne convenait guère à l'humilité, à la douceur et à la simpli- « cité de leur profession ; mais on lui fit comprendre que cela « était nécessaire pour contenir la populace qui pourrait être « émue par les anciens, lesquels étaient assez maîtres dans « leurs paroisses, s'ils n'étaient arrêtés par la présence des « magistrats. Ils furent donc introduits de cette manière dans « l'abbaye, sans que personne osât branler et même au grand « mécontentement de tous les gens (2). »

Les Génovéfains se firent remarquer de suite par un attachement exceptionnel à leur nouvelle résidence. Ils voulurent qu'elle fût digne de leur congrégation et Symphorien Guyon

---

(1) Symphorien II, 480.

(2) *Vie du P. Faure*, par le R. P. Chastonnet, p. 365.

les loue du soin « qu'ils mirent à réparer les édifices du monastère et à procurer la décoration de leurs églises (1). »

II. — *François Le Coigneux. — Dominique Larcher (1645-1738)*

I. — François Le Coigneux (1645-1664)

Il était cousin germain du précédent abbé et seigneur de Bachaumont (2). Il obtint ses bulles au mois de mars 1645, prit deux ans après possession de son bénéfice et le résigna en 1664 à Dominique Larcher. Plusieurs membres de la famille Le Coigneux se sont fixés dans l'Orléanais et se sont alliés aux maisons de Morville, Thignonville, Argeville et plus tard aux de la Tour du Pin, de la Charce et de Chambly (3).

Les deux premiers généraux de la Grande Congrégation de France furent, après le cardinal de la Rochefoucauld et le P. Faure, le P. Blanchard et Charles-Antoine Seonnin. Ce dernier, docteur en théologie, avait été religieux à Saint-Euverte. Originaire de la Ferté-Milon, il avait vingt ans quand il prononça ses vœux en 1623. La nature l'avait doué de brillantes qualités, mais on pouvait remarquer en lui avec un zèle, qui, parfois n'était pas exempt de dûreté, un esprit personnel, amoureux du changement et au besoin réservé jusqu'à la dissimulation (4).

La constitution s'occupa peu des abbés commendataires qui n'observaient pas la résidence, mais tout particulièrement des prieurs. Elus par le chapitre général, ces derniers ne pouvaient demeurer en charge plus de six ans ; ils devaient être d'une vertu éprouvée soit qu'ils fussent sous la direction d'un abbé régulier ou d'un commendataire.

---

(1) S. Guyon, II, 480.

(2) *Gall. christ.*, t. VIII.

(3) Armes : Azur à trois porcs-épics d'or.

(4) *Bibl. d'Orl.*, ms. 52, p. 562.

Les chapitres généraux se tenaient tous les trois ans à Sainte-Geneviève, ainsi que les diètes provinciales à la maison conventuelle ou à une autre désignée d'avance (1).

La première réunion du chapitre de Saint-Euverte eut lieu le 15 septembre 1647, en présence « des révérends pères David « Tesson, prieur ; Pierre Lenormand, sous-prieur ; Claude « Piau, René du Guichard, Urbain de Bollée, et frère Michel « Coriasse.

« Vu le petit nombre de religieux, la cure des âmes et l'état « des affaires de l'abbaye, il est convenu, pour ne pas empê- « cher le service divin que le révérend père David Tesson se « transportera seul à Sainte-Geneviève, comme député de ses « frères, dans le but d'élire un supérieur général (2). »

Dans une séance ordinaire, on s'occupa de la bulle d'Innocent X, condamnant les cinq propositions du livre de Jansenius et déjà publiée dans tous les diocèses. Il fut résolu qu'elle serait souscrite par tous les religieux de la congrégation, encore que plusieurs l'eussent déjà fait sur l'ordre des ordinaires. En même temps défense était portée de rien dire ou d'écrire qui fût contraire à l'acte du Saint-Siège ; par conséquent, la lecture de Jansenius était formellement interdite (3).

Le 10 décembre 1652, les commissaires délégués pour l'emploi des deniers destinés à la reconstruction de Sainte-Croix et de Saint-Euverte proposèrent au sieur de Beausse, entrepreneur, de refaire la croupe de l'église abbatiale et de relever les portes qui donnent sur les remparts. En quelques années, il répara les fossés et les murs de clôture du jardin du côté de la Porte-Bourgogne (4).

Enfin, en 1655, Louis XIV fit rétablir la corniche de l'église par un architecte, nommé Girard. C'est ce que nous rappelle

(1) *Bibl. d'Orl.*, ms. S. 55.

(2) Ms. de Sainte Geneviève, 18 4, 421.

(3) *Bibl. d'Orl.*, ms. S. 55.

(4) *Arch. dép.*, H. 18 *bis*.

une inscription placée au sommet du chevet, immédiatement au-dessus de la corniche :

D - O - M
V - M - A
S - P - E

LVDOVICVS-XIIII-A-DEO
DATVS-FRAN-ET-NAV·
REX-HANC-BASILICÆ
CORONAM-POSVIT-
-AB-GIRARD-ARCH-
-FECIT-1655-

Voici maintenant la traduction libre, mais fidèle : « Au « Dieu très bon, très grand, à la Vierge du Haut-Mont, au « Patron saint Euverte, Louis XIV dieudonné, roi de France « et de Navarre, a fait construire la corniche du chevet de « cette église, par Abel Girard, architecte, en 1655. »

A la suite des guerres de religion et des dévastations qui en furent la conséquence, l'église de Saint-Euverte ne possédait plus que quelques reliques du saint patron « encloses en « une ancienne châsse de bois peint. Emu de cet état de choses, le prieur François Lefebvre s'adressa aux religieux de Saint-Vincent de Senlis et obtint par leur entremise « un ossement fort considérable du corps du saint Evêque, avec des « témoignages authentiques de tous ceux du chapitre de cette « maison et même des anciens chanoines qui les ont précédés (1)... Il obtint aussi « un autre ossement du corps de « saint Aignan, successeur de saint Euverte, qui a été retiré « d'un reliquaire d'argent appartenant à une personne fort « notable de la paroisse, de la famille de MM. les Petau, ses « ancêtres (2). »

(1) *Bibl. d'Orl.*, ms. S. 55.
(2) *Ibid.*

Avec la permission et l'approbation de Mgr d'Elbène, évêque d'Orléans, le 11 avril 1659, le prieur François Lefebvre, accompagné du P. Jean Foujeu, ancien religieux, âgé de soixante-dix ans, dont plus de cinquante en religion ; de Pierre Lenormand, curé ; de Charles Forcoal, Nicolas Prévost, Louis Le Meunier, Le Vautsel, chanoines réguliers de Saint-Augustin, « a placé les dites reliques dans deux châsses « nouvellement faites de bois doré, les a posées sur le retable « du grand autel, pour accompagner le tabernacle aussi de « bois doré. »

« Ces précieux restes ont été exposés pendant quarante jours à la vénération publique (1). »

(Suivent les signatures.)

François Le Coïgneux partagea en trois lots avec les religieux les biens et revenus du monastère. Le premier lot fut dévolu à l'abbé commendataire, le second à l'entretien des religieux et le troisième à la reconstruction et à la réparation de l'église et du cloître. Comme cette dernière portion était complètement insuffisante, il fallut recourir à la munificence royale et chaque année le monarque octroya une somme à prendre sur les domaines de l'Etat (2).

L'abbé de Saint-Euverte démissionna vers le mois de mars de l'année 1664 en faveur de Dominique Larcher.

III. — *Dominique Larcher (1665-1684)*

Dominique Larcher du diocèse de Toul, est né d'après ses lettres de tonsure, du légitime mariage de Didier Larcher et de Claudine-Marie Renard (3). Il n'appartenait donc pas, comme on l'a prétendu, aux familles Larcher d'Estenay ou d'Arcy (4).

Avant sa confirmation il s'appelait Maugin et depuis il a pris le prénom de Dominique. Nommé le 12 décembre 1664 à

(1) *Bibl. d'Orl.*, ms. S. 55.
(2) *Bibl. d'Orl.*, ms. 555, ancien 435.
(3) *Arch. dép.*, B. 250.
(4) *Bibl. d'Orl.*, mss. 555.

l'abbaye de Saint-Euverte, il ne reçut ses bulles que le 5 février de l'année suivante et fut aussitôt installé dans son nouveau bénéfice avec tout le cérémonial ordinaire, en présence des chanoines de la communauté (1).

Le 11 janvier 1667, il fit avec eux une transaction. Comme l'octroi destiné aux réparations de l'église et du cloître avait été momentanément supprimé, l'abbé exerça à son profit pour les deux tiers et au profit des religieux pour l'autre tiers la faculté de retrait sur la métairie de Melleray et autres héritages. La somme de 550 l., fruit de cette distraction, fut cédée en jouissance aux chanoines qui doivent se charger par compensation de payer les réparations auxquelles l'abbé était assujetti.

En 1670, l'octroi fut rétabli et les héritages furent alors rendus au sieur Larcher, mais à la condition expresse que si les deniers venaient à manquer ou n'étaient pas employés à leurs fins, on agirait comme précédemment (2):

Au chapitre général tenu le 11 janvier 1668, par Erard Floriot, abbé du Val des Ecoliers, on recommande rigoureusement les décrets qui concernent l'amélioration des études au sein de la communauté.

« Leur durée pour les jeunes chanoines était de sept ans :
« deux ans pour la littérature, deux pour la philosophie, trois
« pour la théologie. Ces études commençaient après le novi-
« ciat. En certain cas, ce laps de temps pouvait être prolongé
« ou diminué ; le prieur demeurait juge, et pour se pronon-
« cer, il devait avoir égard non à l'âge, mais bien à la science
« et aux progrès de l'étudiant.

Le cours de littérature portait le nom de juvénat et naturellement la rhétorique y tenait la première place. « Mais l'élo-
« quence ne s'acquiert pas par des leçons, il faut encore
« l'exercice. Il est donc nécessaire que les étudiants pro-

---

(1) *Arch. dép.*, B. 231.
(2) *Arch. dép.*, H. 14.

« noncent souvent des discours soit en latin, soit en français « devant les autres chanoines, et même parfois devant des « hommes habiles et bienveillants. Des cours accessoires « venaient s'y ajouter, qui avaient pour objet tant l'histoire « civile qu'ecclésiastique, la géographie et la chronologie. « Quant aux mathématiques, il était recommandé aux profes- « seurs d'enseigner ce que pouvaient ou ne pouvaient porter « les épaules des élèves.

La raison dit encore que les supérieurs donneront tous leurs soins à procurer à nos jeunes gens une exacte et pleine connaissance des dogmes et des préceptes de la très sainte religion ; de là l'obligation de lire l'Ecriture sainte et d'en apprendre une certaine partie, c'est-à-dire les psaumes et le Nouveau Testament ; de là, l'ordre d'expliquer le catéchisme du Concile de Trente, « ce fidèle et élégant exposé de la doc- « trine catholique. »

La philosophie se divisait en logique, métaphysique, éthique ou morale. Pour la logique « science directrice de nos jugements » on recommandait aux professeurs le « Livre d'Or » qu'on appelait la Logique de Port-Royal. Dans l'enseignement de la métaphysique, il fallait faire concorder cette science naturelle avec la surnaturelle.

La morale s'éclairait des principes naturels et de la lumière de l'évangile (1).

Le prieur Tesson était docteur en Sorbonne et professeur. Lenormand enseigna la théologie pendant dix ans. Nos chanoines de Saint-Euverte devinrent ainsi les coadjuteurs de Mgr le Cardinal de Coislin, ancien abbé de Saint-Victor, et par là même les premiers directeurs de nos séminaires avant l'arrivée dans notre diocèse de MM. les Prêtres de la Société de Saint-Sulpice (2).

On enverra aux études de philosophie Jacques Girard et Estienne Baudry ; Claude Boulard est promu au diaconat :

---

(1) *Constitutions*, H. 16-18.

(2) *Arch. dép.*, H. 18.

Jean Vaujois, novice profès, est nommé prieur de Marcau-aux-Bois (1).

Un autre religieux, Jacques Josset, docteur en droit canon et civil se faisait remarquer à Saint-Euverte par ses qualités intellectuelles et la bonté de son caractère. Son père, très habile médecin de Nantes, le destina de bonne heure à sa profession ; mais après avoir pris ses grades à l'Ecole de Médecine de Paris, Dieu l'appela à son service parmi les chanoines réguliers où il fit d'admirables progrès dans la science et la vertu. Il écrivait et parlait d'une manière parfaite un certain nombre de langues. Un coup de pied de cheval, appliqué sur la rate, le délogea de son siège et le fit devenir de robuste et fort qu'il était, le plus infirme des hommes, ce qui le détermina à abandonner la communauté dont il était la gloire pour se faire prieur à Vauthon et à Sennely. Il mourut le 17 octobre 1680 après de cruelles souffrances. Etant venu passer quelques jours à Orléans avant la Toussaint, il coucha à Saint-Euverte dans des draps qui lui engendrèrent une fistule dans les reins. La démangeaison lui ayant fait gratter son mal avec des ongles malpropres, la gangrène s'y forma, gagna toutes les vertèbres et il mourut après une douloureuse agonie entre les mains d'un médecin ignorant qui le découpa par tout le corps en faisant de nombreuses incisions sur la chair vive (2).

En 1680, le prieur Lapille accompagné de Marc-Antoine de Laistre, se serait transporté au prieuré de Saint-Hilaire et y aurait été très aimablement accueilli par le révérend père Jean-Baptiste d'Estat, prieur-curé de la paroisse (3).

Le visiteur s'informe auprès des habitants de l'ancien état de la maison. Ceux-ci déposent qu'elle est conventuelle et qu'ils y avaient vu jusqu'à six religieux. N'y pouvant y placer un pareil nombre de frères, Lapille en adjoignit au prieur

(1) *Arch. dép.*, H. 14.

(2) *Arch. dép.*, H. 18, ms. Sauvageon.

(3) *Bibl. d'Orl.*, ms. S. 55.

deux seulement comme vicaires, tenus de célébrer trois messes par semaine, de chanter avec le curé de la paroisse les premières vêpres et les matines tous les dimanches et aux diverses solennités de l'année. Le curé-prieur devait en outre dire la messe aux fêtes de la Sainte Vierge, de Saint-Jean-Baptiste, aux fêtes annuelles et solennelles, fournir deux cierges sur le grand autel et donner tous les ans dix livres pour la pitance du couvent de Saint-Euverte (1).

En 1683, le prieur Lapille se rendit pour la même cause à Ouzouer-le-Marché et à Sennely ; mais surpris par la maladie dans le cours de ses visites, il fut remplacé par Jean Gouffé qui fit successivement une inspection semblable à Saint-Donatien, Saint-Martin d'Abbat, à Huisseau et à Artenay (2).

Le 1er mai 1684, en présence de révérend frère Paul Beurrier, abbé général de Sainte-Geneviève et visiteur de la province de France ont renouvelé leurs vœux les religieux dont suivent les noms :

Jean-Pierre Beurrier, Jean Lapille, Jean Delmé, Jean Le Brun, Antoine Bocquet, Jean-Baptiste Leprestre, Jean Lenoir, Guignace, Marc de Laistre, Estienne Duchesneau, Thomas Lallemand, Coffin, Veronneau (3).

Dominique Larcher mourut le 11 mai 1684. Par son testament du 8 mai, il demande « six cents messes de *Requiem* « moitié dans la paroisse de Saint-Euverte, moitié dans l'église « de l'abbaye, incontinent après sa mort (4).

« Donne et lègue à ladite paroisse la somme de 500 livres « pour la reprise des réparations à faire, ainsi qu'on le jugera « à propos.

« Donne 200 livres à distribuer aux pauvres.

« Donne aux religieux les ornements d'église qui sont à « sa maison, chasubles, aubes, sa chapelle de vermeil, deux « chandeliers, un calice, patène, burettes, bénitier.

(1) *Bibl. d'Orl.*, H. ms. 809, S. 55.
(2) *Ibid.*
(3) *Ibid.*
(4) *Arch. dép.*, B. 250.

« Donne au sieur Brossard son homme d'affaires la somme « de 3.000 l. une fois payée pour services rendus ; au cocher « 200 l., à sa servante 300 l., au jardinier 200 l., donne « le reste, meubles et immeubles à M. Le Coigneux, seigneur « de la Roche-Crespin, son légataire universel (1). »

M. Gabriel Le Coigneux, chevalier, marquis de Bellabre, conseiller du roi et maître des requêtes constitue son procureur général et spécial Maître Denis Allaire, prieur-curé de Saint-Euverte pour faire vendre les grains de la récolte et succession de Dominique Larcher (2).

Dans une réunion du 14 juillet 1684, le conseil des chanoines décide de donner quatorze muids de blé, tant pour payer une partie des dettes courantes que pour achever le paiement d'une taxe imposée par M. l'Intendant d'Orléans (3).

ARTICLE III

Nicolas de Graves (1684-1738)

Prétentions de l'abbé. — Différends suscités aux religieux de Saint-Euverte. — Procès.

L'origine de la maison de Graves, dit La Chesnaye-des-Bois, se perd dans la nuit des temps (3). Nicolas de Graves était le deuxième fils de François de Graves, seigneur de Saint-Martin, d'Aumas, et d'Isabelle Clapin. Quand il fut nommé à Saint-Euverte, il était diacre de l'église de Paris, chanoine de la métropole et abbé de Sainte-Marie de Pérignac d'Agen (4).

En 1703, il intenta un procès à ses religieux au sujet des concordats de 1659 à 1667. Tant que l'octroi accordé par Henri IV pour la reconstruction de l'église fut intégralement payé, les abbés possesseurs des deux tiers des revenus se crurent autorisés à en garder la jouissance pleine et entière

(1) *Arch. dép.*, B. 250. Bibl. d'Orl., ms. S. 55.

(2) *Arch. dép.*, H. 14.

(3) La Chesnaye des Bois, VII, 435. Potin de Courcy.

(4) *Gall. christ.*, VIII, 1578.

sans aucune charge ni restriction. Mais après sa réduction ou cessation, ils furent obligés, selon les anciennes prescriptions, de faire les réparations ordinaires à l'église et aux bâtiments claustraux. Pendant dix-huit ans, Nicolas de Graves fit forcément ces réparations, mais il y mit tant de négligence qu'en 1703, tout tombait en ruines. Ne voyant dans son bénéfice qu'un fief facile à exploiter, désirant diminuer ses obligations et les rejeter sur ses frères, l'abbé leur intenta devant le procureur du roi une action, demandant à ce qu'ils fussent condamnés à faire chaque année les réparations spécifiées par le partage de 1659 et attribuées au troisième lot.

Les religieux, s'appuyant sur les textes des anciens conciles d'Orléans, les constitutions de l'église, le droit commun, les ordonnances et arrêts royaux, alléguèrent leur incompétence absolue et refusèrent à entrer en jugement avec leur supérieur.

D'autre part, ils firent valoir les misères survenues à cause de l'insolvabilité de leurs fermiers surchargés de tailles, la perte de bestiaux, le prix élevé du blé, les mauvaises récoltes ; la gelée de cette année sur toutes les vignes du pays leur occasionnait un dommage de plus de 200 fr. ; la reconstruction de leurs métairies ruinées par des incendies et autres accidents qui n'en sont pas moins fâcheux, une taxe considérable imposée par la réformation des fenêtres ; telles furent les revendications qu'ils adressèrent à leur révérendissime père général, le priant de vouloir bien agréer leurs légitimes réclamations (1).

Une enquête ordonnée par les commissaires du roi établit clairement que les récriminations de Nicolas de Graves n'étaient ni justes ni motivées et par conséquent dénuées de toute espèce de fondement. Par ordonnance du 3 décembre 1703, les frères furent exemptés de toutes charges, l'abbé débouté de sa demande et condamné à tous les dépens (2).

---

(1) *Bibl. d'Orl.*, ms. 914.
(2) *Arch. dép.*, H. 16 3.

Lorsque le 1er mars 1707, Mgr Fleuriau d'Armenonville fit son entrée solennelle à Orléans, il s'écarta en cette occasion de la coutume qui voulait que l'évêque se rendit de l'abbaye à l'église de Saint-Aignan, pieds nus avec des sandales ; pour s'en affranchir, le prélat allégua sa mauvaise santé. Il se dispensa également d'aller la veille au monastère de la Cour-Dieu ; il coucha ce jour-là à Saint-Euverte. L'abbé, par un motif inconnu, s'absenta à dessein, fit servir au prélat deux œufs frais pour son souper, et à sa monture une botte de foin, faisant observer qu'il n'allait ni en deçà ni au delà de ce qu'il devait ; mais les chanoines ajoutèrent à ce repas par trop frugal deux pigeons en ragoût, une poularde, une perdrix et deux poulets ; en plus, du fourrage et de l'avoine pour les chevaux de l'évêque et de sa suite (1).

Pendant que l'abbé étendait ses mains rapaces, sur les domaines de Saint-Euverte et intentait procès sur procès aux fermiers de Charmont, d'Armeville et autres lieux, les religieux avaient dû abandonner le chœur de l'église et se réfugier dans une chapelle particulière pour y célébrer l'office divin. Grâce à leurs privations et économies, ils réussirent à réparer à neuf le carrelage du sanctuaire et à y placer un magnifique autel en pierre, dû au ciseau de Gabru, architecte et constructeur des bâtiments du roi (2).

Ces travaux n'eurent pas l'heur de plaire à M. de Graves. Il formule à chaque instant ses critiques malsaines et ses reproches malveillants : « L'autel était d'un dessin capricieux, « le carrelage, une dépense inutile et superflue. » A cause du mauvais temps, les frères étaient obligés de passer par un vestibule pour y faire les processions ordinaires et celles du saint sacrement ; ce vestibule fut réparé avec intelligence et avec goût ; néanmoins l'abbé l'appelle « un magnifique cau- « soir ou chacun vient prendre à son aise ses récréations et « ses distractions (3). »

(1) *Arch. dép.*, H. 16 *bis*.
(2) *Ibid.*, H. 16 *bis*.
(3) *Arch. dép.*, H. 16 *bis*. Procès.

Ce n'est pas fini. De Graves se montre de plus en plus exigeant et impératif. Il veut être le supérieur et le chef de la communauté ; il réclame avec instance les honneurs dus à sa dignité, la présentation de l'eau bénite et de l'encens, le baiser de paix, sa place au chœur et le tapis d'usage, le droit de présider aux processions et aux autres cérémonies.

Les chanoines surent lui répondre en connaissance de cause.

1° Les abbés commendataires n'ont aucune juridiction sur les religieux de leurs abbayes ; ils n'en sont point leurs supérieurs et encore moins leurs chefs, puisqu'un chef est de même nature que les membres qu'il dirige, ce qui ne peut convenir qu'aux abbés réguliers ;

2° On accorde volontiers à M. de Graves les honneurs qu'on rend aux autres abbés de France et jamais ses prédécesseurs n'ont fait entendre de plaintes et de murmures ;

3° La cérémonie par laquelle le célébrant lui présente l'eau bénite pour en prendre de sa main et se signer est contraire au cérémonial romain qu'on suit dans l'église de Saint-Euverte, à l'usage unifié des églises des différents diocèses et enfin à la raison prise du sens mystique de l'aspersion ;

4° On ne lui a jamais refusé l'encens ;

5° La paix n'est point présentée à l'abbé par le sous-diacre ; l'abbé de Graves ne la demande point dans son dernier mémoire ; mais il exige que les deux acolythes lui présentent les deux paix à baiser, ce qui est contraire au cérémonial et à l'usage pratiqué à l'égard de ses prédécesseurs ;

6° L'abbé ayant dans le chœur une place en forme de trône n'a pas le droit d'en avoir une autre ; celle que revendique M. de Graves est occupée par le prieur. Dans les églises de Rouen, de Saint-Lô et du Mont-aux-Malades, les places sont cédées aux abbés quand ils sont présents et qu'ils n'ont point de trône. Les prieurs de Saint-Euverte ont eu cette place du fond jusqu'en 1705, époque où l'abbé entreprit de l'occuper.

Mgr le cardinal de Coislin n'a pas dans sa cathédrale d'autre place que son trône, puisque celle « qu'il prend quelquefois est occupée par le doyen du chapitre. »

7° L'usage du tapis ne porte aucune atteinte aux droits honorifiques, puisqu'il est observé dans les églises abbatiales chez les Bénédictins de Bonne-Nouvelle, à Saint-Corneille de Compiègne ;

8° L'abbé suivra la procession à certains jours et dira la messe dans certaines solennités (1).

Afin de se garantir à l'avenir contre toutes récriminations de l'abbé et pour donner une entière satisfaction à l'assemblée générale du clergé de France, les chanoines de Saint-Euverte présentèrent, le 20 mai 1730, devant MM. le syndic et les membres du dureau du diocèse d'Orléans, la déclaration des biens et revenus dont ils avaient la jouissance dans le diocèse ou au chef-lieu de leur monastère, conformément aux partages faits entre leurs prédécesseurs et l'abbé François Le Coigneux, le 11 octobre 1659 (2).

Nicolas de Graves mourut à Paris, le 13 décembre 1738, à l'âge de 81 ans (3).

Ses armes : Une tête de géant percée d'une lance ou à trois fasces ondelées d'argent (4).

Ou encore : Ecartelé aux 1 et 4 d'azur à trois fasces ondées d'argent, aux 2 et 3 d'or, à cinq merlettes de sable posées 2, 1 et 2 et surmontées d'une tête de géant percée d'une lance.

ARTICLE IV

Timoléon-Charles de Gouffier (1739-1775)

1. Notice. — 2. Confection du Terrier. — 3. Bibliothèque. — 4. Divers.

1. — *Timoléon-Charles de Gouffier (1739-1775)*

Cette famille de Gouffier en Poitou a été féconde en personnes illustres. Charles Timoléon était le sixième fils de

(1) *Arch. dép.*, H. 14-16 *bis*, B. 250.

(2) *Arch. dép.*, H. 18. *Cueillerette.*

(3) *Gall. christ.*, VIII, 1578.

(4) La Chesnaye des Bois, VII, 435.

Timoléon III, marquis de Thois, maître de camp du régiment d'Auvergne-infanterie, et d'Henriette-Mauricette de Pencouët de Kérouelle, venue de Philippe Herbert, comte de Pembrock, et duchesse de Portmor (1).

Il naquit à Thois vers 1704, fut ordonné prêtre en 1728, nommé chanoine de Paris en 1729. Il reçut, le 1er avril 1739, ses bulles d'abbé commendataire de Saint-Euverte (2).

Il demeurait ordinairement à Paris, rue de la Couture, sur la paroisse de Sainte-Catherine.

2. — *Terrier de l'Abbaye*

D'après les lettres patentes du roi datée de 1743, les abbés et religieux durent présenter aux commissaires du terrier une déclaration de tous les biens-fonds, rentes foncières et droits de l'abbaye. La déclaration fut faite par Bernard Doyneau au nom de Charles Gouffier, abbé commendataire (3).

Quelques années après, une autre déclaration fut faite par le couvent représenté par Pierre Debeyne, Martin Jacques, Pierre Miron, Jean-Baptiste Soret-Noisette, Charles Cosme, Joseph Charles, tous prêtres de la communauté (4).

Cette communauté était alors composée de onze religieux, y compris le curé, trois valets, un petit garçon pour servir les messes, et un ancien domestique qu'on nourrit et entretient par charité.

Les revenus dont jouissent les chanoines, charges déduites, sont d'environ 3.000 l., y compris les revenus de la cure.

Ils jouissent en plus :

Du revenu du prieuré simple de Saint-Laurent du Gué de l'Orme, de la valeur de 450 l.

Du revenu du bénéfice simple de la Madeleine de Chantemerle, de la valeur de 35 l.

---

(1) Moréry, III. La Chesnaye, VII, 331.
(2) *Gall. christ.*, VIII, 1578.
(3) *Arch. dép.*, A. 931.
(4) *Ibid.*, A. 569.

C'est en total général une somme de trois mille quatre cent quatre-vingt-cinq francs (1).

C'est bien le cas de le dire : « Les religieux étaient réduits à la portion congrue. »

En 1749, Timoléon de Gouffier et Gaurens de Sartaux furent déboutés de leurs droits de censives au sujet d'une maison située rue de l'Etelon, condamnés à passer reconnaissance au domaine et à payer les profits échus et les arrérages de cens (2).

Le 17 novembre 1760, l'abbé présente devant la Chambre syndicale ecclésiastique l'état des revenus et des charges du monastère.

I. — Les revenus de l'abbé sont affermés par deux baux de dix mille livres chaque, soit.................. 20.000 l.

II. — Les charges annuelles autres que celles des fermiers sont :

1. Pour le pensionnaire du roi...............	225	l.
2. Pour l'entretien de l'église aux religieux...	200	»
3. Pour l'aumosne du caresme..............	45	»
4. Pour processions et offices à la cathédrale..	20	»
5. Pour l'oblat	150	»
6. Pour réparations et divers................	1.000	»
Total.....	1.640	l.

Cet article était plus considérable les années précédentes, puisque depuis vingt ans que M. l'abbé de Gouffier possède l'abbaye, il a dépensé environ 60.000 l. t. de réparations, d'où cette surcharge

7. Pour transport d'un homme d'affaires et réparations, la somme de 500 l. : d'où la somme de............ 1.640 l.
plus 500 l., égale en dépense deux mille cent 500 »
quarante livres (3).

Total..... 2.140 l.

(1) *Arch. dép.*, G. 584.
(2) *Arch. dép.*, A. 481.
(3) Arch. dép., *Chambres syndicales*, G. 584.

Il fait mention ici d' « oblat ». Ce terme a une autre signification que celle que nous lui avons donnée précédemment.

En ces temps de guerres incessantes, les soldats invalides étaient si nombreux que les hôpitaux militaires faisaient défaut pour les recevoir. Pris au dépourvu et attendant une institution stable, les rois de France avaient pris l'habitude de placer dans les abbayes et prieurés de fondation royale un certain nombre de vétérans ou invalides de l'armée. L'Etat estimait que les couvents, en retour du privilège dont ils bénéficiaient, pouvaient sans rétribution fournir ce service public et il les obligeait à servir à ces anciens militaires la portion alimentaire donnée aux religieux.

Ces singuliers pensionnaires appelés oblats « oblati » avaient souvent, il est facile de le présumer, des allures peu en harmonie avec celles d'un cénobite, si bien que leur présence devenait une entrave au bon ordre des communautés. C'est ce qui amena les religieux à obtenir à force d'instance, que l'hospitalité qu'ils donnaient aux invalides, fût convertie en une somme d'argent. Dès lors, l'Etat se chargea de pourvoir au logement et à la subsistance de ses vieux soldats, par une institution d'abord provisoire qui plus tard aboutit à l'établissement des Invalides à Paris. Par cette organisation, les vieux soldats qui avaient été blessés ou avaient contracté des infirmités au service du pays se trouvaient pensionnés non par l'Etat, mais par les abbayes et prieurés royaux. Dans la suite, on en vint à transformer ce qu'il y avait de trop visiblement bizarre dans ce procédé, et, par édit du Conseil d'Etat, une taxe d'oblat fut régulièrement imposée à tous les abbés et prieurs à la nomination du roi, fixée à 150 livres, s'ils avaient 1.000 livres de revenus et au-dessus ; à 75 l. pour les revenus inférieurs (1).

C'est ainsi que les choses se passèrent à Saint-Euverte, à Saint-Samson, au grand séminaire...

En 1765, le duc d'Orléans approuve l'échange passé entre

(1) Arrêt du 4 juillet 1716.

l'abbé de Saint-Euverte et Pierre de Cypierre, intendant de la généralité d'Orléans, échange par lequel le sieur de Gouffier cède la métairie de Cuny contre la somme de 2.500 l. de rente à prendre sur les aides et gabelles (1).

3° *Bibliothèque*

Les chanoines de Saint-Euverte possédaient une belle bibliothèque enrichie depuis longtemps des travaux et manuscrits des Victorins. Il n'en reste plus que cinq cartulaires copiés sur les anciens au commencement du XVIIe siècle et conservés au dépôt de la bibliothèque nationale. Dom Viole paraît être un des premiers qui se soit intéressé à cette œuvre si importante. Aux livres et manuscrits dont il était en possession, il a ajouté vers 1580 les ouvrages de M. de Gyvès de Pithiviers. Vers 1653, le prieur d'Ouzouer-le-Marché, Nicolas Blaye léguait au couvent un nombre considérable de livres et d'objets à son usage (2).

Par son testament du 29 septembre 1754, M. le chanoine Philippe Cougniou légua sa bibliothèque aux chanoines de Saint-Euverte, à la condition qu'elle serait ouverte au public, « tous les quinze jours, le jeudy à midy depuis la Saint-Martin « jusqu'au dimanche des Rameaux, de deux heures précises « jusqu'à quatre heures, et depuis le dimanche des Rameaux « jusqu'à la Nativité de la Sainte Vierge, à quatre heures « jusques à six, excepté les jours de festes et les veilles de « festes de la dédicace de l'Eglise, de saint Augustin, de saint « Euverte et généralement excepté toutes les festes aux jours « desquelles il est d'usage de ne point ouvrir les bibliothèques « publiques (3). »

En 1784, le bibliothécaire était M. de Coulanges (4).

---

(1) Arrêt du 4 juillet 1716, H. 15.

(2) *Bibl. d'Orl.*, mss. 301 et 74. POLLUCHE, *Essais hist.*

(3) Nouveau Supplément à la *France littéraire.*

(4) *Arch. dép.*, A. 481.

La bibliothèque composée en grande partie de traités de théologie et de droit comprenait en 1732, 3.432 ouvrages ; le catalogue n'indique pas le nombre de volumes appartenant à chaque ouvrage. Voici quel était son titre :

« Catalogus librorum quos dedit et legavit canonicis regu-
« laribus Abbatie S^ti^ Euvurcii et publicœ studiosorum uti-
« litati consecravit Philippus de Cougniou (1754) (1). »

Encouragé par les exemples précédents, Charles Cossart, prieur-curé de Saint-Donatien, voulut faire participer les religieux aux bienfaits de sa bibliothèque.

4° *Divers*

Parmi les déclarations faites au duc d'Orléans au sujet des dépendances du monastère, nous rencontrons celle de Jacques-Gabriel Gouault, prêtre, chanoine régulier de Saint-Augustin, curé de Bellefontaine, au diocèse de Paris, pour Saint-Nicolas des Landes dont il était aussi prieur (2).

Les biens consistaient en une petite métairie, cour, jardins et enclos dans lequel est bâtie la chapelle. Le tout environné de larges fossés contient deux arpents de terrain situés sur la paroisse de Chilleurs, vingt-sept arpents de terres labourables confinant à la forêt, quatre-vingt-trois arpents et dix-neuf perches de bois, soixante-douze pièces appelées la Pièce de l'Etang (3).

Timoléon de Gouffier mourut en 1775 (4). Ses armes : Or à trois fasces de jumelles de sable en fasce (5).

---

(1) Beauvais du Préau, *Essais histor.*, 15.
(2) *Arch. dép.*, H. 18 3.
(3) *Arch. dép.*, A. 932.
(4) La Chesnaye des Bois, VII.
(5) *Ibid.*, X.

ARTICLE V

Joseph de Meffroy de Césarges

Comptes de l'Abbaye. — Derniers moments. — Révolution française (1775-1791).

D'après La Chesnaye des Bois, la famille de Meffroy (tout court) ou Meffroy de Césarges, d'ancienne noblesse du Dauphiné, subsistait au milieu du XVIIIe siècle dans la personne d'Hyacinthe-Eugène de Meffroy, marquis de Césarge, mariée à Marguerite-Françoise de Tarnefieu, de la même province. De ce mariage sont issus :

I. François Joseph, ancien officier de dragons.

II. Joseph Florimond, docteur en Sorbonne, chanoine de Saint-Pierre de Vienne, vicaire général du diocèse de Fréjus (1).

Ce dernier, créé depuis, grand maître de l'Oratoire du roi fut nommé en 1775 abbé de Saint-Euverte d'Orléans. La même année, il bailla la terre de Baudreville à Gabriel Rolland, seigneur de Champbeaudoin, de la paroisse d'Erceville (2).

En 1777, Mgr le duc d'Orléans donne aux religieux la somme de deux cent quarante-cinq livres tant pour les réparations de l'église et du cloître que pour les aumônes à faire aux pauvres auxquels on lave les pieds tous les jours de carême et le jeudi saint, en vertu du concordat sous la signature privée du 25 août 1775, conclu entre le fondé de pouvoir et de procuration et le révérend père Duchesne, prieur de la maison (3).

En 1781, les revenus de l'abbaye s'élevaient à la somme de vingt-trois mille cinq cent trente-neuf livres et provenaient :

1° Des rentes foncières.

2° Des rentes constituées sur le domaine royal, de la taille, du clergé, des dons de l'hôtel de ville.

---

(1) La Chesnaye des Bois, X.

(2) *Arch. dép.*, A. 435, H. 18.

(3) *Arch. dép.*, H. 18.

3° Des loyers des maisons.
4° Des biens affermés et des censives.
5° Des seigneuries et métairies.
6° Des prés et des vignes.
7° De 1.090 arpents de bois dans la forêt d'Orléans.
8° Du casuel.
9° Des grains et fourrages.

Les dépenses ordinaires et extraordinaires, charges et autres droits s'élevaient à la somme de vingt-deux mille sept cent soixante-six livres, cinq sols, deux deniers.

D'où balance faite, il résulte un boni de sept cent soixante-treize livres, cinq sols, deux deniers (1).

L'abbé, qui touchait 20.000 l. de revenus de son bénéfice et qui donnait seulement 4.000 l. aux religieux, présenta un faux rapport devant la chambre des décimes et allégua des pertes sur les fermes de Baulay, de Melleray, des mauvaises années, des non-values à cause des grêles, des gelées, etc., son exposé ayant été reconnu inexact et controuvé, M. de Césarges fut condamné par les syndics à payer 6.000 l. d'amende, et imposé à la taxe de 8.500 l. qu'il fut obligé d'hypothéquer sur son abbaye (2).

L'état d'abaissement où le pouvoir civil avait réduit cette abbaye ne contribuait pas peu à troubler la discipline. La maison ne remplissait plus absolument les intentions des fondateurs, et les conditions d'existence avec lesquelles elle avait fleuri précédemment avaient disparu. Il ne lui restait plus que des biens et encore ces biens ne lui appartenaient pas. Au lieu de les employer à la multiplication et au bonheur des religieux, à la nourriture des pauvres, à la restauration de l'église et du couvent, ils ne servaient plus qu'à satisfaire l'ambition des nobles et des courtisans. De plus, le jansénisme s'efforçait de soumettre les catholiques à un rigorisme désolant sous le spécieux prétexte de s'opposer à la morale

(1) *Arch. dép.*, H. 18.
(2) *Arch. dép.*, G. 568-572.

soi-disant relâchée des jésuites. Louis Sextius de la Jarente de la Brugère, évêque d'Orléans, imbu des idées du jour, se hâta de supprimer dans son diocèse plusieurs fêtes de dévotion, devançant ainsi de sa propre autorité les concessions que le Saint-Siège devait faire plus tard à l'occasion du Concordat.

L'abbé de Césarges, connu en haut lieu et apprécié pour ses lumières, fut choisi par la province d'Orléans comme député à l'assemblée du clergé de 1787. Il fut un des membres les plus influents de cette réunion et nommé successivement président du bureau des impositions, des règlements, archives et revision du Comité pour les Vingtièmes et du bien public (1).

Le 29 mars 1789, les suffrages du clergé l'appelèrent aux Etats généraux avec ses confrères : MM. Daniel Blandin, curé de Saint-Pierre-le-Puellier ; Antoine Moutié, grand-chantre et chanoine d'Orléans ; Antoine Chapt de Rastignac, abbé de Saint-Mesmin, et Rouy, curé d'Aulnay-la-Rivière, suppléant (2).

L'abbé de Saint-Euverte avait été aussi appelé par le bailliage d'Etampes pour Ardelu, mais il ne comparut point devant ses confrères de la noblesse et du clergé (3).

Les religieux furent bientôt désenchantés du mouvement qui emportait les esprits vers un autre ordre de choses. Ils apprennent qu'on vient de proposer à l'assemblée nationale, la suppression de tous les monastères de France. Les représentants du clergé orléanais MM. de Césarges, Le Geard de Cherval, abbé de la Cour-Dieu, déclarent renoncer à leurs privilèges en matière d'impôts et demandent que le clergé partage le poids des contributions avec toutes ses formes et mesures d'assiette et de perception (4).

Mais ces concessions sont trop tardives. Le 2 novembre 1789,

---

(1) *Assemblée Provinciale*. Procès-verbal, p. 6, 85, 167.

(2) *Assemblées de la Noblesse et du Clergé*, Louis DE LA ROQUE et Edouard DE BARTHÉLEMY.

(3) Max. LEGRAND et Léon MARQUIS, *Les Trois Etats du bailliage d'Etampes aux Etats généraux de 1789*.

(4) *Arch. dép.*, A. 272.

les biens du clergé sont mis à la disposition de l'Etat. Le 14 du même mois, les chanoines de Saint-Euverte offrent comme don patriotique la plus grande partie de l'argenterie de leur église, savoir : un ostensoir en vermeil sans pied, un calice également en vermeil avec sa patène, une lampe, un encensoir, quatre burettes et un bassin. Ils croyaient s'attirer l'affection du gouvernement et de la municipalité ! au contraire ! (1).

Enfin, c'en était fait des anciens couvents ; un décret du 19 février 1790 déclare que la loi constitutionnelle ne reconnait plus de vœux monastiques, et autorise les religieux à déserter les cloîtres, après avoir fait la déclaration du lieu de leur résidence. Des maisons seraient indiquées à ceux qui ne voudraient pas se séculariser. N'ayant plus de biens, l'État se chargeait de leur fournir une pension.

Cette dernière disposition n'était pas aussi facultative qu'elle le paraissait ; en effet, sous le faux prétexte que les religieux étaient pressés de jouir de leur liberté, les directoires de district reçurent l'ordre d'activer la vente des meubles dans toutes les abbayes du royaume et de préparer celle des immeubles.

Trois commissaires désignés pour procéder à Saint-Euverte, firent le 20 avril 1790 l'inventaire du mobilier. Le trésor de l'église était riche et ses ornements de très grande valeur. L'argenterie fut envoyée au directeur de la monnaie d'Orléans. La belle bibliothèque ne suscitant aucune convoitise fut dépareillée et confondue quelque temps après avec celle de Bonne-Nouvelle.

A très peu de différence, le domaine de l'abbaye était resté tel que nous l'avons fait connaître.

Le 26 octobre 1790, la municipalité d'Orléans s'empara des biens de l'abbaye et les vendit à l'enchère. Un article exceptait seulement les bâtiments et le jardin, c'est-à-dire la partie qui comprenait l'église, le cloître et le jardin réservés au curé constitutionnel et à ses vicaires (2).

---

(1) Lottin, III, p. 1-20.

(2) *Journal général de l'Orléanais* 1790.

La première vente eut lieu le 3 janvier 1791. Saint-Euverte fut alors dépouillé de toutes ses maisons d'écoles et d'autres situées dans les rues de Saint-Euverte, des Noyers, de l'Etelon, de la Charpenterie, à Saint-Marc, à Semoy, à Saint-Jean-le-Blanc, à Saint-Marceau, du domaine de l'Egoutier situé à Saint-Jean-de-Braye, des métairies de Baulay, de Romilly, de Marville, du Gué de l'Orme, de Sennely.

Le 5 février suivant, à la requête, poursuite et diligence de M. le Procureur de la Commune d'Orléans, par devant les administrateurs du district de Neuville, on procéda à l'adjudication définitive du domaine de Chantemerle, de Saint-Thomas de Douxchamp, de la Grange d'Artenay et du Moulin-Brûlé, du Verreau, d'Armeville, de Gueudreville, des terres et vignes situées en Beauce et dans la banlieue d'Orléans (1).

Pendant ce temps, on avait divisé la ville en douze quartiers particuliers afin d'administrer plus facilement la population et les intérêts de la commune. Le quartier de Saint-Euverte, borné au Nord par le boulevard de ce nom, à l'ouest par la rue du Bourdon-Blanc, au sud par la rue Bourgogne, à l'est par la commune de Saint-Jean-de-Braye, renfermait une réunion de 3.400 habitants, et formait une paroisse constitutionnelle à laquelle étaient annexées les anciennes de Saint-Marc, de Notre-Dame du Chemin, du Crucifix de Saint-Aignan et de Saint-Victor. Cette paroisse de récente érection n'eut que trois années d'existence.

Lorsque la révolution eut poursuivi le christianisme dans ses couvents, ses religieux et son culte, elle tourna sa rage contre les prêtres, mais le plus grand nombre demeura fidèle à ses vœux. L'abbé de Césarges et plusieurs de ses amis prirent le chemin de l'exil et allèrent porter sur des terres plus hospitalières les marques du zèle dont ils étaient animés. Restèrent alors à l'abbaye huit religieux : MM. Magny, ancien prieur et curé de Saint-Euverte, Mézières, Forgeot, Odezenne,

(1) *Journal de l'Orléanais*, 1790.

Carré, Thibault, Rousseau, Berthelot. D'autres ne firent que passer. Malheureusement, tous les huit prêtèrent serment à la constitution civile du clergé ; deux seulement jouirent de leur indemnité de 800 l. et encore pendant quelques mois. Nous ne savons pas ce qu'ils devinrent dans la suite. En 1793, Magny avait pour successeur un nommé Gérente. Infidèle à sa consécration, il abdiqua en 1796 et déposa devant le maire-syndic ses lettres de prêtrise (1).

Désormais la ruine de l'abbaye est consommée. Il y avait plus de neuf cents ans que ce monastère était fondé. Période immense ! Combien de grands empires et de dynasties royales n'ont pu accomplir une pareille destinée !

CHAPITRE IV

PAROISSE DE SAINT-JEAN-BAPTISTE DE SAINT-EUVERTE

ARTICLE PREMIER

ORIGINES DE LA PAROISSE. — DÉVELOPPEMENTS. — POPULATION APPROXIMATIVE. CURÉS-PRIEURS

Dans le principe, c'est-à-dire aux xe et xie siècles, la population groupée autour de l'église était réunie à la paroisse de Saint-Marc, une des plus anciennes d'Orléans ; mais après la première invasion des Anglais, elle se rendit complètement indépendante et fit partie des huit cures suburbaines, situées à l'est de la ville (2).

(1) *Arch. dép.*, H. 18 3. On fit passer dans l'opinion ce dicton satirique et guépin : « Ils sont là six blancs qui ne valent pas deux sous. » Allusion au costume blanc des Génovéfains.

(2) Ces huit paroisses étaient : La Chapelle de Saint-Aignan ou Notre-Dame du Chemin, Notre-Dame des Forges ou Saint-Victor, le Crucifix de Saint-Aignan, Saint-Vincent des Vignes, Saint-Avit, Saint-Marc, Saint-Euverte et Saint-Michel.

La paroisse de Saint-Euverte existait certainement en 1391 et 1393, puisqu'elle payait des taxes qui s'élevaient à la somme de dix livres (1).

De 1427 à 1468, elle paya de 32 l. à 94 l. d'imposition pour droits de tailles, de lances, de gens d'armes, puis fut définitivement reconnue par l'évêque diocésain avec son culte régulier, ses institutions, sa fabrique ou matricule, ses confréries et ses écoles.

Elle fut placée sous le vocable de Saint-Jean-Baptiste et occupait dans l'église abbatiale, la nef gauche, du côté de l'évangile.

La présentation à la cure appartenait de droit à l'abbé qui y nommait un religieux avec le titre de prieur-curé et ordinairement un vicaire pour aider ce dernier dans la charge de son ministère.

Après la construction de la troisième enceinte commencée par Louis XI et terminée par Charles VIII et Louis XII, la paroisse comprenait non seulement le domaine justiciable de l'abbaye, mais toute la partie territoriale circonscrite du nord au sud par les murailles de la ville jusqu'à la rue Bourgogne (sauf les enclaves de Saint-Michel et de Saint-Victor), de l'est à l'ouest toutes les dépendances comprises entre la rue Torte ou Bellébat et la rue de la Croix, nommée depuis rue du Bourdon-Blanc.

Elle était coupée dans sa partie longitudinade par les rues de l'Empereur, Torte, le Grand Champ de Saint-Euverte (Champ Hagon) et un côté de la rue de la Croix. Dans la largeur de l'est à l'ouest, elle était traversée par les rues du Bourgneuf, de Saint-Euverte, de Cormereau, du cimetière aux Juifs et des Francs-Bourgeois.

Afin de peupler ce nouveau quartier, et voulant aussi exercer sa vengeance contre la ville d'Arras qui lui avait résisté, Louis XI n'hésita pas à faire évacuer de cette cité quatre ou cinq cents habitants qu'il établit dans la nouvelle

(1) *Arch. comm.*, CC. 537.

enceinte (1). Des privilèges et des franchises furent accordées à tous ceux qui viendraient se fixer à Orléans, comme ailleurs, à Blois, Beaugency et Châteauneuf-sur-Loire. Le nom de Francs-Bourgeois que porte une de ces rues atteste encore les faveurs royales.

Ces rues se composaient en 1503 de 152 maisons et en 1548 de 190 maisons (2).

Si l'on attribue en moyenne à chaque foyer quatre ou cinq habitants, on arrivera à avoir une population de 6 à 700 ou de 8 à 900 paroissiens. Il est bien rare que la paroisse de Saint-Euverte ait atteint ce chiffre ; car, elle a toujours été considérée comme une des plus petites et des plus pauvres de la ville.

Les archives départementales nous donnent en général le nombre de feux, mais ces renseignements sont loin d'être complets.

Quant aux registres paroissiaux qui commencent en 1550, ils pourraient nous fournir une statistique assez détaillée des baptêmes, mariages et sépultures et par là même déterminer d'une manière approximative le nombre des paroissiens depuis cette époque jusqu'à la Révolution française ; mais malheureusement, ces cahiers très sommaires et parfois illisibles ne donnent que très peu de renseignements.

Après les guerres religieuses et à la fin du XVIe siècle, le nombre des baptêmes a sensiblement diminué par suite des transfuges qui passèrent à la religion réformée.

On comptait	en 1594.........	520	habitants.
—	en 1630.........	601	—
—	en 1650.........	620	—
—	en 1709.........	580	—
—	en 1734.........	561	—

En 1785, dans un compte rendu adressé à la chambre syndicale diocésaine, le curé Magny élève à 760 personnes le

---

(1) *Arch. dép.*, H. 18.
(2) *Arch. départem.*, A. 1859.

chiffre de ses paroissiens demeurant dans l'enceinte de la ville et à 15 au delà des murs (1).

Toutes choses égales d'ailleurs, la moyenne de la population n'a guère dépassé le chiffre de 600 habitants pendant une période de deux cents ans.

Le régime qui consistait à placer le groupement paroissial dans la nef gauche latérale à côté du chapitre conventuel pouvait entraîner des difficultés par rapport à certaines cérémonies religieuses et aux heures des offices.

Jusqu'en 1680, les curés, se confiant dans le bon vouloir de leurs supérieurs, exerçaient en toute liberté leurs modestes fonctions, administraient les sacrements et procédaient à toutes les cérémonies du culte. Mais vers cette époque, Dominique Larcher prétendit se réserver à lui seul le droit de bénir les fonts baptismaux le samedi saint et la veille de la Pentecôte : par l'intermédiaire de quatre paroissiens d'un âge très avancé et qui connaissaient les habitudes locales, les fidèles protestèrent contre cette manière d'agir et affirmèrent que MM. Lenormand, Beaudoin, Tesson, Nourry, anciens curés, avaient toujours béni les fonts du baptême ; ils demandèrent, en conséquence, « qu'il ne fût pas dérogé à cette coutume et que « la tradition prescriptive se continuât comme par le « passé (2). » Ils ne connaissaient qu'une seule personne, leur propre curé, et l'abbé, au contraire, n'était à leurs yeux qu'un inconnu non résidant et un étranger (3).

L'abbé Larcher dut accéder, pour le bon ordre, à l'assentiment de la majeure partie des paroissiens de Saint-Euverte.

Un autre inconvénient était que les dimanches et jours de fêtes la messe paroissiale se célébrait à neuf heures ou neuf heures et demie du matin et la messe conventuelle à onze heures. Il arrivait parfois que la première messe n'était pas encore terminée lorsque commençait la seconde. Il en résul-

(1) *Arch. dép.*, G. 592.
(2) *Arch. dép.*, H. 18 3.
(3) *Arch. dép.*, H. 18 3.

tait alors des troubles, des inconvénients et des scandales, si bien que les curés, Canivet, Duchesne, Lefebvre, Magny firent entendre leurs « desiderata » aux assemblées générales du clergé : « lorsqu'on ne dit à l'église les dimanches et fêtes « qu'une simple messe basse, les vêpres sont communes, au « chapitre et à la paroisse ; il serait à désirer que la grand'- « messe des chanoines fût aussi celle de la paroisse pour la « décence de l'église (1). »

Revenus de la Cure

Le 27 avril 1757, le curé Canivet nous donne ainsi l'état des revenus de la cure.

1. Les grands gagiers paient annuellement pour le gros	86 l.	12 s.	6 d.
2. Pour les messes de confrérie de la Sainte Vierge qui se disent les samedis et autres fêtes, la somme de vingt-une livres	21		
3. Fondations de messes à acquitter.	7	10	
4. Messes du Saint Sacrement tous les jeudis, payées par les proviseurs de la confrérie	22		
5. Le casuel en cette paroisse où il n'y a que des pauvres et gens mal aisés peut tout au plus monter à vingt écus.	60		
Total.....	196 l.	22 s.	6 d.

Les charges

1. Une messe basse depuis Pâques jusqu'à la Toussaint	15 l.	10 s.
Vierge	2	10
3. Taxe des décimes et dons gratuits......	37	5
Total.....	55 l.	5 s.

(1) *Arch. dép.*, G. 592.

27 avril 1757. — Certifié véritable : Canivet prieur-curé (1).

Le curé Magny s'exprime de la même manière devant l'assemblée syndicale du clergé de 1785.

« Le revenu de la cure consiste en un gros de 100 l. que la fabrique fait au curé et sur ce gros le curé est obligé de dire la messe tous les samedis. Le casuel peut être estimé « trois louis » bon an mal an (2).

Liste des curés et vicaires

1584. André Dupuys. Il avait fait un voyage à Constantinople et signait ainsi : CONSTANTINOPOLITANUS.

1591-1595. Pierre Destas.

1595-1597. N. Doulceron.

1597-1600. Vincent Hue.

1600-1610. Pierre Norry ou Nourry. Nous lisons à la première page des registres cotés : « Pour les mariages de l'année 1610, premier janvier, ce papier a esté acheté par moy : Norry.

1611-1615. Michel Marchon.

1615-1628. J. Le Patas.

1628-1630. Estienne Taconnet.

1630-1640. Pierre Beaudoin ; 1631, Jean Lebrun, vicaire.

1640-1643. J.-B. Dumas.

1643- . Jean-Pierre Lescuyer.

1643-1647. David Tesson.

1647-1666. Pierre Lenormand.

1666-1674. Pierre Fournier.

Vicaires : 1648, Vincent de Bellère ; 1651, Gauthier ou Gaucher, C. Piau ; 1652, Colas de Marolles, Charles Guilbert ; 1653, Edme Sémillard ; 1659, François Lefébure ; 1663, Jean Lambert,

---

(1) *Arch. dép.*, G. 584.

(2) *Arch. dép.*, G. 592.

Isidore de la Chaussée d'Eu, Boyetet, Couet, Desvaux.

1674-1679. François Julian.

Vicaires : Allaire, Destas, Denis Bigant.

1679-1684. Denis Bigant.

1684- . Denis Allaire.

1691-1699. Jean-Baptiste d'Estat du Tremblay.

1699-1707. Jean-Louis Gentil.

1707-1712. Amable de Saint-André.

1712-1733. Jean-Pierre Amadieu.

1733-1740. François Le My.

Registres disparus

1740- . De Roly.

1741-1748. Jean-Baptiste Jobart.

1745-1765. Pierre Canivet.

1765-1774. De Beyne.

1774-1775. Claude Duchesne.

1775-1781. Louis Lefèvre.

1781-1783. François-Claude Mauriceau.

1783-1790. Jean-François Magny.

Curés constitutionnels

1790-1792. Jean-Baptiste Magny.

1793- . Gérente.

Vicaires : 1712, C. Bouix, Fr. Roger ; 1724, Hulin ; 1724, Malet, Regnault ; 1740. Le Moyne ; 1741, De Courcy ; 1747, Sellier, Jacques Martin ; 1762, Fr. Piché, Soret-Noisette, Le Gentilhomme ; 1764, Des Mazis ; 1769-1775-1777, Pichon ; 1778, Leguay ; 1779, Ouvrard ; 1781, Chaudeau ; 1785, Henri ; 1786, Pilet, du 3 octobre au 21 janvier 1791.

1791- . 23 janvier, Lejeune ; 31 janvier, Drouault ; 1er février, Mézières ; 2 février, Rousseau ; 7 février, Girard ; 15 février, Odezenne, Lagasne, Thibault.

1791-1792. *Vicaires* : Mezières, Forgeot, Carré. Odezenne, Berthelot, Rousseau (1).

ARTICLE II

Fabrique de Saint-Euverte. — Marguilliers. — Budget. — Fondations

I. — *Marguilliers*

Primitivement les mots « église » et « fabrique » étaient souvent employés l'un pour l'autre. De là le nom de fabriciens donné aux administrateurs des biens paroissiaux.

Celui de marguillier, « matricularius », plus usité dans les actes religieux, désignait les notables chargés du registre « matricula », de la comptabilité, des recettes et dépenses de l'église. Ils étaient nommés au xve siècle par les habitants réunis en assemblée générale. On les appelait encore « marelliers » (2), proviseurs ou gagers.

Les marguilliers étaient seuls responsables des deniers de l'église, et à l'expiration de leur mandat, ils devaient rendre compte de leur gestion à l'assemblée générale et à la visite de l'archidiacre qui avait lieu à certaines époques déterminées.

Ils avaient à faire acte de trésoriers encaissant les recettes et soldant les dépenses et d'administrateurs tirant le meilleur parti possible des biens de l'église ; mais il leur était interdit, dans ce dernier rôle, de rien traiter à l'amiable ; les terres à bailler à ferme devaient être « adjugées » au plus offrant et dernier enchérisseur ». Le jour et l'heure étaient publiés au prône et un notaire dressait le bail qui ne devait pas excéder six ans, en présence du curé et des habitants, à peine de nullité (3).

(1) *Arch. comm.*, CC. 365 à 406.

(2) Ce nom vient de marelle, petit morceau de pain bénit, parce que les mareilliers coupaient le pain bénit et le distribuaient au peuple. aux messes solennelles des dimanches et des jours de fêtes.

(3 *Arch. dép.*, G 3 195.

Outre les titres de l'église, les marguilliers devaient conserver ceux de la cure. Lorsqu'il s'agissait d'engager des dépenses extraordinaires, les fidèles devaient y participer et se réunissaient en assemblée générale, soit à la porte, soit dans l'intérieur de l'église. Les affaires étaient mises en délibéré, et selon le résultat, les autorisations nécessaires étaient données aux marguilliers pour l'exécution des travaux au mieux des intérêts de tous. Leur responsabilité était ainsi mise à couvert.

Quelle était la durée des fonctions que nous venons d'étudier ? Canoniquement elle ne devait pas excéder deux ans. Cependant, c'est le régime de trois ans qui est en vigueur à Saint-Euverte.

Quand un marguillier en charge venait à décéder, on lui désignait d'ordinaire, immédiatement, un remplaçant qui continuait les fonctions avec les survivants jusqu'au renouvellement régulier.

Les premiers marguilliers connus ont été nommés en 1598. Voici comment s'exprime en 1610 le curé Nourry :

« Les gâgiers et marguilliers de ceste esglise, après 1609,
« sont appelés : Bertrand Ojuré, Sébastien Pothier et Pierre
« Chesneau, lesquels seront hors de charge à la Toussaint
« prochaine, depuis que suys curé, j'ay eu douze marguil-
« liers. Scavoir :

« Jacques Martin, paveur, Jacques Bruant, boulanger, et
« Vincent Grou, et tous troys m'ont payé mes droits afin
« de l'année mil six cens un (1598-1601).

1601-1604. — « Puys après sont venus :

« MM. Anthoyne Bonfils, marchand ; après luy Pierre Boy-
« lève, marchand, et Adam Gastin, et ont fini en 1604.

« Semblablement sont venus après : MM. Pierre Canot,
« Poytrineau et maistre Anthoyne Coué, boulanger, et fini-
« ront leur temps en 1607 (1). »

Le 12 juillet 1644, sont nommés : MM. Guillaume Geuf-

(1) *Arch. comm.*, G. G. 366.

frion, Germain Rabier et Charles Bouyn. Ils se plaignent de la gestion de Jean Martinet (1).

En 1673 sont gagers : Gervaise, Jacques Lenormand et René Goury, l'aîné.

En 1676 : François Bacquelot, Jehan Lanelongue, Claude Imbault, Barthélemy Hersant.

En 1681, le 8 novembre, il y eut une « mutinerie » des habitants contre les honorables Pierre Sergent, Sébastien Gorrand et Pierre De Loynes.

1739. — Mémoire des ouvrages de maçonnerie pour le rétablissement des murailles de l'enclos du cimetière par ordre de M. le curé et de MM. les gagiers nommés : Poillerat, Marchand, Foucher (2).

1769, 5 juillet. — Ordonnance du bailliage concernant les inhumations pour la paroisse de Saint-Euverte, rendue par les sieurs Pineau, Rousseau et Quinton, marguilliers.

« Les droits d'inhumation demeureront et les avons fixés « à 60 l. pour les grandes personnes, à 30 l. pour les « enfants qui n'ont pas fait leur première communion, sans « cependant que la présente fixation puisse en aucune façon « porter atteinte et préjudice aux droits des seigneurs et fon- « dateurs qui auraient de bons titres, droits et sépultures dans « les églises de la famille desquels il ne pourra être exigé par « les marguilliers un droit plus fort que celui qui avait esté « establi après notre première ordonnance (3). »

Outre les marguilliers en charge ou d'office, il y avait aussi parfois les marguilliers d'honneur. C'étaient ordinairement d'anciens marguilliers ayant rendu des services signalés et que l'on voulait ainsi récompenser par ce titre honorifique, qui leur donnait droit à une place spéciale à l'église, ou bien encore c'étaient des bienfaiteurs insignes de la paroisse. Tous

---

(1) *Arch. dép.*, G 3 195.
(2) *Arch. comm.*, G. G. 401.
(3) *Arch. dép.*, G. 195 1.

se considéraient grandement honorés quand ce titre leur était conféré.

Nous citerons quelques noms : Jean Colas, Louis-Dominique Frémont, receveur de l'abbaye, Pierre Deloynes (1).

II. — BUDGET PAROISSIAL

1. *Les Recettes*

Un formulaire annexé au règlement épiscopal du 2 avril 1684 classe les recettes sous les rubriques suivantes :

1. Finito du compte précédent, arrérages dus.
2. Quêtes.
3. Rentes.
4. Revenus.
5. Deniers extraordinaires (2).

Ces rubriques, loin de prévoir toutes les recettes reconnues par la fabrique, peuvent servir de cadre pour compléter les omissions.

1. Arrérages perçus depuis la clôture du compte précédent : « les marguilliers sortants ne transmettaient pas que de l'ar- « gent à leurs successeurs. » On lit dans le compte de 1684 : « Reçu des précédents marguilliers la somme de quarante « trois livres, six sols, tant en argent qu'en papier obli- « geant (3). »

2. Aux quêtes on ajoutait ordinairement le produit des troncs et des dons manuels de peu d'importance.

3. Les rentes avaient deux origines bien distinctes : elles provenaient de legs ou de fondations mises à la charge des héritiers du testateur ou représentant les intérêts des sommes versées par la fabrique.

4. On entendait par cet article « Revenus » le loyer du terme ou en argent ou à moison, le produit de la location des bancs et des chaises de l'église.

---

(1) *Arch. dép.*, G. 195 1.
(2) *Arch. dép.*, G. 585.
(3) *Ibid.*, G. 584, H. 18 2.

2. *Dépenses*

Le formulaire prévoit trois catégories de dépenses ou de mises.

1. Les mises ordinaires.
2. Les mises extraordinaires.
3. Les reprises.

1. Sous le premier titre sont portées les dépenses annuelles courantes : sommes versées au curé pour obits ou anniversaires célébrés par lui en vertu de fondations ; sommes versées au vicaire, quand il en existe un, pour le même objet ; sommes payées aux maîtres d'écoles, aux chantres, aux enfants de chœur ; sommes allouées aux fournisseurs pour cire, huile, encens, charbon, pain et vin, le blanchissage du linge, les cordes des cloches, les registres timbrés à 16, à 20, puis à 24 sols la feuille, pour inscrire les baptêmes, les mariages et les sépultures.

2. Les mises extraordinaires comprenaient généralement les dépenses les plus importantes, comme l'entretien de la toiture de l'église, des murs du cimetière, du presbytère et des écoles qui appartiennent souvent à la fabrique.

3. Reprises. Il arrivait souvent que certains débiteurs ne payaient pas exactement. Toutes les créances étaient néanmoins portées en recettes, puis les marguilliers faisaient figurer en dépenses à la fin du compte, sous le titre de « reprises » celles qui étaient demeurées impayées.

3. *Fondations*

1. Du 11 décembre 1587, une somme de 16 l. 10 s. à charge de dire à tout jamais trois obits en la paroisse de Saint-Euverte par chascun an avec vigiles à neuf leçons et neuf psaulmes.

Une grand'messe à diacre et sous-diacre avec un *De Profundis* à l'issue.

Un obit pour Pierre Dupuys le jour de saint Jean-Baptiste.

Un obit pour Jeanne Mestier, sa femme, le jour de sainte Barbe.

Un obit pour Pierre Dupuys, religieux, le 29 juillet.

2. Une autre fondation faite par Estiennette Houmain et Pierre Boylève pour dire chascun an le treize novembre une grand'messe avec vigiles à neuf leçons et un *libera*. Pourquoy ont donné 10 l. de rente payable aux festes de saint Jean-Baptiste et de Noël à prendre par moitié sur une maison sise rue du Petit-Puits, le 5 mars 1632.

3. Autre fondation faite par Robert Boylève pour un service solennel chascun an le 5 avril avec matines à trois leçons avec laudes, une grand'messe à diacre, sous-diacre et *libera*, le 16 avril 1661.

4. Fondation faite par Marie Glaïmpier, Jeanne Barbet et Marie Archambault d'un salut tous les jeudis de l'année à perpétuité aux dites expositions du Saint Sacrement.

Pourquoy ont donné deux rentes :

La première de 10 l. 10 s.................. 10 l. 10 s.
La deuxième de 100 l.................... 100

le 24 octobre 1671.

5. Autre fondation faite par Anne Sottereau, veuve de Me Claude Gervaise, laquelle a donné à la fabrique par son testament dix livres de rente à prendre sur deux maisons proche le puits Saint-Christophe, à charge de quatre services chacun, l'un pour son mari le jour de son décès, l'autre à son intention, les deux autres pour les enfants de son mari. Le curé sera tenu de l'annoncer au prône de la grand'messe. Le legs a été accepté par M. le curé le 17 juillet 1672 (1).

4. Confrérie du Saint Sacrement. — Par son testament du 15 janvier 1673, Madeleine Boylève lègue à la confrérie du Saint Sacrement la somme de deux cents livres pour être

(1) *Arch. dép.*, H. 18, G 3 195.

employée à l'achat d'un tabernacle pour la commodité des paroissiens, sans que cette somme soit convertie à un autre usage. Elle a été remise entre les mains des sieurs La Boissière et Leclerc gagers (1).

Etat des revenus et des charges de la fabrique au compte de 1760.

REVENUS

1. Recettes du casuel...............	45 l.		
2. Rentes	182 l.	1 s.	9 d.
Total.....	227 l.	1 s.	9 d.
Report.....	115 l.	2 s.	6 d.
2. Au sonneur	27 l.	4 s.	
3. Blanchissage	7		
4. Chantres et choristes............	10		
5. Décimes	9	5	
6. Pain et vin.....................	2	10	
7. Réparations	6		
8. Bordier, notaire................	6		
9. Au curé.......................	25		
Total.....	208 l.	1 s.	6 d.

Recettes	227 l.	1 s.	9 d.
Dépenses	208	1	6
Boni.....	19 l.	0 s.	3 d. (2).

ARTICLE III

ECOLES DE SAINT-EUVERTE

Les guerres religieuses et les troubles incessants qui en furent les tristes conséquences, amenèrent sans doute la fer-

(1) *Arch. dép.*, G. 586.
(2) *Ibid.*

meture des écoles et leur abandon pendant un temps plus ou moins prolongé. Outre les écoles monacales dont nous avons précédemment parlé, il y avait à Saint-Euverte, les Petites Ecoles où l'on enseignait aux enfants pauvres le doctrinal, le latin et le chant.

A la fin du XVIe siècle et au commencement du XVIIe, les novateurs qui avaient tout détruit s'étaient ravivés, avaient ouvert çà et là des maisons d'écoles et y avaient placé des maîtres et des maîtresses dévoués aux idées nouvelles.

Le clergé catholique ne pouvait rester indifférent à cet état de choses. Il vint un moment où les protestants parurent disposés à revenir à la foi de leurs pères. Beaucoup se convertirent dans les lieux mêmes où l'hérésie s'était montrée plus ardente et avait sévi avec plus de fureur dans notre ville. Ces faits d'abjurations sont consignés dans les registres paroissiaux de Saint-Euverte (1).

1° Ecoles des garçons

§ 1er. — *Ecoles libres*

Les registres paroissiaux nous permettent de constater l'existence de ces écoles dès le XVIe siècle, et pourraient en quelque sorte nous renseigner sur le degré d'instruction que possédaient maîtres et élèves dans cette paroisse de la banlieue.

Ces actes publics confirment, depuis 1550, la présence des maîtres d'écoles à Saint-Euverte.

Le premier à notre connaissance, est Jean Chappelier, nommé au baptême de son fils, le 14 février 1581 (2). Les parrains de ce dernier étaient deux « Escolliers » Jean et Jacques-Louis Enoch.

Le 23 décembre 1583, Jehan Médart « escollier » était par-

(1) *Arch. comm.*, G. G. 363.
(2) *Ibid.*, G. G. 363-364.

rain. Il y a certainement dans les registres paroissiaux des lacunes regrettables ; car nous ne trouvons plus que vers 1670, près d'un siècle après, le nom de François Jogues de Bouland. Né en 1637, il parvint, jeune encore, à la dignité de président de l'Election d'Orléans ; mais cet emploi honorable ne s'accordait guère avec ses goûts pour le jeu, le luxe et tous les genres de plaisir. A la suite d'une conversion dont toute la ville fut témoin, il embrassa exclusivement la carrière des bonnes œuvres et se livra de préférence à l'instruction des pauvres. Pour arriver plus sûrement à son but, il se constitua vers l'an 1670, le disciple de MM. Pierre et Louis Tranchot, qui furent ses premiers maîtres. Mettant de côté le souvenir des hauts emplois qu'il avait exercés et de la vie mondaine qui avait eu pour lui tant d'attraits, il se soumit avec une humilité incomparable aux nombreux assujétissements de sa nouvelle profession, appelant à lui les enfants les plus délaissés, leur apprenant à lire, à écrire, à compter, leur faisant le catéchisme, les conduisant à l'église et portant la croix à son tour devant eux, à travers les rues de la ville, comme il avait appris à le faire de ses devanciers.

Après un pénible noviciat de quelques années, il loua une maison dans la rue Saint-Euverte, en face du Petit-Saint-Loup, vint y établir sa demeure avec ses amis, l'abbé de Sélorges, ancien exempt des gardes du corps et François Pellé ; il y rassembla tous les enfants pauvres du quartier, auxquels se réunirent bientôt d'autres enfants venus de toutes les parties de la ville. Là, il faisait la classe conformément aux principes et suivant la méthode de M. Tranchot et il persévéra dans cet humble emploi jusqu'à la fin de sa vie qui se termina saintement le 17 avril 1695.

Le lendemain, fut faite par Jean-Baptiste d'Estat, prieur-curé de Saint-Jean-Baptiste, l'inhumation « avec les pauvres, de « Jacques François Jogues, sieur de Boullant, autrefois prési- « dent en l'élection d'Orléans, âgé de soixante ans ; il a « employé les vingt dernières années de sa vie à instruire, à

« ses dépens, avec une charité non-pareille, les pauvres ; a « contribué par son testament à l'établissement, dans cette « paroisse, d'une école pour eux et après avoir reçu par mes « mains plusieurs fois les droits de l'église avec beaucoup de « dévotion, a terminé ses jours par une mort précieuse. »

« *Requiescat in pace* (1) ».

Lottin rapporte qu'au mois de juin 1699, le duc d'Orléans concéda au curé-prieur la chambre haute de la tour de l'église pour y tenir des écoles de charité (2). Nous n'avons jamais possédé la preuve de cette assertion.

Entretenues par M. Jogues de Bouland, ces écoles furent dotées de plusieurs titres de rente à prendre sur des maisons et censives, situées dans les rues de Saint-Euverte.

Les écoles des pauvres garçons n'avaient pas dans le principe de maisons à elles. Maîtres et élèves étaient logés dans une maison de location qui appartenait en 1699 au chanoine Fontaine de Mantelon (3) ; mais le 29 décembre 1701, ces écoles furent mises en possession de deux maisons voisines et situées dans la rue Saint-Euverte, dans la censive de l'abbé de Graves.

Elles comprenaient bâtiments, cours et petits jardins et tenaient d'un long d'orient aux héritiers Berry, d'autre long d'un bout par derrière aux remparts de la ville, d'autre bout à la rue Saint-Euverte (4).

La première maison fut acquise du sieur Haubert par François Renouard, archidiacre de Pithiviers et donnée par ce dernier à la fabrique de Saint-Euverte, moyennant une rente viagère de vingt livres (5).

---

(1) *Arch. comm.*, Reg. P., G. G. 388.

(2) Lottin, *Recherches Orl.*, II.

(3) *Arch. dép.*, G. 195 2.

(4) *Arch. dép.*, G. 195 2.

(5) *Arch. dép.*, G. 195 2, A. 195 2, Terrier, 192 3.

La seconde fut acquise par Jacques Alleaume de Grandmaison, chanoine de Saint-Pierre-le-Puellier et Charles Fontaine de Mantelon (1).

La remise de ces maisons fut faite à la fabrique le 11 janvier 1702, en présence de Nicolas de Graves, abbé et seigneur de la censive, de Jean-Baptiste Gentil, prieur-curé, de Louis Vaslin, Nicolas Corbery, marguilliers et Jean-Baptiste Frémont, receveur (2).

Le 14 janvier 1732, M. Pierre-Jules-César de Rochecouart, prêtre, prieur de Saint-Lô de Rouen, chanoine et scolastique, M. Pierre Amadieu, prieur-curé de Saint-Euverte, les sieurs François Pellé et Louis Cottance, maîtres des Ecoles, constituent une rente de 100 l. t. payable chaque année en cette ville aux maisons du sieur scolastique et du sieur curé-prieur conjointement aux termes de janvier et de juillet, jusqu'au rachat de 1.000 l. ; cette rente mise entre les mains des susdits par une personne de piété qui n'a pas voulu être connue, sera employée au profit de ladite école des garçons pauvres ; savoir 70 l. des garçons de la paroisse de Saint-Euverte, 10 l. de la paroisse de Saint-Victor, 10 l. de la paroisse de Saint-Vincent, 10 l. de la paroisse de Saint-Donatien, à condition que les maîtres feront dire aux enfants, dans leurs classes, le *Libera*, le *De Profundis* et *Inclina* pour le repos de l'âme de la personne qui a eu cette dévotion, et à perpétuité. Les plus jeunes des enfants doivent avoir sept ans accomplis et ne seront reçus que sur l'extrait de eur baptistaire (3).

Cette rente de cent livres fut remboursée quelque temps après par Elie de la Fond (4).

Après Jacques de Bouland, nous citerons les noms de quelques maîtres.

---

(1) *Arch. dép.*, G. 192 2.
(2) *Arch. dép.*, G. 192 2.
(3) *Arch. dép.*, G. 195 2.
(4) *Arch. dép.*, Ibid.

Pierre-François Breton, décédé à l'âge de 40 ans, le 7 décembre 1731 et inhumé dans l'église de Saint-Euverte (1).

François Pellé.

Louis Cottance, « décédé sur cette paroisse où il faisoit « l'école des garçons (1734) (2).

Barrois, historien d'Orléans.

Les bienfaiteurs connus de ces écoles sont : Jogues de Bouland, Fréret, Faucheux, Levigne, seigneur de Loigny, François Renouard, Alleaume, Charles de Mantelon, Louis Cottance.

§ 2. — *Ecoles des frères de la doctrine chrétienne*

Jean Baptiste de la Salle, docteur en théologie et chanoine de Reims, jeta en 1679 les premiers fondements de son institut et lui imprima dès le commencement un tel cachet de perfection qu'on le vit bientôt s'étendre à Paris, à Rouen et dans les principales villes de France.

Parmi les premiers disciples du bienheureux de la Salle, l'Orléanais comptait alors un membre de la famille du Lac de Montizambert, Claude François, né à Tigy, le 8 novembre 1691, du légitime mariage de Claude du Lac, sieur de Montizambert et de Suzanne d'Argnous de Beauvilliers. Grièvement blessé à la bataille de Malplaquet, il se convertit, grâce aux prières d'une de ses tantes, entra dans la sainte Compagnie et y reçut le nom de frère Irénée. Pendant trente ans, il remplit les fonctions de maître des novices, à Saint-Yon, dans le diocèse de Rouen. Sa réputation de science et de sainteté valut aux frères de sa congrégation l'établissement des écoles d'Orléans. Ils y furent appelés en 1740 par Mgr Nicolas-Joseph de Paris, l'intendant de la généralité, les magistrats municipaux et débutèrent dans ces maisons de Saint-Euverte qui

(1) *Arch. comm.*, GG. 401.
(2) *Ibid.*

avaient été déjà sanctifiées par les vertus et les œuvres de M. de Bouland et de ses successeurs (1).

Ce fut là que le frère Irenée établit trois ans après, le noviciat d'Orléans, d'où sortirent les maîtres que quelques paroisses de la ville obtinrent pour leurs écoles (2).

L'évêque d'Orléans dépensa en 1743 une somme de trois mille trois cent quatre-vingt-cinq livres, sept sols, pour l'installation de cette école et l'année suivante une somme de 1759 l. 7 s. Ces deux sommes furent employées aux travaux de maçonnerie, pavage, charpenterie, menuiserie et couverture (3).

Par transaction du 17 mai 1757, le scolastique, M. Bailly de Montaran et l'abbé de Saint-Euverte assurèrent à l'avantage des dites écoles, le droit de relevoison, à charge d'une rente de 25 l. payable à la saint Jean-Baptiste et à Noël et en outre à 4 sols et 6 deniers parisis de cens payables le 7 septembre, jour de saint Euverte, à peine de cinq sols de frais par défaut ; le dit scolastique et ses successeurs seront tenus d'être vicaires pour cette maison (4).

La paroisse de Saint-Euverte conserva quatre frères ; les autres dirigèrent des maisons scolaires à Saint-Donatien, Recouvrance, Saint-Marceau et partout le logement leur fut fourni par les fabriques.

Le 5 février 1765, a été inhumé au grand cimetière, Louis Bigot, dit frère Sylvain, de la société des Ecoles chrétiennes, décédé la veille à l'âge de dix-huit ans. L'inhumation en présence des frères Lambert, Thomas, Théodore, Eucher (5).

De ce noviciat sont sortis :

(1) *Arch. dép.*, G. 195 2.

(2) *Ibid.*, G. 195 2.

(3) *Ibid.*

(4) *Ibid.*

(5) *Arch. comm.*, GG. 404.

Louis Bigot, Jean-François Corton décédé à l'âge de 23 ans (1).

Frères : Pacôme, Jean-Joseph Fabien, Théophile.

Jean Le Maistre décédé en 1782 à l'âge de 26 ans.

Edme Désiré connu sous le nom d'Anatole (58 ans).

Nicolas Gasse, dit frère Aphrodite, directeur des Ecoles chrétiennes, inhumé au cimetière de Saint-Vincent, le 26 avril 1790, décédé à l'âge de 61 ans, en présence des frères Astère, Libere et Urban (2).

La petite communauté jouissait d'un revenu de 1.129 l., réparti comme il suit :

« Sur le roi............................	100 l.
« Sur le clergé et les chanoines réguliers de Sainte-Geneviève	600
« Sur les Etats du Languedoc............	100
« Sur la succession de feu Mgr de Paris, évêque d'Orléans.........................	299
« Par Simon Darnault de Saint-Marc.....	30
Total.....	1.129 l. (3)

2° Ecoles des filles

§ 1° *Ecoles des Filles*

Ces écoles sont plus anciennes que celles des garçons. Il est question en 1518 d'une veuve Marion, femme Robert Chevallier, qui tenait école dans le quartier Saint-Euverte. Cette mention isolée ne nous permet pas de suivre la trace d'établissements scolaires sur cette paroisse, et pendant plus d'un siècle nous n'avons à ce sujet aucune information (4).

Vers l'an 1646, quatre femmes pieuses, charitables et

(1) *Arch. com.*, GG. 406.

(2) *Arch. comm.*, GG. 406.

(3) *Arch. dép.*, H. 18 *bis*.

(4) *Arch. dép.*, G 3 195 2. Foulques de Villaret, *Instruction prim.*, 56.

laïques, frappées de l'abandon dans lequel étaient délaissées de pauvres jeunes filles, s'unirent entre elles, mirent en commun leurs biens et se dévouèrent à combler cette lacune. C'étaient : Mme Anne de Brulaires de Fontaine, veuve d'Isaac de Glan, Mlles Louise de Poireaux de Longchamp, Aignan Baumster et Madeleine Lucas (1).

Les deux premières étaient nées dans la religion réformée ; mais ne partageant pas, comme elles le disaient elles-mêmes, « la fatale erreur » de leurs parents huguenots, elles furent converties à la religion catholique, grâce au zèle et aux attentions délicates d'un chanoine de Sainte-Geneviève, converti lui aussi à la même doctrine, Jean-Baptiste d'Etat du Tremblay qui mourut en 1700, prieur-curé de Saint-Euverte (2).

La première pensée d'Anne de Brulaires et de ses associées fut d'abord « non seulement de retirer, nourrir, entretenir et « instruire des filles et des femmes nouvellement converties, « mais encore de pauvres jeunes orphelines, qui, n'ayant « aucune retraite, étaient exposées à tomber dans le désordre, « de les élever dans la crainte de Dieu, leur apprendre à « gagner leur vie et servir avec honneur les personnes sécu- « lières (3).

Sur le refus formel de Mgr d'Elbène, nouvel évêque d'Orleans, les dames associées comprirent sans doute que le bon Dieu ne les appelait pas à cette œuvre de nouvelles converties.

Ce rejet de demande de l'évêque diocésain ne s'adressait pas seulement à Mme de Brulaires et à ses amies, mais « inter- « disait à tous maîtres et maîtresses de s'ingérer à enseigner « la jeunesse, sans être préalablement présentés devant le « prélat ou ses grands vicaires, afin d'être examinés sur leur « foi, leurs mœurs, leur science et connaissance en la doc- « trine chrétienne (4). »

(1) *Arch. dép.*, G. 195 2.

(2) *Arch. dép.*, ibid.

(3) *Arch. dép.*, G 3 195 2. *Lettre de Mme de Glan.*

(4) *Arch. dép.*, G. 186.

Anne de Brulaires et ses conjointes ne se découragèrent pas ; elles s'adressèrent au duc d'Orléans, lui demandant sa protection pour elles et une nouvelle maison à établir dans les villes d'Orléans et de Blois. Associées sous le titre de filles de la Miséricorde, elles remontrent à Son Altesse royale que leur dessein est « de vivre dans la sécularisation sans se pou-« voir cloistrer, d'être dirigées par les curés des paroisses où « elles demeureront ou tels autres religieux qu'il plaira « ordonner à l'évêque du lieu, de ne s'employer à autre « chose : élever les filles, femmes nouvellement converties ou « orphelines de la ville et des faux-bourgs (1). »

Le duc d'Orléans acquiesça volontiers à leur demande, Mgr d'Elbène constata les heureux résultats obtenus dans le début, et le roi approuva la fondation par lettres patentes données à Paris, au mois de janvier 1651 (2).

Quelques personnes pieuses de la ville, voyant la dite suppliante et ses associées dépourvues de logement leur donnèrent une maison dans la rue de Saint-Euverte et 1.000 livres « à tenir et posséder comme mainmorte (3). »

Mme la duchesse d'Aiguillon et Mme de la Fond donnèrent à la même maison une rente de cinquante livres (4).

Les premières institutrices furent alors :

Mme de Glan, Anne de Brulaires, supérieure.

Mlles Louise Poireaux de Longchamp, Aignan Baumster et Madeleine Lucas.

A la mort de Mme de Glan (Anne de Brulaires), elles lui succédèrent comme légataires universelles de ses biens.

Malheureusement, elles ne reçurent jamais rien de la succession. Mme de Glan leur avait promis par testament la somme de deux mille livres et ses meubles estimés au maximum à

(1) *Arch. dép.*, G. 195 2. *Lettre d'Anne de Brulaires.*
(2) *Ibid.*, G. 195 2.
(3) *Ibid.*, G. 195 2.
(4) *Ibid.*, G. 195 2.

275 livres tournois ; mais le passif, à son décès, était plus fort que l'actif.

En 1665, Louise Poireaux de Longchamp, Charlotte Couvreux, Gabrielle Besnard, Anne Gaudouë, Marie Archambault acquirent deux maisons ; la première de dame Estiennette Houmain, veuve de Pierre de Boilève, située dans la rue Saint-Euverte, pour la somme de 1.100 livres (1).

La seconde, située dans la rue des Noyers avec un jardin entourée de murs, fut évaluée à la somme de 1.400 l. (2).

Nous constatons dans nos archives, à la date du 26 avril 1677, une donation faite à la fabrique de Saint-Euverte par Marie Archambault. Il est dit dans cet acte que cette demoiselle abandonnait ses biens meubles et immeubles pour servir à l'entretien des dames qui ne peuvent payer pension dans la maison et à celui des classes ; mais ce fut à la condition que Mlle de Longchamp aurait seule avec une ou deux personnes le droit de choisir et de nommer les maîtresses. Au décès de Mlle de Longchamp, le curé de la paroisse et le scolastique devaient lui être subrogés ; mais, s'ils ne pouvaient tomber d'accord, l'intervention du grand vicaire de l'évêque serait requise et trancherait le litige (3).

Les maîtresses étaient alors au nombre de huit : Louise de Longchamp, Marie Glimpier, Charlotte Couvreux, Gabrielle Besnard, Madeleine Hamel, Jeanne Foucaut, Marie Merle, Marie Archambault.

Dans le même temps, Mme Marie de Croux, veuve de noble homme Charles Salomon, sieur de Villarmont, leur vend une rente de 28 livres 9 deniers sur une maison qu'elle possédait rue de Vaudour (4).

En 1680, Marie Archambault, pour l'affection qu'elle porte

(1) *Arch. dép.*, G. 195 2.
(2) *Arch. dép.*, G. 195 2.
(3) *Arch. dép.*, ibid.
(4) *Arch. dép.*, G 3 195 2.

à Charlotte Couvreux, lui cède soixante-quinze livres de rentes.

« Lorsque l'établissement des filles de la Miséricorde eut « pris quelque force, on dressa pour cette maison, par ordre « de Mgr le cardinal de Coislin, évêque d'Orléans, des cons- « titutions qui furent approuvées en 1686. »

Par un article de ces constitutions il était dit « que les « sujets qui entrent dans cette maison doivent y rester deux « ans en qualité de postulantes, afin que la communauté con- « naisse si elles sont propres à remplir différents emplois ; « au bout de ce temps, si elles conviennent, elles sont asso- « ciées et ne peuvent être congédiées. »

Par un autre article, les sujets qui entrent dans cette maison « doivent avoir suffisamment des biens de famille pour s'en- tretenir » (1).

La règle l'exigeait ainsi parce que la maison était pauvre eu égard au nombre des dames qui la composaient. Nous constatons en effet, dans cette petite communauté, une certaine gêne et contre elle aussi un profond esprit de jalousie. Dans une lettre adressée à Mgr l'Evêque d'Orléans, le prieur-curé Jean-Baptiste d'Estat lui demande sa protection en faveur des dames de la Miséricorde ; elles élèvent, dit-il, plus de deux « cents pauvres filles de la ville et des faubourgs, les ins- « truisent, leur apprennent à travailler, à vivre chrétienne- « ment ; en un mot, elles se sont consacrées à cette œuvre « avec tant de succès qu'elles ont fait naître autour d'elles « toutes les écoles qui ont voulu les imiter. Ces dames sont « au nombre de huit, vivant dans une parfaite union ; elles « sont sous la protection de Mgr l'Evêque, l'autorité de « M. le Scolastique et sous la direction de leur curé. Elles « ont très peu de bien et sans le secours qu'elles tirent de « quelques pensionnaires, elles auraient peine à subsister. « Elles n'ont jamais été à charge au public, enseignant gratis ;

(1) *Arch. dép.*, G 3 195 2.

« il semble aussi par reconnaissance que ceux qui gouvernent « cette ville auraient pu les exempter de toute taxe ou au « moins les en décharger au plus tôt.

« Elles sont tourmentées et inquiétées par aucunes per- « sonnes de piété, qui, sous prétexte de vouloir de nouveaux « établissements, tâchent de détruire les anciens (1). »

Heureusement la libéralité de plusieurs personnes généreuses mit tout à fait à l'abri des vicissitudes ces dames qui n'avaient que des ressources insuffisantes.

Le 26 février 1700, une personne anonyme constitue en faveur de ces écoles une rente de 27 livres dix sols.

En 1701, une autre donne un estasson de 58 livres de rente, dans la grande boucherie de Saint-Hilaire.

Au mois de juin 1704, Mme Marguerite, dame veuve et faisant l'école des filles pauvres passe avec MM. du chapitre une reconnaissance pour le jardin attenant à la maison scolaire, acquis par Mmes Archambauld, Charlotte Couvreux et Gabrielle Besnard (2).

En 1709, Mlle de Longchamp laissait à ses anciennes associées et amies une somme de 1.100 livres provenant de la succession.

Deux ans après, Mlle Suzanne Dutertre, directrice de l'Ecole faisait aux enfants pauvres, garçons et filles, un legs de 4.000 livres ; les écoles des garçons en eurent 3.000 pour leur part.

Tout allait pour le mieux, lorsque la famille de Mlle Dutertre attaqua le testament ; mais le Parlement rendit un arrêt favorable et consacra la validité des dispositions attaquées.

En 1700, les maîtresses d'école étaient :

Marthe Gaudouë, Suzanne Georges, Jeanne Foucault, Marguerite Polluche, Thérèse Bruneau, Thérèse et Marguerite Dollon.

---

(1) *Arch. dép.*, G 3 195 2.
(2) *Arch. dép.*, G. 935, G 3 195 2.

En 1710, la supérieure était Mlle Suzanne Dutertre, décédée en 1711, à l'âge de 80 ans. Les autres : Marie Maillet, Victoire Marinier.

En 1720 : Suzanne Georges, supérieure ; Madeleine Maubert, veuve de François Noblet ; Jeanne Foucault, Anne-Françoise Costé, Espérance Moireau.

En 1740 : Anne-Françoise Costé, supérieure, Anne Longuement, veuve de Daniel Trévoisin (1).

En 1742, cette communauté était réduite à trois dames, par l'opposition persévérante de M. Fleuriau d'Armenonville, de son neveu et successeur, M. de Paris, à ce qu'on n'y reçut aucun sujet, quoique de très capables se soient présentés. Les dames ont été très longtemps sans pouvoir démêler les motifs de refus des deux prélats.

Dans une lettre adressée au cardinal de Fleury, les paroissiens se plaignent que Mgr l'Evêque d'Orléans a de son autorité personnelle obligé les dames à recevoir deux filles de la Croix sous prétexte de les soulager dans leurs fonctions. Les filles associées les ont accueillies pour le bien de la paroisse et sans prévoir la suite de la demande épiscopale. Enfin, il n'est plus permis de douter de l'intention de Mgr l'Evêque, depuis que par acte passé entre lui et les filles de la Croix qu'il affectionne d'une manière toute particulière, il leur a donné tous les biens des filles associées sans leur participation et sans leur en parler. Heureusement, cette démarche était contraire aux intentions des fondatrices, des constitutions et à l'intérêt de la paroisse (2).

Dans le dénombrement que fournissent en 1766, au roi et au duc d'Orléans, maître Joseph Lhuillier et Desbordes, marguilliers, ces derniers énumèrent ainsi les immeubles dont jouissent les écoles des filles.

---

(1) *Arch. dép.*, G. 935, G 3 195 2.
(2) *Arch. dép.*, G 3 195 2.

1. Une maison située rue Saint-Euverte.

2. Une maison, sise même rue, avec consistances et dépendances.

3. Un petit jardin, rue des Noyers.

4. 28 livres 9 deniers de rente foncière payable à Orléans, le jour de la Toussaint, sises Porte-Vendômoise.

5. 43 sols de rente annuelle et perpétuelle payable le jour de Noël (1).

1770. 20 juin. Mme Froc, supérieure des dames du Saint-Esprit, demande à être remboursée par M. le Juge, seigneur de Villeprévost (2).

1774. Geneviève Froc, Victoire Maillet et Marie-Catherine-Agathe Parisot, toutes trois dames des Ecoles, ont payé 300 livres tournois pour extinction d'une rente de 12 livres tournois en présence de Messire Aignan, chanoine scolastique (3).

2. *Nouvelles catholiques*

Le premier nom de l'institut des nouvelles catholiques était celui des filles de la Croix, comme nous venons de le voir, et c'est sous cette dénomination que Mgr le cardinal de Coislin leur fit obtenir, pour les établir à Orléans, des lettres patentes, qu'en 1723, Mgr Fleuriau, son successeur, fit homologuer sous le titre de Nouvelles catholiques (4).

Les Ecoles de la Charité ont été supprimées et les maisons vendues en 1791 (5).

---

(1) *Arch. dép.*, G 3 195 2.

(2) *Ibid.*, G 3 195 2.

(3) *Ibid.*, G 3 195 2.

(4) *Ibid.*

(5) *Ibid.*

TROISIÈME PARTIE

SEIGNEURIE TEMPORELLE DE SAINT-EUVERTE

CHAPITRE Ier

Article premier. Temporel de Saint-Euverte. — Art. II. Fiefs, censives, situés à Orléans et en dehors. — Art. III. Biens de campagne. — Art. IV. Justice. — Art. V. Vignobles. — Art. VI. Tréfonds.

Le cartulaire original de l'abbaye rédigé entre les années 1298 et 1318, les copies manuscrites de ce cartulaire données par Dom Verninac, les inventaires et répertoires du XVe siècle, le Livre Rouge, les archives départementales, tels sont les documents les plus autorisés qui nous ont fourni la matière de cet important chapitre.

Les biens et revenus de Saint-Euverte se composaient à cette époque du moyen âge de fiefs corporels et incorporels.

Les premiers consistaient en terres, maisons ou héritages dont les religieux jouissaient par eux-mêmes ou par leurs fermiers, et en rentes qu'ils s'étaient réservées en concédant certaines parties de leur domaine.

Les fiefs incorporels ou fiefs en l'air consistaient soit en mouvances et censives, soit en mouvances ou censives seulement. Sous ce titre général de seigneurie temporelle nous comprenons les fiefs proprement dits, le Tréfonds de la forêt d'Orléans et les nombreux vignobles situés sur les paroisses de Saint-Marc, de Semoy, de Saint-Jean-de-Braye, de Saint-Jean-le-Blanc, de Saint-Pryvé et d'Olivet.

Saint-Euverte, nous l'avons dit précédemment, avait eu, comme les autres abbayes et chapitres, la bonne habitude de se faire confirmer dans ses biens, droits et privilèges, par des bulles pontificales, des chartes royales et épiscopales, qui édictaient les peines les plus sévères contre ceux qui oseraient mettre la main même sur une parcelle du patrimoine monacal.

De plus, les religieux revendiquaient de temps immémorial sur leurs propriétés et en particulier sur les bourg et censives de Saint-Euverte, les droits de justice, haute, moyenne et basse, suivant la coutume établie dans les différentes juridictions. A cette époque où le code ecclésiastique, si l'on peut ainsi parler, était sans contestation, supérieur de beaucoup aux justices seigneuriales, qui se sentaient encore trop près de leur origine barbare, la question avait une très grande importance aussi bien pour les justiciers que pour les justiciables.

ARTICLE PREMIER

1. Abbaye de Saint-Euverte. — 2. Le Champ-Hagon.
3. Cloître Saint-Euverte. — 4. Grande rue Saint-Euverte

§ 1er. *Abbaye de Saint-Euverte*

Le plus beau fleuron de la couronne abbatiale était, sans contredit, le bourg de Notre-Dame du Mont, qui a porté successivement les noms de Champ-Tetradius, Champ-Hagon et de l'Empereur.

Situé en dehors de l'enceinte orientale de la ville et sur la paroisse de Saint-Marc, ce territoire présentait un parallélogramme régulier dans trois de ses côtés, échancré au sud par les dépendances de Saint-Michel et de Notre-Dame des Forges ou Saint-Victor.

Un plan du XVIIe siècle, avec cette légende : « Plan descriptif « de la paroisse de Saint-Euverte, anciennement appelé le « Champ-Hagon » nous permettra de reconstituer autant que possible les limites du bourg de Saint-Euverte.

Ce bourg était, au XIIIe siècle borné au nord par le Bourg-Neuf (*novus vicus*), le prieuré et la paroisse de Saint-Vincent des Vignes, la rue de la Forêt ou de Semoy ; à l'est par la Commanderie de Saint-Marc, le clos de l'Empereur ; au sud par les Arènes, la chapelle de Saint-Aignan, appelée plus tard Notre-Dame du Chemin, l'église de Notre-Dame des Forges ; enfin, il confinait à l'ouest avec les fortifications urbaines de la première enceinte et le palais épiscopal.

Afin de présenter aussi exactement que possible l'exposé des biens et revenus de l'abbaye, il y a lieu de distinguer entre les fiefs proprement dits et la censive de Saint-Euverte.

Dans l'enclos abbatial dont la consistance superficielle pouvait s'évaluer à 400 toises carrées environ, certaines terres appartenaient aux chapitres de Sainte-Croix, de Saint-Aignan, au prieuré de Saint-Samson, à la Maladrerie de Saint-Lazare...

Cet enclos, entouré d'abord de haies vives et ensuite d'épaisses murailles avec des portes ouvrant sur la rue de Semoy et la rue de Belle-Neuf appelée plus tard de Bellébat, comprenait du nord-est au sud-est :

« Le Champ-Hagon.

« L'église de Saint-Euverte, la maison conventuelle, les « bâtiments claustraux, le grand champ de Saint-Euverte qui « n'était vers le midi qu'une prolongation du Champ-« Hagon. »

De plus, cet enclos était coupé de l'est à l'ouest par les rues de Semoy et du Bourg-Neuf, de Saint-Euverte, de Saint-Magloire et des Noyers ; les rues des Forges, des Poêlons, des Juifs, de Longue-Haie et de Cornereau ; les rues de la Fleur-de-Lys (Dévidet), des Cornes-du-Cerf ou de l'Empereur.

Ces rues parallèles entre elles étaient elles-mêmes coupées du nord au sud par la rue de l'Etelon qui commençait au cloître Saint-Euverte et aboutissait obliquement au cloître Saint-Aignan.

---

(1) 400 toises égalent aujourd'hui un hectare trente ares quatre-vingt centiares.

Les rues du Petit-Saint-Loup et de la Rose partaient du milieu de la rue Saint-Euverte et aboutissait à la croix, plus tard, chapelle de Saint-Michel.

La rue de la Treille (des Pensées) se terminait à l'église des Forges ou de Saint-Victor.

2. *Le Champ-Hagon*

Le Champ-Hagon borné au nord par la rue de Semoy, à l'est par la rue de Belleneuf (Bellébat), au sud par le Champ-des-Arènes, s'étendait jusqu'à la Croix de Saint-Michel et, faisant une courbe à l'ouest, confinait avec les jardins du cloître et l'église abbatiale ; il en était séparé par un petit chemin que le Cartulaire appelle le chemin de Pipaud « vicus Pipaudi (1). »

C'est sans doute à ce champ que fait allusion le souverain pontife Alexandre III quand il confirme les biens de Saint-Euverte « campum qui juxta claustrum vestrum est cum per- « tinenciis vobis nihilominus confirmamus (2). » Nous confirmons néanmoins avec ses dépendances le champ qui est auprès de votre cloître.

D'après le cartulaire de Dom Verninac, l'abbaye possédait au XIIIe siècle dans le Champ-Hagon : « Une maison au coin « du Champ-Hagon (1237) ; une maison qui fut à Jean Lau- « mucier (1242) ; une maison qui fut à Guérin de Puiseaux « Garini de Putheolis », Pierre Laurent de Villereau » de « Villerello et à Etienne le Gaulois (Galli) (3). »

« Une place qui fut à André Chenille.

« Le 13 janvier 1372, l'abbé de Saint-Euverte a donné à cens et à rente perpétuelle à Jehan le Riche le champ de Saint-Euverte qui est derrière les maisons de la rue Bourgogne,

---

(1) *Bibl. nat.*, carl. latin, ms. 10.089.

(2) *Arch. dép.*, H. 4, cart. ms. 10.089.

(3) *Arch. nat.*, ms. lat. 10.089. *Bibl. d'Orl.*, ms. 487.

depuis la rue aux Ours. » Or, ce champ n'est que le prolongement du Champ-Hagon vers la croix de Saint-Michel et Notre-Dame des Forges (1).

3. Cloître Saint-Euverte

L'abbaye possédait « une maison qui fut à Hugues l'Oiseleur « Hugoni Aucupiti » avec verger et vigne. 1237. »

« Une chambre donnée par Philippe veuve de Jean Rotier ou Rotaire (Rotarii), 1237. »

« La maison de Guillaume Pipaud et d'Eremburge, sa femme, 1243. »

« Une maison qui fut à Mathieu de Saint-Euverte, Ligarde, sa femme et Guillaume leur fils, 1245. »

« Une maison qui fut à Robert du Seuil (de Solio), et à Isabelle, sa femme, 1245. »

« Une maison qui fut à Adam Chenille fils d'Adam Chenille, 1249. »

« La maison donnée à l'abbaye par Benoist et Eremburge, sa femme, 1249. »

« La maison donnée par Guillaume du Seuil « in vico Pipaudi, 1264. »

« La maison de Geoffroy, dit Gouge, d'Alez sa femme et de Jean leur fils, entre la maison de Robert de Chambly et de Jean de Reilhac « J. de Rehiaco », avec un verger qui s'étendait jusqu'au Bourgneuf, 1269. »

« La maison du Petit-Saint-Loup, du domaine de l'abbé, 1386. »

4. Grande rue Saint-Euverte

A la fin du XIIe siècle, on lui donnait déjà ce nom, de « Magnus-vicus » non pas, croyons-nous, à cause de sa largeur qui était ordinaire, mais plutôt parce que de notables

---

(1) *Bibl. d'Orl.*, B. 2102, factum n° 8.

habitants y avaient fixé leurs demeures. Elle commençait à l'église et au cloître pour aboutir aux murailles de la ville, à la rue du Crucifix et au palais épiscopal.

Voici les dépendances de l'abbaye dans cette rue :

1200. La maison qui fut à Liger et au fils de Colin Hubert à la porte de l'abbaye.

1232. La maison donnée par Guy de Champagne, bourgeois d'Orléans.

1232. La maison de Milesende, veuve de Guillaume Rident.

1232. La maison de Robin Truand.

1234. La maison avec clôture de Simon Bernier, d'Odélicie sa femme, et d'Horia sa mère.

La maison d'Agathe, veuve de Thomas Fournier.

1244. Le quart d'une maison située rue et censive de Saint-Euverte, donnée par Thomas Lethold et Estienne Le Cointellier, fils de Guillaume Tavernier « tabernarii », Eremburge, Constance et Milesende leurs femmes, Agnès Emmeline et Marie leurs sœurs, Guillaume Landry et Arnould leurs neveux.

1380. 105 sols de rente à prendre sur la maison du carreau « quarelli ». 40 sols à prendre sur une maison appelée « l'Hermitage » et anciennement le Plat-d'Etain. 10 sols de rente à prendre sur une grande place située sur les rue de Saint-Euverte et du Bourgneuf, derrière la maison de l'Hermitage. 50 sols sur une grande cour. 100 sols sur une maison non spécifiée.

5. *Rues du Bourgneuf, de l'Etelon, des Noyers*

1. Rue du Bourgneuf. Une maison sans aucune précision (1).

2. Rue de l'Etelon. Une maison donnée aux chanoines par Pierre de Saint-Etienne, chanoine de Saint-Pierre-Empont, acquise des héritiers d'un nommé Fromaige, 1287.

---

(1) *Cart. ms. lat.*, Bibl. nat., 10.089.

Une maison sise près de celle de Regnauld Charpentier. Vidimus des baux de cette maison, 1350, 1366, 1421.

Quatorze maisons bâties par les hôtes de la Cour-Dieu, 1652 (1).

3. Rue des Noyers, une maison.

4. Rue Cormereau, deux maisons de la succession Cormereau et Garbot.

5. Rue de l'Empereur, une maison.

6. Rue de la Corne-du-Cerf, une maison.

7. Rue aux Juifs, trois livres, dix sols de rente annuelle et perpétuelle à prendre sur une maison rue du Cimetière-aux-Juifs, 1463.

ARTICLE II

Fiefs, mouvances, censives situés dans la ville d'Orléans et en dehors de la ville d'Orléans

§ 1er. — *Dans la ville d'Orléans*

Déclaration des maisons, héritages et rentes sis en la ville d'Orléans, d'après l'Inventaire et le Livre rouge de l'Abbaye (2) :

I. — Paroisse de Saint-Pierre-Lentin

1261. « Une maison qui fut à Guillaume de Corvoy et à Isabelle sa femme.

« 40 sols de rente annuelle et perpétuelle à prendre sur la « maison de Martin des Champs.

« Une maison sise rue de la Chevéecrie (3).

« Une maison sise dans la censive de Mont-Sion.

« Deux maisons sises au Martroi aux Corps.

---

(1) *Arch. dép.*, H. 18 *bis*. *Bibl. d'Orl.*, ms. 487.
(2) *Arch. dép.*, H. 1-4.
(3) *Bibl. nat.*, ms. lat., 10.089.

2. — PAROISSE DE SAINT-LYPHARD

« Deux maisons assises en la Grande-Rue.

« Une maison qui fut à Marie la Saulnière en laquelle souloit pour enseigne « le Hérisson » tenant d'un long à la maison ou pend pour enseigne « les bécasses ».

« La maison du Grand Chameau.

3. — PAROISSE DE SAINT-MACLOU

« Une maison sise rue des Clausteries, alias des Petits-Souliers.

4. — PAROISSE DE SAINT-MAURICE, « ALIAS » SAINT-ELOY

« Une maison donnée par Guillaume de Corvoy et Isabelle, sa femme.

« 25 l. de rente à prendre sur une maison sise rue Saint-Maurice ; 15 l. à prendre sur une maison sise même rue.

5. — PAROISSE DE SAINT-DONATIEN

« Trois maisons sises rue du Petit-Puits.

« Deux maisons sises rue de la Charbonnerie.

« Une maison dite « des Chats » sise rue de la Charbonnerie.

« Quinze livres de rente annuelle et perpétuelle à prendre sur une maison à l'enseigne de la « Levrette » sise rue de la Charpenterie.

« Quatre livres de rente à prendre sur une maison dite de la Fontaine sise rue de la Corroierie.

« Quatorze livres sept sols six deniers à prendre sur une maison appelée « le Mouton d'Or », sise rue de la Charpenterie.

« Une cave située dans la rue des Petits-Prêtres, partagée en moitié avec le prieur de Saint-Donatien.

6. — PAROISSE DE SAINT-FLOU

« Quatre livres à prendre sur une maison sise rue du Correau.

7. — PAROISSE DE SAINT-BENOIT-DU-RETOUR

« Une maison.

8. — PAROISSE DE NOTRE-DAME-DE-BONNE-NOUVELLE

« Une maison.

9. — PAROISSE DE SAINT-PIERRE-LE-PUELLIER

« Deux maisons sises rue du Château-Gaillard, dans la censive du roi, qui furent à Hémery et à Gilon de Frauville (1340). Elles furent plus tard baillées à la famille du Lys par l'abbé Adam de Trétinville.

« Une maison baillée à Jean Brouard, cordonnier.

10. — PAROISSE DE SAINT-GERMAIN

1370. — « Une maison sise près du Puits-Montberry.

« Une maison couverte en thuyles et en ardoises » sise rue de la Charpenterie, tenant aux héritiers Boylève d'une part, à une maison appartenant à la chapelle de Sainte-Croix d'autre part, par derrière au commandeur de Saint-Marc.

« Six sols de rente sur une maison sise rue de la Charpenterie, près du Puits-Montberry.

11. — PAROISSE DE SAINTE-CATHERINE

« Une maison assise près du Coint Saint-Jacques qui fust à Jehan Compaing.

« Quarante-sept sols de rente sur un estesson à la Grande-Harencherie, rue des Hostelleries.

« 10 livres de rente sur une maison assise même rue.

12. — PAROISSE DE SAINT-PAUL

« Dix livres de rente sur une maison sise rue de la Foulerie.

« Six livres de rente sur une maison sise rue de la Vannerie ou Vieille-Vaudrie.

§ 2. — *Biens, mouvances et censives situés en dehors de la ville d'Orléans*

1. — PAROISSE DE SAINT-VICTOR OU NOTRE-DAME-DES-FORGES

1290. — « Trente livres dix sols de rente annuelle sur la maison de Jehan d'Angledou, assise près des Forges.

« Une maison et un verger assis rue Saint-Victor.

« Une maison assise rue Porte-Bourgogne, couverte en « esseaulmes », qui fut à Guillemette Des Touches et ensuite à Hugues Malier, procureur en cour d'église.

2. — PAROISSE DE SAINT-VINCENT

« Une maison dite de Saint-Nicolas située près de la Porte Saint-Vincent.

« Cinquante-deux sols de rente annuelle à prendre sur deux maisons situées dans la Grande-Rue, près de l'église.

3. — PAROISSE DE SAINT-MARCEAU

« Une maison sise au Portereau de la « Tutelle » possédée par Eremburge de Linières en 1282.

« Trois livres et dix sols de rente annuelle à prendre sur une autre maison sise au Portereau Tudelle.

« Un lieu appelé « Les Montées » avec ses dépendances.

« Une maison située au clos des Ponceaux.

« Sept quartiers de terre à la Croix ou le Mort-tue-le-Vif.

4. — PAROISSE DE SAINT-MARC

« Clos de Belleneuf, *alias* de Bellébat, ou encore aux Anes :

« Une maison assise « *in vico* La Rue » qui fut à maître Bonnivent et à Agnès, sa femme (1245). Cinq arpents en plusieurs pièces (1360).

« Rue Charette :

« Une maison qui fut à Jehan Gastine. Chartes de 1286 et 1370.

« Rue Gravereau :

« Un arpent trois quartiers.

« IV l. XXII sols de rente sur deux maisons sises dans les paroisses de Saint-Marc et de Saint-Loup.

« Clos Saint-Euverte ou rue Torte :

« 1388. — Un arpent de pré.
— Un arpent et deux quartiers.
« 1405. — Deux arpents et deux quartiers.
— Quatre arpents de pré.

« Clos de Filesoye :

« Un arpent trois quartiers.

« Clos de la Fontaine-l'Etuvée :

« Trois quartiers de terre et de pré.

« Vingt-huit livres huit sols parisis de rente à prendre sur une maison et des terres.

« Clos de l'Empereur :

« Six sols parisis de rente sur une maison.

« Clos Vivier :

« Huit arpents de terre.

« Clos l'Evêque, près l'Orbette :

« Sept quartiers de terre (1425).

« La Fosse-Gauguier :

« Une maison avec dépendances (1400).

« Clos des Prateaux :

« Une maison avec terres et dépendances.

5. — PAROISSE DE SAINT-JEAN-DE-BRAYE

« Deux arpents de terre sis au Bouchet donnés par Laurent de Bionne et Pétronille sa femme (1248).

« Neuf arpents de terre, au lieu de l'Ardoise (1388, 1390).

« Clos du Bignon :

« Trois arpents de terre (1388-1390).

« Clos de la Sablonière :

« Le Moulin-Pineau et une maison sise sur la rivière de Boigny.

« Maison de la Chèvre.

« Clos de Froideville :

« Une maison, la Motte-Saint-Euverte.

« Clos des Badinières :

« Un moulin sur la Bionne.

« Deux arpents de terre et de pré.

« Clos du Grand-Champ ou Egoutier :

« Une maison, 31 arpents de terre, vignes et bois.

« Clos de Guildary :

« Deux arpents de pré.

« Clos du Champfroy :

« Un arpent de terre.

6. — PAROISSE DE SEMOY

« Clos des Brodières ou des Beraudières :

« Douze sols parisis de rente sur une maison qui fut à Jean Augier, sise au coin du mur de Saint-Euverte, tenant à la rue Charette (1370).

7. — PAROISSE DE SAINT-MARTIN-D'OLIVET

« Maisons et erres situées au clos de Coigny, au pré de la Rivette, à Saint-Julien-du-Pauvre.

8. — PAROISSE DE SAINT-JEAN-LE-BLANC

« Maisons et terres situées au Carrouge, au clos Motteau, de la Cérisay, de Courjannette, de Forcenay, Jourdin ou du Matrin, des Chapelains. »

ARTICLE III

Biens de campagne

§ 1er. — *Seigneuries directes*

1. *Armeville* (de la paroisse de Charmont). — Cette métairie contenait six muids ou quarante-six arpents de terres labourables partagées en vingt-deux pièces et consistait en maisons, granges, bergeries, cours, jardins, etc. (1).

Elle comprenait de plus :

« Dix minots de terres labourables aux Mardelles.

« Trois mines de terres à la Perche.

2. *Artenay*. — Saint-Euverte possédait à Artenay : la Grange et le Haut-Bourg ou Moulin-Brûlé.

I. — La Grange donnée aux religieux en 1150 par Burchard Menehard (Menehardi) comprenait six cents arpents de terres labourables (900 mines) franches de tous droits et exemptes de dîmes et de champarts. Les redevances étaient chaque année de 96 muids de grains « savoir : douze muids de blé-froment, quarante-cinq d'avoine, trois pour deux douzaines de volailles et trente-cinq pour cent cinquante faisceaux de paille.

Les bâtiments consistaient en maisons, granges, écuries, étables, ouches, colombier...

II. — Le Haut-Bourg ou le Moulin-Brûlé. Sa contenance était de cent quatre-vingts mines, trois boisseaux de terres labourables avec une dîme. Il payait par an vingt muids de blé-froment, douze d'avoine, quatre cent cinquante livres d'argent et des faisances.

3. *Bassonville* (paroisse d'Angerville-la-Gâte) surnommé plus tard la « Jambe-en-l'air ».

En l'année 1211, les religieux de Saint-Euverte achetèrent

---

(1) *Arch. dép.*, H. 11.

de Hugues de Bassonville et des seigneurs de Méréville « toutes terres, fiefs et seigneuries de Bassonville, en présence de Robert de Mouçon, évêque de Chartres.

En 1357, étaient seigneur de Bassonville « Jean le vicomte, « seigneur de Glaire, et Jeanne la vicomtesse » et rendaient aveu à l'abbé de Saint-Euverte.

Le 21 septembre 1445, Jehan Colas laboureur rend foi et hommage à vénérable frère en Dieu, Adam de Tretinville, abbé de Saint-Euverte,« à cause de son lieu et domaine « de Bassonville, les terres et héritages qui ensuivent à luy « partenant à cause de Marguerite, fille de feu Pierre de « de Bassonville (1)... »

1511. Aveu rendu à Charles de Blanchefort.

1538, 1542. Aveu rendu à François du Bourg.

1566. Aveu rendu à Michel Viole...

Cette seigneurie consistait en sept muids de terres labourables, en droits féodaux sur quatre-vingt-dix mines de terres possédées par des vassaux, en quint, denier, suivant la coutume d'Etampes.

4. *Baudreville.* — La seigneurie de la paroisse d'Esceville, était fermée de murailles et comprenait dans son enclos, des fours, des écuries, des étables, des bergeries et des granges.

Le nom primitif de Baudreville (Balderici-villa) la villa de Baldéric ou Baudry, du puissant, de l'audacieux en langue germanique, est devenu Baudrevilla, dont notre idiome français à fait successivement Baudreuille et Baudreville.

Au XIIe siècle, suivant l'estimation des cultivateurs voisins, cette terre suffisait au travail de cinq ou six charruées (2) ; mais, comme elle était fruste et stérile, le propriétaire la donna aux chanoines de Saint-Euverte qui la firent cultiver par des colons. Vers 1130, Bérard de Châteaulandon à qui

(1) *Arch. dép.*, H. 11.

(2) Mesure de terre qu'une charrue pouvait labourer par an, équivalent à 42 hectares 80 ares.

appartenait ce domaine, quittant le monde pour se faire religieux à la Sauve-Majeure de Bordeaux donnait de plus à l'abbaye un alleu connu sous le nom de Faverolles (1).

5. *Baulay* (de la paroisse de Guigneville) se composait de deux métairies de la contenance de neuf cents arpents environ ; son nom latin de Booletum désignait au moyen âge un lieu planté de bouleaux. Les auteurs du *Gallia Christiana* l'appellent Bétuliacum ou Batilliacum ; mais ces dénominations n'offrent aucune ressemblance avec celle de Baulay (2).

Cette seigneurie fut donnée en 1027 aux chanoines de Saint-Euverte, par Oldoric de Broyes, évêque d'Orléans avec toutes ses dépendances et coutumes (3). La possession en fut dans la suite vivement contestée par les habitants qui prétendaient n'être plus serfs de l'abbaye, mais bien tenanciers et quasi-propriétaires (4).

Cette terre de neuf cents arpents devait à Saint-Euverte cent vingts muids de blé-froment, cent vingts d'avoine, mesure d'Orléans, rendus à Pithiviers ou à Etampes, un muid de pois, un muid de fèves, six porcs et six douzaines de volailles et oies.

6. *Bionne* (de la paroisse de Combleux). — Les religieux possédaient dans cette localité : « quatre arpents de vignes, « une maison, un pressoir de l'héritage d'Emerance, femme « de feu Christian de Bionne, 1244. »

« La maison qui fut à Pierre Dotin et à Ysabeau sa femme, 1259.

« Les droits de justice, fermage, fouage, rouage et autres

---

(1) *Ann. du Gâtinais*, t. XIII. *Cartul. de Néronville*, 303. Territoire consacré à la culture des fèves. *Gall. christ.*, t. VIII, 873, « villam quæ Galderici-villâ dicitur... confirmamus ».

(2) *Gallia christ.*, VIII. *Bibl. d'Orl.*, ms. 487.

(3) *Bibl. d'Orl.*, ms. 487. *Cart. S. Evurcii*, ms. lat., 10.089.

(4) *Arch. dép.*, H. 13-14.

droits provenant de Robert de Larchant et d'Ysabeau sa femme, héritiers de Robert de Fins, chevalier (1).

7. *Chesnes* (de la paroisse de Saint-Péravy-la-Colombe). — « En présence de « Loys VII, roy de France et duc d'Aqui-« taine » cette terre fut vendue à Saint-Euverte en 1151 (2). » En 1184, Geoffroy de Lunel et Jacqueline sa femme donnent aux religieux douze mines de revenus sur la même terre.

8. *Cossoles* (de la paroisse d'Andeglou). — « Soixante-dix « arpents de terres labourables, bois, vignes, avec maisons, « ousches et autres droits.

9. *Cuny* (de la paroisse de Gidy). — Cette métairie qui comprenait cinq cent deux arpents de terres labourables « souloit « paiier de tous tems, cent muids de grains, moitié blé, moi-« tié avoine, mesure d'Orléans et rendus en cette ville. Ledit « blé à huit deniers parisis, un muid de pois, un muid de « fèves, trois douzaines de chapons, une demy douzaine « doys, cent cinquante faisceaux de paille (3).

10. *Gueudreville-le-Regnard* (de la paroisse de Bazoches-les-Gallerandes). — Cette terre donnée en 1212 à Saint-Euverte par Guillaume de Goislons comprenait « deux maisons, l'une « appelée le Château et l'autre Saint-Béthaire.

« Dix-neuf arpents et trois quartiers de terres labourables.

« Quatre mines de terres labourables en deux pièces (aveu « d'Etienne Thibault, 1368).

« Deux mines de terres labourables (aveu de Jehan Guyard, 1403. »

11. *Lops* (paroisse de Gémigny). — Vingt mines de terres labourables.

12. *Marville* (paroisse de Sougy). — Cette ferme consistait

(1) *Arch. dép.*, H. 1, Inventaire.
(2) *Arch. dép.*, ibid.
(3) *Arch. dép.*, ibid.

en logements, granges, écuries, cours, jardins, contenait neuf muids ou cinquante arpents de terres labourables, et faisait à l'abbaye une redevance d'environ quatre cent livres.

13. *Melleray* situé à 700 mètres au nord d'Oinville-Saint-Lyphard est bien l'ancien « Maleredum » du ve siècle. Si le nom latin est formé, comme nous le supposons, de deux mots « mallus et arduus », mall et ardt, en celtique une assemblée élevée, il indiquerait le lieu où se rendaient autrefois les Druides, pour discuter les causes importantes et rendre les sentences civiles.

Le pape Eugène III dans sa bulle de confirmation de 1147 énumère Melleray au nombre des possessions de Saint-Euverte (1).

Cette ferme consistait en logements, granges, écuries, cour, jardin, comprenait neuf muids de terres labourables et payait huit mille livres de revenus à Saint-Euverte.

14. *La Petite-Hermeline* (à Semoy). — Ce fief composé de dix arpents de vignes et de terres labourables avait été donné à l'abbaye en 1209 et 1220 par Guy, Tescelin de Luyères et Aliz la femme de ce dernier (2).

15. *Ourcelles* (de la paroisse de Josnes). — Il est question de ce domaine dans la charte d'Agius (3) ; « in eodem pago in « vicaria Orcellensi. » Ourcelles était alors considéré comme une vicairie. Eugène confirme en 1147 en faveur des religieux de Saint-Euverte la terre d'Ourcelles avec toutes ses dépendances (4) « villam quæ dicitur Urcella prope Balgentiacum. » Elle comprenait soixante-dix-huit mines de terre.

16. *Sennely*. — L'abbaye possédait dans cette paroisse « les « métairies du Petit et Grand Courtail.

---

(1) *Gall. christ.*, VIII, 507-508. *Arch. dép.*, H. 1, 18.
(2) *Arch. dép.*, H. 1.
(3) Boucher de Molandon, *Charte d'Agius*, p. 36.
(4) *Gall. christ.*, VIII, 507.

« Une terre appelée la Bayère, l'Etang-des-Moines, quatre « arpents de pré (1). »

17. *Romilly* (de la paroisse de Coinces). — Il est fait mention de ce village dans les bulles d'Eugène III et d'Alexandre III des années 1147 et 1164 (2).

L'abbaye y possédait deux fermes d'une contenance de 288 arpents chacune et dont le fermage était fixé à 1.000 livres d'argent, vingt muids de blé et deux cents bottes de paille.

18. *Tréfontaines* (de la paroisse de Chilleurs-aux-Bois). — En mars 1234, Regnauld de Tréfontaines vend aux religieux en présence de Philippe, évêque d'Orléans la terre et tout ce qu'il possédait au lieu de Tréfontaines, en terres, bois, hébergement et appartenances pour la somme de 2.000 livres tournois.

En 1335, Guyot Brouard, seigneur de Chamerolles rend aveu pour ce manoir.

Mêmes aveux rendus en 1370 par J. Brouard fils de Jehan Brouart (3).

19. *Torville* (de Sebouville). — Cette terre a été donnée à l'abbaye par Louis VII en 1163 (4).

20. *Verreau* (de Mareau-aux-Bois). — Ce domaine consistait en 120 arpents de terres labourables ou environ mesure de Pithiviers, avec bâtiments, écuries, granges.

Le jeudi après de la saint Remy de 1336, Jean de Verreau vend aux religieux un hébergement avec maisons, terres et appartenances, censives et champarts.

Jehan de Verreau le jeune, fils de Jean Verreau leur donne des « goumis » et des meubles le jeudi après la saint Luc de la même année.

(1) Eusèbe Guillard, *Sennely et son prieuré.*
(2) *Gall. christ.*, VIII, 507-508.
(3) *Arch. dép.*, H. 1.
(4) *Gall. christ.*, VIII, 508.

2° Fiefs en l'air ou sans domaine

Ardelu, Artenay, Aschères-le-Marché, Attrap (Chaussy), Autruy, Baccon, Bazoches-les-Gallerandes, Boigny, Bonnée, Bou, Bretonvilliers (Guignonville), Charmont, Châteauneuf, Châtenay, Chécy, Chevilly, Chilleurs, Coinces, Courcy, Crottes, Dadonville, Darvoy, Erceville, Faronville (Creuzy), Fleury, Gémigny, Gueudreville, Guigneville, Huêtre, Izy, Jargeau, Mareau-aux-Bois, Mareau-aux-Prés, Mardié, Marville, Melleray (Outarville), Melleray (Saint-Denis-en-Val), Meung, Montigny, Noras, Olivet, Plaimbert (Chilleurs-aux-Bois), Pithiviers-le-Châtel, Ruffelière, Saint-Jean-le-Blanc, Saint-Jean-de-Braye, Saint-Martin-d'Abbat, Sebouville, Semoy, Sougy, Spuis (Chaussy), Tillay-Saint-Benoit, Villeray, Villemain (Epieds), Yenville.

ARTICLE IV

Justice de Saint-Euverte

M. E. Bimbenet a écrit en 1862 un petit mémoire qu'il a intitulé : « Justice de Saint-Euverte (1). » N'ayant pas l'intention de critique ce factum ni de l'utiliser, nous préférons pour être plus exact et plus complet, nous en rapporter à une déclaration du Temporel « de la fin du xive siècle (2). »

En principe, l'abbé de Saint-Euverte était seigneur haut justicier et ses droits de justice s'annonçaient par des signes extérieurs tels que le gibet, les fourches patibulaires, le pilori, l'échelle et le carcan (3).

La justice comprenait dans la censive de l'abbaye :

1. Dans la rue du Puits-Rolland à l'opposite de Saint-Avit, la maison du jeu de Paume ou du Sabot.

---

(1) *Mémoires de la Société histor.*, t. V, 90-98.

(2) *Arch. dép.*, A. 1095.

(3) Chasseriaux, *In Consuetud. Burg.* Henrion de Pansay, p. 578. Bacquet, *Des justices*, IX, n° 12.

2. Une île composée de quatorze maisons, la première faisant le coin des rues du Crucifix et de Saint-Euverte. Ces maisons ont issue sur la rue Cormereau.

3. La maison de la Cour-Dieu au coin de la rue aux Ours.

4. Depuis iceluy coin jusqu'au coin de la rue de l'Etelón, dix maisons qui tiennent par derrière sur la rue de l'Empereur.

De plus, l'abbé avait droit de justice, haute, moyenne et basse sur un grand nombre de maisons situées dans l'enceinte de la ville.

Hors la ville cette justice comprenait les localités suivantes :

1. *Baulay.* — Les prévots de Courcy et d'Yèvre-le-Châtel ont essayé plusieurs fois de revendiquer cette justice à leur profit.

2. *Torville*, de la paroisse de Sébouville.

3. *Gueudreville, Verreau, Cuny.*

4. Le droit de justice haute, moyenne et basse sur terres, maisons, vignes, sur la route de Courcy, et autres lieux des paroisses de Tillay-Saint-Benoît, Crottes, affermées au sieur de « Godigny ».

5. Censives sur la paroisse de Semoy au clos de l'Hermeline ou estoient élevées des fourches patibulaires.

6. Le clos des Bordes ou autrement des Forêts, les Grapinières et les Bernardières tenant d'un long au chemin de Chanteau, d'autre à un ruisseau qui sépare ladite censive de celle du prieuré de Semoy, d'un bout à la rue des Bordes et d'autre bout à la rue des Forêts, sur lequel clos il y avait haute, moyenne et basse justice.

7. Le clos Vivien de la paroisse de Saint-Loup, tenant d'un long au Pavé d'Orléans, aux Barres de Boigny, d'autre au ruisseau de l'Egoutier, d'un bout audit ruisseau et au Ponceau de Saint-Loup et d'autre bout à la rue de la Claie.

8. Le clos Testard, les clos Gontier-Gravereau, Orgemont, Champ-Rond.

9. Le clos Bellébat, tenant d'un long à la rue Torte, d'autre à la rue du Pressoir, d'un bout à une sente qui va audit Pressoir et en hache aux terres de Saint-Euverte et de Bellébat.

10. Les clos de l'Egoutier, de l'Empereur et de la Grange-Saint-Euverte, tenant rue d'Ambert au ruisseau du Ponceau.

11. Les clos des Marchais, des Orfosses, des Prateaux, fosse Gauguier.

ARTICLE V

Vignobles de Saint-Euverte

Les abbés de Saint-Euverte retiraient un grand produit de leurs vignobles. On peut en juger par le dénombrement des vignes fait au mois de mai 1277 (1).

Nous traduisons du latin. « Nous trouvons : « Dans notre « cloître dix arpents et trois quartiers. A la rue Torte, près « de la vigne de Jourdain-des-Fossés trois quartiers et demi.

« Dans la vigne Lameresse, neux arpents et demi et un « sixième.

« Dans la vigne Malesherbes, cinq arpents.

« Dans la grande pièce, dix-sept arpents et demi.

« Près de l'Orbette, six arpents et un sixième d'arpent.

« Dans la pièce de la Noue, un arpent et demi.

« Dans la pièce Lechat, sept arpents.

« Dans la pièce Menard, un arpent.

« Dans la pièce appelée Tangui « Tanqueue » deux arpents et demi.

« Dans la vigne du Clos-Gautier, un arpent et un tiers d'arpent.

« Dans le Poirier, un arpent et un demi-quartier.

« En arrière de l'Aumône, deux terciers.

« Près de Labattue, un arpent et un tiers de quartier.

(1) *Bibl. nat.*, ms. lat. 10.089.

« Dans la pièce de la Ferrière, un demi-arpent.

« Dans la pièce du Cochet, deux arpents, un quartier et un demi-quartier.

« Dans la pièce du Grand-Chemin et la Grange-des-Impasses, vingt-quatre arpents et trois quartiers.

« Dans la pièce de Saint-Pierre-des-Chanoines, quatre arpents, quatre terciers.

« Dans la pièce de la Grange, trois arpents et trois quartiers et demi.

« Dans la pièce du pressoir Le Buffetier, deux arpents et un demi-arpent.

« Dans la vigne de Saint-Hilaire, un arpent.

« Dans la vigne du Fournil, un arpent.

« Dans la vigne du Bougre, un arpent et demi.

« Dans la vigne auprès de Saint-Loup, un demi-tercier.

« Dans la vigne auprès de Saint-Jean-de-Braye, un demi-arpent.

« Dans la vigne du clerc Etienne, un demi-arpent.

« Dans la vigne de la censive de Saint-Aignan, un arpent.

« Dans la vigne des Charbonnières, un arpent.

« Dans la vigne Baudry, trois arpents et demi.

« Dans la vigne de Bionne, un arpent.

« Dans la vigne près Simon Baudry, un arpent.

« Dans la vigne près Jean Salomon, deux arpents.

« Dans la vigne appelée l'Oiseau, deux arpents.

« Dans la censive de Saint-Médard, deux arpents et demi.

« Dans la vigne du Mour, un arpent.

Le cartulaire de Saint-Euverte ne nous donnant que des renseignements fort incomplets, nous essayons d'y suppléer par les documents suivants recueillis dans l'inventaire des Archives départementales.

« Clos de Filesoye, sur la paroisse de Saint-Marc, un arpent et quart.

« Clos de Notre-Dame. Trois arpents et demi.

« Clos de Saint-Marc, un arpent et un quartier.

« Clos de la Fontaine-l'Etuvée, trois quartiers.

« Clos de l'Empereur. Un arpent (actes passés dans les années 1385, 1388, 1393).

« Clos des Brodières ou des Beraudières, sur les paroisse de Saint-Marc, de Saint-Loup et de Semoy, quatre arpents.

PAROISSE DE SAINT-MARCEAU

« Clos Saint-Marceau, deux arpents et demi.

« Clos d'Yvoy, quatre arpents.

« Clos des Ponceaux, huit arpents.

« Au Portereau de Tudelle. Rente de vingt-quatre arpents de vigne.

PAROISSE DE SAINT-JEAN-DE-BRAYE

« Clos du Bignon, un arpent de vigne.

« Clos de l'Arche, deux arpents.

« Clos Sainte-Marie, deux arpents de vigne appelés les Roches.

« Clos Mélandes, un arpent et demi.

« Clos Guignenau ou Guignegault, un quartier.

SAINT-MARTIN D'OLIVET

« Cinq arpents aux clos de Coigny, de La Chapelle, de Saint-Julien-du-Pauvre.

« Trois arpents au clos de la Chicardière, de Boigny.

« Deux arpents au clos Saint-André de Darvoy.

« Trois arpents au prieuré de Saint-Laurent du Gué-de-l'Orme, au clos du Mont de Saint-Martial de Châteauneuf.

« Six arpents au clos d'Asnières, de Saint-Denis-en-Val.

SAINT-JEAN-LE-BLANC

Un arpent au clos de la Cour-Jannette, un tercier au clos Jourdain, un demi-arpent au clos Douet.

ARTICLE VI

Tréfonds dans la forêt d'Orléans

Nous ne connaissons pas l'origine de tout le domaine forestier de Saint-Euverte. Il paraît provenir en partie d'acquisitions. Garnier de Gratelou donna, en 1204, à l'abbaye 20 arpents de bois à Cossoles (1), sur la paroisse de Chevilly.

Les religieux achetèrent bientôt au même climat 74 arpents à Jean de Gratelou et à Isabelle, sa femme, moyennant 100 livres parisis ; puis, en mars 1239, ils reçurent en don de Robin de Cossoles, 46 arpents et de Robert de Cossoles, 24 arpents ; et encore, en 1243, 35 arpents de ce dernier ; mais ils déclarèrent que, touchés de la piété du donateur, ils lui allouaient une indemnité de trente livres parisis. Enfin, Saint-Euverte acheta, de Renaut-Mignard, 177 arpents de bois, moyennant 110 livres parisis (2), l'abbé touchait les deux tiers, et les religieux le tiers du produit.

Ces bois forment la plus grande partie des deux cantons actuels de Saint-Euverte.

Les religieux possédaient encore les bois de Sainte-Marie de Chantemerle, à Chilleurs. Des bulles des papes Eugène III et Adrien IV, font mention de cette forêt, ainsi que des lettres confirmatives de Louis VII, de 1147, qui citent : « nemus quod Cantamerula dicitur (3). » Les bois de Douxchamp et de Saint-Nicolas des Landes comme appartenant à Saint-Euverte (4).

A la fin du XIVe siècle, le domaine forestier de l'abbaye comprenait 1056 arpents et était réparti en deux sergenteries : la sergenterie du duc d'Orléans et celle de Marcilly, dans la garde de Neuville.

---

(1) De Maulde, *Cond. forest.*, 20, 23.
(2) *Arch. nat.*, De Maulde, ouvr. cité.
(3) *Gall. christ.*, t. VIII, v. s.
(4) *Arch. dép.*, H. 13, 17 *bis*.

Les cantonnements étaient divisés comme il suit :

I. — Dans la sergenterie du duc d'Orléans :

« Les marchais du Chêne et de la Fenêtre.
« Le marchais long.
« Le marchais des dix Ormes.
« Le marchais des Maréchaux.
« La vallée des Bois blancs.
« La vente des Mal-Aisées.
« La fosse aux Moutons.
« Le carrefour du Chat.
« La vente du Parc.
« Le bois du Buis.
« Le bois du Roi.

II. — Dans la sergenterie de Marcilly :

« Les trois Fontaines.
« Les marchais des Genets.
« La Noue Noire.
« Le Marchais Bonnet.
« Le Chêne des Croix.
« La Sablonnière.
« Le Chêne Pic-Vert (1). »

Nous avons étudié dans le cours de ce travail l'état de la propriété abbatiale au Moyen-Age ; les cens représentaient la part du propriétaire dans la récolte d'un champ ou dans le revenu d'une maison. Ils étaient payables soit en argent, soit en nature et frappaient ce que les économistes appellent la rente foncière. En tout cas, ils n'ont pas été établis à l'origine d'une façon arbitraire, mais proportionnelle à l'étendue du terrain ou à la valeur de l'immeuble ; le taux des cens payables en argent avait été calculé de manière à être proportionné au taux des redevances dues en nature.

(1) Arch. dép., *Fonds Saint-Euverte*, A. 964, H. 17 *bis*.

La dépréciation du cens et de la monnaie se fit particulièrement sentir pendant la guerre de Cent Ans. L'abbaye ayant eu à souffrir des incursions et pillages des ennemis, comment pouvait-elle exiger le paiement de cens établi sur des immeubles qui avaient été ruinés et démolis ?

Par une conséquence directe des malheurs de la guerre, Saint-Euverte perdit donc dans les temps troublés du XIVe et du XVe siècle, une bonne partie de ses revenus.

CHAPITRE II

Eglise de Saint-Euverte

1. Description extérieure. — 2. Description intérieure. — 3. Inhumations

ARTICLE PREMIER

Description extérieure

Nous n'avons pas la prétention d'écrire ici l'histoire de l'église de Saint-Euverte ; nous en avons suffisamment parlé dans le cours de ce travail ; notre intention est seulement de faire une étude purement descriptive et de rechercher à reconstituer le plan de ce monument remarquable à l'aide des documents qui nous ont été conservés.

Avant de décrire ce monument tel qu'il existe aujourd'hui, classons ses différentes parties suivant l'ordre chronologique.

Plusieurs siècles y ont laissé leurs traces. Une tête incrustée dans la muraille du transept méridional, des modillons à violettes et une corniche à dents de scie aux deux bas-côtés près du transept portent la marque des IXe, X^e, XIe et XIIe siècles.

Les deux gros piliers formés par le croisement de la nef et des transepts, toute la travée du bas-côté joutant à la grande nef et au transept sud, l'arcade de la travée de l'autre bas-côté ouvrant sur le transept nord, les arcades de la sacristie, appartiennent à la période ogivale du XIIe siècle.

Ce qui ferait supposer que pendant les sièges de 1358 et 1428, l'église de Saint-Euverte ne fut pas rasée au niveau du sol comme celle de Saint-Aignan, c'est qu'après la délivrance de la ville, on aurait reconstruit tout le chœur, le chevet et une partie des transepts.

N'est-ce pas au XVIe et au XVIIe siècles, qu'il faut attribuer pour l'ensemble de l'architecture, l'étage supérieur du clocher, le reste du vaisseau, le porche et la tribune de l'orgue ?

Vue de face, l'église de Saint-Euverte ne brille pas par sa décoration extérieure. Elle présente un grand pignon en moellon, au tiers caché par le clocher qui fait saillie sur son plan. Cette saillie est en partie rachetée par un porche en appentis ouvrant à l'extérieur par une arcade dont l'ogive s'abaisse jusqu'au plein cintre. Au-dessus de l'appentis se voit une grande rose composée de meneaux rayonnants disposés autour d'un cercle central dont les découpures en spirales imitent l'effet d'un soleil d'artifice. La place occupée par la tour n'a pas permis à l'architecte de percer cette rosace au milieu du pignon ; ce qui produit un effet très disgracieux.

Le clocher est carré ; il se compose de quatre étages séparés par des larmiers qui se profilent sur les contreforts en forme de redoute. Les trois étages inférieurs sont construits en pierres dures et percées sur leur face occidentale de petites fenêtres ogivales ; le quatrième étage construit en plate-forme, est composé de matériaux plus tendres ; il fut commencé en 1565, d'après les dessins et sous la direction de Langelas. Chacun de ces étages est percé d'une fenêtre ogivale, au milieu du mur de face (1).

(1) N. DE BUZONNIÈRE, *Hist. architect. de la ville d'Orléans.*

ARTICLE II

Description intérieure

L'édifice a la forme d'une croix latine et se compose d'une nef principale, coupée par un transept, d'un chœur, et de deux basses nefs ; image matérielle, disent les symbolistes, du Christ, lorsqu'étendant son corps sur la croix, dilatant ses bras, inclinant sa tête couronnée d'épines, il attirait tout à lui.

Voici les dimensions de l'église :

Longueur de la nef	32 m. 10 c.
— de la nef au chœur	10 m. 20 c.
— du sanctuaire	16 m. 20 c.
Total	58 m. 50 c.
Longueur du transept	33 m. 90 c.
Largeur de la nef du transept	10 m. 15 c.
Total	44 m. 05 c.
Longueur des basses nefs	7 m. 40 c.
Hauteur des bas-côtés	7 m. 85 c.
— de la grande voûte	» m. » c.

Le plan général et une grande partie des détails nous offrent un des plus précieux monuments du XIIe siècle.

La grande nef, avec son harmonieuse unité et sa gravité architecturale, est composée de six travées, depuis le portail jusqu'au transept, de deux dans le transept et de deux dans le chœur, non compris l'abside qui est polygonale.

Cette abside est éclairée par sept fenêtres à ogives aiguës ; quatorze pilliers cantonnés sur leurs faces saillantes de quatre colonnes servaient d'appui aux arcs doubleaux de la nef du transept et du collatéral adjacent et étaient garnis dans leurs

angles rentrants d'autant de colonnettes qui donnent naissance aux nervures ogivales.

Après les désastres des xve et xvie siècles, l'édifice religieux fut toujours bâti sur les fondations de l'époque primitive. Les divers constructeurs se contentèrent de relever et de réunir les matériaux épars sur le sol et ne pouvaient invariablement résister aux tendances dominantes de leur siècle. Aussi trouvons-nous dans les détails les marques diverses de quatre époques architecturales, romane, de transition, rayonnante et flamboyante.

On s'est constamment appliqué néanmoins à conserver au monument son caractère primitif, et en plus d'un endroit l'imitation est si exacte que les parties refaites se distinguent difficilement des anciennes (1).

ARTICLE III

Sépultures

Cette église, destinée à devenir jadis le lieu de sépulture des évêques d'Orléans, ne reçut jamais dans ses cryptes souterraines que la dépouille mortelle de Manassès de Garlande. Que sont devenues les pierres tombales, ces dalles de liais ou d'ardoises incrustées de lames de métal, ces épitaphes qui auraient pu nous fournir des documents très intéressants pour l'histoire des familles et des mœurs ?

Voici une simple indication par ordre chronologique de noms de personnes que les registres paroissiaux nous font connaître comme ayant été inhumées dans cette église :

1591. Die maii 14. Michaël Viole hujus canobii religiosus abbas, ubi cum præfuisset fere viginti annis, summo hominum omnium luctu, Aureliæ, natus, annos 71 animam reddidit Deo die maii 14, 1591.

---

(1) M. de Buzonnière, *Hist. architecturale*, t. I, 391-415. Le P. Le Vasseur, *Notice sur l'église de Saint-Euverte*, broch. de 40 pages, 1865.

1610. Le 22 décembre est décédé Jerosme Barbedor, chanoine de Saint-Aignan et seigneur de la Chapelle de Sainte-Geneviève de Gergeau, enterré devant l'autel de la paroisse de céans à la fosse de défunte sa mère.

1630. 18 septembre. Charles Fougeu d'Escures, conseiller du roy, vivant abbé de l'abbaye d'Orléans, pendant le cours de vingt-cinq années durant lesquelles à son instance et par ses soins et industrie l'église de ladite abbaye a été rebâtie par les bienfaits des rois, ce qu'il eût continué de faire sans son décès arrivé le 18 septembre 1630, aagé de 62 ans.

Priez Dieu pour le repos de son âme.

Tombe de 3 pieds élevée dans le cœur (*sic*), à droite en entrant par la petite porte du cœur (*sic*), du costé de la sacristie, avec armoiries.

1648. Le 2 juillet, Christophe d'Aubereau, écuyer, seigneur de Courfrault, fils de Guillaume de Courfrault, a été enterré proche de l'autel de la paroisse.

1650. Le 21 avril, Gabriel de Machaux a été enterré proche les M. M. Les Benards.

1650. 14 décembre. Inhumation de frère Claude Perdoux, prieur de Saint-Laurent du Gué de l'Orme.

1655. Quintà decima die novembris obiit Petrus Baudoin ætatis suæ 47.

1652. 17 avril. Jean Colin, marguillier.

1653. 7 janvier. François Martin, écuyer, sieur de Chantemerle.

1656. Obüt 31 augusti Pater Nicolaus Le Vayer, ætatis suœ 32, professionis 14.

1658. 12 die januarii f. Lud. Jamyn jadis prieur de cette abbaye.

1660. 7 juillet. Inhumation de Françoise Garnier, femme de feu Robert Boylève, ancien maire d'Orléans, pleine de vertus et de mérites qui a légué à l'église de la paroisse la somme de 100 l. t. une fois payée pour être jointe à pareille somme léguée par M. son mary, de plus a donné un grand tapis de Turquie.

1661. 28 mars. César Lefèvre, avocat au Parlement et professeur royal ès-langues étrangères, a été inhumé près du transept.

1662. Frater Carolus Raffetin, œtatis suœ 29.

1670. Pater Jacobus Germon, 7 œtatis professionis.

1672. Pater Petrus Le Seneux, œtatis suœ 49.

1674. François Fleureau et Marie Robert, sa femme.

1674. Pater Petrus Fournier, prior hujus monasterii, 27 ann. professionis.

Madeleine Boylève, « la mère des pauvres. »

1681. Claude de Gyvès, prieur de Saint-Donatien.

1682. Obiit Claudius Germon, œtatis suœ 41.

1688. 21 juin. Charles de Barrelier, seigneur de Forteville, commandeur des ordres de Notre-Dame du Mont-Carmel et de Saint-Lazare de Jérusalem.

1691. 23 novembre. Bernard Frémont, fils de J.-B. Frémont, receveur.

1694. Johannes Edelin, prior hujus monasterii 70 œtatis.

1695. 18 août. Jacques-François Jogues, sieur de Boulland.

1696. Jean Ricaut, fondeur de cloches, âgé de 56 ans.

1715. Catherine Dolon, âgée de cinquante ans, maîtresse des Ecoles.

1722. André Furet, ancien capitaine du château de Beaugency.

1722. Pierre de Loynes, major de la bourgeoisie.

1723. Antoine Mallet, sous-prieur.

1730. Nicolas, écuyer, seigneur de Malmusse.

1731. Anne d'Anglebermes, veuve de Charles d'Elbœuf, de Quatremans, légitimé de Lorraine, âgée de 83 ans.

1731. Pierre-François Breton, maître d'école.

Jacques Goury, sous-prieur.

Sur la couverture de parchemin, col GG. 401, se trouve cette note : « Le révérend père Amadieu, prieur de cette « abbaye et curé de la paroisse de Saint-Jean-Baptiste, est

« mort le 12 juin 1732 et a été enterré le lendemain vis-à-vis « la chapelle de Saint-Euverte. »

1734. Louis Cottance, maître d'école.

1747. 24 septembre. Nicolas Demaire, écuyer, seigneur d'Alincour, âgé de 74 ans.

1775. 15 janvier, a été inhumé maître Jehan Gangnot, prestre, chanoine régulier de la Congrégation de France, bachelier en théologie devant la faculté de Bourges..., en présence des soussignés :

De Loynes, prieur de la Conception ;

Du Chesne, prieur de Saint-Jean-Baptiste ;

Bordinet, Varet, chanoines ;

Soret, prieur de Saint-Donatien ;

Bourdoncle, Pichon, Coulange, Cahouet, prieur de Saint-Euverte.

A cette époque, les inhumations se firent dans le cimetière de la paroisse, situé à l'est de l'église et, en 1790, elles eurent lieu au grand cimetière de la Porte-Saint-Vincent.

CHAPITRE III

REVUE GÉNÉRALE RÉTROSPECTIVE DE LA PAROISSE

Un rapide coup d'œil jeté sur le quartier de Saint-Euverte fera revivre la physionomie de cette ancienne paroisse.

Les sources principales auxquelles nous avons puisé nos renseignements sont : les registres paroissiaux (1), les pièces de la Censive générale « copiées par Gilles Préjent, greffier de « la Chambre des Comptes du roy (2), et le papier-terrier de « Monseigneur le duc d'Orléans contenant les déclarations à

(1) *Arch. comm.*, GG. 364-406.
(2) *Arch. dép.*, A. 1855.

« faire par les seigneurs et debtenteurs des maisons et héri-
« taiges en ceste ville et fouhourgs d'icelle (1). »

Nous reconnaissons par ces documents que notre paroisse, de date récente, n'a presque pas compté dans ses murs de familles de vieille noblesse.

A partir des guerres de la réforme et de la Ligue, à la suite de ces convulsions successives pendant lesquelles les anciennes races reçurent le coup de grâce et disparurent pour ainsi dire fauchées de toute part par la misère et la mort, notre paroisse est particulièrement représentée par des bourgeois enrichis et rompus aux affaires et par des marchands plus aptes à la bonne gestion des deniers publics.

Les registres des baptêmes de 1550 à 1792 nous donnent les noms des parrains et marraines des familles de Beauharnais, Bongars, Boucher, Boylève, Cahouet, Compaing, de Gyvès, de Martin de Chantemerle, des Le Gentilhomme, Flamberge, de Mareau.

Nous rencontrons aussi les noms de bourgeois marchands et ouvriers marchands tels que Nicolas de Coullons, Girard Bongars, Charles Dixme, Jacques Martin, Jacques Bruant, Antoine Bonfils, Antoine Coué (2)...

Les archives départementales et communales des XVIe et XVIIe siècles nous signalent l'existence des rues, tours, portes, murailles, maisons du quartier Saint-Euverte dont nous devons reconnaître la grande importance historique.

Ce quartier, quoi que de date aussi ancienne que l'abbaye et le vieil Orléans, mais de date moderne au point de vue paroissial, situé en dehors des murs de la ville, porta le titre de faubourg jusqu'au milieu du XVe siècle.

En 1466, Louis XI par ses ordres et à ses frais fit prolonger les murs d'enceinte, depuis la rue de la Tour-Neuve jusqu'à l'endroit où fut bâti depuis le fort Alleaume. Par un retour d'équerre on continua jusqu'au fort de la Brebis (Motte-San-

(1) *Arch. dép.*, A. 1857.
(2) *Arch. comm.*, GG. 364-406.

guin) qui forme l'angle sud-est de la ville. De là on remonta au nord jusqu'à la nouvelle Porte-Bourgogne qu'on fortifia avec soin.

Depuis la Porte-Bourgogne jusqu'à l'angle rentrant entre Saint-Euverte et la porte Saint-Vincent, la partie inférieure des anciens murs comprenait :

1° La tour des Connils ou des Connins aussi nommée d'une Garenne qui se trouvait vis-à-vis de la portion du rempart de la ville (1) ;

2° La tour de Saint-Euverte qui occupait l'angle saillant que forment les murs au droit du chevet de l'église (2) ;

3° La porte de la forêt de Semoy et autrefois la porte Saint-Euverte, connue vulgairement sous le nom de Tour à Pinguet. Elle était murée et servait de prison aux libertins que leurs parents y faisaient enfermer. Elle était située en face de la rue de l'Etelon.

On voyait ensuite la Tour Juranville, appelée bien à tort la Tour de Martinville, à peu près à la hauteur de la rue du Petit-Saint-Loup, enfin la Tour de Pennincourt ou Pénincourt. Une ligne droite réunissait celle-ci à la Tour de la Fauconnerie, située dans les communs de l'Evêché. En montant au nord, on trouvait la Tour de Bourbon, sur la paroisse de Saint-Vincent.

En 1566, Catherine de Médicis, ayant eu Orléans pour son douaire, commença à planter sur les remparts et dans le grand champ « de Saint-Euverte » des ormes dont quelques-uns, dit-on, subsistaient encore en 1789, derrière l'église abbatiale. Charles IX en ordonna la continuation par ses lettres du 25 septembre 1571, et ces arbres ont été renouvelés

---

(1) *Arch. dép.*, H. I.

(2) On raconte que Louis XI qui aimait à prendre les plaisirs de la chasse, se trouvait un jour dans la Tour des Connins, lorsqu'il aperçut deux officiers de sa cour, qui, sans sa permission, s'amusaient à arquebuser des connins. Aussitôt il fit tirer de la tour un coup de fauconneau qui tua l'un d'eux, qu'on enterra près d'une croix de pierre, et blessa l'autre qu'on porta en son logis.

à différentes époques, surtout du côté de Saint-Victor, depuis qu'on eût pris soin d'embellir la ville et d'y tracer des promenades plus régulières. Nous croyons qu'il y avait des Ormes autour de l'église de Saint-Victor, bien avant la régence de Catherine de Médicis.

Nous diviserons en deux parties la revue rétrospective des rues et places de la paroisse. La première inspection comprend de l'est à l'ouest les rues du Bourgneuf, de Cormereau, des Noyers, de la Juiverie, de Longue-Haie et de l'Empereur.

Nous continuerons par les rues de l'Etelon, du Petit-Saint-Loup, des Pensées, de la Croix ou du Bourdon-Blanc.

I. — Rues du Bourgneuf, de Cormereau, des Noyers, de la Juiverie, de Longue-Haie, de l'Empereur

Rue du Bourgneuf

Cette rue était connue dès le XIIIe siècle sous la dénomination de « Vicus burgi novi », plus tard de Semoy et de la Forêt ; située au delà des murailles, elle conduisait de la Tour des Connins à la collégiale de Saint-Avy.

Le chapitre de Sainte-Croix possédait dans cette rue et dans sa censive « l'Ostel d'Alluye » ; Girard Compaing rend aveu pour cet hôtel le 13 novembre 1488. Il était seigneur de la Villette et bailli de la Ferté-Nabert (1).

Après lui viennent Guillaume du Coing ; Leviste, sous-doyen d'Orléans, seigneur de l'Egron ; Sébastien Framberge, chapelain de Notre-Dame-la-Blanche (2), années 1540, 1607, 1696.

Des titres de 1503, de 1548 nous signalent la maison de l' « Ermitage » habitée par les « de la Borde » (3).

Vers 1500, les archives départementales nous apprennent que dans le « quartier du Bourgneuf », entre la rue Saint-

(1) *Arch. dép.*, A. 1855-1857.
(2) *Ibid.*, A. 1855-1857, H 1, H 18 *bis*.
(3) *Ibid.*

Euverte et la rue Cormereau, il y avait un établissement de fours à couler le verre et l'émail (1).

En 1688, Raymond Perrot, seigneur de Beauvais, obtint du duc d'Orléans un brevet exclusif pour exercer son art de verrier-émailleur à Orléans. Il avait exposé que de longs voyages ainsi que des travaux assidus l'avaient mis à même de connaître plusieurs secrets, particulièrement ceux de teindre le verre en aussi beau rouge que les anciens et d'appliquer l'émail sur le cuivre laminé, façonné en carreaux et en colonnes, etc. Les échevins s'empressèrent de favoriser cette entreprise que la nouveauté fit d'abord prospérer. Mais Paul de Massalai ayant obtenu du roi une autorisation chercha à établir une concurrence devenue sans résultat par le crédit du duc d'Orléans qui parvint à maintenir le brevet exclusif accordé à son gentilhomme verrier. Bernard Perrot sentit bientôt la nécessité de fabriquer des choses utiles préférablement à des choses curieuses et d'agrément, et ses fourneaux produisirent des verreries à l'instar de celle que fabriquait à Nevers Castelnau, son oncle, fondateur de la verrerie de cette ville. Les premières officines furent établies près des murs de la cité, non loin de la Tour de Juranville, par conséquent vers la rue Cormereau, appelée plus tard des Bouteilles (2).

Sur la demi-lune de la Tour Bourbon, un « jeu de Boule » régulièrement fréquenté semblait mériter les faveurs des personnes pacifiques.

Près de ce jeu de Boule, sur une petite place, était « le Puits Rolland ».

Rue Cormereau

Elle doit son nom à la famille Cormereau dont nous avons signalé l'existence vers le XIVe siècle (3).

---

(1) *Ibid.*
(2) VERGNAUD-ROMAGNESI, *Hist. d'Orléans*, P. 181.
(3) *Arch. dép.*, H I, H 18. A. 1857.

On remarquait particulièrement dans cette rue une maison dénommée « l'Ostel des Guignards » (1).

Elle prit, au commencement du XVIIIe siècle, le nom « des Bouteilles ».

Grande rue Saint-Euverte

Elle portait, dès le XIIe siècle, le nom du saint patron de la paroisse et l'a toujours conservé. Très noblement habitée, elle comptait dans son parcours les hôtels des Ballu, des Trippault, les Petites Ecoles des garçons et des filles dont nous venons de parler.

Vers 1500, la famille Balu était représentée par Jean Balu et Catherine des Ormes, seigneur et dame de Saint-Germain-le-Désiré (2). De cette alliance provint une fille, Louise de Balu, vivant en 1528, et qui épousa en premières noces Gilles Desormes et en secondes noces Etienne de Prunelé. Les armes que l'on voyait encore en 1610 sur la porte de la maison seigneuriale étaient : « d'argent à un chevron de gueules brisé, « accompagné de trois merlettes de sable » (3).

La famille Trippault était représentée en 1500 par Guillaume et Gérard Trippault, bourgeois d'Orléans ; en 1543, par Jacques Trippault, Nicolas, Léon, Emmanuel, seigneurs de Bardis ; Thomas, avocat à Orléans (4).

Rue des Noyers

Cette rue semblerait avoir pris son nom des arbres de cette espèce qui s'y trouvaient plantés lorsque Louis XI augmenta la ville, ou bien encore des « noues » ou marais qui existaient de ce côté. Mais rien ne peut appuyer ces conjectures. Vergnaud-Romagnési prétend que ce terrain s'appelait à l'origine

---

(1) *Ibid.*

(2) Saint-Germain, hameau de Fresnay-l'Evêque (Eure-et-Loir).

(3) *Arch. dép.*, A. 1855.

(4) *Arch. dép.*, H 3.

le « Clos des Neix » qui, en vieux français, veut dire neige ; c'est dans cette acception que l'employaient nos anciens poètes et que s'en sert Barbe de Verrue, lorsqu'elle fait le portrait de sa personne :

Per mon seyn (ne soit blanc de Neix)
Qui n'arsit rien que sa peinture ?
Donc est biau ! Non comme Phéneix
Croy n'a rien pais en nature (1).

En 1543, on comptait dans la rue des Noyers 25 maisons du côté de l'église de Saint-Marc et 14 du côté de Saint-Victor ; nous y reconnaissons comme propriétaires Martin de la Borde, Guillaume Moreau, vicaire de Chanteau, et Pierre de la Fontaine.

Rue de la Juiverie, du Cimetière-aux-Juifs, de Longue-Haie

Vers l'an 1000, les Juifs étaient nombreux à Orléans et y faisaient presque exclusivement le commerce de la ville. Ce n'est point ici le lieu de raconter le sort singulier que leur ont fait les événements ; Saint Bernard les dérobant aux colères de Louis VII ; Philippe-Auguste et Saint-Louis les bannissant de leur royaume pour les y accueillir de nouveau, Philippe le Bel les traitant avec une sorte de prédilection, puis les chassant de ses états ; le peuple, sous Louis X, se livrant contre leur avarice à toutes les vengeances et eux oubliant ces avanies dans la joie de leur lucre.

Dans l'origine, ils habitaient près des halles, et leur synagogue se trouvait à côté du prieuré de Saint-Hilaire. Ils en bâtirent ensuite une nouvelle près de la rue Roche-aux-Juifs. On les en déposséda et les Templiers en firent leur chapelle sous l'invocation de Saint-Sauveur. Enfin, ils se réunirent hors de la ville dans la rue dont nous nous occupons ; ils y disposèrent une synagogue et un cimetière dont ils ont joui paisiblement jusqu'en 1326. A cette époque, accusés d'avoir fait

(1) Vergnaud-Romagnési, ouvr. cité, I. 212.

mourir en croix un enfant chrétien, le vendredi saint, ils reçurent de Charles VI l'ordre de sortir de France. L'indignation s'empara du peuple et tout ce qui appartenait aux Juifs fut détruit. Leur cimetière de la rue des Noyers fut converti en verger. Depuis ce dernier bannissement, leur nom ne se lit plus dans la ville d'Orléans qu'à partir du XVIIIe siècle.

Rue de l'Empereur

Au commencement du XVIIIe siècle, il existait encore à Orléans deux rues connues sous le nom de l'Empereur, l'une sur la paroisse de Saint-Donatien et l'autre dans le quartier de Saint-Euverte.

On assure sans aucune preuve que l'empereur Charles-Quint, se rendant à Saint-Aignan, le 20 décembre 1538, dans le logement que lui avait fait préparer François Ier, passa par la rue de Saint-Donatien qui depuis a porté le nom de l'Empereur (1).

La légende a fait son chemin et n'a pas besoin d'être rééditée ; la rue de l'Empereur existait en 1395, par conséquent plus de cent-quarante ans avant la venue de Charles-Quint dans notre ville.

Quant à la seconde rue qui nous occupe, parallèle à celle des Juifs, nous pourrions penser qu'elle porte à juste titre le nom de l' « Empereur », non pas que nous voulions en faire encore l'attribution à Charles-Quint ; elle existait bien longtemps avant sa naissance.

Si nous nous reportons aux premières années de la réforme par les Victorins, les souverains pontifes Eugène III, Alexandre III et autres confirment tour à tour les privilèges accordés à l'évêque Agius par Charles le Chauve qui serait venu à Orléans en 856. Or, depuis ce temps, ces privilèges comprenaient le clos de l'Empereur et étaient placés dans la rue du même nom.

On aurait appelé plus justement ce clos et cette rue le « Clos

---

(1) Cette rue existait sous ce nom : « L'Emperose ».

du Roy » et rue Royale ; car Charles le Chauve a porté le titre et la couronne d'empereur à peine deux ans avant sa mort.

Quoiqu'il en soit, Guillot de Mareau, fils d'Etienne de Mareau, vicaire de l'abbé et couvent de Saint-Euverte, rendit aveu en 1435 pour une maison qu'il possédait dans la censive de l'abbaye. Il fut ennobli par Charles VII pour services rendus au moment du siège d'Orléans.

Après lui vient Jean Brachet, bailli et lieutenant de Blois au siège de Romorantin.

Les Brachet ont donné à l'église des évêques, des membres distingués dans les ordres religieux, à l'état d'habiles administrateurs, aux lettres des écrivains qui ne furent pas sans renom.

2. — Rues commençant du Nord au Sud et aboutissant a la rue Bourgogne

Rue de l'Etelon

Les évêques d'Orléans qui devaient coucher la veille de leur entrée à la Cour-Dieu et le jour même à Saint-Euverte en sortaient par la rue de l'Etelon pour se rendre à Saint-Aignan.

Selon Vergnaud-Romagnési, Etelon, en vieux langage, était synonyme d' « estalon » et signifiait comme aujourd'hui un cheval de haras (1), etc...

Nous suivrons plutôt l'opinion de M. de Torquat : « Ceux qui prétendent que la rue de l'Etelon doit son nom à l'étalon sur lequel montait l'évêque, lorsqu'il se rendait à Saint-Aignan, n'ont sans doute jamais lu l'histoire de l'entrée de nos pontifes ; ils ignorent la circonstance des pieds nus et la simplicité du costume exigée par la susceptibilité du chapitre. « Etelon » signifie dessin d'un pan de bois ou encore le diminutif du vieux mot « Estelle » qui signifie éclat de bois, copeau (2). Voilà l'étymologie probable de cette rue.

(1) *Hist. d'Orl.*

(2) M. E. de Torquat, *Quatre jours dans Orléans*, 170-180.

Une pastourelle du XVIe siècle, de Colletet, croyons-nous, permet de supposer que cette rue était autrefois habitée en majeure partie par des charpentiers et des marchands qui offraient leurs cadeaux en nature à l'enfant Jésus :

Saint Victor, Saint Euverte
Ont fait porter du bois
Dans cette étable ouverte,
Du moins pour quelques mois,
En dessein charitable
Dans ce temps favorable
De lui faire un logis
Au lieu de ce taudis (1).

En 1503, il y avait dans cette rue 14 maisons du côté de Sainte-Croix et 10 vers l'église de Saint-Euverte (2).

En 1572, les principaux propriétaires étaient les Corpechot, les Boissay, Guillaume et Guilot Boucher, seigneurs de Guilleville (3).

Rue du Petit-Saint-Loup

A l'intersection de cette rue et de la rue Saint-Euverte, à gauche, en se dirigeant vers la rue Bourgogne, se trouvait une maison de refuge, connue sous le nom du Petit-Saint-Loup. Cette maison a servi pendant quelque temps d'asile aux religieuses cisterciennes de Saint-Loup. En 1653, la deuxième abbesse, Marie de Lenoncourt qui avait été victime des effets de la guerre civile de la part de la Fronde résolut de mettre sa communauté à l'abri d'insultes semblables en lui ménageant dans la ville une retraite convenable. Après avoir obtenu de Mgr de Netz les autorisations nécessaires, elle acheta en 1655 des terrains et des maisons, et y fit disposer un petit monastère. Deux ans après, elle y établit une de ses religieuses avec le titre de mère des novices, mais sans mense particulière,

(1) *Ann. religieuses*, XXVIIIe année, 1893, p. 836.
(2) *Arch. dép.*, A. 1857.
(3) *Arch. dép.*, A. 1857.

et le couvent de Saint-Loup continua d'envoyer jusqu'à la suppression de cette succursale, le pain, le vin, la viande nécessaires à la nourriture de la supérieure et des postulantes. Mme Louise de Châtillon, troisième abbesse rappela ses religieuses à l'abbaye vers 1685. Dans la suite, la chapelle fut détruite et les bâtiments loués à des particuliers.

En 1791, cette maison fut vendue. Elle devint une salle de bal, puis une brasserie. La rue seule a conservé le nom de Petit-Saint-Loup.

Au mois d'août 1670, eut lieu dans l'église du Petit-Saint-Loup l'abjuration de Jean Phenu, âgé de quatorze ans, originaire de Loudun (1).

Rue des Pensées

Nous manquons d'informations sur cette rue. La famille de Loynes serait venue s'y fixer vers le XVIIe siècle.

Rue du Crucifix, de la Croix ou du Bourdon-Blanc

Cette rue d'abord appelée rue de la Croix à cause de la croix plantée au carrefour de la rue Saint-Euverte, du prieuré de Saint-Avy et de l'Evêché, appelée ensuite rue des Vieux-Fossés ou des Vieux-Remparts, lorsque Louis XI étendit la ville de ce côté, fut nommée plus tard rue du Bourdon-Blanc.

On remarquait en 1543 dans la rue de la Croix, du côté de Saint-Euverte la maison de Sébastien de Marcau « au derrière « de laquelle il y a une vieille tour, qui souloit estre la clos- « ture de la ville (2) ».

La maison des « Troys Roys » où demeurait Etienne Girault, appartenait à Jehan Lucas, procureur (3).

---

(1) *Arch. comm.*, G. G. 370.
(2) *Arch. dép.*, A. 1857.
(3) *Ibid.*, A. 1857.

Une autre maison appartenait à Jacques de Troyes, d'une famille bourgoise fixée à Orléans après les guerres de Cent ans.

Cette rue a été habitée par les membres de la famille de Mareau, par Hector de Mareau, seigneur de Villéregis et Giralde Flamberge (1618) ; par Hector de Mareau, seigneur de Villerégis et Geneviève Ladmirault (1618) ; par Hector de Mareau, Bernard, Marguerite veuve de Louis de Mailly, seigneur du Fresnoy (1).

Armes de Mareau : d'or à trois trèfles de sinople (2). Nous n'avons rien à dire des rues Tort et Longue-Haye. Celle de Saint-Magloire tirait son nom d'une maison et d'un clos qui avaient appartenu à l'église de Saint-Magloire de Paris.

CHAPITRE IV

Prieurés de la dépendance de Saint-Euverte

Quatorze prieurés dont nous avons précédemment parlé dans le cours de ce travail dépendaient de l'abbaye, au point de vue spirituel et temporel ; les uns étaient simples et sans charge, les autres unis à des cures étaient situés dans la ville ou en dehors de la ville, dans le diocèse d'Orléans ou en dehors du diocèse.

1° *Prieurés-cures*

Dans la ville d'Orléans

1. Le prieuré-cure de Saint-Jean-Baptiste annexé à l'église de l'abbaye.
2. Le prieuré-cure de Saint-Donatien.
3. Le prieuré-cure de Saint-Hilaire.

---

(1) *Arch. dép.*, A. 1857. H 1-182.
(2) Hubert, mss.

En dehors de la ville

4. La cure de Saint-Victor d'Artenay.
5. La cure de Saint-Pierre d'Huisseau.
6. La cure de Saint-Jean-Baptiste de Sennely.
7. La cure de Saint-Martin d'Abbat.
8. La cure de Saint-Martin d'Ouzouer.
9. La cure de Saint-Georges de Mareau.

2° *Prieurés simples*

1. Le prieuré de Franchart dans la forêt de Bière ou de Fontainebleau.
2. Le prieuré de Saint-Laurent du Gué-de-l'Orme sur la paroisse de Saint-Martin-d'Abbat.
3. Le prieuré de Sainte-Marie-Madeleine de Chantemerle sur la paroisse de Chilleurs.
4. Le Bénéfice simple de Saint-Nicolas des Landes sur la paroisse de Chilleurs.
5. Le bénéfice simple de Saint-Thomas de Douxchamp « Doulxchamp » sur la paroisse de Courcy-aux-Loges.

1° *Prieuré-cure de Saint-Jean-Baptiste*

Nous avons amplement traité ce sujet dans un précédent chapitre.

2° *Prieuré-cure de Saint-Donatien*

Cette église, dédiée aux deux frères nantais saints Donatien et Rogatien est située près des quais sur la rive droite de la Loire et n'en était séparée que par les fortifications de la ville. Nous ne savons pas à quelle époque et par qui elle a été bâtie ; peut-être est-ce peu de temps après la mort des glorieux martyrs dont elle porte le nom ?

Le seul acte authentique que nous possédions est une charte

octroyée du palais de Lorris en 1123, par la quelle Louis VI fit présent à Brice, évêque de Nantes et à ses successeurs de l'église des SS. Donatien et Rogatien, située dans le « Pagus Aurelianensis » avec toutes ses dépendances.

Cet important document se présente avec les formules les plus solennelles et tous les actes émanés de la chancellerie royale (1).

En 1178, cette église fut donnée pas Louis VII à l'abbaye de Saint-Euverte dont Roger de Saint-Victor était titulaire pour la deuxième fois ; mais ce ne serait qu'après la mort ou la démission du curé nommé Henri qui tenait ce bénéfice de la libéralité royale.

La donation fut consentie l'année suivante, par Hugues doyen et le chapitre de Sainte-Croix, avec l'obligation de faire donner par le desservant le jour de fête des saints Donatien et Rogatien une collation ou pastum aux chanoines d'Orléans (2).

Philippe Auguste, imitant la piété de son père, confirma cette donation par ses lettres données à Châteauneuf-sur-Loire, en l'année 1183 (3).

Nous ne nous étendrons pas davantage sur ce prieuré ; notre intention est d'en retracer l'histoire très prochainement, ainsi que celle de Saint-Hilaire.

Prieurs de Saint-Donatien

1178- . Henricus sacerdos, Gall. chrit. VIII. 522.
1325- . Jean de Boissay, prieur-curé, arch. dép., G. 192.
1340-1365. Pierre de Lyndart ou Lixart ci-devant prieur de Saint-Hilaire, arch. comm. FF. 29.
1365-1390. Martin Mane, arch. com., ibid.
1402-1425. Pierre de Gaffard, dit de Beauce.

(1) Dom LOBINEAU, *Hist. de Bretagne*, 129. *Gall. Christ.*, VIII, 503. *Annales de Bretagne*, Léon MAITRE, II, 346.
(2) *Gall. Christ.*, VIII, col. 521.
(3) G. 192.

1426-1442. Jehan Le Laboureur, estudiant en l'Université d'Orléans.

1442-1450. René Monsire.

1450-1460. Daniel de Mayn ou de Myre.

1464-1488. Gabriel Duboys, bâchelier ès décrets et théologie, estudiant en l'Université d'Orléans.

1490-1520. Guillaume Pédart, bâchelier ès décrets et théologie.

1526- . De Lora.

1537- . Guillaume Besnard.

1544-1551. Pierre-Charles Donzac, licencié en droit, prieur commendataire, curé de Gargenville de la maison de Mantes et de la Madeleine de Mantes.

155 -1566. François Le Meusnier, massacré par les Protestants.

1566-1570. Charles Hamel.

1570-1573. Fiacre Lenfant.

1573-1589. Lucas des Moretz, licencié ès droit canon et civil.

1589-1596. Pierre-François Dupuys, bâchelier en théologie.

1596-1643. Pierre Godefroy, de famille orléanaise.

1643- . André Théart.

1643-1676. Charles Dumas.

1676-1685. Robert de Gyvés, prieur de la Framée.

1686-1694. André Richart.

1694-1710. Antoine-Norbert Tabourel, docteur en théologie.

1711-1733. Charles Cossart.

1733-1742. Charles-Aimable Maubet.

1742-1769. Jean Gangnot.

1769-1791. Jean-Baptiste-Pierre Sorel-Noisette, prieur de Saint-Laurent du Gué de l'Orme (1791), vicaire de M. Jarente d'Orgeval, évêque du Loiret.

3° Prieuré de Saint-Hilaire

Au commencement du XIe siècle, Robert le Pieux, couronné roi en 988 avait pris en telle affection la ville d'Orléans qu'il y résidait d'une manière fréquente et même régulière. Il fut d'après une ancienne chronique, le fondateur de l'église de Saint-Hilaire (1). Helgaud, moine de Saint-Benoît, qui a composé, vers l'an 1050, la vie de ce prince, dit qu'il fit construire dans notre cité, en face de son palais, un monastère en l'honneur du saint Evêque de Poitiers.

D'autre part, Symphorien Guyon écrit que ce roi qui avait relevé de ses ruines l'église de Saint-Aignan, fit bâtir l'oratoire de Saint-Hilaire et l'enrichit de grands biens de manière à fixer l'attention de ses successeurs (2).

Louis VI érigea cette église en prieuré-cure et fit venir de Saint-Euverte six chanoines avec un prieur pour administrer cette nouvelle paroisse ; il assigna de plus au dit prieur des revenus et y joignit un canonicat ou prébende entière dans l'église de Saint-Aignan (3). Le roi de France, abbé de droit de la collégiale, ne pouvant s'attribuer des revenus qui n'appartenaient qu'à des clercs, se contentait d'un titre honorifique, sans prétendre à la mense. C'est pour cela qu'il affecta à deux chanoines, aux prieurs de Saint-Flou et de Saint-Hilaire deux prébendes appelées « régulières » parce qu'elles étaient conférées à deux religieux de l'Ordre de Saint-Augustin (4).

A la demande de Roger, abbé de Saint-Euverte, Louis VII confirma cette union par lettres patentes de l'année 1150, et en 1157, la troisième de son pontificat, le pape Adrien IV autorisa par une bulle la jouissance des fruits du canonicat de Saint-Aignan et la non-résidence (5).

---

(1) Du Chesne, IV. 77. « In ipsâ civitate Aurelianis, ædificavit monasterium Sancti Hilarii.

(2) Symph. Guyon. « Historica chronologica episcoporum Aurelianensium, anno 1637. « Prœter quam quod ecclesiam sancti Aniani ædificavit, insuper ecclesias Sanctæ Mariæ Boni Nuncii et Sancti Hilarii « fundavit et dotavit. 192, 193. »

(3) *Bibl. d'Orl.*, H. 3147 ms.

(4) *Ibid.*, ms. 2147.

(5) Antiquitez de l'église de Saint-Aignan. Hubert ms.

Cette église servait de chapelle du palais, mais il y avait en outre dans les jardins de ce même palais, une chapelle particulière consacrée à saint Etienne, plus tard à saint Louis et à saint Vincent. En 1176, encore à la prière de Roger, abbé de Saint-Euverte pour la seconde fois, le même roi Louis VII donne à l'abbaye ce petit oratoire dans les mêmes sentiments de libéralité et dans les mêmes conditions qu'il l'avait fait autrefois à l'égard du prêtre Pierre, son premier chapelain. De plus, il accorde au prieur de Saint-Hilaire quatre muids de blé-mouture à prendre sur les greniers d'Orléans, deux muids orléanais de vin, un arpent de vigne que la concierge Béatrice avait cédé jadis à la chapelle, et dix sous à percevoir sur la baillie outre Loiret pour l'entretien de la lampe du sanctuaire (1).

Prieurs de Saint-Hilaire

1129- . Pierre, chapelain du roi, chanoine de S. Aignan.
1157- . André, prêtre, chapelain du roi.
1176- . Pierre.
1192- . Aymericus, prior S[ti] Hilarii.
1365-1404. Pierre de Lindard ou Lixart, depuis prieur de Saint-Donatien.
1409-1414. Robert Regnard.
1414-1420. Gervais ou Guérin.
1420-1428. Henri Bellasteau.
1428-1438. Jehan Boyleve ou Boyleaue.
1445-1455. Thibault de la Borde.
1460- . Jobineau.
1464-1474. Pierre Chereau, prieur commendataire de Sennely, de Saint-Hilaire, abbé commendataire de Saint-Euverte.
1482- . Hugues de Chamenay.
1517- . Robert Charpentier. Ce fut par ses soins que

(1) *Gall. christ.*, VIII, 519. *Arch. dép.*, A. 1.141.

l'église de Saint-Hilaire qui « estait tombée en ruines » fut de nouveau rebâtie et consacrée par Pierre, évêque d'Evreux.

1530- . Gilles Rousseau, bâchelier ès décrets.

1547-1560. Aignan Blanquet (Blavogne) ci-devant prieur de Bonneval.

1566-1582. Jacques Lemerle, chanoine régulier de Saint-Euverte.

1602-1621. Jehan Mynier.

1627-1631. Guillaume Le Patas d'Illiers.

1631-1633. Noël Baudoin.

1634-1639. Louis-François Voisin, professeur de langue grecque à Caen. Sous Louis Voisin le prieuré tombé en commende.

1639-1655. Gilles Le Main ou le Mayn, docteur en théologie, chanoine de Sainte-Croix.

1656-1665. Jacques Pallu prieur de Nogent le roi et d'Auberville, par sa piété et sa science, remet en règle le prieuré.

1678-1681. Jean-Baptiste d'Estat, chanoine régulier.

1681-1690. Denys Allaire.

1690-1697. Jacques Rogier, prieur de la Vernusse au diocèse de Bourges et depuis prieur de Gironville.

1697-1703. Jacques Germon, prieur de Saint-Euverte et ensuite de Sainte-Geneviève.

1703- . Pierre de Ferrières de Champigny.

1707-1724. Toussaint Collin, professeur au séminaire de Blois.

1724-1748. François Franceski de la Renouillère du Bois-Semé, chanoine de l'église royale et collégiale de Saint-Aignan.

1748-1764. Jean Grimault, chanoine régulier de Sainte-Geneviève ci-devant prieur de Saint-Jean d'Eu au diocèse de Rouen, décédé le 6 juin 1764, âgé de 63 ans.

1704-1778. Jean Piché.

1779-1782. Pierre Pichon, chan. régulier décédé à l'âge de 34 ans.
1782-1784. Jean Géraud.
1785-1790. Paris.

4° Prieuré-cure d'Artenay

Les documents certains sur l'église d'Artenay n'apparaissent qu'au XIIe siècle. Un acte sans date, mais qui d'après Polluche, doit être de 1134 ou 1136, nous apprend que l'église d'Artenay fut donnée à celle de Saint-Euverte, par un seigneur du lieu nommé Buramon. Ce don fut approuvé et consenti par Henri de France, fils de Louis le Gros, archidiacre de Beauce (1).

Manassès de Garlande, évêque d'Orléans permit à l'abbé Roger, de faire desservir cette paroisse par un de ses religieux en 1165 ; plus tard, l'archidiacre de Beauce décida l'abbé Barthélemy à mettre à la tête de ce bénéfice plusieurs de ses religieux et lui donna le droit de les retirer, quand il lui plairait (2).

La reine Adèle de Champagne, troisième femme de Louis VII, donna en 1174 à l'église de Saint-Aignan d'Orléans les villas d'Artenay, Autroche, Assas, et voulut que tous les serfs de ces territoires et justices fussent désormais sujets de la collégiale orléanaise.

A l'entrée du bourg existait autrefois une chapelle dédiée à saint Barthélemy et à la nomination de l'archidiacre de Beauce. Cette chapelle possédait plusieurs terres et autres biens situés sur les paroisses de Trinay et de Ruan, et les revenus en étaient perçus par le chapelain qui était en même temps curé de Saint-Maurice (alias) de Saint-Eloi d'Orléans.

---

(1) *Arch. dép.*, fonds Saint-Euverte, H. 1. *Bibl. d'Orl.*, ms. 487. I.
(2) *Gall. christ.*, VIII, 1575. *Bibl. nat.*, 10.089. F° 438.

Prieurs d'Arlenay

1464- . Guillelmus Tribardeau, prior de Arthenayo — ch. du duc d'Orléans.
1486- . Johannes Proust. Arch. dép., A. 1097.
1488-149 . Johannes Mousset prior. — ibid.
Dionisius Baron, capellanus.
1580- . Louis de la Mothe, religieux au prieuré de Notre-Dame de la Victoire de Senlis.
1620- . René Charpentier.
1620-1637. Charles du Boys.
Charles Clément, vicaire et maître d'école.
1638-1643. Jules Moineau, bâchelier en théologie.
1643-1659. Nicolas Petit, bâchelier ès décrets, religieux de Sainte-Catherine du Val dës Écoliers.
1659-1663. Pierre Lenormand.
1663-1680. Michel Marchon, permute avec Etienne de Gland, clerc tonsuré du diocèse du Mans. « Permutation annulée ».
1666- . Etienne de Gland.
1681-1706. Guillaume Doublet.
1710- . Étienne de Bromigny, curé de Marcilly-en-Villette (permutation annulée).
1710-1724. Charles Bernard de Saint-Gilles.
1724-1725. Charles Berthe.
1725-1739. Charles Ménessier décédé à l'âge de 53 ans.
1740-1748. Paul-Charles Meneau.
1749-1758. Nicolas Gombault.
1760- . Pierre Canivet.
1776- . Jean-Pierre Miron.
1776-178 . Mathieu Outin.
Philibert Boullet.
1788-1790. Simon Gombault.

5° Huisseau-sur-Mauves

Henri de Dreux, évêque d'Orléans abandonna en 1188 l'église d'Huisseau aux religieux de Saint-Euverte, à la condition expresse d'y faire célébrer tous les ans son anniversaire, de payer à l'archidiacre et aux chanoines de Sainte-Croix les redevances accoutumées, les rentes et les droits de cire (1).

Grâce aux donations des famille de la contrée, le prieuré possédait des revenus, des dîmes, des censives à Coulmiers, au Préau, à Prélefort, au Ponceau, aux Chastelliers, à Flix, à Montipeau, à Aigresaules...

Prieurs

1188- . Terricus.
1214- . Foulques.
1250-1258. Guillaume Lebert « prior de Ussello super Malvam ».
1486-14 . Jean de Saint-Avit.
Gilles Parfond et Philippe Rotrou, chapelains.
1648-1661. Jacques de Beauvais.
Jean Allain, vicaire.
1661- . Jacques Turtin prend possession le 24 juin.
Mathurin Salfray nommé à la cure le 6 juillet reste à Saint-Sigismond.
1661-1675. Charle Basile, prêtre du diocèse du Mans.
1675-1681. Thomas Trippault. Marin Hautrays, vicaire.
1692. Claude-Etienne de Romigny.
1705- . Jean de Laleu.
1735- . Clément Thuault — vicaire Fousseroles.
1751- . J. Rousselet. Lemoine vic.
1755-1763. Joseph Barthélemy.
1764-1777. François de Launays.
1778-1790. Jean Lemasson.

(1) *Bibl. nat.*, 10.089, f° 353.

6° *Prieuré de Saint-Georges de Mareau-aux-Bois*

Marolium, Marogilum, Marœ et Moragium aux XIIe et XIIIe siècles, signifiaient marois, étang, terres marécageuses suivant Du Cange (1).

Mareau était un ancien domaine de l'église d'Orléans. Il en est fait mention dans les lettres de Charles le Chauve, Carloman, Lothaire, Louis V, Hugues Capet et Robert. Du consentement de l'archidiacre Hébert, l'église de ce lieu fut donnée à Etienne de Tournai, abbé de Saint-Euverte par Manassès de Garlande en 1168. Par les lettres de donation, les droits de synode et de visite de l'archidiacre furent réservés ainsi que dix sous de cens à la charge de cette église.

Manassès de Seignelay, évêque d'Orléans établit en 1210 les chanoines réguliers de Saint-Euverte curés de Mareau et donna à l'abbé le droit de nommer le titulaire.

Les principaux bienfaiteurs de ce prieuré furent Mathieu Boyssins, Guy Boyssins, Philippe de Mareau, Agnès de Mareau et Jehan de Mareau seigneurs de ce fief (2).

Cette terre fut possédée plus tard, au XVIe, par André de Beaufort, comte d'Eturiot, lieutenant-général des armées du roi...

Prieurs

115 -1163. Guillelmus, Lupellus, Odo, curati.
1252- . Joannes.
1464- . Thidualdus La Vieulle, prior de Marolio in bosco.
1496- . Jehan Charron.
1520-1542. Blaise des Hayes.
1566-1575. Jehan Mauldet.
159 -1605. François Julien.
1605-1617. Jehan Poury.

---

(1) Du Cange, T. IV.
(2) *Bibl. d'Orl.*, ms. 487. *Arch. dép.*, H. 163. *Bibl. nat.*, 10.089.

1625- . Jacques Fougeu.
1640- . Guillaume Godefroy.
1667- . Tanivais.
1667- . Isidore de la Chaussée d'Eu.
1682-1692. Pierre du Pêche.
1692-1700. Jean Vaujeois.
1700- . Pierre Amary.
1715-1726. Jean Pideux.
1726- . Jean Maurice.
172 -1737. Pierre Coffin.

7° Sennely

Par une lettre prétendue de la quinzième année de son règne, datée de 855, Charles le Chauve aurait donné au chapître de Saint-Euverte, Sennely et son église avec tous les biens de sa dépendance, terres, prés, bois, hommes et femmes de corps (1).

En 1183, le prieuré possédait quatre muids de seigle, à prendre tous les ans sur la grosse dîme de la paroisse.

Deux ans après, Manassès de Garlande, évêque d'Orléans, témoigne dans une charte que le prieur Hildebert, appuyé des conseils et de l'autorité de Thibault, comte de Blois, grand sénéchal de France, a retiré de ses possessions et réuni au prieuré et au domaine des chanoines réguliers de Sennely toute la menue dîme des moulins, du chanvre, du lin, millet, blé noir... qui avait été usurpée par des laïques et que ceux-ci restituèrent en sa présence et en présence de toute la paroisse réunie.

Prieurs de Sennely

1183. Hildebert.
1212. Richard.

(1) *Gall. christ.*, T. VIII.

1237. Luc.
1250. Jean Filoiseau.
144 -1464. Joannes Griveau.
1464. Pierre Chéreau, plus tard abbé de Saint-Euverte.
1465. Guillaume Chesnard.
1456-1459. Valentin Roteau.
1471-1478. Jean Bruneau.
1487-1495. Jacques du Lac.
Guillaume Macé et Barthélémy Caillault, chapelains.
1500. Giles Flamberge.
1503-1532. Sébastien Mauclerc.
1587. Pierre Pothier.
Jacques d'Estat.
1630. François Macé.
1646. François Dunas.
1646-1668. Claude Godefroy.
1668-1674. Isidore de la Chaussée d'Eu, en même temps prieur de Sainte-Geneviève des Bois.
1674. Jacques Josset.
1678. Nicolas Fleury.
1710. François-Christophe Sauvageon.
René Pottier, desservant.
1712. Charles Guérin.
1712-1716. Louis Barbier.
1716-1722. François Jolly.
1754. Nicolas Fleury.
1791. Nicolas Bourguignon Dugazon.

8° *Ouzouer-le-Marché*

Cette villa figure dans une charte datée de 1170 sous le nom d' « Oratorium-Fori » et appartenait à Archambauld Pire-que-Loup, à Marie son épouse, et à Mathieu surnommé « Caseus ou Fromage (1) ». Ils abandonneraient alors l'église de ce

(1) *Bibl. d'Orl.*, Dom Verninac, ms. 487, f° 66.

lieu ainsi que les menues dîmes qui en dépendaient à Manassès de Garlande à la condition qu'il en disposerait en faveur de qui bon lui semblerait.

En 1177, sur les instances des bienfaiteurs et en considération de l'honorable sépulture faite à leur fils unique, nommé Gaudefroy, dans les caveaux de Saint-Euverte, l'évêque se dessaisit de cette donation au profit de l'abbé Roger. En même temps, Henri, archidiacre de Beaugency écrit à Odon, prêtre d'Ouzouer pour lui notifier cette concession et le prier de vouloir bien vivre en bon accord avec les religieux d'Orléans.

Prieur de Saint-Martin d'Ouzouer

1176. Odon.
1280. André « abbas Oratorii ».
1332. Estienne d'Espieds, H. de Espaiaco.
1360. César de Luynes.
1452. Jean Cornilleau.
1470. Guillaume Grange.
1487-1508. Jehan Lemasson.
Johannes Dumond, capellanus.
1508-1519. Estienne Michel, Guillaume Bidaut, viçaire.
1520-1527. Guillaume Renoux.
1527-154 . Jehan Roillon, Jehan Lebigle, vicaire, 1555.
1562-1576. François Hanon.
1576-158 . Claude Hanon, estudiant.
1588-1589. François Leroy.
1595. Martin-Claude Thauvin.
1596. de Bongars.
1602-1628. Nicolas Quartier.
1649-1653. Pierre Beaudoin de Verdy.
1653. Nicolas Blaye.
1666. Pétrus Le Vayer, diacre demeurant à Paris, rue de Saint-Nicolas-des-Champs, révoqué par procuration passée entre lui et Pierre Chamilloux, chanoine régulier.

1703-1711. Pierre Freslon.
1716. Jean-Baptiste Vincent.
1729. Mignot.
1729-1747. François Hubert.
1747-1760. Philibert-Emmanuel Boullet.
1767-1788. Thomas.

9° *Saint-Martin d'Abbat*

Cette église, connue primitivement sous le nom « de Abeto », a été probablement mise sous le vocable de Saint-Martin, lorsque les moines de Marmoutiers, fuyant l'invasion des Normands, vinrent se reposer dans ce lieu avec les reliques du saint archevêque de Tours.

Au milieu du XIIe siècle, Manassès de Garlande, évêque d'Orléans, d'accord avec le chapitre de Jargeau, donna aux chanoines réguliers de Saint-Euverte, le Gué de l'Orme, aujourd'hui domaine isolé à cinq kilomètres de la paroisse, puis l'église de Saint-Martin d'Abbat, qui devinrent deux prieurés distincts et de la même juridiction.

Prieurs de Saint-Martin d'Abbat

1464. Joseph Luillier.
1485. Pierre Pédart, depuis prieur de Saint-Donatien.
1596. Pierre Jourdain.
1627. Jacques Baratin.
1640-1657. Simon Néron.
1658-1660. Claude Gouault.
1666-1684. Henri Drouillon.
1685-1686. Jacques Dyvetot.
1686-1703. Jean-Louis Rogres de Champignelles.
1703-1709. Charles Morin.
1709-1710. Guillaume Bourgeois.
1710-1739. Charles-Edouard Gorrand.

1739-1742. Hardy de Levarhé.
1742-1763. Joseph Morin de Charlus.
1763-1768. Georges-Augustin de Loynes.
1768-1782. François-Girard Desroches.
1782-1791. Joseph Pignon.

10° Prieuré du Gué-de-l'Orme

En 1163, un familier de Louis VII, nommé Guy, fonda sur la terre du Gué-de-l'Orme une petite communauté soumise à la règle de Saint-Augustin reformée par l'Ordre des Prémontrès. Au domaine primitif vinrent s'ajouter la maison de Doulchamp, la petite église de Saint-Nicolas de Landes, des terres et des vignes situées dans la forêt d'Orléans, à Chilleurs, à Courcy, à Soisy et à Châteauneuf (1).

Les abbés Jean et Sevin vécurent pendant quelques années indépendants de leurs voisins de Saint-Benoît et de la Cour-Dieu qui ne voyaient pas d'un bon œil se développer auprès d'eux cette nouvelle abbaye ; mais en 1178, l'évêque d'Orléans, Manassès de Garlande réunit aux Evurtiens d'Orléans le couvent du Gué-de-l'Orme qui prit dans la suite le nom de Saint-Laurent et qui subsista jusqu'à la Révolution française.

Abbés et Prieurs du Gué-de-l'Orme. Abbés : 1163. Jean, Guy ; 1168-1177. Sevin ; 1178. Simon.

Prieurs du Gué-de-l'Orme

1464. Jean Soudieux.
1471. Jean Gautart.
1500-1534. Blaise Deshayes.
1557. Du Bruel.
1562. Thibault Le Merle, chanoine.
1567. Pierre Moret.
1572. Jean Bonnet.

---

(1) *Bibl. nat.*, ms. lat., 10.089, f° 459.

1589. Guy Thayer.
1590-1597. Pierre Pothier.
1598. Pierre Nourry.
1626. François Lecoq.
1642. Gilles Garnier.
1642-1649. Claude Perdoux.
1653-167 . Cotté.
167 -1680. Jean Lapille.
1680-1704. Noël Coffin.
1704. Antoine-Norbert Labouret, prieur de Saint-Donatien.
1716-1725. Charles Fleury.
1757. Canivet, prieur.
1774. Simon-René de Courtoux.
1778. Soret-Noisette, prieur de Saint-Donatien.
1788. Auguste-Etienne de Châtelard.

11° Prieuré de Saint-Nicolas des Landes

Voici ce que nous lisons dans un terrier de Saint-Euverte, remontant au XVIIe siècle :

« Le prieuré de Saint-Nicolas des Landes a esté fondé par « Manassès de Garlande, evesque d'Orléans, qui lors estait « seigneur de Chamerolles et pour desservir le prieuré il a « esté tiré des chanoines réguliers de Saint-Augustin du « prieuré du Gué-de-l'Orme appartenant maintenant à Saint-« Martin d'Abbat.

« Entre autres biens, cet evesque a donné au dit prieuré « quatre muids de blé mesure de Paris à prendre sur la sei-« gneurie de Chamerolles.

« Les lieu et maison dudit prieuré contenant environ un « arpent en jardin, cour, écurie, estables, granges, le tout « autrefois entouré d'un petit essars. Ledit enclos est le titre « dudit bénéfice où est la chapelle.

« Plus, on joint 20 arpents de terres labourables, plus, « 62 arpents de bois en grurie.

« Plus la vente de 1.479 livres tournois provenant de la « vente des « Hauts » vendus par Maistre Girard Duboys et « Pierre de Lovaroys, lors prieurs de Saint-Nicolas. La vente « a esté créée en 1688.

« Plus quatre muids à prendre sur Chamerolles dont à pré- « sent est seigneur le marquis de Sommery, dont le prieur ne « jouit pas.

« Plus la moitié de la dîme de Saint-Germain dont jouit le « seigneur. Quelques petites rentes et dîmes pouvant monter « à 12 mines de blé, mesure de Neuville, pesant environ « 60 livres la mine et 12 livres tournois en argent.

« Plus un muid de vin à prendre sur la mestayrie de la « Coudraie, appartenant au marquis de Sommery, huit pots « de vin dans un lieu appelé Ermenville, des rentes à Villiers, « à trois lieues de Saint-Nicolas (*sic*).

« Plus la dîme de Villereau rachetable.

« Le droit de chauffage et paisson dans la forêt.

« 20 arpents de terres labourables en une pièce proche les « bois du prieuré ; laditte pièce appelée les « Arrachis » a esté « donnée en bail emphythéotique par un prieur de Saint- « Nicolas (1). »

Le cartulaire de Saint-Euverte contient un certain nombre de chartes du XIIIe siècle, concernant Saint-Nicolas des Landes, notamment l'acte de fondation, en 1209, de l'anniversaire d'Adam de Loury pour 5 sols de rente à Chilleurs (2). Cet acte est confirmé par Marie, mère d'Adam de Loury, par Agnès sa femme et par Guillaume de Jouy (3).

En 1790, le prieuré comprenait 35 hectares, 72 ares de bois dans la forêt d'Orléans. Ces bois forment actuellement le can-

---

(1) *Arch. dép.*, fonds Saint-Euverte, H 13 *bis*.

(2) *Bibl. nat.*, ms. lat., 10.089, p. 488. Noms de lieux : Chamerolles, chât., Cne de Chilleurs. Saint-Germain, Cne de Neuville-aux-Bois. Villiers-le-Liézard, ham. de Chaussy. La Coudray, ferme de Teillay-Saint-Benoist, Villereau, Con d'Artenay.

(3) M. Domet, *Hist. de la Forêt d'Orléans*, p. 68.

ton de Saint-Nicolas ; des maisons isolées à 3 kilomètres de Chilleurs sont encore connues sous le nom de Saint-Nicolas de la Lande ; enfin, sur la même commune, à la lisière de la forêt, est située une maison forestière, dite de Saint-Nicolas, construite en 1850 (1).

Prieurs de Saint-Nicolas des Landes

1168.	Œgidius. Cart., 10.089, p. 532.
149 -1508.	Jean Dupin.
1508-1525.	Pierre Canyer.
1573.	Gentien Septas.
1595.	Pierre Pothier.
159 -1606.	Robert Durand.
1606-1620.	Michel Marchon.
1650.	Edmond Demaizé.
1662-1679.	Girard Duboys.
1679-1681.	Pierre de Lovarays.
1681-169 .	Pierre Demoye.
1700.	Nicolas de la Barre.
1728.	François-René Langlois.

12° Prieuré de Saint Thomas de Douxchamp (Doulxchamp)

Le cartulaire de Saint-Euverte nous a conservé le texte de quelques chartes contenant Doulchamp. Les plus intéressantes, à cause des personnages qui y sont nommés, se rapportent à une dîme de Luyères qui fut concédée en mars 1212 (ou 1213 n. st.) par Guérin le Bouteiller, sauf le fourrage et à condition que les moines de Saint-Euverte entretiendraient à Doulchamp un prêtre pour célébrer des offices en l'honneur de Guérin et de ses parents (1). Cet acte est approuvé par les frères de Guérin, Algrin et Hugues, par sa femme Eremburge, leurs fils Hugues et Mathias, par le seigneur du fief nommé Herraudus (2).

(1) *Bibl. nat.*, ms. lat., 10.089, p. 467.
(2) *Ibid.*, p. 471.

En 1236, Hugues le Bouteiller et sa femme Eustachie renoncent au fourrage qu'avait réservé Guérin et y ajoutent la dîme de leurs vignes au dit lieu et une pièce de terre pour édifier une grange (1) ; en 1265 enfin, Jeanne de Loury amortit la même dîme, qui relevait de son fief, sous condition de messe ou d'anniversaire pour elle, pour son mari Jean de Corbeil, pour son père Adam de Loury, pour sa mère Agnès, pour sa fille Marguerite et pour son gendre Raoul le Bouteiller (2).

Au XVIIIe siècle, la métairie de Saint-Thomas de Douxchamp consistait en chapelle, bâtiments et huit arpents de terres labourables, non compris 38 arpents de bois en grurie (3).

Prieurs de Saint-Thomas de Douxchamp

1168. Ægidius. — 1424. Jehan de Cailli. — 1491-1512. Etienne Richard. — 1512-1527. Jehan Rolloy. — 1665. Guillaume Blaye. — 1681. Edmond Demaize. — 1687. Hyérosme Menard, chanoine de l'église de Saint-Aignan. — 1692. Jacques Girard, curé de Saint-Benoit du Retour. — 1776. J.-B. Carton. — 1786. Louis-Joseph Legrand.

13° Prieuré de Sainte-Madeleine de Chantemerle

Des bulles des papes Eugène III et Adrien IV, ainsi que des lettres confirmatives de Louis VII font mention de la forêt de Chantemerle « nemus quod Cantamerula vocatur (4). »

« Cette chapelle ou prieuré simple paraît avoir été fondée

(1) *Bibl. nat.*, 10.089, p. 471.

(2) *Bibl. nat.*, ms. lat. 12.775, p. 26. — Arch. dép. du Loiret, *Fonds Saint-Euverte*, H. 18. « Collacion du prioré de Doulxchamp, transcription de baux, quittances, nominations de prieurs, de la fin du XVe au début du XVIe siècle. Titres peints en rouge sur parchemin.

(3) Cf. P. Domet, *Forêt d'Orléans*, p. 328.

Gall. christ., VIII.

vers l'an 1203 par Jean et Adam de Loury et donnée aux religieux de Saint-Euverte.

En 1760 les revenus et biens consistaient en :

1° Une chapelle, un grand corps de logis, écuries, granges, estables, le tout couvert de tuiles et bâtit en charpente excepté la chapelle et le manoir, contenant environ six arpents, plus quatorze arpents de terres labourables, le tout affermé pour neuf ans à Jacques Sagot 85 livres tournois.

2° Une censive de 322 mines de terre à 15D par mine, droit de vente 5 sols par écu, 5 sols par défaut, et 3 l. t. 15 s. de vente à 20 l. t. .... 20 l. t.

	85
Total.....	105 l. t.
Les charges étaient de 60 l. t. d'où............	60
Boni (1).....	45 l. t.

Prieurs de Chantemerle

1583. Charles de Marbray.
1649. Eustache Deschamp.
1651. Pierre Baudoin.
1651-1656. Christophe Levesque.
1660. Jean Lambert.
1681. Jean Moreau.
1697. Noël Coffin.
1700-1710. Antoine Honnet.
1710. Jean Neveu.
1711. Garnier de Marigny.
1751. Pierre Honnet.
1776. Louis Lejeune.

(1) *Arch. dép.*, H. 16.

14° Prieuré de Sainte-Marie de Franchart

Nous renvoyons à la notice publiée dans les *Annales* de la Société historique et archéologique du Gâtinais, de l'année 1913.

Prieurs

1145. Vulfin et Henri.
1145-1190. Guillaume (precentor).
1462. Guillaume Le Closier.
1530. Jehan Rolloy.

EPILOGUE

Le 10 novembre 1793, le culte constitutionnel avait vécu, les curés schismatiques renonçaient sous peine de mort à leurs fonctions ecclésiastiques, les églises étaient définitivement fermées et livrées au pillage par les adeptes du culte de la raison.

Dès le lendemain, une bande de sans-culottes conduite par le commissaire de police, le menuisier Chamouillet, et selon Lottin, par l'imprimeur Darnaud-Maurand, « forcené révolutionnaire » se porte sur Saint-Euverte, qui, depuis que Saint-Aignan avait été converti en atelier national, renfermait le reliquaire du saint patron de la cité. Nos jacobins s'emparent des objets sacrés et de la châsse de bois, revêtue de lames d'argent, mais vide de son trésor ; car, dans la nuit, deux ouvriers chrétiens, le tisseur Vincent Pouteau et le serrurier Jacques Fournier avaient réussi à soustraire les reliques de saint Aignan et à les déposer dans la maison des Oves de la rue Sainte-Anne, habitée par M. Deloynes de Morett. Un déchargeur de bateaux, nommé Morin, avait pris pour sa part de butin la châsse qu'on avait dépouillée de son plaqué d'argent ; il en fit un escabeau, mais la première fois qu'il voulut s'en

L'ABBÉ GUYOT

MISSIONNAIRE DE FRANCE

servir pour atteindre à la corniche d'une armoire, il tomba si malheureusement qu'il se cassa la jambe (1).

En vertu du décret du 30 mars 1806 portant que les églises supprimées feront partie des biens restitués aux fabriques, en vertu d'un arrêté du préfet du Loiret en date du 13 juin 1823, l'église de Saint-Euverte fut rendue à la fabrique de Sainte-Croix ; mais les ressources ne permettant pas de réparer l'antique sanctuaire des Génovéfains, le conseil paroissial fut obligé d'en louer différentes parties à des particuliers.

En 1805, l'abbaye avait été vendue à M. Laisné de Villevêque qui transforma en filature de coton le principal corps d'habitation.

En 1823, Mgr Jean Brumauld de Beauregard succédait à Mgr de Varicourt sur le siège d'Orléans. Depuis longtemps déjà le prélat était en relation intime avec le P. Rauzan, fondateur et premier supérieur général de la Société des Missions de France ou Société des Prêtres de la Miséricorde sous le titre de l'Immaculée Conception. Il appelait souvent pour prêcher des missions dans sa cathédrale quelques-uns des membres de cette illustre compagnie.

Après une de ces prédications que Mgr Parisis appelait « un « tour de force comme l'antiquité n'en avait jamais vu de comparable (2) », le P. Rauzan se concerta avec l'évêque son ami, acheta l'abbaye avec ses dépendances, et, vers la fin de 1838, les prêtres de la Miséricorde vinrent habiter l'ancienne demeure des chanoines de Sainte-Geneviève.

Une pensée de foi avait porté le P. Rauzan à accepter ce nouveau poste. En d'autres diocèses, les communautés religieuses déjà établies, ou, à leur défaut, quelques membres d'un clergé nombreux pouvaient porter facilement aux populations la grâce des prédications extraordinaires, des retraites, des missions. Là, un clergé instruit, zélé, mais moins nombreux

---

(1) *Annales religieuses*, 1893, 450-451.
(2) M. Nettement. Littérature française sous la Restauration, T. II, 267.

que dans d'autres parties de la France, ne subvenait, qu'avec d'extrêmes fatigues, aux besoins les plus pressants du ministère paroissial. Si Orléans même, et quelques cures du diocèse montraient un esprit sincèrement religieux ; ailleurs, les populations autrefois infectées de jansénisme, éprouvées par deux révolutions, qui, sous des formes différentes, furent marquées au coin de l'irréligion, conservant encore un certain goût pour les cérémonies religieuses, mais ne connaissant plus guère N.-S. Jésus-Christ, n'écoutant plus sa parole et ne s'asseyant plus à sa table, semblaient des éléments bien peu favorables, soit à l'établissement des prêtres réguliers dans le diocèse, soit aux missions.

Mgr de Beauregard ayant, peu après l'arrivée des Prêtres de la Miséricorde, donné la démission de son siège, le nouvel évêque, Mgr Morlot, se plut, dès son entrée dans sa ville épiscopale, à les assurer de son entière confiance, en les appelant à exercer leur zèle dans un grand nombre de paroisses, et en les soutenant au milieu des difficultés de leur ministère.

Ce fut en 1840, que le P. Jean-Baptiste Caillau, l'un des assistants de la Société, fut envoyé à Orléans, pour y prendre la direction de la maison de Saint-Euverte. Il s'y dévoua tout entier et ne quitta Orléans qu'au printemps de 1850, par ordre du supérieur général pour aller mourir à Paris.

Né à Paris en 1794, formé de bonne heure par son père, professeur suppléant à la Faculté de Droit de cette ville, au goût des fortes études et par sa mère aux habitudes de la piété, après des succès brillants au lycée Napoléon et au concours général, le jeune Caillau entra à Saint-Sulpice en 1813, et en sortit en 1818 pour se présenter conme MM. de Forbin-Janson, Fayet, Druon de Brusneau, Menoult, du Mesnildot, Menjaud, Saintyves, Levasseur... aux Missions de France. De 1818 à 1824, il prit part à de nombreuses missions aussi bien dans les villes de province que dans les paroisses de Paris.

Aux travaux d'un apostolat actif et béni, il joignait des études sérieuses sur les Pères de l'Eglise. Epuisé par une application sans relâche, le P. Caillau, dans le cours de l'année 1829 tomba dans un état de faiblesse prolongé et inquiétant. Un jour, il entend parler des grâces nombreuses obtenues au sanctuaire de Roc-Amadour en Quercy. Enfant dévoué de la Sainte Vierge, il entreprend le pieux pèlerinage et recouvre assez de forces pour reprendre ses travaux. De là, l'*Histoire de Notre-Dame de Roc-Amadour ;* l'établissement d'une neuvaine de prédications en sa chapelle, et la fondation d'une maison de missionnaires pour le diocèse de Cahors, sur le territoire duquel se trouve Roc-Amadour.

Le 1er novembre 1840 il prenait la direction de la maison d'Orléans. Ce jour-là, il prêcha à la cathédrale devant un auditoire brillant et délicat, qui sut apprécier sans hésitation ses talents et son cœur.

Dès lors, se consacrant tout entier au diocèse, prêchant non seulement dans la cité épiscopale, mais dans les plus humbles campagnes, pendant l'espace de neuf ans, douze carêmes et un grand nombre de missions et de retraites, il faisait souvent marcher de front deux ou trois stations en même temps. Sa prédilection était pour les instructions formant un tout complet : Orléans n'a point oublié son *Histoire des Hérésies*, faite pendant deux ans à Saint-Paul avec une science qui réunissait autour de sa chaire un auditoire d'élite. Ces prédications augmentèrent l'effet d'une brochure publiée par lui en 1849 contre la secte de Michel Vintras qui avait ébloui un certain nombre de fidèles et même quelques prêtres du diocèse (1).

Le 13 août 1844, fut bénie par Mgr Fayet la chapelle de Notre-Dame du Mont, de construction modeste et de style gothique, vrai monument du zèle et des efforts du P. Caillau.

Tout en partageant avec ses confrères le ministère pour lequel les Prêtres de la Miséricorde avaient été appelés dans le diocèse, le P. Caillau sut trouver le temps de continuer les savants travaux auxquels le P. Rauzan l'avait appliqué dès son entrée dans la Société.

(1) Les Nouveaux Illuminés ou adeptes de l'Œuvre de la Miséricorde, convaincus d'extravagance et d'hérésie.

Convaincu, par expérience, des immenses avantages de l'étude des Pères, il songeait depuis longtemps à la rendre plus accessible au clergé. De là, la *Collectio selecta SS. Patrum*, œuvre laissée inachevée, par suite de l'annonce de la Collection complète des Pères par M. l'abbé Migne ; de là ce second *volume des œuvres complètes* de saint Grégoire de Nazianze, si justement appréciées des savants, et l'introduction *ad SS. Patrum lectionem* et la *Rhetorica Patrum*.

A côté des monuments de la science du P. Caillau, on aime à voir figurer en première ligne, parmi ceux de sa piété, des ouvrages consacrés à la Très Sainte Vierge, pour laquelle il se sentait un inexprimable attrait. On a de lui l'histoire de *Notre-Dame de Roc-Amadour*, l'*histoire* critique et religieuse de *Notre-Dame de Lorette* et les gloires de Notre-Dame du Puy.

Le P. Caillau se disposait enfin à écrire la vie du P. Rauzan, quand, épuisé par les fatigues de la station de carême à Tours et du mois de Marie à Orléans, il fut contraint de prendre un repos et des ménagements trop tardifs. Sa vie ne fut plus qu'un continuel exercice d'une admirable patience, jusqu'au jeudi 4 juillet 1850, où il rendit paisiblement son âme à Dieu.

Mgr Dupanloup écrivait alors dans l'effusion de son cœur au Supérieur Général : « Je ressens ce malheur, et j'en suis « affecté plus que je ne saurais le dire. Ce doit être un deuil « général que la disparition de tels hommes, si admirablement « doués sous le rapport de la science et des plus belles vertus ! « Pour lui, il ne perd rien, il a tout gagné ; et je me persuade « que, depuis longtemps, la mesure de ses mérites était rem- « plie ; mais vous, votre chère Congrégation, tous ceux qui « l'ont connu et à qui il a fait du bien, toute l'Eglise de « France, on peut le dire, doivent être frappés du coup qui l'a « enlevé, et ne peuvent manquer de s'en ressentir longtemps. »

Les collaborateurs et assistants du P. Caillau à Saint-Euverte furent des prêtres d'un talent et d'une sainteté incontestables ; nous citerons entre autres MM. Duvey, Vernois, Carboy, Beaucè, Baillard, Guérin, Leneuf, Rebours, Madéore, Monteil, Cadiergues, Lagrifoul, Aigueperse.

LE PÈRE CAILLAU

PREMIER SUPÉRIEUR DES PÈRES DE LA MISÉRICORDE

A SAINT-EUVERTE

1840-1850

A la mort du P. Rauzan, survenue le 5 septembre 1847, le P. Le Vasseur fut appelé à lui succéder en qualité de supérieur général.

Le P. Caillau regrettait en mourant de n'avoir pu consommer l'acquisition de l'église de Saint-Euverte. Dès 1845, le P. Rauzan avait offert de l'acheter, afin de la restaurer et de la rendre au culte catholique. Le Conseil municipal consulté émit un avis défavorable, et le ministre des cultes refusa l'autorisation, sans laquelle on ne pouvait passer outre. En 1848, il s'en fallut peu que cette église ne fût démolie, pour occuper les travailleurs des ateliers nationaux.

En 1850, le P. Caillau fut remplacé à la résidence de Saint-Euverte par le père Etienne-Léon Cadiergues, ancien maître des novices. Grâce aux pieuses libéralités et aux dispositions testamentaires du vénéré défunt, MM. Levasseur et Cadiergues purent acheter définitivement, le 1er décembre 1851, pour la somme de 18.000 fr., l'église de Saint-Euverte et entreprendre la restauration de ce magnifique et précieux monument orléanais. Ils n'épargnèrent, l'un et l'autre, ni sacrifices pécuniaires, ni démarches, ni soins de toutes sortes. C'était un double bonheur de relever ce sanctuaire auguste et de seconder par là les désirs de Mgr Dupanloup, évêque d'Orléans, qui était pour eux, suivant l'expression de l'éminent prélat, « un ami de plus de soixante ans ».

Les supérieurs qui gouvernèrent la maison de Saint-Euverte furent après le P. Cadiergues :

Le P. Molliard, de 1859-1870.

Le P. Delaporte, de 1870-1874.

Le P. Cazeneuve, de 1874-1879.

Le P. Brossard, de 1879-1882.

Le P. Delaporte, professeur de faculté à l'Université de Bordeaux, succédait en mai 1870 au P. Molliard qui, à cause de son grand âge et de ses infirmités, l'avait demandé pour le remplacer. Un des membres les plus distingués de la congrégation, le nouveau supérieur, a écrit des ouvrages très remarquables sur le droit, *la Propriété*, *l'Economie sociale*, *la vie du P. Rauzan*.

Le P. Cazeneuve (Pierre-Victor), ancien supérieur à la résidence d'Arras, fut nommé à celle de Saint-Euverte en 1871.

Au mois de février 1879, la communauté des prêtres de la Miséricorde était ainsi composée : Le P. Brossard, supérieur, les PP. Madéore, Guérin, Croc, Georges, Pasquet, Laffely, Doussiet.

Enfin ! Par les décrets du 5 novembre 1880, ils furent chassés de leur patrie et condamnés à mourir sur une terre étrangère.

En cette même année, l'immeuble de Saint-Euverte devint la propriété des frères des écoles chrétiennes, qui durent forcément, en 1902, céder leur place à des instituteurs libres ou sécularisés (1). Nous souhaitons à ces derniers, au milieu des passions qui nous agitent et des temps malheureux que nous traversons, une ère de prospérité et de bonheur.

---

(1) M. le chanoine Barbier, *Histoire de Saint-Euverte*.

APPENDICES

I

LISTE DES SAINTS DE L'ORDRE (1)

Mense Februario

1. Kal. Sanctæ Brigittæ virginis.
VIII. Non. 5-6. Sancti Guarini episcopi, duplex.
XII. Kal. 18. Sancti Theotimi episcopi et confessoris.
Pridie Kal. 28. Translatio S. Augustini — duplex majus.

Mense Martio

XVI. Kal. 17. S. Patritii confess. duplex.

Mense Aprili

VIII. Non. 6. S. Guillelmi abbatis.

Mense Maïo

IV. Non. 4. Sanctæ Monicæ, duplex majus.
V. Non. 5. Conversio S. Augustini. 2 cl.
XVI. Kal. 16. S. Ubaldi conf. duplex.

Mense Junio

XVI. Kal. 16. S. Bernardi conf. duplex.

Mense Augusto

X. Kal. 23. S[ti] Aloysii confessoris.

Mense Septembri

VIII. Pridie nonas. (6) festum omnium Sanctorum ordinis, 2 cl.
VII. Non. 9. S[ti] Petri Kikerannensis.

Mense Octobri

VI. Non. 10. S. Johannis confessoris.
V. Non. 11. Translatio prima Sancti Augustini.

---

(1) Polluche, *Bibl. d'Orl.*, mss. 1766.

Mense Novembri

III. Non. 3. Sancti Malachiæ episcopi, duplex.
XVIII. Kal. 14. Sancti Laurentii Dublinensis.

Mense Decembri

XVIII. Kal. Sancti Eusebii confessoris (1).

II

NÉCROLOGE DE SAINT-EUVERTE (2)

XIIe siècle

VIII. Kal. ffebruarii. Guillaume de Champeaux, évêque de Châlons
VIII. Kal. martii. Guillaume, abbé de Saint-Euverte.
III. Non. Maïi. Odon, abbé de Sainte-Geneviève.
VIII. Kal. nov. Barthélemy, abbé de Noyon.
III. Non. maii. Roger, abbé de Saint-Euverte.

XIIIe siècle

XVI. Kal. maii. Jean, abbé de Sainte-Geneviève.
VII. id. septemb. Odon, abbé de Sainte-Geneviève.
Idus sept. Etienne ,évêque de Tournai.

XVe siècle

Jean Chéreau, abbé de Saint-Euverte.

XVIIe siècle

Obiit Aureliis, Pater Ludovicus Durand, sacerdos monasterii sancti Nicolai de Portu Ringardi, quondam prior, ætatis suæ 45, professionis 20, anno domini 1639, 25 februarii.

Obiit 8 julii 1623, Romæ, sanctissimus Pontifex maximus, dominus noster Gregorius decimus quintus, canonicorum ordinis per Galliam restaurator.

Ob. 15 oct. 1655, in monasterii Sancti Euvurtii P. Petrus Beaudoin, ætatis 45, professionis 25.

Ob. 30 Augusti 1656, Aureliis, in monasterio Sancti Euvertii P. Nicolaus Le Vayer, ætatis 45, professionis 25.

(1) *Bibl. d'Orl.*, ms. 562, f° 55.
(2) *Bibl. d'Orl.*, ms. S. 55, f° 720.

Ob. 15 sept. 1672, in monasterio S. Euvurcii Petrus Le Seneux, quondam prior, ætatis suæ 59, professionnis 29.

Ob. 4 martii 1673 Eduardus de la Framboisière, curatus prioratus de Nibella, ætatis suæ 43, professionis 26.

Ob. 26 febr. Antonius Dumainiel sacerdos, ætatis suæ 38, professionnis 18, anno domici 1673.

Ob. 3 januarii 1678 in prioratu de Marciliaco, diæcesis Aurelianensis, P. Johannes de Bragelonge, ejusdem prioratus curatus, ætatis 35, professionnis, 18.

Ob. 5 januarii 1678 in prioratu-curato Sancti Johannis Baptistæ de Sencliaco, diæcesis Aurelianensis, Nicolaus Fleury ejusdem prioratus curatus, ætatis suæ 65 professionnis 44.

Obiit 2 januarii anno domini 1681, in prioratu S. Thomæ des Landes, Reverendus pater Demoye ejus prioratus curatus prior, ætatis suæ 40, professionnis 19.

Ob. 4 februarii 1681, in monasterio S. Severini Cantemerulensis, frater Joannes Moreau ejusdem monasterii prior, ætatis suæ 75, professionnis 49.

Ob. 15 junii 1690, in prioratu-curato de Lalliaco, diæcesis Aurelianensis —, P. Stephanus de Troyes, prior curatus Sancti Martini de Virtute diæcesis Catalaunensis.

Obiit Aureliis 30 maï anno 1690, in monasterio Sancti Euvurtii, P. Ludovicus Guignace, ætatis suæ 44, professionis 25.

Obiit in monasterio sancti Euvurtii, anno 1691, 9 martii, Franciscus Johannes Claudius Hannet, novitius, ætatis suæ 20.

Obiit Aureliis, in monasterio sancti Euvurtii, 22 januarii anno 1692, Rev. Pater Lapille ejusdem monasterii prior, ætatis suæ 75, professionis 53.

Obiit 30 mai 1692, P. Stephanus Razouer, prior-curatus de Vouzon, ætatis suæ 51, professionis 53.

Obiit Aureliis, in monasterii sancti Euvurtii, R. P. Johannes Edelinc prior sancti Johannis de Cèllà, quondam prior S. Euvurtii, 18 januarii, 1694, ætatis suæ, 70, professionis 55.

Obiit Aureliis 4 jan. anno 1698, in monasterio Sancti Euvurtii, P. Ludovicus Gentil, ætatis suæ 40, professionis 21.

XVIIIe siècle

Obiit 23 aprilis 1700, in prioratu S. Thomæ de Landis frater Nicolaus de la Barre, prior curatus, 62 ætatis, 42 professionis.

Obiit 5 julii 1700 Guillelmus Bourgeoys, prior Sancti Martini de Abbeto, ætatis 39, Professionis 18.

Obiit 6 sept. 1703 in monasterio Sancti Euvurtii R. admodum P. Petrus de Ferrières de Champigny, prior Sancti Hilarii, ætatis 63, professionis 48.

Obiit 12 maii 1704 Natalis Coffin, ætatis 64, prof. 50.

Obiit 19 maii 1704 Daniel de Saint-Mesmin sacerdos, ætatis suæ 52, profess. 32.

Obiit 16 martii 1707 Thomas Couet prior de S^{to} Firmino du Laud, æt. 66. prof. 48.

Obiit in monasterio S. Euvurcii P. Paulus Marcus Antonius Delaistre, sacerdos ; 11 dec. anno 1707 ætatis suæ 71, professionis 50.

Obiit 28 oct. 1711. In prioratu-curato Oratorii diœcesis Aurelianensis, R. P. Petrus Freslon ejusdem prioratûs curatus.

Obiit Aureliis, in monasterio S^{ti} Euvurtii Johannes Baptista Jobart ejusdem monasterii prior, et pastor anno domini 1745 ætatis suæ 45, professionis 24.

Obiit anno domini 1728 Josephus d'Achery. 61 ætatis. 4 junii 1748 neau, sacerdos, ejus prioratiis prior, ætatis 50, pofessionis 32.

Obiit in prioratu Sancti Hilarii Aurelianensis R. P. Francicus de Boissemé, sacerdos, ejusdem prioratûs curatus, anno œtatis 68, prof. 50, 13 junii 1748.

Obiit 10 martii 1755, Simon Nero prior curatus de Sancto Martino de Abeto, œtatis 45, pr. 25.

Obiit P. Bonaventura Maria Du Boys de la Daviays, sacerdos, anno domini 1749, œt. 25, profess. 5.

Obiit P. Claudius Julianus Souchay secerdos monasterii Sanctæ Victoriœ Sylvanectensis quondam prior, œtatis 50, prof. 32.

Obiit in prioratu-curato Sancti Victoris de Arthenaïo diœcesis Aurelianensis, provinciœ Galliœ. P. Nicolaus Gombault, sacerdos ejusdem prioratûs curatus et monasterii Beatœ Marie de Balgenciaco quondam prior, œtatis 72, profess. 53, anno domini 1758, 26 junii.

Obiit in monasterio Sanctœ Genovefœ et Universitatis Parisiensis Cancellarius Philibertus Emmanuel Boulet, necnon Sancti Euvurtii Aurelianensis quondam prior, 26 junii anno 1764, œtatis suœ 72, profess. 53.

III

DOYENS. — ABBÉS RÉGULIERS. — ABBÉS COMMENDATAIRES

1° *Doyens de Saint-Euverte*

788-821. Théodulphe, évêque d'Orléans, abbé de Fleury ?
825-843. Jonas, évêque d'Orléans.
844-866. Agius, évêque d'Orléans.

. . . .

1021-1027. Odolric de Broyes, évêque d'Orléans.
1027-1033. Isembart de Broyes, évêque d'Orléans.
1033. Joscelin.
1063. Wittmundus.

2° *Abbés réguliers*

1145-1167. Roger (première fois).
1167. Robert (?).
1167-1176. Etienne Ier, décédé évêque de Tournai.
1176-1183. Roger, abbé pour la deuxième fois.
1183-1185. Hugues.
1186-1194. Barthélemy.
1194-1200. Bertier ou Bertère.
1200-1233. Wulgrin ou Ulgrin.
1235. Herbert.
1235-1240. Gervais.
1240-1241. Jean Ier.
1241-1265. Etienne II.
1265-1287. Laurent.
1287-1299. Guillaume Ier.
1303-13 . Pierre Ier.
1310-1341. Bernard.
1341-1347. Guillaume II.

. . . .

1360-1402. Pierre II de Querriot au Guéniot.
1408. Jean II dit Bidouin.
1421-1453. Adam de Trétinville.
1454-1455. Jean III de Trétinville.
1456-1485. Pierre III Chéreau ou Cottereau.
1485-1488. Jean IV Bruneau.

3° *Abbés commendataires*

1488-1513. Charles Ier de Blanchefort, évêque de Senlis.
1513-1527. Philippe Pot de Rhodes.
1527-1531. Louis Chantereau, dit Ardier, décédé évêque de Mâcon.
1533-1537. Odet de Coligny.
1537-1541. François Ier du Bourg, évêque de Rieux.
1541-1566. François II du Bourg, évêque de Rieux.
1566-1591. Michel Viole.
1593-1602. Claude Sain.
1604-1630. Charles II Fougeu d'Escures.
1630-1644. Jacques Le Coigneux.
1645-1664. François III Le Coigneux.
1664-1684. Dominique Larcher.
1684-1738. Nicolas de Graves.
1739-1775. Timoléon Charles de Gouffier.
1775-1790. Florimond-Joseph de Meffroy de Césarges, député aux Etats généraux de 1789.

IV

PRIEURS, SOUS-PRIEURS DE SAINT-EUVERTE

1145-1160. Guillaume de Bière.
1160-1167. Hugues Ier, Gaufridus sub-prior.
1167. Robert Ier.
1178-1182. Bertier.
1225-1227. Robert II.
1227. Hugues II.
1230. Roger de Rident (de Ridento).
1239. Pierre Ier d'Orléans. — Guillaume, s.-p., 1232.
1340. Paschase (Paschasius). — Nicolas, sous-prieur.
1363. André.
1370. Guillaume II. — Dubois, s.-pr.
Girault, sous-prieur.
1392-1404. Pol.
1423. Jean Ier Le Doutté.
1431. De la Salle.
1445. Doulce.
1445-1452. Pierre II Chéreau.
1459-1464. Gregorius Hilaire.

1475. Jean II Bruneau.
1491. Jean III Poullot.
1492. Jean IV Binet.
1495. Pierre III Tronchet.
1499. Jean V Chéreau.
1512-1520.. Jean VI Boucher.
1520. Mathurin Leroy.
1530-1539. Noël de Turin.
1539-1546. Blaise Deshayes. — Guillaume, sous-prieur.
Rousseau, sous-prieur.
1547-1554. Jacques Ier d'Estat.
1554-1560. Aignan Lhuisset.
1560-1566. Loys de la Bussière.
1566-1577. Henri Bault.
1581. Honoré Pothier.
1593-1596. Pierre IV Pothier. — Pierre Norry ou Nourry, s.-pr.
1596-1601. Jacques II d'Estat.
1603. Geoffroy de Launays.
1610. N. Courvegain.
1623. François Macé.
1623-1630. Jean VII Fougeu d'Escures.
1630-1632. Pierre V de Turin.
1632-1646. Nicolas Roynet.
1654. Pierre VI Lenormand.
1655-1657. Pierre VII Beaudoin.
1655-1657. Pierre Beaudoin.
1657-1661. François Lefebvre. — Jean Lambert, s.-pr.
1661-1664. Pierre Lenormand. — François Le Vautier.
1665. Louis Jamyn.
1667. Erard Floriot.
1667-1670. Pierre Fournier.
1670-1672. Pierre Le Seneux.
1673-1681. Erard Floriot, pour la 2e fois.
1681-1684. Jean Gouffé. — Estienne Cossé.
1684-1689. Jean Lapille. — Louis Guignace, s.-pr.
1689-1693. Elie Crosnier. — Gorrand. — Charles Henry, s.-pr.
1694. Jean Edelin de Saint-Jean-de-la-Selle.
1694-1697. Jean Baptiste d'Estat.
1697-1698. Jean-Louis de l'Estoile.
1698. Jean-Louis Gentil.
1698-1701. Etienne de Sahurs.

1701-1703. Adrien de la Rouveraye.
1703-1704. Antoine Langlois
1706. Jacques Gernon. — A. Dupuys, s.-pr.
1707-1712. Amable de Saint-André. — Boullas, s.-pr.
1713-1732. Pierre Amadieu. — Antoine Mallet, s.-pr.
1740. Louis-Julien Piétri.
1741-1745. Jean-Baptiste Jobart.
1745. François de Boisbernier.
1745-1760. Joseph Barré.
1760-1763. De Bloys.
1763. Philibert-Emmanuel Boullet.
1763-1774. Pierre Debeyne, prieur et curé.
1774-1777. Claude Duchesne. — Cahouet, s.-pr.
1777-1783. François-Claude Moriceau.
1783-1790. Jean-Baptiste Magny. De 1790 à 1792 inclusivement il fut curé constitutionnel de la cure de Saint-Euverte.

PIÈCES JUSTIFICATIVES

I

Charte de concessions octroyée par Charles le Chauve aux chanoines de Saint-Euverte, année 856.

Authenticité douteuse.

II

Gallia christiana, t. VIII, Instrumenta, 873.

Odolric, évêque d'Orléans cède aux chanoines de Saint-Euverte les coutumes du village de Baulay.

1027

In nomine Dei Patris omnipotentis et filii et Spiritus sancti, viri sapientis intruimur, quibus ait : « ante mortem prœpara animam « tuam, quia non est apud inferos invenire epulas. » Insuper et egregii doctoris hortamur eloquiis dicentis : « Dum tempus habemus, operemur bonum ad omnes, maxime autem ad domesticos fidei. » Anno ijitur millesimo vicesimo septimo, Ego Odolricus Dei gratia humilis Aurelianensis episcopus, prœmissorum oraculorum incitamentis instructus, dum pastorali curâ mecum tacitus volverem quid commodi commissis mihi gregibus exhiberem, non mea scilicet quœrens, sed quœ sunt Jesu-Christi, placuit nostre exilitati, ut canonicis sancti confessoris et episcopi Evurcii antecessoris nostri omnes consuetudines quas Isambardus habebat in villâ que dicitur Betheliaca, deprecante et assensum prebente predicto clerico, qui eas tenuerat, ita in perpetuum habendas et possidendas concederemus, ut eorum usui quidquid exinde exactum fuerit legitime relinquatur, et absque reliquâ repetitione suis rebus et suo jure perpetualiter adscribatur. Hac autem stipulatio tam in conspectu Dei et sancte matris ecclesie, quam fidelium nostrorum, clericorum scilicet et laicorum corroborata est subscriptione et presentium manumissione et diversâ assignatione. Hoc etiam scribi volumus et quicumque huic decreto contradixerit, perpetuo feriatur anathemate et tunc temporis nostre ecclesie damnatus excommunicatione episcopi. Actum in mense januario, anno regni Roberti regis XL° et filii ejus Henrici primo.

Actum Aurelianis publice.

S. Odolrici episcopi. S. Erfridi decani. S. Warini archidiaconi. S. Ebbonis abbatis. S. Isambardi clerici. S. Joscelini sancti Evurtii abbatis. S. Ricardi sacerdotis. S. Tescelini archidiaconi. S. Fulcherii militis. S. Girardi militis. S. Odonis militis. S. Odolrici militis. S. Rainerii militis. S. Hugonis militis, heredis Odolrici episcopi.

III

1132

Le roi Louis VI donne Baulay aux chanoines de Saint-Euverte.

Cart. S. Evurcii, 10.089. *Bibl. d'Orléans* ms. 487. F° 22. V° copie de Dom Verninac.

In nomine sancte et individue Trinitatis. Amen. Quia humane fragilitatis invalescente defectu et vita brevis et memória labilis est, expedit litteris mandari ea quœ utilitas exigit diuturniori memoriâ retineri. Ego ijitur Ludovicus Dei gratia Francorum rex omnibus fidelibus tam futuris quam prœsentibus notum fieri volumus quod canonici beati Evurcii quamdam terram suam de Booleto nobis et hominibus nostris ad hospitandam seu excolendam illam concesserant tali videlicet pacto quod medietas terre illius tam in hospitibus quam in aliis consuetudinibus nostra esset, altera vero predictis canonicis remaneret ; nos autem ecclesie utilitati providentes pro remedio animœ nostrœ et antecessorum nostrorum et dilectœ uxoris nostrœ Adelaïdis reginœ et carissimi filii nostri Philippi cœterorumque filiorum nostrorum, annuente Ludovico filio nostro jam in regem coronato totam prœdictam terram videlicet quidquid in eâ proprii habebamus prœfatis canonicis post decessum nostrum in perpetuum liberam et quictam reddimus et concedimus quod ne posset oblivione deleri, vel a posteris infirmari, scripto commendavimus et sigilli nostri auctoritate confirmavimus. Adstantibus in palatio nostro quorum nomina subscripta sunt et signa.

S. Ludovici junioris, regis.

S. Radulphi Virimanduorum comite.

S. Ludovici Buticularii.

S. Hugonis Constabularii.

S. Hugonis camerarii.

Actum aurelianis anno incarnati verbi M° C° XXX° II° regis nostri XXIII° Data per manum Simonis cancellarii.

IV

Confirmation par Henri archidiacre d'Orléans de la donation de l'église d'Artenay faite par Buramond aux religieux de Saint-Euverte.

Bibl. d'Orl., Dom Verninac I, ms. 487 f° 66 d'après un cartulaire de Saint-Euverte.

Henricus Dei gratia Ecclesiœ Aurelianensis archidiaconus universis in perpetuum nos volumus tam posteris quam presentibus notum fieri quod dominus Buramundus ecclesiam de Artheniaco dedit abbati ecclesiœ Sancti Evurcii Aurelianensis et fratribus ibidem Deo servientibus et libere et quiete habendam concessit, quod donum ejus amamus et approbamus. Et ne valeat a posteris ullà temeritate infirmari litteris nostris et sigilli nostri munimine contulimus.

V

Manassès de Garlande, évêque d'Orléans, donne aux chanoines de Saint-Euverte les anniversaires des prébendes de Sainte-Croix.

Gallia christiana, T. VIII. Instr., 506-507, anno 1146.

VI

Bulle d'Eugène III confirmant les possessions de Saint-Euverte.

Gall. christ., VIII. Instr. 507.

VII

Diplôme de Louis VII confirmant les possessions de Saint-Euverte.

Gall. christ., VIII, 508, 509 d'après le cart. 10.089.

VIII

Echange de possessions entre l'abbé de Saint-Euverte et l'abbé de Saint-Mesmin.

Arch. dép., fonds Saint-Euverte. H. I. d'après un ancien cartulaire.

Notifico posteris nostris quia Ego Rogerius abbas humilis sancti Evurtii totiusque ipsius conventus quidquid apud Mantelon et apud Brullum et apud Meslum habebamus, terram videlicet, boscum, decimam, servos et ancillas ecclesie beati Maximini in perpetuum libere et directe concessimus ; ipsi ut versâ vice terram illam quam apud Villercel et apud Bochet in pago Teniaco (Treniaco) habebant nobis absque ullà reclamatione possidendam concessère, ita tamen quod XXII denarios et ob census ecclesie sancte Crucis annuatim ipsi reddebant et nos reddamus. Tali siquidem ratione ut sicut libet in calumpniâ contigit oriri ipsis nobis, nos illis firmâ garentiâ prefatas terras alterutrius tutabimus.

Actum in capitulo nostro, anno ab Incarnatione Domini M° C° l° ex parte nostra : Hugo prior, Godefridus sub-prior, Guillelmus cantor, Ingerbaldus et Mainardus sacerdotes.

Quod ut permaneat, litteras istas sigillo nostro firmavimus et ab eis sigillo suo confirmatas mutuo recepimus.

IX

1150

Manassès de Garlande, évêque d'Orléans, confirme la donation d'un arpent de vigne, faite par Bouchard, seigneur de Meung, aux chanoines de Saint-Euverte.

Bibl. d'Orl., DOM VERNINAC, ms. 487. T. I, f° 61. Tiré d'un cartulaire de Saint-Euverte. *Bibl. nat.*, cart 10.089, f° 126.

In nomine sancte et individue Trinitatis. Amen. Ego Manassès Dei gratiâ Aurelianensis ecclesie humilis minister omnibus in posterum fidelibus successuris. Quum ex Dei dispositione nos minus idonei minusque utiles pastoralem curam suscepimus, nostro id incumbit ministerio ut possessiones pauperum maxime aut religiosorum firme et integre tueamur. Proinde ne aliqua deinceps calumpniosa oboriatur contentio nostre auctoritatis sigillo confirmamus fidelium memorie committendum, transmittimus quod Burchardus Magdunensis qui inter cetera que de feodo nostro tenet et arpentum unum vinee inter muros civitatis ab orientali parte prope Campum qui dicitur Hagonis situm tenebat, postulantibus id filiis nostris Rogerio abbate Sancti Evurcii cæterisque fratribus regulariter inibi Deo servientibus, rogatu scilicet nostro ac fidelium nostrorum canonicorum Sancte Crucis prefatum arpentum vinee quod ecclesia Sancti Evurcii necessarium videbatur eis ad censum concessit pacto utique tali ut annis singulis vigiliâ natalis domini XXII libras ei ejusdem successoribus pro censu persolvant. In mutatione autem abbatis quâ ecclesia beati Evurcii de prefato milite Burchardo ejusve successoribus ipsum arpentum relevabit quantum cetera vinearum arpenta in hâc urbe relevari solent. Sciendum autem quia si etiam eamdem vineam canonici Sancti Evurcii ad hospitandum forte tradiderunt, non tamen pluris esse poterunt relevationes quam pro ceteris vinearum arpentis in nostrâ civitatis territorio consuetudo relevationum publice se habere dignoscitur ; huic autem conditioni quam in nostrâ presentiâ nostrâque voluntate facta est.

Interfuerunt testis : Simon decanus Sancte Crucis ; Zacharias subdecanus Sancte Crucis, Radulphus capicerius, Burchardus archidiaconus, Hugo archidiaconus, Simon de Balgenciaco, Lancelinus frater ejus, Odo de Chaurciis, Guarnerius Rufus, Petrus Rufus, Gofridus de Portâ, Ramnaldus Vindociniensis. Anno ab incarnatione Dni M° C° L°.

X

1164

Confirmation des possessions de Saint-Euverte par Alexandre III. Traduction du xvii° siècle d'une copie d'ancien cartulaire.

Arch. dép., Fonds Saint-Euverte, H. 4.

XI

Exemption de procuration à Saint-Euverte par le Souverain Pontife Alexandre III contre l'archevêque de Sens et l'évêque d'Orléans.

Alexander episcopus servus servorum Dei dilectis filiis et abbati et fratribus Sancti Evurtii Aurelianensis salutem et apostolicam benedictionem. Congruam nostri officii actionem exsequimur si pro statu religiosorum locorum pastorali curâ sumus solliciti et ne indebita molestia aggraventur, vel sustineant onera quæ non debeant sustinere, vigilantiam adhibere curamus. Inde est quod ecclesiam nostram ex quâ per gratiam Dei religionis ordo servatur ab omni exactione procurationum Senonensis Archiepiscopi et Aurelianensis episcopi liberam in posterum et immunem censemus sicut hactenus noscitur exstitisse. Ita quidem quod in hâc occasione jus suum non debeant amittere si quod ibi super hoc noscitur habere. Præterea quia in ecclesiâ vestrâ talem consuetudinem fuisse ab antiquo audivimus, ut episcopum Aurelianensem, undecumque veniat, vel fuerit electus pridie quam in sedem et ecclesiam suam intronisetur, ad ecclesiam vestram veniens in eâ per noctem et nihil die vel nocte illâ novo episcopo sive procuratione sive in aliquo alio soleat exhibere consuetudinem ipsam sicut usque nunc est servata auctoritate apostolicâ confirmamus et presentia scripta patrocinio communivimus statuentes ut nulli omnino hominum liceat hanc paginam nostræ confirmationis infringere vel temerario ausu contraire. Si quis attemptare presumpserit, indignationem Omnipotentis Dei ac beatorum Apostorum Petri et Pauli se noverit incursurum. Datum Lateranensi quarto idus maii, anno quinto.

XII

1164. — Possessions de Baulay confirmées par le Souverain Pontife Alexandre III. 1164.

Gall. Christ., VIII, 510.

XIII

1167

Accord conclu entre Saint-Euverte et Pont-aux-Moines.

Bibl. nat., ms. cartul., 10.089, f° 25.

Manassès Dei gratiâ Aurelianensis episcopus. Cum universitati fidelium convenit discordantes revocare ad unitatem pacis, ad curam prælatorum sancte matris ecclesie maxime spectat subdita sibi membra si dissona fuerint, concordi pace ligare et pacificâ fovere concordiâ. Inde ego Manassès ecclesie sancte Crucis humilis minister totiusque ejusdem conventus ex debito officii nostri per subditorum nobis piam pace gerentis sollicitudinem notum fieri volumus tam presentibus quam futuris quod controversiam aliquandiu habitam inter filios dilectos nostros fratres sancti Evurcii et monachos de Ponte super possessione duorum arpennorum vinearum quæ sunt prope Gargolium in censu episcopali, in hunc modum pacificavimus. Placuit utrique parti audientiæ nostræ in capitulo sanctæ crucis assistere et causam suæ discretionis examini terminandam committere. Nos ijitur utriusque partis pacem, utilitatem et honorem conservare cupientes, tandem divinâ preveniente clementiâ, ad hunc rei exitum perduximus, quod Rogerius abbas sancti Evurtii assensu universorum fratrum suorum jam dictos arpennos in perpetuum pacifice possideat, dedit monachis de Ponte, Johanne ejusdem domûs existente priore. Guillelmo cantore, Hugone subdecano, Manasse capicerio, Johanne decano et Odilone cellerario quatuor libras per manum Johannis decani sanctæ Crucis, qui tunc temporis rogatu Stephani abbatis Cluniacensis, curam habebat de Domo monachorum de Ponte.

Actum Aurelianis anno M° C° LX° VII°.

XIV

Ante 1167

Roger prie le roi Louis VII de vouloir bien délivrer sa maison de Saint-Euverte du pillage de ses prévots.

Historiens de France, tome XVI, p. 136, 142.

Epistola Rogerii abbatis Sancti Evurcii ad Ludovicum rogat ut domum S. E. protegat ab infestatione regiorum præpositorum.

Reverendissimo illustrissimoque domino suo Ludovico Dei gratiâ Francorum regi frater Rogerius pauperum S. Evurtii Aurelianensis minister humilis, salutem. Serenitatem vestram, dulcissime domine, tot et tantis querimoniis fatigare non minimum pertimescimus, sed quià necessitas urget intolerabilis et ex benignitate vestrâ præsumentes, adhuc pietati vestræ preces, porrigimus, rogantes quatenus solita protectionis bonitate nos et homines nostros contra præpositos vestros, qui nos injuriose infestare non desistunt, manuteneatis. De præposito de Evrâ præcipue in instanti coram sublimitate vestrâ conquerimur, qui boves cujusdam servientis nostri de Booleto, absque eo quod querimoniam nobis, vel alicui fratrum nostrorum, de eo fecisset, violenter abstraxit. Jubeat igitur vestra serenitas, ut quod injuste et violenter illatum est, juste restituatur. Petimus nihilominus ut in mentem veniat quod præpositis vestris videlicet de Curciaco, de Evrâ, de Gastineio, pro nobis scripsistis, ut nullatenus homines nostros infestare, vel in causam trahere præsumerent, antequam nobis causam monstrarent. Placeat itaque pietati vestre ut decretum et mandatum vestrum quod semel statuistis, fixum et firmum in posterum teneatur. Aliter tam injuriosa infestatio finem non habebit quam nos de cætero sine gravi molestiâ pati non poterimus.

XV

1167

Concessions faites à l'église de Marcau-aux-Bois.

Bibl. nat., ms. 10.089 f° 26.

Ego Joannes decanus ecclesie Aurelianensis omnibus presentibus pariter ac futuris notum fieri volumus quod salvo jure archidiaconi, quæ in synodis et circatis e X solidis censualibus in prefatâ ecclesiâ habent, quorum quinque in octabis Epiphaniæ solventur, jure quoque archipresbyteri qui sub archidiacono erit, duas etiam libras cere et unam libram incensi quas singulis annis eadem ecclesia nobis persolvebat, ecclesie beati Evurcii in perpetuum solvendas benigne concessimus et donavimus, sed quidquid in eadem ecclesiâ sive in oblationibus, sive in minutâ decimâ Guillelmus, Lupellus et Odo clerici quod in vitâ tantum eis concessimus percipiunt, post eorum obitum canonici duntaxat beati Evurcii omnibus aliis ecclesiis seu personis ab hâc perceptione seclusis, auctoritate nostrâ libere percipient et quiete.

Datum anno millesimo centesimo sexagesimo septimo.

XVI

1168

Echange du Champ-Hagon avec les chanoines de Sainte-Croix.

Bibl. nat., Cart. ms. 10.089 f° 78.

Ego Rogerius Dei gratiâ sancti Evurcii dictus abbas et ejusdem loci conventus notum esse volumus tam presentibus quam futuris quod venerabilibus canonicis sanctæ Crucis decem et octo denarios census quem in capitulo beati Lyphardi Aurelianensis habuimus, pro terrâ quæ dicitur Campus Agonis quæ in presentia domini Radulphi capicerii fuit, in escambium donavimus. Quod ne ullâ posset oblivione apud posteros deleri, curavimus litteris commendare, sigilli nostri impressione signare et venerabilium et legitimorum virorum quorum subscripta sunt nomina et signa confirmare.

S. venerabilis patris Manassis episcopi.

Signum domini Joannis decani.

Signum domini Geraldi cantoris.

Signum domini Hugonis de Ruâ-Novâ.

Signum Rogerii abbatis. Hugonis prioris. S. Ingerbaldi sacerdotis, Johannis sacerdotis.

XVII

1176

Concession à l'abbaye de Saint-Euverte d'un quart d'arpent de vigne, situé à Tanqueue (par. de Saint-Jean-de-Braye).

Bibl. nat., Cart. S. Evurtii, 10.089, f° 77.

Ego Manassès Dei gratiâ Aurelianensis episcopus notum fieri volumus tam futuris quam presentibus quod ad petitionem Stephani, abbatis sancti Evurcii, ad censum denariorum modicum quid deserte et infructuose nobis vinee circa quadrantem arpenti separatum a vineis nostris et contiguum predicte ecclesie in loco qui dicitur Tancauda concessimus, canonici autem beati Evurtii singulis annis prenominatum censum scilicet duos denarios nobis et successoribus nostris in festo inventione Sanctœ Crucis pro predictâ vineolâ persolverent. Quod ne valeat in contentionem trahi, sigillo nostro fecimus id confirmari. Anno actum ab Incarnatione domini millesimo centesimo septuagesimo sexto, anno episcopatûs nostri trigesimo ordinationis in ecclesiâ nostrâ.

H. decano, A. cantore, Letaldo subdecano, Manasse capicerio.

XVIII

1176

Louis VII unit à la chapelle de Saint-Hilaire la chapelle de Saint-Etienne située dans les jardins du roi et la cède à l'abbaye.

Gall. christiana, VIII, 519. *Arch. dép.*, A. 1141. Lemaire, *Antiquités d'Orléans*, p. 104.

XIX

1176

Dîme de la Couture

Bibl. nat., Baluze, ms. 108.

Ego Manasses Dei gratia Aurelianensis episcopus, notum fieri volumus tam presentibus quam futuris quod ad petitionem Stephani abbatis sancti Evurcii, precibusque carissimorum nepotum Hugonis decani sancte Crucis et Manasse capicerii, concessimus ecclesie sancti Evurcii censum duorum denariorum vinearum apud Gargogilum.

Actum anno domini millesimo centesimo sexto et septuagesimo.

XX

1176

Echange fait entre André de Saint-Mesmin et Etienne, abbé de Saint-Euverte.

Arch. dép., fonds Saint-Euverte, H. 18.

Ego Andreas sancti Maximini abbas omnibus presentibus atque futuris presentes litteras inspecturis salutem in Domino. Notum fieri volumus quod communi assensu permutationem fecimus cum Stephano abbate et canonicis Sancti Evurtii cujusdam oschie terræ et alterius cujusdam astule quas habebamus in manso de Tretinvillâ contiguas terris sancti Evurtii circiter octo arpennos. Cum enim predicta terra a nostris aliquantum remota et eorum terris proxima ecclesie esset, unde terre de territorio de Toardi-villâ ubi tangit terris nostris de Audoeni-Puteo, funiculo mecientes nobis concesserunt et dederunt predictam oschiam et astulam titulo permutationis pro eo a nobis acceperunt, attendentes cum commoditate utriusque ecclesie hanc permutationem laudavimus, concessimus et sigillo nostro ut in perpetuum rata permaneat confirmari fecimus.

XXI

1176

Accord entre l'abbaye de Saint-Euverte et les neveux d'un défunt Marquis au sujet d'une vigne.

Bibl. nat., Cart. S. Evurtii, ms. 10.089, f° 71.

XXII

1176

Donation de l'église d'Ouzouer-le-Marché à l'évêque d'Orléans par Archambauld Pire-que-Loup. Donation de l'église par l'Evêque aux religieux de Saint-Euverte.

Bibl. nat., cartul. S. Evurtii ms. 10.089 f. 178. *Bibl. d'Orl.* ms. 487. Dom Verninac, I. 66.

Ego Manasses Dei gratia Aurelianensis episcopus omnibus tam presentibus quam futuris ad quos presentes litteræ pervenerint, salutem in domino. Cum ea quæ ad religionis augmentum et utilitatem spectare dignoscuntur ex officii nostri debito debeamus promovere studiosa devotione et ut in meliorem statum reformentur quantumcumque possumus providere circumspectione propensiori tamen cura his qui nobis arctioris caritatis vinculo obligent in negociis et necessitatibus suis teneamur adesse. Inde est quod universitati vestre notum fieri volumus quod Archembaldus Pejor-Lupo et Maria ejus uxor Gaufrido unico eorum filio defuncto, ecclesiam et minutam decimam ville quæ dicitur Ororium, quarum sibi vindicabant jure hereditario in manu nostrâ refutarunt. Nos vero intuitu pietatis divine et consideratione ecclesie gloriosi patroni nostri Evurtii quam quâdam speciali devotionis affectione amplectimur, accedentes et predictorum Archembaldi et Marie cum multa instantiâ, rogatu predicte ecclesie beati Evurtii auctoritate pontificali qua fungimur, tam presciptam ecclesiam de Ororio quam decimam possidendam in perpetuum concedimus. Itaque pro remedio anime filii eorumdem qui apud Sanctum Evurtium honore sepultus dignoscitur memoria celebrior habeatur.

Actum publice anno ab Incarnatione domini millesimo centesimo septimo et septuagesimo, episcopatûs nostri trigesimo secundo. Adstantibus in ecclesia Sancte Crucis majoribus personis, Hugone decano, Andrea precentose, Letaldo subdecano, Manasse capicerio, Radulpho succentore.

XXIII

1178

Concession de la maison du Gué-de-l'Orme aux chanoines de Saint-Euverte par Manassès de Garlande, évêque d'Oréans.

Bibl. nat., Cart. 10.089, f° 500.

XXIV

Roger, abbé de Saint-Euverte fixe d'un commun accord avec le chapitre de Jargeau les redevances que devra payer son Eglise au dit chapitre par suite de l'union du Gué de l'Orme à Saint-Euverte.

Copie authentique (1580) du vidimus par Jacques Gaillard, garde de la prévôté d'Orléans (24 juillet 1468), d'un accord entre le chapitre de Saint-Vrain de Jargeau et l'abbaye de Saint-Euverte.

In nomine sancte et individue Trinitatis. Amen. Ego Rogerius, Sancti Evurcii abbas, totusque ejusdem ecclesie conventus omnibus ad quos presentes litere pervenerint salutem in Domino. Universis tam presentibus quam futuris plenius innotescat quod, aprobante et concedente capitulo Gargogilensi, de voluntate et consensu Symonis et omnium fratrum de Vado Ulmi, domum illam quæ dicitur Vadum Ulmi in perpetuum possidendam suscepimus. Quia vero predicta domus in fundo terre Gargogilensis capituli fundata est, inter vos et ipsum capitulum est et concessum et statutum ut pro universâ possessione quam ibi Simon et alii fratres habebant, tam terre quam nemoris vel prati, viginti et duo arpenta tantum haberemus et exinde quatuor solidos Aurelianensis monete et cereum, quartam partem unius libre ceré habentem, annuatim Gargogilensi capitulo persolvemus. Si vero ultro prenominata arpentorum quantitate occupatum fuit vel in posterum, in obtentione et arbitrio canonicorum Gargogilensis erit vel ex tota terra que ultra viginti et duo arpenta invenietur terragium et decimam habere vel ex singulis arpentis quatuor denarios annuatim recipere. Præterea natatorium vel noam junioris tillieti sub annuo censu duodecim pro predicta ecclesia recipiemus. Usagium quodquod nemoris mortui ad calefactionem fratrum et necessitatem ibidem morantium et usum nemoris vivi ad ædificandas, ibidem tantum et non alibi, domos habebimus ; nemoris vivi ad edificandas, ibidem tantum et non alibi, domos habebimus ; pro pascuis vero propriorum animalium et pasnagio propriorum porcorum fratrum ibidem morantium duodecim denarios singulis annis predicte ealesie persolvemus. Concessimus etiam quod in predicto loco per canonicos nostros in perpetuum Deo deserviemus, nec licebit prescriptum locum sine assensu Gargogilensis capituli alieno dominio removere vel in alterum ordinem quoquomodo transferre. Si vero aliquis ex canonicis Gargogilensis ecclesie egritudine laborans ibidem requiescere voluerit ut salutem celerius reciperet vel, precibus fratrum ibidem Deo militantium admonitus, securius ad celestem gratiam valeat pervenire, benigne eum recipiemus et misericorditer et occurate tractabimus. Concessimus etiam quod pro unoquoque canonico Gargogilensis ecclesie servicium quod de quolibet fratrum nostrorum celebrare consuevimus solempniter celebrabimus et similiter canonici ecclesie Gargogilensis pro singulis canonicis nostris. Actum publice Aurelianis, anno incarnationis verbi millesimo centesimo septuagesimo octavo.

XXV

1178

Louis VII donne à Saint-Euverte l'église de Saint-Donatien.

Gall. christ., VIII, 521, d'après un ancien cartulaire. *Bibl. d'Orl.*, ms. 487. I. f° 64. *Arch. dép.*, ms., H. 1, charte originale, bien conservée.

In nomine sancte et individue Trinitatis. Amen. Ludovicus Dei gratiâ francorum rex. Noverint universi presentes atque futuri quod pro salute anime nostre ad petitionem dilecti nostri Rogerii abbatis donavimus ecclesie sancti Evurtii ecclesiam Sancti Donatiani in perpetuum habendam et tenendam, postquam Henricus sacerdos qui eam ex dono nostro habebat, morte vel spontaneâ voluntate ipsam reliquerit. Quod ut perpetuam stabilitatem obtineat, nec aliquatenus in posterum valeat retractari, sigilli nostri munimine ac regii nominis caractere subter annotato hanc liberalitatis nostræ donationem jussimus confirmari. Actum Aurelianis anno ab Incarnatione Domini millesimo centesimo octavo et septuagesimo, adstantibus in palatio nostro quorum nomina supposita sunt et signa.

Signum Theobaldi dapiferi nostri.

S. — Guidonis buticularii.

S. — Reginaldi camerarii.

S. — Radulphi constabularii, vacante cancellariâ.

XXVI

1179

Confirmation par le pape Alexandre III des dîmes de Bucy, d'Artenay, de Mareau, de Binas et du don de l'église de Saint-Donatien fait par le roi Louis VII.

Arch. dép., H. 18[1], d'après un ancien cartulaire.

Alexander episcopus servus servorum Dei. Dilectis filiis Rogerio abbati et fratribus Sancti Evurcii Aurelianensis salutem et apostolicam benedictionem. Religiosorum votis annuere et justas peticiones eorum efficaciter exaudire et administrationem suscepti regiminis et officio cogimur pietatis. Eapropter dilecti in domino filii nostri justis postulacionibus annuentes decimam de Buxiaco et decimam de Artenaiaco, decimam quoque in parrochiâ de Marogilo ad vestram ecclesiam pertinentem et decimam in parrochiâ de Binas, sicut de auctoritate et assensu episcopi in cujus potestate a clericis vel laicis eas de pravâ consuetudine hereditario jure tenentibus vobis concessisse ut et vos eas rationabiliter et pacifice possideatis ecclesie vestre auctoritate apostolicâ confirmamus. Ad hæc, ecclesiam sancti Donatiani sicut de auctoritate diæcesani episcopi et assensu illustris memorie L. quondam Francorum regis canonice vobis concessam et post mortem Henrici presbyteri qui eam favore regis possidet in pace tenendam prout in authentico scripto ejusdem regis et capituli Aurelianensis ecclesie continetur vobis et eidem ecclesie nihilhominus confirmamus et presentis scripti patrocinio communimus. Prætcrea vobis duximus indulgendum ut archiepiscopus Senonensis vobis vel ecclesie vestre in procurationibus vel in aliis non liceat novum onus imponere vel vos aut ecclesiam ipsam contra canonicam et antiquam consuetudinem gravare. Nulli ergo omnino hominum liceat hanc paginam nostræ confirmationis seu constitutionis infringere vel et ausu temerario contraire. Si quis autem hoc attemptare præsumpserit, indignationem Omnipotentis Dei, beatorum Petri et Pauli apostolorum et se noverit incursurum.

Datum Tusculan. VI. mensis martii.

XXVII

1179

Alexandre III confirme en faveur de l'abbé Roger et du couvent de Saint-Euverte la donation de la maison du Gué de l'Orme qui leur a été faite par l'évêque, le chapitre d'Orléans et le chapitre de Jargeau.

Bibl. nat., Ms. lat. 10.089, f° 525.

Alexander, episcopus servus servorum Dei, dilectis filiis Rogerio abbati et conventui Sancti Evurtii Aurelianensis, salutem et apostolicam benedictionem. Si quando ab apostolicâ sede requiritur quod juri conveniat et consonet honestati, petentium desideriis facilem debemus impertiri consensum eorumque vota effectu prosequente complere, hâc itaque ratione inducti et vestris benignius precibus inclinati, domum de Vado-Ulmi cum pertinenciis suis a venerabili fratre nostro Manasse episcopo et capitulo Aurelianensi necnon et conventu Gargoliensis ecclesiæ canonice vobis donatam, sicut eam pacifice possidetis et in eorum scriptis autenticis continetur, vobis et per vos eidem ecclesie auctoritate apostolicâ confirmamus et præsentis scripti patrocinio communimus, statuentes ut nulli omnino hominum liceat hanc paginam nostræ confirmationis seu constitutionis infringere vel et ausu temerario contraire. Si quis autem hoc attemptare præsumpserit indignationem Omnipotentis Dei et beatorum Petri et Pauli apostolorum se noverit incursurum.

Datum Segnie, quinto idus septembris.

XXVIII

1180

Manasses, évêque d'Orléans exempte de toute coutume l'église de Saint-Nicolas-des-Landes, possession de Saint-Euverte.

Archives dép., H. 16. Copie d'un cartulaire.

Manassès Dei gratiâ Aurelianensis episcopus. Noverint universi presentes pariter atque futuri ad quos presentes littere pervenerint, quod ecclesia sancti Nicholai de Nemore que pertinet ad ecclesiam beati Evurcii Aurelianensis ab omni consuetudine libera est et immunis exemptione a nobis exempta, præsertim ceram quæ a nullo predecessorum nostrorum nisi a nobis in predicta ecclesia Sancti Nicholai erat constituta eidem ecclesie consentimus et omnia condonavimus. Si quis vero presenti scripto obviare presumpserit, cum ira Dei et anathematis vinculo condemnamus. Quod ut ratum sit et apud posteros perpetue consuetudinis robur obtineat, sigilli nostri impressione duximus confirmare.

Apud Sanctum Portum, anno verbi incarnati millesimo centesimo octogesimo.

XXIX

1183

Donation de Thibault, comte de Blois de la dîme de ses moulins aux chanoines de Sennely.

Bibl. nat., 10.089, p. 541, conf. Eusice Guillard, Sennely et son ancien prieuré, 87. Dom Verninac, 487, 74.

XXX

1183

Copie d'une autre donation de Thibault, comte de Blois relative à la menue dîme, délivrée par Jean de Montigny, prévôt d'Orléans.

Bibl. nat., *ms. lat.*, 10.089, f° 545. *Bibl. d'Orl.*, Dom Verninac, ms. 487, 74vo.

XXXI

1183

Philippe-Auguste confirme la donation de Saint-Donatien.

Gall. Christ., T. VIII, 522. Conf. Léopold Delisle. Actes de Philippe-Auguste. N° 73, p. 18.

In nomine sancte et individue Trinitatis. Amen. Philippus, Dei gratiâ Francorum rex. Noverint universi pariter et futuri quoniam genitor rex Ludovicus venerabilis memorie ad petitionem Rogerii abbatis donavit ecclesie Sancti Evurcii ecclesiam sancti Donatiani in perpetuum habendam et tenendam, postquam Henricus qui ex ejus dono eam tenebat morte vel spontaneâ voluntate ipsam relinqueret. Quod quidem donum ratum habentes intuitu Dei et ob remedium anime nostre et patris nostri et predecessorum nostrorum concedimus et ut perpetuam stabilitatem obtineat, presentem paginam sigilli nostri auctoritate ac regii nominis caractere inferius annotato precepimus confirmari.

Actum apud Castrum-Novum super Ligerim anno incarnati verbi millesimo centesimo octogesimo tertio, regni nostri quarto, adstantibus in palatio nostro quorum nomina supposita sunt et signa.

Signum Theobaldi dapiferi nostri.

S. — Guidonis buticularii.

S. — Mathei camerarii.

S. — Radulphi constabularii. Datum per manum Hugonis Cancellarii.

XXXII

1185

Manassès, évêque d'Orléans confirme la dîme de Sennely donnée par Thibault, comte de Blois aux chanoines du même lieu.

Bibl. nat., lat. 10.089, 554.

XXXIII

M. l'archidiacre de Sainte-Croix adjuge au prieur de Sennely les dîmes des agneaux qui lui étaient contestées par Laurent, curé de Vannes, moine du même lieu.

Bibl. nat., ms. lat., 10.089, 554 et 556.

XXXIV

Possessions de Baulay. Echange entre l'abbé de Saint-Euverte et les héritiers de Guillaume de Baulay de certaines possessions contre Tréfontaines.

Arch. dép., fonds Saint-Euverte, H. 13.

Ego Bartholomeus Dei gratia beati Evurcii Aurelianensis dictus abbas et totius ejusdem ecclesie conventus, notum facimus presentibus atque futuris quod Guillelmus de Boleto, filius Salomonis quidquid proprietatis vel juris feodalitii seu villicationis aut quolibet alio titulo Boleti habebat, totum ex integro resignavit ecclesie nostre et in pace dimisit concedentibus uxore et filiis et heredibus universis et quia omnes adhuc filii infra annos discretionis erant, parentes pro ipsis spoponderunt et sponsationem ipsam tam pro se quam pro filiis suis fide interpositâ firmaverunt. Nos autem eisdem uxori et hæredibus ejus donavimus in perpetuum terram quam habebamus apud Treffontes cum hibernagio ejusdem terre et prato adfeodato, hominium et servitium et XX solidos ; hanc nostram donationem nos heredibus contra omnes heredes super nostram garennam prinsimus. Præterea dedimus eis universa nostra de Clauso regio quæ habuimus ex elemosynâ Guillelmi Blain canonici Pithverensis. Et ne aliquis præter nos et successores nostros super hoc quæstio oriatur vexationis et incommodi, utrique precaventi sigillo capituli nostri presens scriptum memorie futurorum transmisimus roboratum.

Testes ex parte nostrâ : Radulphus, succentor Sancte Crucis ; Raynaldus de Capellâ, Radulphus de Ponte, Huet de Andeglo, miles, Stephanus Picault, Hugo viator, Andreas consergius, Rambaldus major de Codreel, Johannes de Fossatis, Garinus de Martreio minor, Hugo de Clari,

Evrardus de Larvillâ, Johannes Trabu, Bonaldus Caduc, Mathias Cassine, Johannes filius Johannis majoris de Ratâ-mulâ.

Ex parte Guillelmi : Guillelmus canonicus Pithverensis, et Osbertus sacerdotes ; Godefridus Mauregard, Thibaudus de Ulmis et Thibaudus filius, Thomas de Belnâ, Radulphus de Pithveri, Radulphus Ascelini filius, Pasque Petri de Brieriâ.

Actum publice in capitulo nostro anno millesimo centesimo octogesimo et sexto.

XXXV

1188

Lettre d'Henri, évêque d'Orléans. Donation de l'église d'Huisseau-sur-Mauves à Saint-Euverte.

Bibl. nat., ms. lat. 10.089, f° 350.

Henricus Dei gratia Aurelianensis episcopus omnibus in perpetuum. Cum Heyas Boellus miles, amicus noster et fidelis donationem ecclesie de Usello de feudo nostro habere proponeret et plures personas eam de suâ donatione tenuisse tempore venerabilis predecessoris nostri M. quondam Aurelianensis episcopi constanter assereret et dilectus fidelis H. ejusdem loci archidiaconus eamdem ecclesiam de suâ donatione existere in contrarium allegaret, post contentiones et rixas miles ipse jus suum nobis sub multorum testimonio resignavit et archidiaconus pari modo nobis quidquid juris in donatione illius ecclesie videbatur habere concessit et Terricus clericus ecclesiam ipsam quam de dono archidiaconi se possidere dicebat, in nostris manibus resignavit. Nos autem convocato concilio personarum et amicorum nostrorum ecclesiam illam ecclesie beati Evurcii pietatis intuitu et pro nostro anniversario ibidem celebrando providâ largitione concessimus et in perpetuum donavimus salvâ pensione quam capitulum Sanctæ Crucis in eâdem ecclesiâ noscitur possessisse et salvo in omnibus episcopi et archidiaconi jure et salvâ cerâ quæ ab eâdem ecclesiâ debebatur ecclesie Sancte Crucis. Quod ut suam obtineat in perpetuam firmitatem scripto tradere et sigilli nostri curavimus auctoritate sigillare. Actum anno incarnati verbi millesimo centesimo octogesimo octavo.

XXXVI

1188

Confirmation du chapitre de Sainte-Croix. — Donation de l'église d'Huisseau-sur-Mauves.

Bibl. nat., ms. lat., 10.089, f° 351. *Bibl. d'Orl.* copie de Dom Verninac, 467, f° 64 v°.

Ea quæ zelo caritatis geruntur in commune deduci et memoriter teneri debent ut et clarius elucescant, et ad imitationem quamlibet invitent. Inde est quod ego Hugo decanus totumque Aurelianensis ecclesie Capitulum noticie presentium et futurorum presenti scripto transmittimus quod pro remedio anime M. bone memorie quondam venerabilis episcopi nostri donationem ecclesie de Ussello a domino episcopo Henrico et ab archidiacono nostro factam ecclesie sancti Evurtii volumus, concedimus et confirmamus. Ita tamen quod pensionem annuam ex solidorum parisiensium monete a prefato Manasse institutam, exinde capitulo Sancte Crucis persolvant et ne hoc possit oblivione deleri vel dissentione turbari litteras annotari et sigilli nostri fecimus impressione roborari.

Actum publice anno Incarnationis M° CLXXXVIII° ordinatis in ecclesia majoribus presbyteris, Hugone decano, Andrea cantore, Letaldo subdecano, Manasse capicerio.

XXXVII

1188

Henri, archidiacre de Beaugency, donne à l'abbaye de Saint-Euverte, en considération de la vie régulière et édifiante de ses religieux, l'église d'Huisseau-sur-Mauves.

Bibl. nat., ms. lat., 10.089, f° 166. *Bibl. d'Orl.*, ms. 487. DOM VERNINAC, 65.

Cum universitas fidelium sollicita semper devotione et devota sollicitudine sancte religionis et honestatis viros ad preces pro se et animabus patrum suorum humiliter excolere et pia bonorum suorum largitione gaudeat sustinere specialius tantum atque ferventius ecclesie prælatis incumbit ejusdem religionis cultores prosequi et eos beneficiis et largitionibus ampliare. Ego igitur Henricus sancte Crucis Aurelianensis Balgenciacensis archidiaconus tali consideratione promotus et accensus Beati Evurcii canonicis volumus et debemus ecclesiam de Usello perpetuo possidendam et habendam salvo jure archidiaconi... præbere. Ut autem contra malignantium dolos et maliciam perversorum hujus donationis pagina suam in posterum obtineat firmitatem, eam sigilli nostri auctoritate roborari fecimus. Actum publice anno verbi incarnati millesimo centesimo octogesimo octavo.

XXXVIII

1193

Donation faite par Pierre de Morigny à l'abbé de Saint-Euverte.

Arch. dép., H. 13.

XXXIX

1193

Henri, évêque d'Orléans confirme la paix entre Saint-Euverte et Hugues le Bouteiller sur le tensement de Cuny.

Bibl. d'Orl., ms. 487. Dom Verninac, I. 80.

XL

1195

Exemption d'assister aux synodes.

Bibl. nat., ms. lat., 10.089, f° 68.

XLI

1197

Donation de Franchart à Saint-Euverte.

Bibl. nat., ms. lat., 10.089. *Bibl. d'Orl.*, 487. Dom Verninac, I, f° 67.

Gall. christ., VIII. Instr., 1453.

XLII

1203

Donation faite par Guillaume de Tournel du hameau de Poignepuis à l'abbaye de Saint-Euverte.

Bibl. d'Orl., Dom Verninac, 487, ms. f° 79.

XLIII

1219

Rente de cinq sous par jour au prieur d'Huisseau pour l'anniversaire d'Asceline ou Aveline, épouse d'Hélie Boyau.

Bibl. nat., ms. lat., 10.089, f° 383.

XLIV

1225

Association de prières avec l'abbé de Bourgmoyen.

Bibl. d'Orl., ms. 489, f° 189.

Universis Christi fidelibus presentes litteras inspecturis frater Wulgrinus beati Evurcii abbas salutem vite que nunc est et future. Noverit universitas vestra quod nos de communi assensu et voluntate generalis capituli nostri in festo beati Evurcii in septembri, congregati cum viris religiosis N. abbate et conventu Burgi-Medii Blesensis eamdem per omnia inivimus societatem tam in vitâ quam in morte et ipsi nobiscum quam cum viris religiosis abbate et conventu beati Victoris Parisiensis habemus. Ita quod ipsi de cætero nos et nostros tam in choro quam in capitulo quam in cæteris admittent et habebunt inter se et nos ipsos eodem modo in omnibus et per omnia quo nos dictos abbatem et fratres Beati Victoris Parisiensis recipimus et nos recipient. Quod ut ratum sit et robur pepetuum obtineat presentes litteras sigillorum nostrorum munimine fecimus roborari. Actum anno gratiæ millesimo ducentesimo vigesimo quarto.

XLV

1225

Composition entre Saint-Euverte et Saint-Avit.

Cart. Sancti Aviti. Vignat, n° 74.

XLVI

1225

Quittance d'une pièce de terre sur laquelle est située la chapelle de Saint-Aignan d'Huisseau.

Bibl. nat., ms. lat., 10.089, f° 361. *Bibl. d'Orl.*, ms. 487, f° 65. Vidimus d'Odon de Beaugency.

Philippus Dei gratiâ Aurelianensis episcopus omnibus presentes litteras inspecturis salutem in domino. Noverint universi quod cum esset contentio inter priorem de Uxello ex unâ parte et Radulphum de Viridario ex alterá super arpento terre in quo sita est capella beati Aniani de Uxello ; item idem Radulphus et Eremburgis ejus uxor coram nobis dicto priori quidquid juris habebant aut habere poterant in predicto terre arpento imperpetuum quittaverunt et concesserunt fide nostra præstita petita corporali quod nihil in posterum reclamerent. Prior autem de Uxello dictorum Radulfi et uxoris ejus anniversarium post ipsorum decessum teneatur annis singulis celebrare in ecclesia de Uxello. In cujus rei testimonium presentas litteras ad petitionem partium fieri fecimus et sigilli nostri munimine roborari.

Actum anno domini millesimo ducentesimo vigesimo sexto mense julio.

Vidimus : Odo archidiaconus Balgenciacensis omnibus presentes litteras inspecturis salutem in Domino. Noverint universi quod litteras bone memorie Philippi quondam Aurelianensis episcopi vidimus in hæc verba :

« Philippus Dei gratia...

« Datum anno Incarnationis dominicæ M° CC° XLIX° mense aprili. »

XLVII

1228

Engagement de la dîme de Mareau par Agnès, veuve de Guillaume le Meunier à l'église de Saint-Euverte.

Arch. dép., fonds Saint-Euverte, H. 17.

Philippus Dei gratiâ Aurelianensis episcopus omnibus presentes litteras inspecturis salutem in domino. Noverint universi quod Agnès de Marolio relicta Guillelmi Molendinarii totam decimam quam percipiebat in parrochiâ de Marolio, priori de Marolio nostre ecclesie sexaginta solidis parisiensibus pignore obligavit fide interpositâ corporaliter. Ita quod eidem Agneti et suis heredibus licebit quamque voluerint predictam decimam redimere et de aviâ solvere pecuniam demoratam. Hanc autem obligationem Odo et Andreas filii ejus Agnetis per impositionem fidei se observaturos promiserunt. Johannes vero de Marolio de cujus feodo predicta decima moveri dicitur promissam obligationem coram nobis fide media voluit et laudavit. In cujus rei memoriam et testimonium, salvo per omnia jure nostro et ecclesie nostre Sancte Crucis Aurelianensis ad petitionem presentium presentes litteras fieri fecimus et sigilli nostri munimine roborari. Actum anno Domini M° CCXXVIII°.

XLVIII

1239

Don de Philippe Boyau au prieuré d'Huisseau.

Bibl. nat., 10.089, f° 355.

XLIX

1239

Donation de cinq sous de revenus à l'église d'Huisseau.

Bibl. nat., 10.089, f° 356.

L

1257

Donation au prieuré d'Huisseau d'une pièce de vigne au clos de Guignegault.

Arch. dép., 10.089, f° 369. Dom Verninac, I, 65.

Omnibus presentes litteras inspecturis Philippus Boelli miles, dominus Uselli super Malvam salutem in domino. Noverint universi quod cum ego diligentes inspicerem devocionem quam religiosi viri abbas et conventus Sancti Euvurtii Aureliamensis habent erga me et semper habuerunt videlicet qui ex purâ libertate suâ mihi concesserunt quamdiu vixero semel in ebdomada unam missam de spiritu Sancto et post obitum meum diem mei anniversarii celebrandum in ecclesia de Usello, unam peciam vinee quam habebam in clauso de Guignegnau in perpetuam et puram elemosinam liberam et immunem ab omni consuetudine salva justitia sua et successorum suorum priori de Usello contuli et concessi necnon et totam decimam quam ego percipiebam in omnibus terris hospitum meorum de nemore ita tamen quod nisi dicti abbas et conventus facerent ut dictum est celebrare anniversarium meum in predicta ecclesia de Usello hæredes et successores mei assignare poterunt ad omnia supradicta. Hanc autem donacionem feci de voluntate et ascensu Jacqueline uxoris mei et filiorum meorum Guillelmi. Radulphi et Philippi presentibus qoorum nomina subscripta sunt, videlicet domina Agnete matre mea, Gualterio armigero marito Læticie et dicta Jacquelina uxore mea cum supradictis liberis meis et pluribus aliis fide dignis. Datum anno domini MCCLVII mense septembri.

LI

1258

Donation au prieuré d'Huisseau de deux pièces de vigne situées au clos Boutart ou Boitard.

Arch. nat., 10.089, f° 371.

Universis presentes litteras inspecturis magister Hugo de Duniaco archipresbiter Balgencianensis salutem in domino. Noveritis quod in presentia nostra constituti Johannes dictus Chenart miles et Simon de Chaufour armiger, voluerunt et concesserunt quod prior de Usello super Malvam qui nunc est et qui pro tempore erit in dicto loco, in futurum teneant pacifice duas pecias vinearum sitarum in clauso qui dicitur Boitard que vinee fuerunt Odonis de Chencio clerici ad IIII denarios parisienses et obolum annui census solvendos eisdem militi et armigero vel eorum successoribus in futurum in festo sancti Remigii pro quibus duabus peciis vinearum dictus prior videlicet magister Guillelmus le Ber dictis militi et armigero Guillelmum filium defuncti Frogerii vicarium nominavit, dicto vero vicario viam universe carnis ingresso dictus prior qui nunc est vel qui pro tempore erit in dicto loco eidem milite et armigero alium vicarium nominabit infra octo dies quando super hoc ab ipsis milite et armigero vel eorum successoribus fuerit requisitus et solvet quinque solidos pro vendis in recompensationem predicte libertatis. Dicti miles et armiger confessi sunt coram nobis in jure se habuisse a dicto magistro Guillelmo priore dicti loci XXX solides Turonenses in pecunia numerata, promittentes per fidem suam dicti miles et armiger se de cætero contra predicta nec venire, nec aliquid attemptare sive etiam contra aliquid de predictis. Actum ad requisitionem predictorum militis et armigeri anno domini MCLVIII° die sabbati post misericordiam Domini.

LII

1258

Donation de deux setiers de méteil au prieuré d'Huisseau.

Arch. nat., 10.089, f° 371.

Universis presentes litteras inspecturis, officialis Bituricensis salutem in domino. Noveritis in transcripto testamento defuncte Margarite quondam domine Montispipelli sigillo Bituricensi sigillato inter citatas videlicet clausulas que sequuntur, priori de Usello suo sextaria metalli reddditualis donavisse super terram dictam quam corperavimus ego et Johannes maritus meus quondam. Item volo et concedo quod totum feudum legatum sicut superius est expressum plenarie persolvatur et ad hec omnia perficienda et persolvenda sicuti sunt superius expressa obligo omnia bona mea tam mobilia quam immobilia et precor et requiro ex toto posse meo venerabiles viros, officialem Bituricensem et officiales ut heredes meos illos qui meam terram tenent et tenebunt ex parte sua per censuram ecclesiasticam appellent juridictioni inter eos officiales heredes tenentes possessionem terre mee supponendo. In cujus rei memoriam et testimonium presentes litteras Bituricensis curie sigillandas fecimus. Datum die sabbati ante « Isti sunt dies « anno domini MCCLVIII°. »

LIII

1259

Jean d'Escrennes, en différend avec le prieur d'Huisseau au sujet de douze deniers de cens donnés par Pierre de la Porte, chevalier ; Hugues, chantre de Meung, arbitre, assigne le dit cens sur une teneure que possédait Asia des *Prés*. Cette dernière est chargée de payer ce cens au prieur d'Huisseau.

Arch. nat., 10.089, f° 374. Dom Verninac, f° 65.

Universis presentes litteras inspecturis Hugo cantor ecclesie Magdunensis, salutem in Domino. Noveritis quod contentio verteretur inter priorem de Usello ex una parte et Johannem de Escrenniis militem ex alterâ, super eo quod prior petebat ab Asia de Pratis relicta Reginaldi Bicoaut hospitis dicti militis XII denarios annui redditus pro anniversario defuncti Petri de Porta militis qui fuerat assignatus, ut dicebat dictus Prior super teneuram defuncti Reginaldi Bicoaut, dicto Johanne milite hac contradicente et negante. Tandem dicti Johannes miles et prior per fidem in nos (haut et bas) compromiserunt. Nos vero diligenter inspectis quibusdam litteris quas nobis exhibuit dictus Prior in quibus continebatur plenius quod bone memorie Petrus de Porta quondam contulerat XII denarios reddituales ecclesie de Usello pro suo anniversario faciendo, arbitrando pronuntiamus quod dicta Asia de Pratis ratione teneure dicti Reginaldi Bicoaut quam possidet et ejus heredes vel successores dictos XII denarios annui redditus pro dicto anniversario dicto prioratui reddere tenebuntur. In cujus rei memoriam et testimonium presentes litteras sigilli nostri munimine fecimus roborari. Datum anno domini MCCLIX, mense aprili.

LIV

1269

Accord entre Saint-Euverte d'une part et Guiard d'Arrabloy et Reginald son fils de l'autre, et donation faite par ces derniers d'environ trois arpents de vigne dans le val de la Loire.

Arch. nat., Baluze, ms. 78.

Noveritis quod constituti in presentia nostra Guiardus de Arrablaio et Reginaldus filius ejus quittaverunt et absolverunt in perpetuum abbatem et conventum sancti Euvurcii Aurelianensis et ipsum monasterium de omnibus conventionibus, contractibus, pensionibus debitis et que erant et esse poterant inter eos. Insuper ipsi donaverunt tria arpenta vinearum in valle Ligeris in loco qui dicitus Boellum in censivâ religiosarum hospitii Aurelianensis sibi reservantes per vitam usufructum. Et nos quis...

Actum anno domini MCCLXIX nesimo die martis.

LV

1277

I

Dénombrement des vignes de l'abbaye fait au mois de may 1277 avec les détails de celles tenues au censive de la dite abbaye.

Arch. nat., ms. lat. 10.089, f° 9.

« Invenimus in clauso nostro 10 arpenta et tria quarteria.

« Item in vico torto juxta vineam Jordanni de Fossatis tria quarteria « et quartam partem quarterii.

« Item in vinea que vocatur Marquisi unum arpentum et 1/8 quar-« terii.

« Item in vinea que vocatur Lamerasse 2 arpenta 1/2 et sextum « arpenti.

« Item in vinea que vocatur Malesherbes quinque arpenta.

« Item in magnà pecia septem et decem arpenta et dimidium.

« Item apud Lorbette sex arpenta et 1/6 arpenti.

« Item in pecia que vocatur La Noe unum arpentum et 1/2 arpenti.

« Item in pecia que vocatur Menard unum arpentum.

« Item in pecia que vocatur Tangui duo arpenta et 1/2 arpenti.

« Item in vinea que vocatur Lechet septem arpenta.

« Item in vinea que est in clauso Gauthier quam tenet magister « Jacobus physicus unum arpentum et 1/3 quarterii.

« Item in piro unum arpentum et 1/2 quarterii.

« Item in retro pressorium de elemosina duo tereeria.

« Item apud Labatu unum arpentum et tertium quarterii.

« Item in pecia que dicitur Lafereria 1/2 arpenti.

« Item in pecia que vocatur Cochet 2 apenta, 1 quarterium et « 1/2 quarterii.

« Item in pecia que est juxta Caminum magnum et Grangiam im-« passarum viginti quatuor arpenta et tria quarteria.

« Item in pecia Sancti Patri Canonicorum quatuor arpenta, quatuor « quarteria.

« Item in pecia que dicitur La Grange 3 arpenta et 3 quarterio et 1/2.

« Item in pecia pressorii Reginaldi le Buffetier duo arpenta et « 1/2 quarterii.

« Item in vinea que vocatur de Fournil duo arpenta.

« Item in vinea que vocatur du Bougre unum quarterium et « 1/2 quarterii.

« Item in vinea apud sanctum Lupum 1/2 tercerii.

« Item in vinea apud S. Johannem de Braiis 1/2 arpenti.

« Item in vinea clerici Stephani unum arpentum.

« Item in vinea in censivà Sancti Aniani unum arpentum.

« Item in vinea que vocatur de Carbonnières unum arpentum.

« Item in vinea que vocatur Baudry tria arpenta 1/2.

« Item in vinea apud Bionam unum arpentum.

« Item in vinea apud Simoneau Baudry 1/2 arpenti.

« Item in vinea apud Arnauldum Baudry unum arpentum.

« Item in vinea apud Salomonem Johannem duo arpenta.

« Item in vinea que vocatur avis duo arpenta.

« Item in censiva sancti Marie duo arpenta 1/2.

« Item in vinea que dicitur Maure unum arpentum.

II

Redditus priaratur Sancti Donatiani, 10.089, f° 337

1. Apud Bruellium in parrochia de Marciliaco II modii sigali in festo. S. Remigii.
2. In parrochia Sancti Donatiani VII sol 1/2 census in festo SS. Donatiani et Rogatiani.
3. In parocchia Sancti Johannis de Ruella III sol. census in Inventione Sancte Crucis.
4. VI sol ad portam Dunensem.
5. Liberi defuncti Gileti Sauvage V sol.
6. Elemosina Sancti Crucis XII den.
7. Liberi Odonis de Solio VI den.
8. Johannes de Solio. 4 sol.
9. A la Botte quatuor quarteria vinearum.
10. Apud Pressorium Blanchardi unum arpentum vinee.
11. In cellario domini regis una lagena.
12. Lambertus de Blesis, unum arpentum vinee.

III

1278

His sunt redditus de Uxello, 10.089, 349, 350

Anno Domini millesimo CLXXXVIII°, die dominicâ post festum Omnium Sanctorum.

« Habemus in majori decima unum modium justi bladi ad mensuram Magduni et unum modium avene ad eamdem mensuram.

« Item in majori decima, II modios vini.

« Item habemus tertiam partem de novalibus.

« Item habemus decimam in censiva de Collineriis ex domo dicti « Roberti de Chastellariis.

« Item habemus octo minas bladi reddituales in domo defuncti « Rodolphi de Pireio militis.

« Item habemus, scilicet debemus habere VIII minas frumenti reddi- « tuales in terra de Chestives ex dono domine Agnetis de Muro-Fracto.

« Item habemus IIII solidos reddituales juxta *Iliacon* sitos pro anni- « versario dicte Agnetis.

« Item debemus habere tres solidos redditus sitos super vineam « Henrici de Pauchiau apud caminum tortem.

« Item habemus XII denarios redditus in vigelia Pasche in hostisia « Bigouaut juxta prato.

« Item habemus II solidos redditus pro anniversario defuncti Ber- « nardi Quanti sitos super vineam de la Burelière.

« Item habemus IIII solidos redditus pro anniversario Guillelmi « Boelli sitos super censum de Poncello.

« Item habemus apud Faillères sextam partem de decima et avene « ad valorem decem et octo septariorum.

« Item habemus apud Serumvilla campipartem ad valorem XII septa- « riorum.

« Item habemus duas minas bladi redditus et II solidos pro anni- « versario defuncti Henrici de Vado quos heredes reddent.

« Item habemus apud Villiard unum minam bladi pro anniversario « Bertrandi de Villiers faciendo.

« Item habemus super molendinum de Felix quinque solidos annui « redditus sitos quos dedit nobis Odo Boelli pro domina Acelina de « Usello super c solidos quos idem Odo percipiebat in eodem molendino, habemus litteras a duobus apiscopis.

« Item habemus duos solidos super molendinum de Patard sitos pro « anniversario patris et matris Guillelmi de Allodio faciendo.

« Item habemus duos solidos annui redditus super terram Hervei

« Boelli armigeri sitos pro Radulphi de Percio militis patris dicti « annui Radulphi singulis faciendo.

« Item habemus apud Montempipellum quatuordecem minas bladi « in grangia de la Gounandière sitos pro anniversario domine Marga- « rite et domini Pagani de Aurelianis et domine Agnetis uroris sue « annis singulis faciendo.

« Item pro anniversario domini Johannis de Aurelianis quinque « solidos annui redditus super censum sancti Ramigii sitos.

« Item habemus in festo sancti Gregorii decem solidos pro anniver- « sario domini Johannis de Aurelianis et domini Pagani fratris sui in « ecclesia de Usello singulis annis faciendo.

« Hic est census in vigilia natalis domini Helois de Dordonnio. Hebe- « mus III denarios census de eadem tenecura sitos apud Dordonniam « quam emit defunctus Reginadus Sirot a defunclo Simone de Cruce.

« Item Girardus de Nemoribus VII denarios obol de terra sita juxta « vineam defuncti Guillelmi de Dordonia que fuit heredibus Simonis « de Cruce summa X denariorum et obol.

« Item habemus in crastino natalis domini super terram de Decoron « ab Henrico la Forcenne armigero duos panes de dimidia minei fru- « menti, duas minas avene, II denarios, II gellinas et etiam campipar- « tem ejusdem terre reddendos ibi servientum contigit affuisse.

« In die circumcisionis domini Johannes Paumiers de Seronville et « heredes Gaufridi Carpentarii videlicat dictus Pisgier et sororius ejus « debent nobis II minas avene et unam Gallinam et a denarios pro « pane et censu.

« Item Odo Brunelli miles et Henricus de Percoit debent nobis duos « panes, ix denarios et II gallinos, II denarios et duos minas avene.

« Item Rogerius de Borda pro hostisià debet unam minam avene et « unam Gallinam et III denarios pro pane et III denarios pro censu.

« Item festo sancti Egidii Radulphus Kichefo debet nobis VIII « denarios census de dono et tenecura inter dotem et alodium sita et « ibi habemus decimam.

« Item Garinus de Heriis, miles debet nobis III denarios census « de terra juxta allodium sita et ibi habemus dimidiam partem « decime.

« In decolatione sancti Johannis Baptistæ debet nobis Petrus « Potardus de Villiers II denarios census de eodem quarterio vinee, « site apud Bricriam.

« Huguetus de Rupe frater ejus IIII denarios census de duobus « quartariis vinee apud Brueriam.

« Martius Tenouard IIII denarios census pro censiva Gaufridi « Gineti et Girardi Achart videlicet domo, terra, vinea apud Boitart, « quosdedit nobis Mauricius forestarius.

« Rodolphus Herat debet nobis IX denarios census de quodam « arpento vinee apud Capellam sito.

« Item in festò sancti Remigii, X de Moncello debet nobis IIII denarios census de terra juxta pratum nostrum.

« Droco Golein XII denarios de terra de Crinoc.

« Ralicta de Petri de Longa-Valle XII denarios de terra apud Periam quam tenet donacionem dotalicii.

« Robertus Flori, operis XII denarios de ten^{ra} et terra.

« Habertus de Tisonneau XII denarios de terra capelle Sancti Aniani.

« Philippus Gautier VII et obol pro vineis suis ultra viam de Boi- « lard et debet nobis decimam' illarum vinearum.

« In decima sancti Petri nobis debet Guillelmus Boelli miles VII « denarios census pro quodam arpento terre sito juxta viam qua itur « de Uxello ad Magdunum a dextra parte et VII denarios pro alio « arpento sito super eamdem viam a sinistra parte que ipse miles habuit « ex Cadurco filio Agnetis de Dora.

« In festo mortuorum nobis debet Herveus Boelli XII denarios census « pro terra de Longo-Boelli.

« Item in festo sancti Aniani hyemalis Radulphus Sechies debet « nobis hostisiam II solidorum censuræ.

« Item Radulphus de Parciò miles debet nobis XV denarios quos « dedit nobis Helias Boelli miles senior pro cursu aquæ.

« Item habemus super tenam de Egresauve IX solidos parisienses « pro anniversario defuncti Reginaldi de Portà et domine Agnetis, « uxoris sue et Hervei filii eorum annis singulis faciendo.

« Item in crastino defunctorum super censivam de Felix XVII solidos.

« In festo sancti Gregorii Radulphus Gilart debet nobis XII denarios « et obol census de terra que fuit defuncti Renardi de Châtre, de qua « terra habemus decimam.

« Item relicta Gaufridi Couade VIII denarios census pro vinea, pro « quarto et pro terra arabili prope Doram Petro Craereau de Magduno « XII denarios census.

« Item Isabella la Poriere de Collomeriis et Petrus Perier nobis « debent II solidos pro teneura de Colemiers et decimam ejusdem terre.

« Item Helois la Pincarde II denarios census de teneura Radulphi « Martini quos dedit nobis defunctus Henricus miles de Brueria apud « Essi.

« Item Hebertus de Chatre II denarios census.

« Item habemus in parrochia de Oratorio fori apud Bra... unam « minam bladi annui redditus pro anniversario Johannis Bilavere « clerici faciendo.

« Item Johannes Burgonniau debet nobis XII denarios annui reddi-

« tus super peciam vinee sitam apud Parci pro anniversario defuncte « la Bourgonnelle matris sue faciendo.

« Item habemus in festo sanctorum Jacobi et Christophori XVIII « denarios reddituales pro anniversario defuncti Constanti Miloche et « uxoris sue faciendo super vineam suam de Beroart sitos, quos idem « Constantinus cessit nobis de voluntate Odonis filii sui qui tenet dic- « tam vineam.

« Item habemus unam eminem bladi annui redditus pro anniver- « sario Arnulphi Lepine patris sui et matris sue faciendo super « terram suam de Granchia-rubea sitam.

Debita

Hec sunt que prior de Uxello debet per annum.

« Ad synodum qui est septembri debet prior episcopo X et VII « libras cere parvas.

« In purificatione beate Marie debet capitulo (endroit gratté) — pro- « curationem... par ad synodum Pentecorthes XXX solid.

« Item pro roba sociorum suorum abatie LX solidos. Notandum est « quod prior de Usello non debet procurationem archidiacono nec « synodum episcopo.

« Item debet archidiacono singulis annis ad estimationem XXX « solidos. Item archiepiscopo X solidos.

« Item debet pro decimà papæ L solidos.

« Item procurationem legati sexdecim solidos.

« Item hic est census quam Prior de Usello debet in festo sancte « suis III denarios census pro prato juxta Malvam sito, aliud pratum « nostrum est liberum et immune ob omni censu et dominio.

« Item in festo sancti Liphardi debet Potardo vel heredibus suis XII « denarios census pro quatuor arpentis terre sitis apud Vilers.

« Item in decollacione sancti Johannis Baptiste debet Prior Agneti « de Dora et heredibus de Capella III solidos et III census pro vineis « et pro terra de Boitard reddendos apud Brueriam.

« Item in festo sancti Remigii debet V denarios census Johanni Che- « nart militi et Symoni de Calvo-furno pro vineis fratris sui Odonis « canonici nostri apud Boitard sitis.

IV

Isti sunt redditus quos habet et debet domus vadi Ulmi.

10.089, f° 512.

Domus de Vado-Ulmi nostra est cum appendiciis, terra arabili et pratis que circa domum sunt cum censu reddendo. De quibus debemus ecclesie sancti Verani de Gargogilo in festo sancte crucis in maio VI solidos censuales, tam de domo quam de pratis et de terris arabilibus, et cereum quemdam de una libra subtilis cere in festo sancti Johannis et Pauli et de teneuris de ultra. Sancto Benedicto II solidos et quatuor denarios in festo sancti Benedicti in julio, qui redduntur majori de Mesnis et II denarios majori de Germaniaco. Predicta domus IIII arpentos vinearum habet ad Castrum Novum, de quibus debemus II solidos et I denarium census P. de Roncia in medio XL, et priori de Castro Novo obolum, et domine Isvene et sociis ejus VI denarios in festo sancti Remigii et domino regi debemus III denarios census pro domo nostra de Castro Novo et pro platea, qui redduntur priori de Castro-Novo. Habet etiam ad Soisiacum XII minas segetis singulis annis in tercio decime, de elemosyna Gofridi Raveau, et ad Vada XII minas sigali ad minam Aurelianensem, de elemosina Adam Brenni et matris ; ad Montrale, terram ad IIII boves, quam Gilebertus Lipot et Menet filius ejus tenent ; ad vicariam XL solidos reddendos singulis annis ad Vadum Ulmi per duos terminos, ad Pascha scilicet et ad sanctum Remigium ; habet etiam mediatatem de cultura decime, ille qui tenet de Tribus fontibus ab abbate nostro, habet in feodo sed servitium roncini.

Census quos debemus : in medio quadragesime, Petro de Montbarroes, II solidos I denarium pro vinea de monte et pro vinea de valle.

In festo sancti Benedicti hyemalis, priori de Castro Novo I obolum de vinea de Berchot non pro tota vinea de Berchot, sed pro quadam pecia vinea que terret vinee de Berchot.

In festo sancte Crucis in maio, majori de Montlordino pro omnibus terris nostris XIII solidos et II denarios, quos recipit pro capitulo de Jargolio, unum cereum, quartam partem unius libre continentem, quod debet tradi borsariis ecclesie non alibi.

Item in festo sancti Johannis preposito de Castro-Novo, IX denarios pro domo et area.

Item in festo sancti Benedicti in julio, majori de Mesniz II sol. et II den. pro preato et insula que sunt ultra natatorium ; item I den. pro prato au Bosc.

Census qui debetur nobis in festo beati Laurentii in domo de Vado-Ulmi : de vinea de Sosiaco, Raginaldus Torel I den., domna Gila, I den., relicta Raginaldi Loge, I den., Guillermus de Vilate, I den., Johannes Piquant, I den., Petrus Andri I den., Guillelmus de Chareton clericus I den., Guiardus Perronale, I den.

Debetur domui de Vado Ulmi singulis annis XII minas sigali in decima de Suri ad mensuram dicte ville, et debemus primo capere in decima et per cartam.

Item habet XII eminas sigali in territorio de Vadis ad mensuram Aurelianensem in festo beati Remigii.

Item habet XII eminas ad mensuras beati Benedicti ultra Soliacum quas debent heredes de Moys in festo sancti Remigii apud sanctum Petrum ad Ligerim.

Item habet octo eminas sigali ad mensuram Aurelianensem et II solidos census in festo sancti Michaelis in domo de Vado Ulmi.

Item habet I denarium census apud Sosiacum in festo beati Laurentii in domo de Vado Ulmi solvendum.

V

Prior de Marolio habet quadraginta et octo arpentos terre apud Longum-Campum (Longchamp).

Item prior apud Jorville in terra quam tenet Pichot II minas.

Item prior apud Verrines II minas.

Item prior IV partem decime de Clérembault in Bolliaco.

Item prior II minas terre à la Butte-Chaume.

Item prior unam minam apud Montpoulin.

ERRATA

Mettre à la page X, ligne 24 : lequel pour lequell.

P. 6, ligne 16 : étaient pour étaitent.

P. 15, note 2 : ubi pour urbi ; postea au lieu de posteo.

P. 16, note 1 : Evurtii au lieu d'Évurlii.

P. 21, ligne 18 : Ebbon pour Elbon.

P. 146, ligne 27 : « souloit pour « vouloit.

P. 106, écrire : propices.

P. 144, dater : (1341-1353).

P. 193, lignrs 16 et 17 rayer : à la place.

P. 197, dernière ligne : toutes au lieu de toute.

P. 207, enlever le mot *sel*.

P. 217, ligne 6 : écrire Vautrel pour Vautsel.

P. 222, enlevor le n° 3.

P. 309, Donation pour Donatien.

P. 340, placer le nom : Martin de Beaune de Valençay entre ceux de Michel Sain et Charles II Foujeu d'Escures.

TABLE DES MATIÈRES

Pages.

CHAPITRE III

CHAPITRE IV

PAROISSE DE SAINT-JEAN-BAPTISTE DE SAINT-EUVERTE

TROISIÈME PARTIE

SEIGNEURIE TEMPORELLE DE SAINT-EUVERTE

CHAPITRE PREMIER

CHAPITRE II

ÉGLISE DE SAINT-EUVERTE

CHAPITRE III

CHAPITRE IV

PRIEURÉS DE LA DÉPENDANCE DE SAINT-EUVERTE

APPENDICES

Orléans. — Imprimerie Auguste GOUT et Cie, 37-39, rue du Bourdon-Blanc

www.ingramcontent.com/pod-product-compliance
Ingram Content Group UK Ltd.
Pitfield, Milton Keynes, MK11 3LW, UK
UKHW022049260726
13993UKWH00001B/7